トウキョウ建築コレクション 2013

トウキョウ建築コレクション 2013

Official Book

トウキョウ建築コレクション2013実行委員会編

建築資料研究社／日建学院

トウキョウ建築コレクション2013 Official Book

110 **渡邊俊介**
札幌市立大学大学院 デザイン研究科 コンテンツ・メディアデザイン分野 上遠野敏研究室
para-Site
狭小空間群の制作による場の顕在化とコミュニティの拡張についての研究

118 **矢野健太**
東京都市大学大学院 工学研究科 建築学専攻　手塚貴晴研究室
電湯

126 **及川 輝**
早稲田大学理工学術院 創造理工学研究科 建築学専攻 古谷誠章研究室
仮面
mask

134 **佐々木 慧**
東京藝術大学大学院 美術研究科 建築専攻　トム・ヘネガン研究室
神保町の古本屋さん

142 **戸塚千尋**
東京都市大学大学院 工学研究科 建築学専攻　手塚貴晴研究室
晴れ時々、雨、のち虹
認知高齢者のための壁のない住宅

150 **和田郁子**
東京藝術大学大学院 美術研究科 建築専攻　元倉眞琴研究室
音と建築
The Relationship between Sound and Architecture

158 全国修士設計展 公開審査会

166 全国修士論文展

168 開催概要

169 コメンテーター紹介

170 **金森麻紀**
東京工業大学大学院 総合理工学研究科 人間環境システム専攻 奥山信一研究室
海外旅行ガイドブックの地図にみられる都市の領域的階層性
地図表現によるイメージ形成の枠組みに関する研究

178 **坂根知世**
東京大学大学院 工学系研究科 建築学専攻　隈研吾研究室
回転成形を用いた立体漉き和紙ブロックのファブリケーションに関する研究

186 **川島宏起**
東京大学大学院 工学系研究科 建築学専攻　前真之研究室
ダイレクトゲインと潜熱蓄熱を用いた太陽熱暖房住宅の設計法の提案

194 **荘司昭人**
芝浦工業大学大学院 理工学研究科 建設工学専攻　八束はじめ研究室
Hyper den-City Study I Densification Model
立地論を基にした超高密度都市の形成

202 **魚住英司**
九州大学大学院 人間環境学府 空間システム専攻　末廣香織研究室
剛体折りの可搬建築物への適用可能性の研究
木質パネルを用いた仮設シェルターの事例を通して

210 **櫻井 藍**
滋賀県立大学大学院 環境科学研究科 環境計画学専攻 布野修司研究室
聖地・ラーメーシュワラム(南インド)の都市構造と居住空間の変容に関する研究
祭礼を手がかりとして

218 **木原己人**
滋賀県立大学大学院 環境科学研究科 環境計画学専攻 環境意匠研究部門 高柳英明研究室
「風の道」創造に向けた街路樹の植樹デザインに関するシミュレーション
滋賀県大津市駅前通りにおける風環境の検証を通じて

226 **安福賢太郎**
京都大学大学院 工学研究科 建築学専攻　高田光雄研究室
住宅への愛着形成過程に関する研究
住み継がれてきた木造住宅を事例として

234 **酒谷粋将**
京都大学大学院 工学研究科 建築学専攻 門内輝行研究室
建築設計における創発的プロセスとしてのメタファーの研究

242 **遠藤えりか**
早稲田大学理工学術院 創造理工学研究科 建築学専攻 田邉新一研究室
アルゴリズムを用いた環境設計プロセスの可能性

250 **森山敦子**
明治大学大学院 理工学研究科 建築学専攻　青井哲人研究室
昭和三陸津波の罹災地復興と産業組合
農山漁村経済更生運動を中心とした1930年代社会政策の進展に着目して

258 **岡田紋香**
早稲田大学理工学術院 創造理工学研究科 建築学専攻　中川武研究室
災害体験の昇華が生み出す建物の価値観
江戸町人の建物に関する表現を通して

266 **新津 瞬**
早稲田大学理工学術院 創造理工学研究科 建築学専攻　佐藤滋研究室
社会的企業を核とする共奏型地域マネジメントに関する研究
日本・イタリアにおける社会的企業の創造的事業展開に着目して

274 全国修士論文展 公開討論会

282 プロジェクト展

284 開催概要

285 コメンテーター紹介

286 **慶應義塾大学 池田靖史研究室**
DigiMokuプロジェクト

290 **東京藝術大学 乾久美子研究室(建築科)＋丸山智巳研究室(鍛金科)**
GTSアート環境プロジェクト
桜橋北詰はらっぱ

294 **明治大学 園田眞理子研究室**
萌大空間スタイリングワークショップ

298 **日本大学 佐藤慎也研究室**
三宅島在住アトレウス家

302 **東北大学 小野田泰明研究室**
宮城県七ヶ浜町 多層的プロポーザルによる復興への取り組み

306 **滋賀県立大学 布野修司研究室＋J.R. ヒメネス・ベルデホ研究室**
木興プロジェクト

310 **アネックストーク1**
コメンテーター：**藤村龍至、速水健郎**

316 **千葉工業大学 石原健也研究室**
閖上わかば幼稚園再建プロジェクト

トウキョウ建築コレクション2013
2013/2/26/Tue. ~ 2013/3/3/Sun.
代官山ヒルサイドテラス（ヒルサイド・フォーラム／ヒルサイド・プラザ／ヒルサイドテラス・アネックスA）
「一歩先へ」
全国修士設計展
「構想の一歩先へ」
海法圭
小嶋一浩
手塚貴晴
南後由和
難波和彦
西沢大良
全国修士論文展
「探求の一歩先へ」
石川初
大野二郎
佐藤淳
篠原聡子
陣内秀信
門脇耕三
プロジェクト展
「現実の一歩先へ」
藤村龍至
速水健朗
谷尻誠
倉本仁
川添善行
広瀬郁
連続特別対談
「想像の先へ 第1部」
石上純也
原研哉
「創造の先へ 第2部」
石上純也
内藤廣
協賛　安藤建設株式会社／エーアンドエー株式会社／株式会社大林組／株式会社佐藤総合計画／清水建設株式会社／積水ハウス株式会社／大成建設株式会社／株式会社竹中工務店／田島ルーフィング株式会社／西松建設株式会社／株式会社日建設計／株式会社長谷工コーポレーション／前田建設工業株式会社／株式会社三菱地所設計／株式会社山下設計
後援　社団法人東京建築士会／公益社団法人日本建築士会連合会
協力　代官山ヒルサイドテラス／株式会社鹿島出版会／清野運送有限会社／株式会社ベナ
特別協賛　株式会社総合資格　特別協力　株式会社建築資料研究社／日建学院／フリックスタジオ　（敬称略50音順）
建築資料研究社　日建学院
総合資格学院
トウキョウ建築コレクション2013 実行委員会事務局
〒169-8555　東京都新宿区大久保3-4-1　55号館N棟8階806号室 古谷誠章研究室
mail: info@tkc-net.org　tel: 080-6721-9530
登録web http://www.tkc-net.org/
twitter @TKC2013_
facebook http://www.facebook.com/tokyo.kenchiku.collection

トウキョウ建築コレクション2013企画概要

全国の修士学生による修士設計・修士論文を集め、日本初の全国規模の修士設計・修士論文展を行なった2007年以後、企画を継続、発展させながら「トウキョウ建築コレクション」は今年で7年目を迎えることができました。

「トウキョウ建築コレクション」は初年度から一貫して「修士学生の研究をもとに、建築学における分野を超えた議論の場をつくり出し、建築業界のみならず社会一般に向けて成果を発信していくこと」を目標としてきました。また、その成果は書籍化することを前提に活動しており、本展覧会が今後とも長期にわたり継続していくことで、時代性をもった「コレクション」が集積され、「アーカイブ」としての価値をもつことで、建築教育の発展に寄与していける展覧会に成長していくことを目指しています。

開催7年目に際して——「一歩先へ」

本年度は「一歩先へ」というテーマを掲げました。「先へ」という言葉は、進むべき方向を力強く見据える修士学生の姿を表します。そして「一歩」という言葉には、建築社会や学生という立場、そして何より自分自身から踏み出し、未来を創出していくきっかけとなる展覧会にしたいという想いを込めました。

本展覧会が主催する「全国修士設計展」「全国修士論文展」「プロジェクト展」「連続特別対談」の4つの企画それぞれが「先へ」と視線を向けることで、個々の企画をさらに発展させ、来場者を含めた参加者が新たな一歩を発見できる展覧会を目標としました。修士設計展は創作について、論文展は理論や技術について、またプロジェクト展は協働を中心に考え、そして特別対談では個人が培ってきた独自の視点に着目しました。本展覧会は、それぞれが明確な目的意識をもち、新たな一歩を見据える場となったのではないかと考えています。

トウキョウ建築コレクション2013実行委員一同

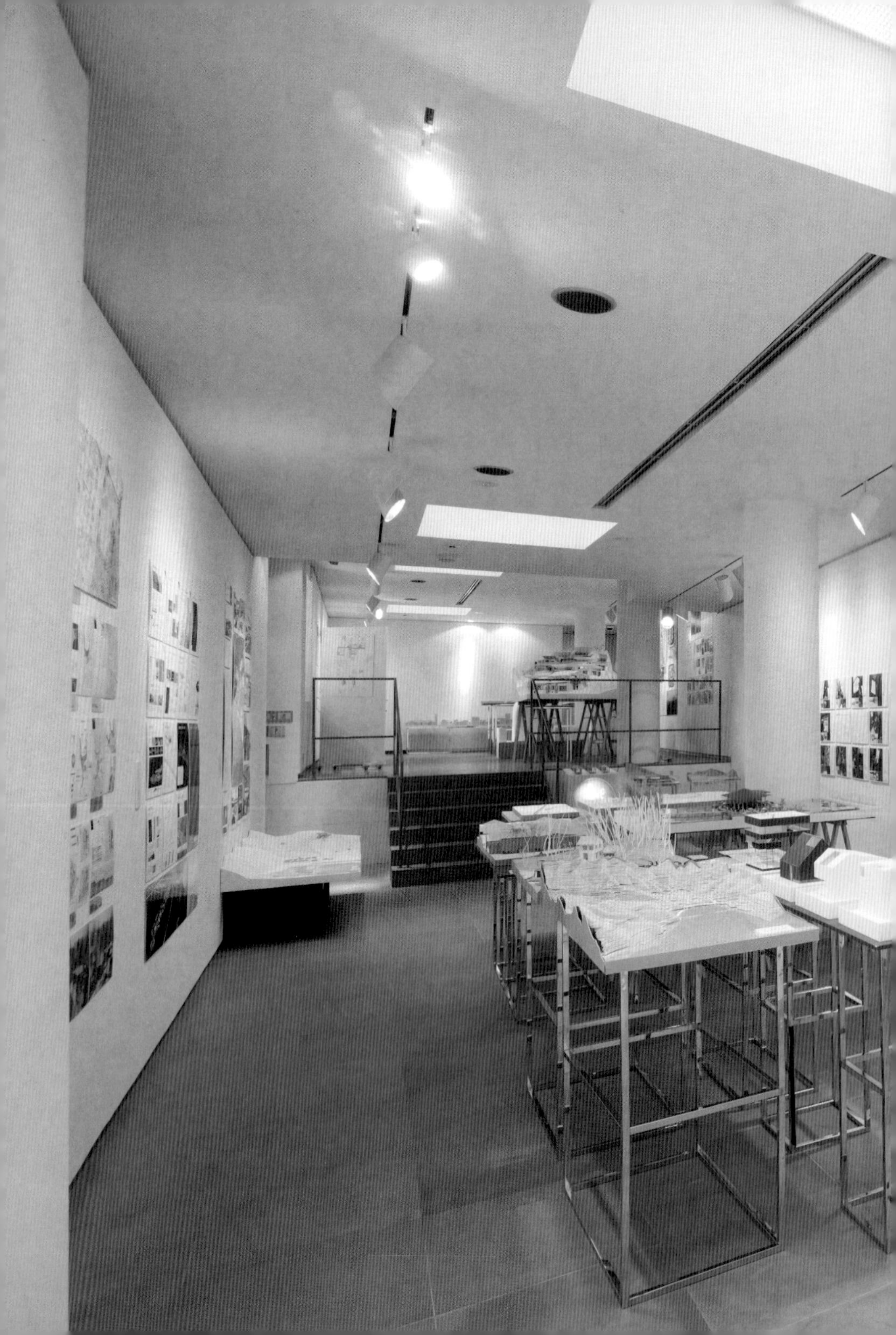

全国修士設計展

「全国修士設計展」開催概要

「全国修士設計展」では、全国の大学院から修士設計作品を募集し、各審査員による一次審査を通過した18名の作品の展示を行ないました。そして公開審査会では出展者によるプレゼンテーション、ポスターセッション型巡回審査、審査員による講評会での議論を経て、グランプリと各審査員賞を選出しました。

今年度は「一歩先へ」という全体テーマのもと、設計展では「構想の一歩先へ」をサブ・テーマに掲げました。社会へ出る前の修士学生のさまざまな構想に対して、その有効性や展開可能性について議論を深め、今後の指針を模索する会となる事を目標としました。

公開審査会では審査員に第一線で活躍されている建築家の方々に加え、若手建築家として活躍されている方々を迎えました。全体を通して、人の知覚と建築との関係性を突き詰めた作品、震災の影響も見受けられる土木と建築を横断した作品、設計システムを作成するといったメタレベルからの提案などが目立ちました。審査員の方からは評価に考え迷ったという声があがる一方で、建築の持つ可能性を信じなさいという叱咤激励を頂く場面も見られました。

この企画が多くの学生へ、構想を始める手掛かりとなれば幸いです。

トウキョウ建築コレクション2013実行委員

全国修士設計展審査員

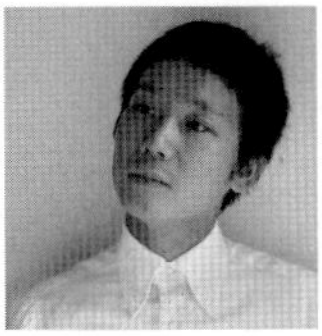

海法 圭　Kei Kaihoh

建築家。1982年生まれ。東京大学大学院建築学専攻修士過程(千葉学研究室)修了。西沢大良建築設計事務所勤務を経て、2010年海法圭建築設計事務所を設立。主な実績として、「稲田地区まちづくりプロジェクト」(第2回UDCKoコンペ最優秀賞)、「岐南町新庁舎設計競技」佳作、「TOKYO PHOTO 2012会場構成案」2等など。

手塚貴晴　Takaharu Tezuka

建築家／東京都市大学教授。1964年生まれ。武蔵工業大学卒業。ペンシルバニア大学大学院修了。主な作品に、「屋根の家」(2001年)、「森の学校キョロロ」(2003年)、「ふじようちえん」(2007年)など。グッドデザイン金賞受賞、日本建築学会賞ほか多数受賞。

小嶋一浩　Kojima Kazuhiro

建築家／横浜国立大学大学院Y-GSA教授。1958年生まれ。東京大学大学院修士課程修了。1986年にシーラカンス(のちC+A、2005年よりCAt)を共同設立。主な作品に「宇土市立宇土小学校」(2011年)、「スペースブロック・ハノイモデル」(2003年)、「千葉市立美浜打瀬小学校」(2006年)、「柿畑のサンクンハウス」(2010年)など。日本建築学会賞、村野藤吾賞など多数受賞。

西沢大良　Taira Nishizawa

建築家／1964年生まれ。東京工業大学工学部建築学科卒業。入江経一建築設計事務所勤務を経て、1993年西沢大良建築設計事務所設立。主な作品に「砥用町林業総合センター」(2004年)、「沖縄KOKUEIKAN」(2006年)、「駿府教会」(2008年)、「宇都宮のハウス」(2009年)、「今治港再生事業」(進行中)など。AR-AWARD最優秀賞(英国)など多数受賞。

難波和彦　Kazuhiko Namba

建築家／東京大学名誉教授。1947年生まれ。1974年東京大学大学院建築学科博士課程修了。1977年一級建築士事務所「界工作舎」設立。代表作に、「直島幼児学園」(1974年)、「田上町立竹の友幼稚園」(1977年)、「なおび幼稚園」(2004年)、「浅草二天門消防支署」(2006年)、「箱の家シリーズ」(1995年〜)など。新建築吉岡賞、住宅建築賞など多数受賞。

龍光寺眞人　Masato Ryukozi

建築家／芝浦工業大学建築学科非常勤講師。1977年生まれ。横浜国立大学大学院修士課程修了後、難波和彦+界工作舎に勤務。2008年龍光寺建築設計一級建築士事務所設立。主な受賞歴に2008年東京建築士会住宅セレクションvol.2優秀賞、2011年第10回長野県建築文化賞奨励賞など。

南後由和　Yoshikazu Nango ／全国修士設計展コーディネーター

社会学者／明治大学情報コミュニケーション学部専任講師。1979年生まれ。東京大学大学院学際情報学府博士課程単位取得退学。専門は社会学、都市・建築論。主な著書に、『アーキテクチャとクラウド』(共著、millegraph)、『メタボリズムの未来都市展——戦後日本・今甦る復興の夢とビジョン』(共著、新建築社)、など。

眼暗《めくら》の家／もうひとつの光

人間の環境認知の８割は「視覚」によると言われる。
では、その８割が見えなかったら？

「美しいプロポーション」「光」「色」…
20世紀の建築家たちは、視覚をもとに設計を行なってきた。しかし建築は「見る」だけのものではなく、物量をもつ空間は眼に見えない力を放つ。

視覚障害者であった祖父と生活した経験や、ダイアログ・イン・ザ・ダークでの体験から、眼を使わなくても空間を感じることができると考えた。

亡き祖父のための住宅を設計する。

Name:
平井百香
Momoka Hirai
University:
東北大学大学院
工学研究科　都市･建築学専攻
小野田泰明研究室

Q 修士設計を通して得たこと

つくることから逃げるのは嫌で形にすると決めていました。学内では図書館も設計しましたが出展できず心残りです。数年後、この敷地に両親の家を設計します。「好きにしていいよ」と許可を得ました。

Q 修士修了後の進路と10年後の展望

自分で絵を描くよりもデザイナーの活躍の場を整えたいと考え、UR都市機構に勤務しています。10年後、同世代の面白い人達と一緒に何かできたら楽しいですね。

見えない人の認知

「図面による空間の一覧性」はない。時間軸に沿った現象の連続が、視覚障害者にとっての「空間」である。
重要なのは「点」と、それらを結ぶ「経路」であり、点在する居場所とナビゲーションの組み合わせで空間を把握する。
極論すれば、「廊下と椅子」である。

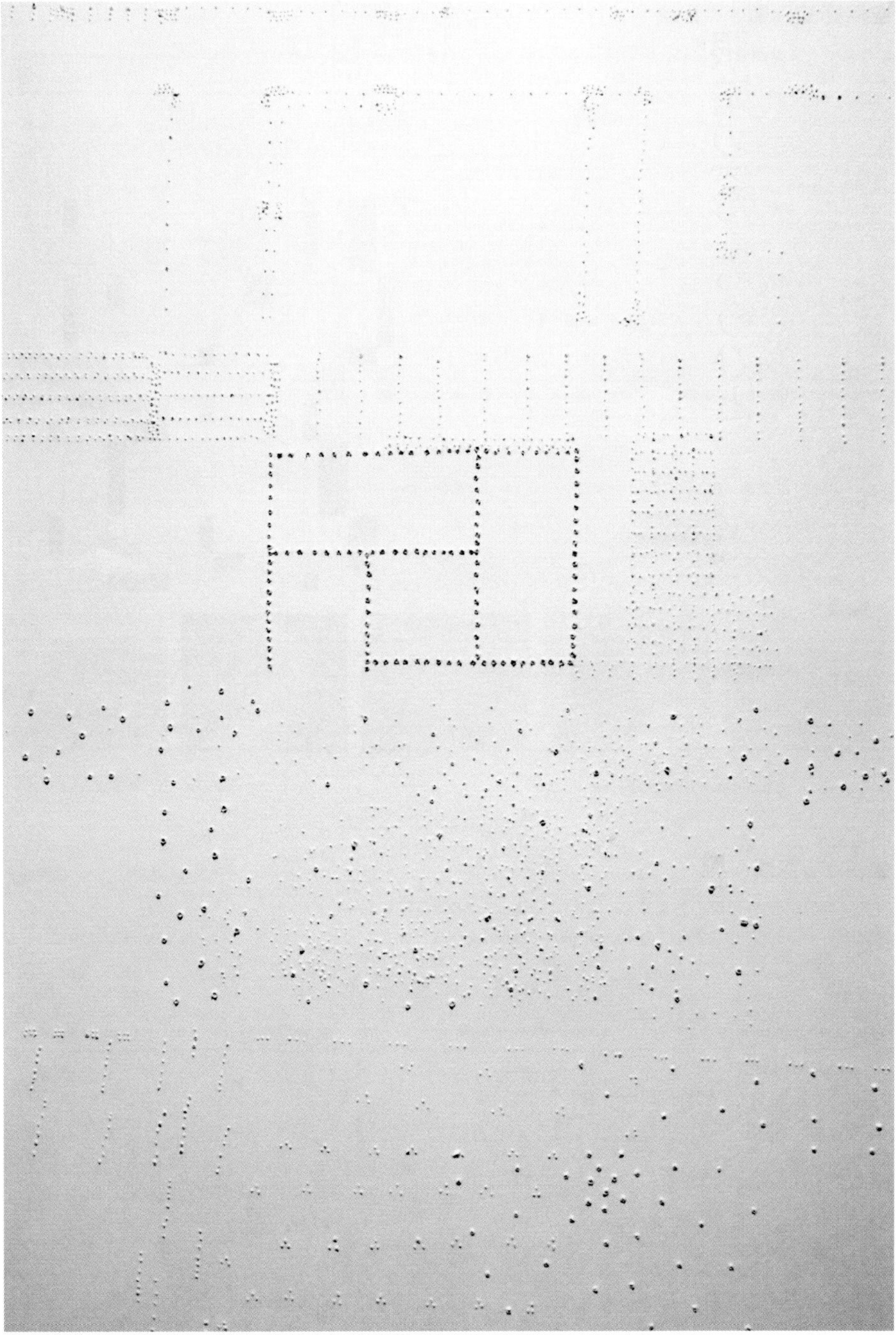

点字による平面図

空間認知に関する言説

ヒアリングと文献調査をもとに、空間認知に関するセンテンスを100選び出し分析した。

<例>

	感覚器官							自然からの情報					建築からの情報					
	手	皮膚	足裏	耳	鼻	舌	記憶	太陽	風	雨	樹	屋外音	床	天井	井	壁	窓	階段	声
・基本的に面での空間把握はできない。ユニバーサルスペースといっても、広い空間は空間として認知できない。																			
・壁がある＝空気、圧迫感、音の反射。音が無いから、そこに何かがある。無い音を感じる能力である。また、壁は顔までの高さがないと分からない。																			
・川に行った時、景色を見ることはできないが、「川下り」をして自分が川になると、橋の下を通った時に音が響いたり、涼しくなったりで変化が分かる。																			
・見ることは「面」で、触れることは「点」である。面にするためには、記憶で補完する。																			
・壁の変化はすごく気がつく。まっさらな所に、髪の毛ほどの線が入っているだけでも分かる。																			
・「半屋外」と感じるのは、風の動きや空気の動きによる。縁側はいいね！																			
・天命反転住宅は、住宅スケールで身体に身近であり、自分がどこにいるかのランドマークが沢山あって面白かった。素材も違うし、音の反響も違う。																			
・豊島美術館は穴の空き方で音がどんどん変化して面白かった。																			
・窓からの音で方向が分かる。																			
・足の裏は面白い。裸足だと、もっと面白い。家だと、日本はみんな裸足に近い状態になる。																			
・合気道の際は、畳のヘリを基準に方向を判断する。ヘリのような基準がないと難しい。																			
・エアコンをわざと20度に設定→寒くて止める→窓を開ける→風を楽しむ→またエアコンを付ける…と、温度の変化を楽しんでいる。																			
・太陽の光と電球の光は全然違う。太陽は温かく、違いはすぐに分かる。																			
・朝の駅前で、ある１点に音が吸い込まれていく。そこが改札である。																			

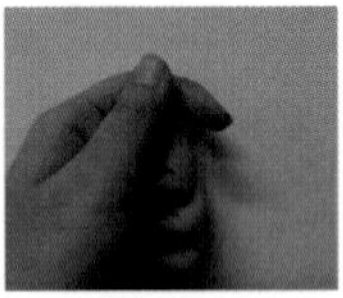

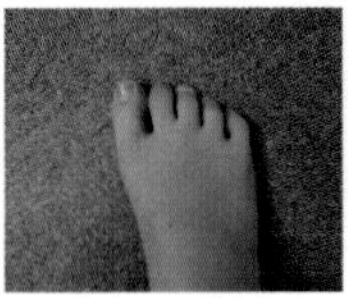
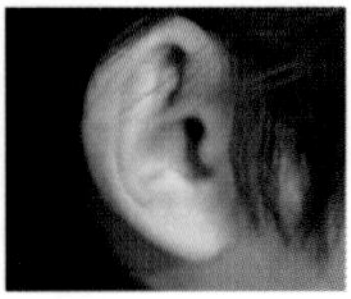
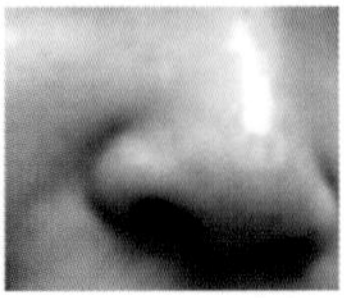

分析から空間へ

視覚障害者が自然・建築の各要素をどのように認識しているか検証する。
視覚障害者にとっての「空間」を作るため、ダイアグラムを作成した。

<例>

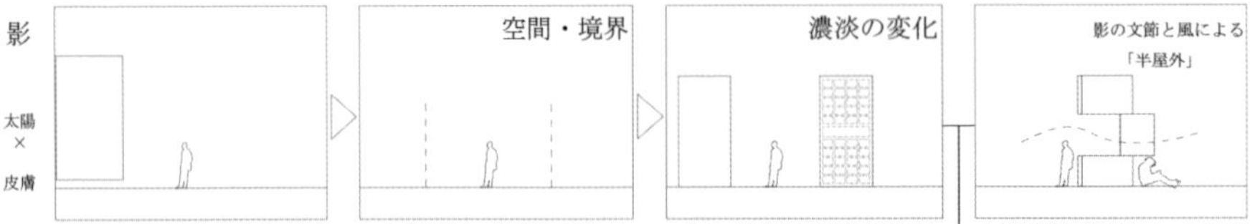

a: 物理的な空間条件＝影のある状態

b: その捉え方＝遮蔽物ではなく、影そのものが境界となる。

c: 操作＝遮蔽物の素材や形状による濃淡の変化が、空間・境界の変化となる。

d: 視覚障害者は風によって「半屋外」を感じる。複合させると、「開放的な空間」が現れる。

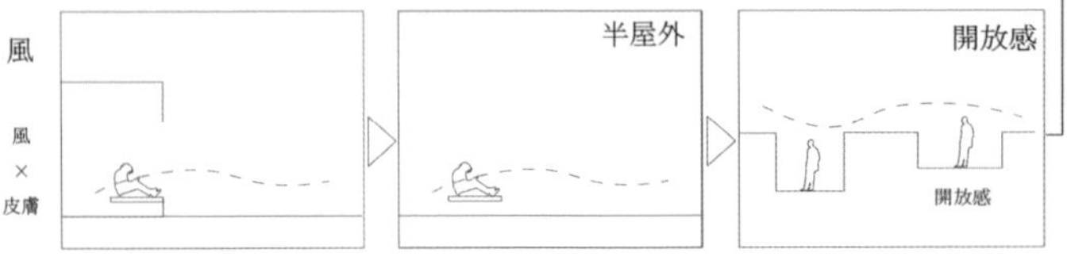

同様に作成した15の指標を、祖父の個人的な記憶をもとに変換し、住宅に用いた。

日影図（見える人）と熱図（見えない人） 8:00

日影図（見える人）

熱図（見えない人）

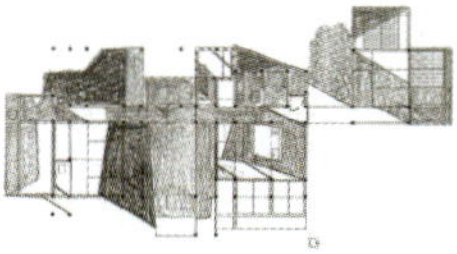

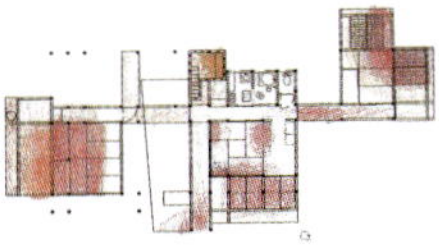

春分／秋分の日

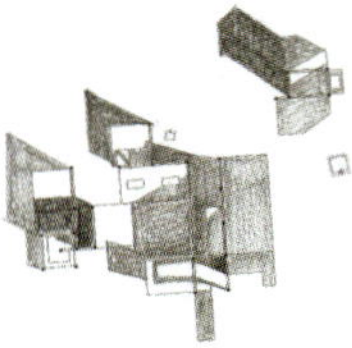

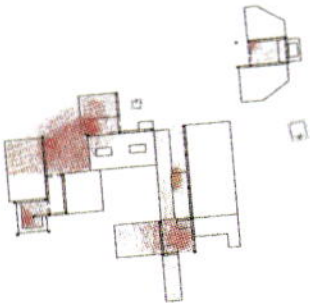

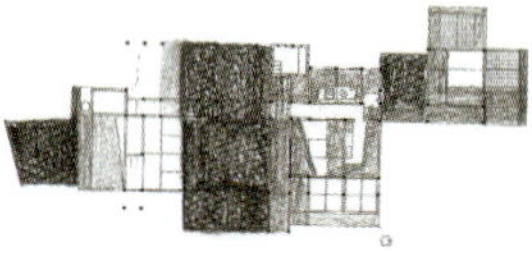

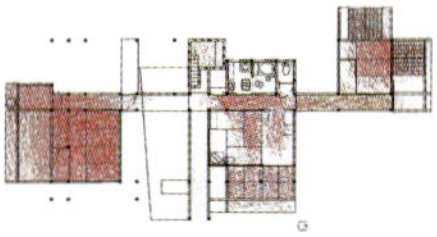

夏至の日

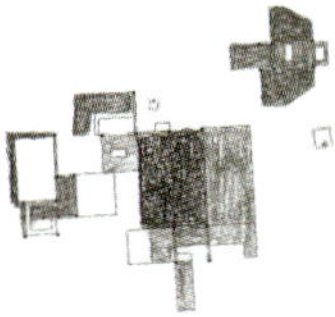

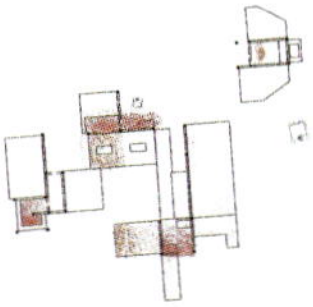

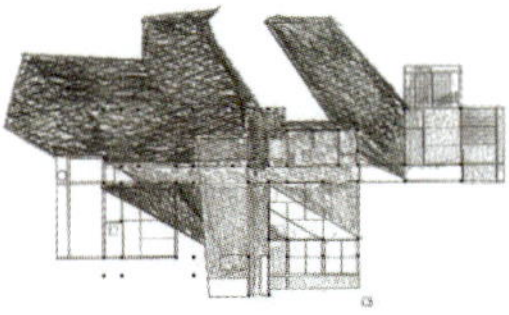

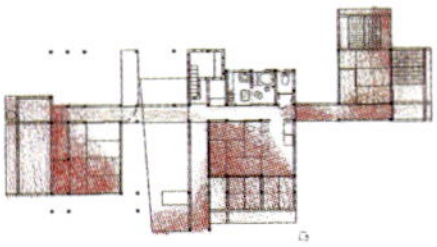

冬至の日

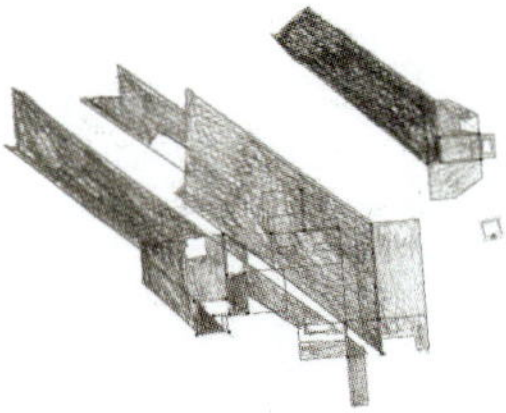

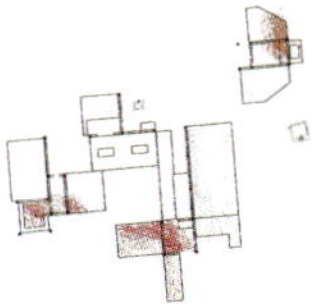

「既存の家」の減築

視覚障害者にとって「広いこと」に価値があるわけではない。
既存の建物から減築して、家族や客が集まる機能を最小限で担保する。
木造軸組の構造であるため、柱を残し、屋根・天井・床・壁を解体していく。
同時にかつて庭にあった製麺所、祖父の動線を浮かび上がらせる。

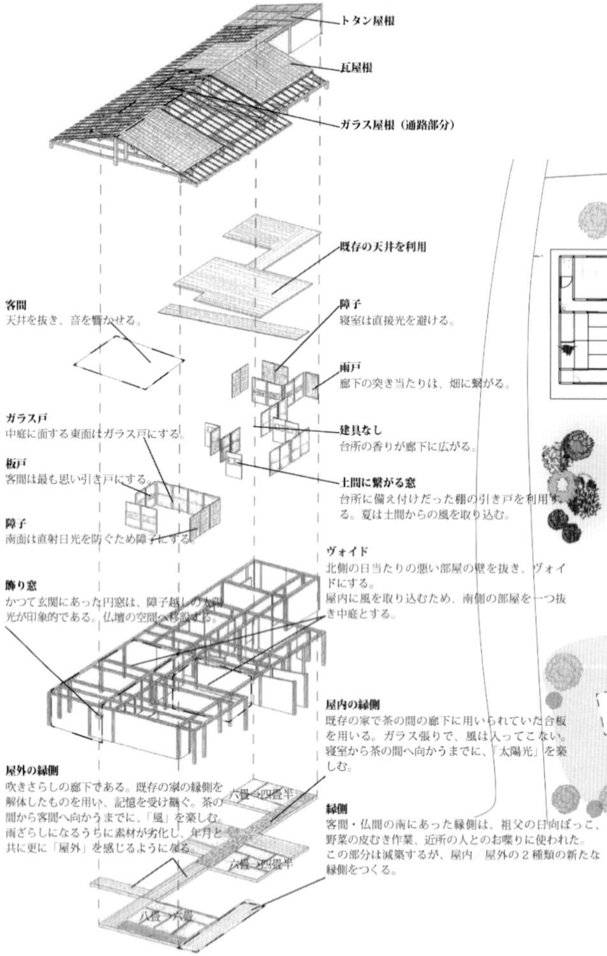
トタン屋根
瓦屋根
ガラス屋根（通路部分）
既存の天井を利用
客間
天井を抜き、音を響かせる。
障子
寝室は直接光を避ける。
雨戸
廊下の突き当たりは、畑に繋がる。
ガラス戸
中庭に面する東面はガラス戸にする。
建具なし
台所の香りが廊下に広がる。
板戸
客間は最も思い引き戸にする。
土間に繋がる窓
台所に備え付けだった棚の引き戸を利用する。夏は土間からの風を取り込む。
障子
南面は直射日光を防ぐため障子にする。
ヴォイド
北側の日当たりの悪い部屋の壁を抜き、ヴォイドにする。
屋内に風を取り込むため、南側の部屋を一つ抜き中庭とする。
飾り窓
かつて玄関にあった円窓は、障子越しの太陽光が印象的である。仏壇の空間へ移設する。
屋内の縁側
既存の家で茶の間の廊下に用いられていた合板を用いる。ガラス張りで、風は入ってこない。寝室から茶の間へ向かうまでに、「太陽光」を楽しむ。
屋外の縁側
吹きさらしの廊下である。既存の家の縁側を解体したものを用い、記憶を受け継ぐ。茶の間から客間へ向かうまでに、「風」を楽しむ。雨ざらしになるうちに素材が劣化し、年月と共に更に「屋外」を感じるようになる。
六畳→四畳半
縁側
客間・仏間の南にあった縁側は、祖父の日向ぼっこ、野菜の皮むき作業、近所の人とのお喋りに使われた。
この部分は減築するが、屋内／屋外の２種類の新たな縁側をつくる。
六畳→四畳半
八畳→六畳

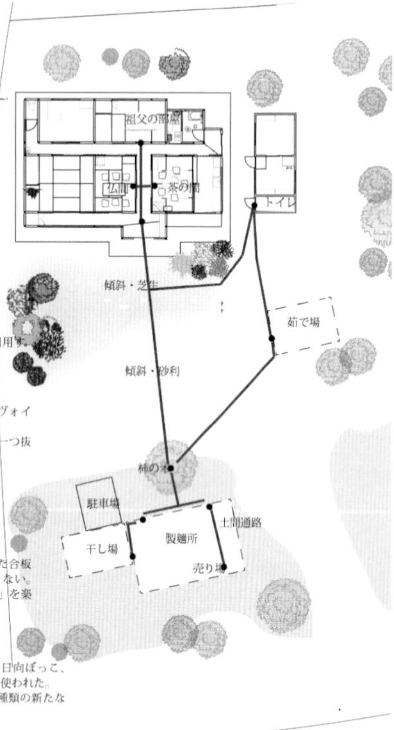
祖父の部屋
仏間
茶の間
トイレ
傾斜・芝生
茹で場
傾斜・砂利
柿の木
駐車場
土間通路
製麺所
干し場
売り場

既存の家　平面図
——祖父の動線　●滞在場所、目印

平面図（減築後）

敷地内の現象

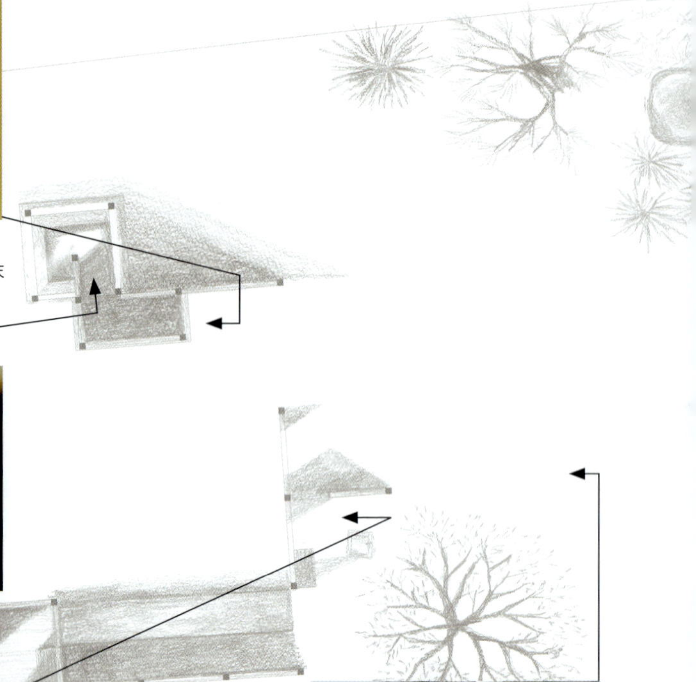

狭い通路

木の壁で囲まれた狭い作業場を再現する。天井が低く、音の反射はこぢんまりとしている。

コンクリートの部屋

麺を干す場所だったところ。風は通らず、「屋内」を感じるサンルームとなる。

柿の木とベンチ

変化する影が、空間をつくる。春から夏へと緑の香りが移り変わり、秋は落葉が舞う。柿の実に小鳥が集まる。冬の朝の霜の感触、音色。

庭

芝生と砂利の変化、敷地の微地形で方向を把握する。

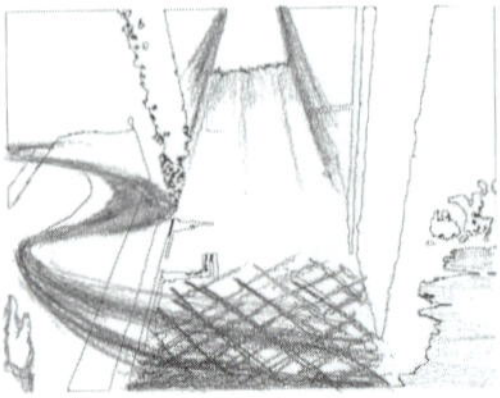

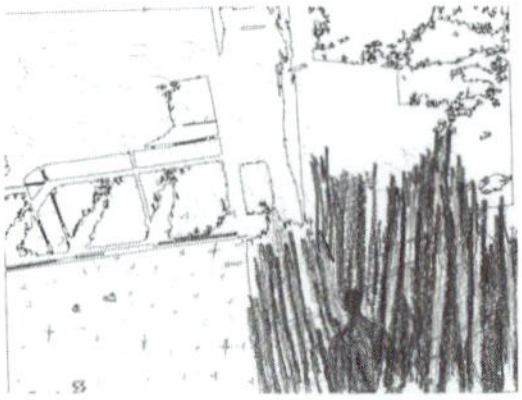

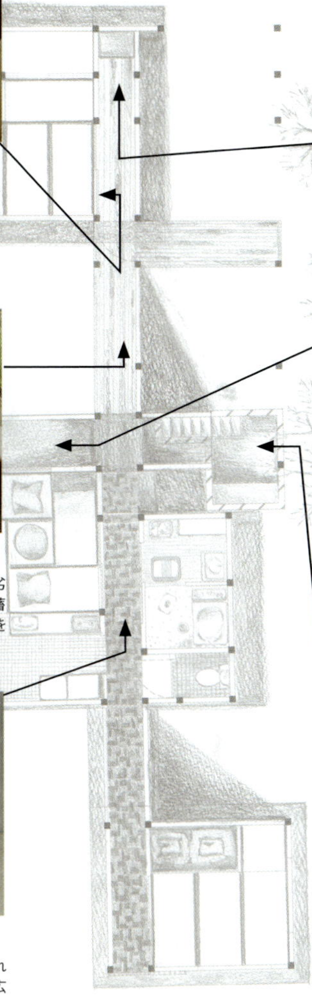

客間

天井が高く、音が広がる。開放的な気持ちで来客と話す。障子越しに太陽光が柔らかく降り注ぎ、ぼんやりとした空間となる。

仏壇

西の端に位置する。朝夕に線香を焚くと、廊下中に香りが立ち込める。仏壇へ向かう経路は、時間や季節によって表情を変える。

渡り廊下

吹きさらしの渡り廊下は、床も壁もだんだん劣化してザラザラになる。建築を通し、年月の蓄積を感じる。足元に迫る草の香りが、季節を告げる。新緑、花、枯葉、雪。

土間

廊下を歩くと、風の抜ける場所がある。敷地を吹き抜けていた風の皮膚感覚を思い出す。雨の日は頭上近くに雨音が聴こえ、土間の香りも引き立つ。

茶の間

起床して寝室を出ると、茶の間の気配が流れ込む。天井が低く、家族の声がこぢんまりと広がる。足裏で感じる板張り廊下の模様が、家族の空間を表す。

地下

北の端に位置する、コンクリートの穴。道路や家族の声、テレビの音から離れ、空と対峙する。風が吹くと上空で木々が歌い、雲の流れで空間が呼吸する。

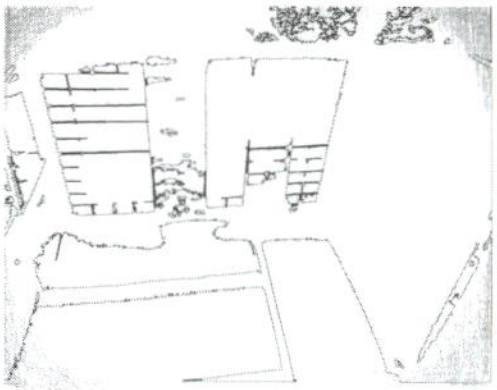

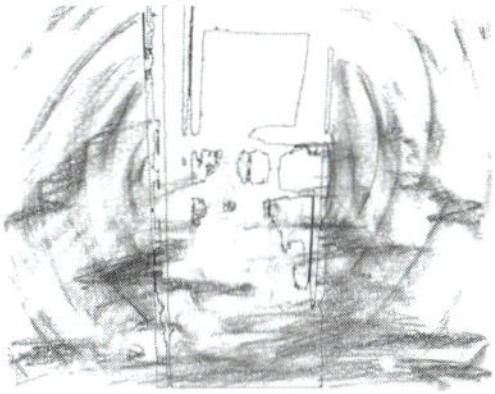

絵本

視覚障害者の友人達に作品を伝えるため、触って分かる立体的な「絵本」を作成した。

彼らの語ってくれた言葉。空間的な広がりではなく現象の連続で構成される世界は、私にとって、まるで一つの小説のようでもあった。

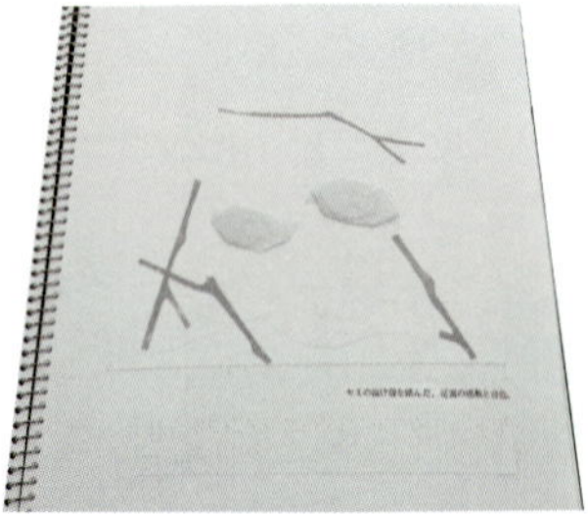

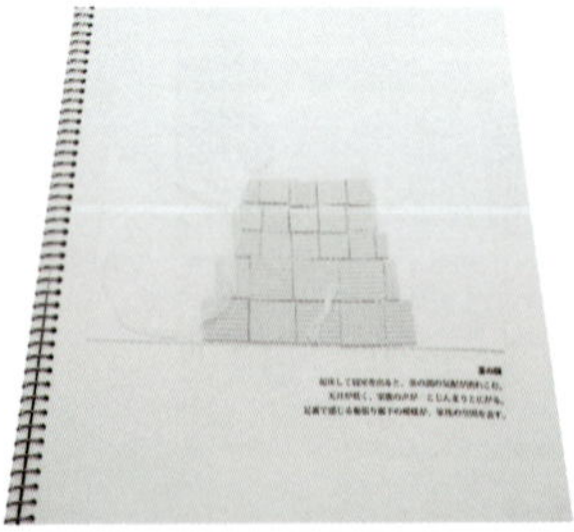

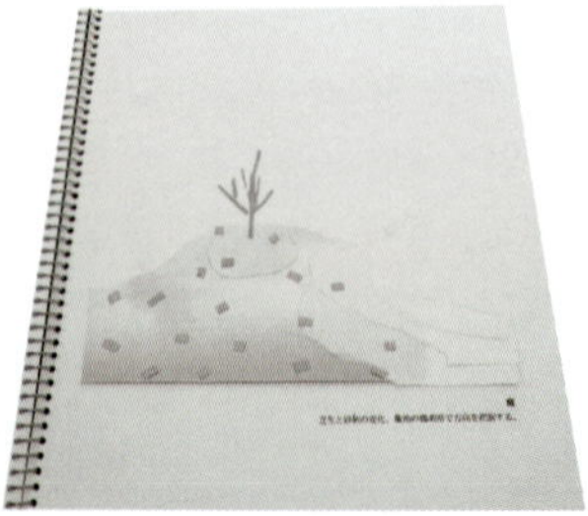

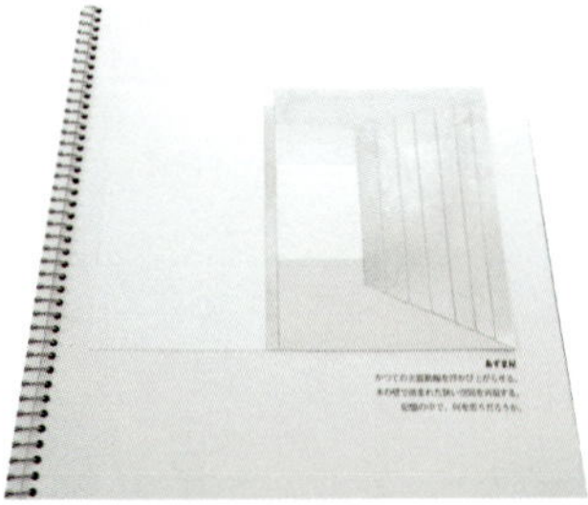

審査員コメント

審査員コメント@巡回審査

小嶋：空間知覚の仕方が違う人に焦点を当ててつくっているんですね。健常者であるあなたが設計したあと、視覚障害をもつ友人らに、より良いか確認してもらったんですか?

平井：はい。改善すべき点や面白いと言われたところを採り入れていきました。

小嶋：方法はすばらしいといえるけど、最終的な案に対する判断は、残念ながら自分たちはできない。

西沢：亡くなったおじいさんが存命であると仮定して、おばあさんと共同生活をするという設定ですね。プログラムも敷地設定も良かったし、視覚障害の方がどういう体験をしているかという話もすごく面白かった。でも、もう少し良くなる気がするんですよ。ちょっとおじいさんの思い出に重点を置きすぎているのが気になりました。視覚障害者に特化した計画をすることは、ステップとしては必要だけれど、真のゴールはそこにはなくて、おじいさんも、視覚障害者ではないおじいさんの友人も、あなたのような親族も、分け隔てなく利用できる施設を計画するところにあると思う。もっとおじいさんの経験を普遍化するような、新しいタイプの居住施設が設計できたのではないかな。

手塚：ドローイングはすごく気に入ったんだけれど、模型は普通だった。君が言おうとしていることが伝えられる模型になっていない。例えば、ここにパーケットのサンプルを敷き詰めて、審査員に目隠しして歩いてみてもらうプレゼンがあってもよかったのでは? 基本的に目の見える人に対する表現になっている。視覚情報ですよね。本当は耳や触感、なんとなくの距離感、音など、そういうものがもっと伝わるドローイングにすると、もっとよかった。

龍光寺：あなたのリアリティは、確実に私のものとは違いますが、それをすごく感じることができた、そういう意味でメッセージ性が強くあると感心しました。個人的な経験をもとにつくっていて、一つの出発点として非常に正しいと思いました。一方で聞き取りもして、理論の構築もしようとしている。そのプロセスも一つひとつ説得力があると思いました。やはり面白いのは日陰図と熱図。健常者には光が見えるけれど、目が見えない人は光ではなく熱として感じるという変換を行なっているところが視点としてすごく面白いと思いました。ただし、全体像が分かりづらかった。

海法：図面の表現が特殊で面白いと思いました。この表現だからこそこういう建築になりました、という発見はありましたか? 例えば建物が外部を介して離れている分棟の状態は、必然的に導き出されたことなのでしょうか?

平井：例えば、足裏の感覚によって空間の境目を捉えること。屋外廊下はザラザラで表現していますが、歩いていると段階的に変わっていく、だんだん客間に近づいていくということを準備できるようにデザインしました。既存の家をどこまで引っ張るか悩みましたが、基本的に既存の物を移植すると考えています。

南後：ポートフォリオは視覚的なものとされているわけですが、視覚障害者の方の知覚をテーマとしているだけあって、ポートフォリオ自体が触覚的に体験できるもので、数あるポートフォリオの中でも際立って印象に残りました。3.11以降、ゼロから建築をつくるのではなく、縮退やリノベーション、転用がより注目されるようになりましたが、それでもまだ内向きで消極的なことと捉えられがちだと思います。でもこの提案は、数少ない操作で、今まで認識されてこなかったような空間の広がりや知覚の拡張を感じさせるポジティブなものでした。

選択する肢《あし》

branch_city

Name:
川上華恵
Hanae Kawakami

University:
東京藝術大学大学院
美術研究科　建築専攻
元倉眞琴研究室

Q 修士設計を通して得たこと

“地形と身体”というテーマを納得のいく所まで持っていくために修士へ進みました。修了で一つ区切りを付けたものの、まだ踏み込める深みが見えました。この先は自分の問いとして長く持ち続けていくつもりです。

Q 修士修了後の進路と10年後の展望

今は建設会社で大工として働いています。時機を慎重に見計らって現場から設計に戻り、土地・身体・建築を横断する"つくり手"になっていけたらと思います。

建築空間の「からだでおぼえられる」というあり方を提案します。

身体で覚えられる建築／都市は、どれだけその表層が変貌しても、印象深く記憶に残る空間であり続けてくれるのでは、と期待されます。

このことを仮説に設定、フィールドワークから実証し、そして任意の都市に対する私の感覚を、模型によって共有しようと試みました。身体の感覚を伴って記憶されるような空間を設計することを目指した、設計の手前です。

以下の３段階で制作は説明されます。

1. フィールドワークで収集した写真（＝映像のイメージとしての記憶）と、写真を見て思い返される、私の身体の「感じ」（＝身体の感覚の記憶）を元に、2通りの記述法によって都市をみる
2. フィールドワークを行なった5つの都市に共通する特徴の抽出・分析から見いだした記憶に残りやすい状況を覗き見ることで疑似体験のできる模型によって表現する
3. 私の個人的身体感覚の記憶は他者と共有できるかを確認するためのツールとして、土地勘を、可動させることのできる模型によって表現する

ロケーションハンティングでは、場所の図形的情報、交通量など、そこがどういう場所で何が起きているのかを見極めていきます。

フィールドワークで収集した地点は、私の都市経験における「選択」のポイントで、そこでは、道を曲がること・写真を撮ること・立ち止まること……など、選んだ様々な行為＝肢と同時に、選ばれなかった肢が無数に生じています。

現実空間の経験は、行為の選択肢の密度と、いくつもの肢の蓄積によってできていると気付くことで、より豊かで印象深いものへと引き上げることができると私は考えています。

"branch_city model"

記憶に依る都市の記述法①drawing

地図という大きなスケールで都市の全体像を書き出し、そこから各スナップ写真の撮影ポイントへクローズアップしていく視点の記述法。

一枚ずつ写真を検討し、撮影地点での自身の身体はどういった「感じ」であったか、視線はどのように推移したか、を図示しています。スナップ写真をプロットすることができた場所とはつまり、「記憶を頼りに描き出せる・且つ・写真に収めておくべき何かがあった場所」といえます。

描いてみると、正方形と思った範囲がどれだけ歪んだ四角をしているか、道の長さがどれだけ実際とは異なるか、また地図を描くとき無意識に、上とした方向が、広く共有される「地図の上は北」という認識とずれているか、偶然に一致するか。――知ったつもりの都市の認識がどれほど曖昧でおおざっぱであるかが分かります。

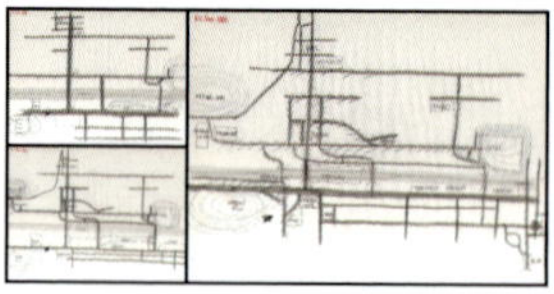

1.地図を見ずに都市を歩き、一日の終わりに記憶だけで地図を描く。たどった道は常にGPSで記録。

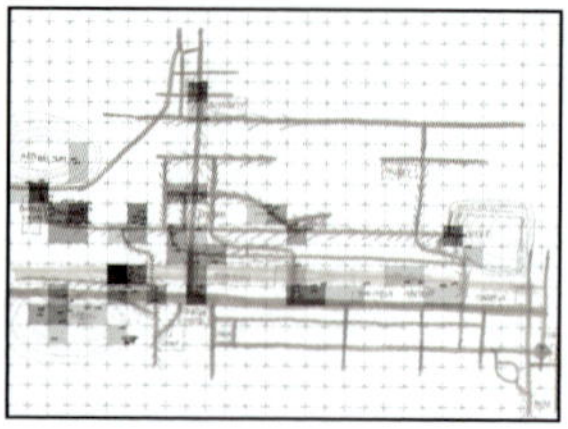

2.記憶の地図に、1.で撮影したスナップ写真をプロット。便宜上のグリッドをかけ、プロットされた写真の数に比例してマスの色を濃く塗る。

3.記憶の地図と同じ範囲の実際の地図を用意し、GPSのデータを表示。2.で塗ったグリッドと同じ範囲を示す部分を囲み、赤で同様の濃淡をつける。

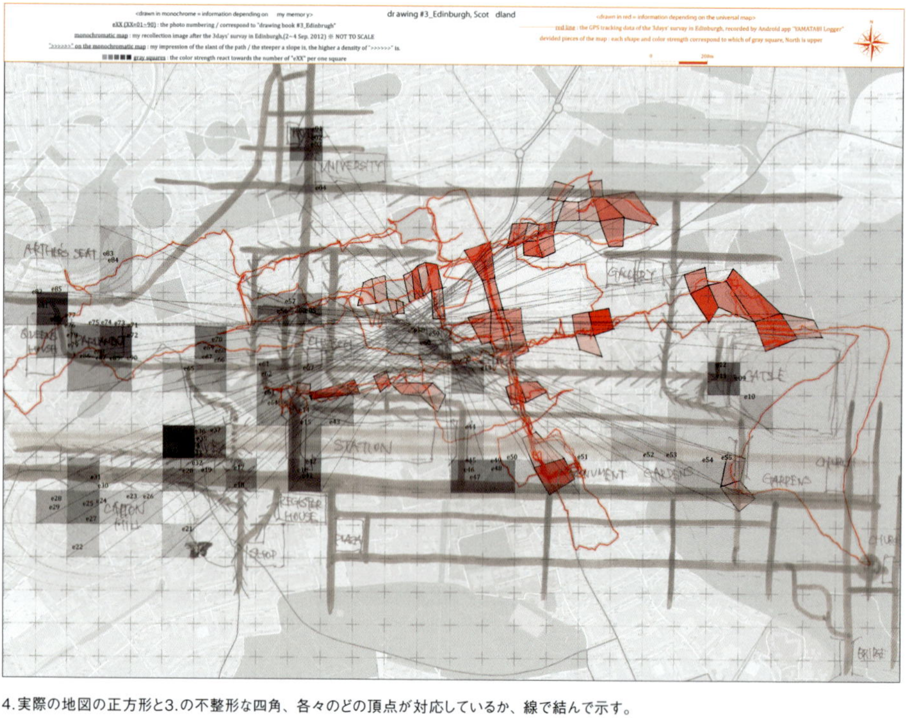

4.実際の地図の正方形と3.の不整形な四角、各々のどの頂点が対応しているか、線で結んで示す。

記憶に依る都市の記述法②activity_pulse

各撮影ポイントでの記憶を波形に変換し、時系列で並べます。各地点から全体像へズームアウトしていく記述法。

"activity_pulse"は、恣意が積み重なった経験のレールを表現しています。波形が大きく変化するほど経験は豊かだったといえますが、アイストップになるものが連続したら、それは単調な経験となってしまいます。

経験の検証のみならず、経験を設計する手立てとなる記述法として、可能性があるのではと思っています。

"book"（p.026）では、写真ごとに付したスケッチから記憶を思い返すために重要と思われた要素を抜き出しています。写真撮影した地点での視覚的情報と身体感覚をあわせた記憶をあらわしています。

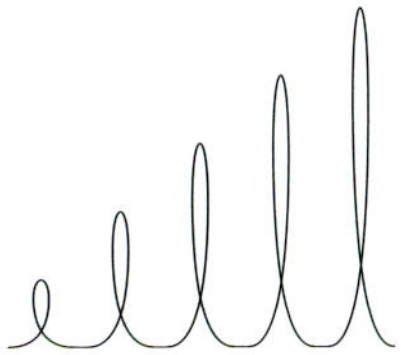

1.通常の歩行を示し、大きさは"drawing" の3.で塗られたグリッドの色に対応。

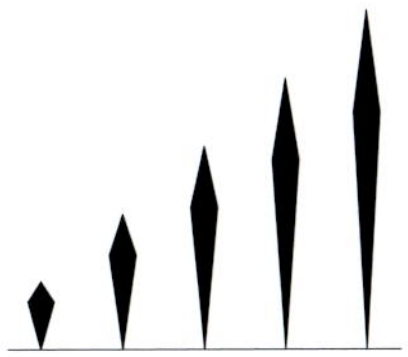

2.アイストップがあることを示し、大きさは"drawing" の3.で塗られたグリッドの色に対応。

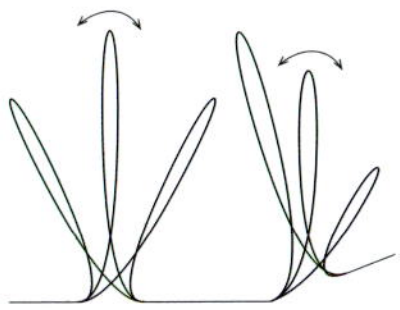

3.重心が傾けば"activity_pulse" も傾く。左は前後（"book" におけるy軸）の傾き・右は左右（x軸）の傾き。

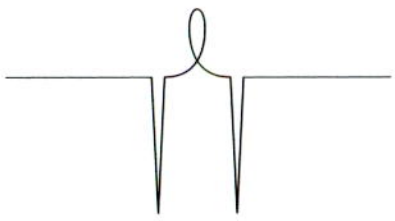

4.立ち止まって写真を撮影した地点。

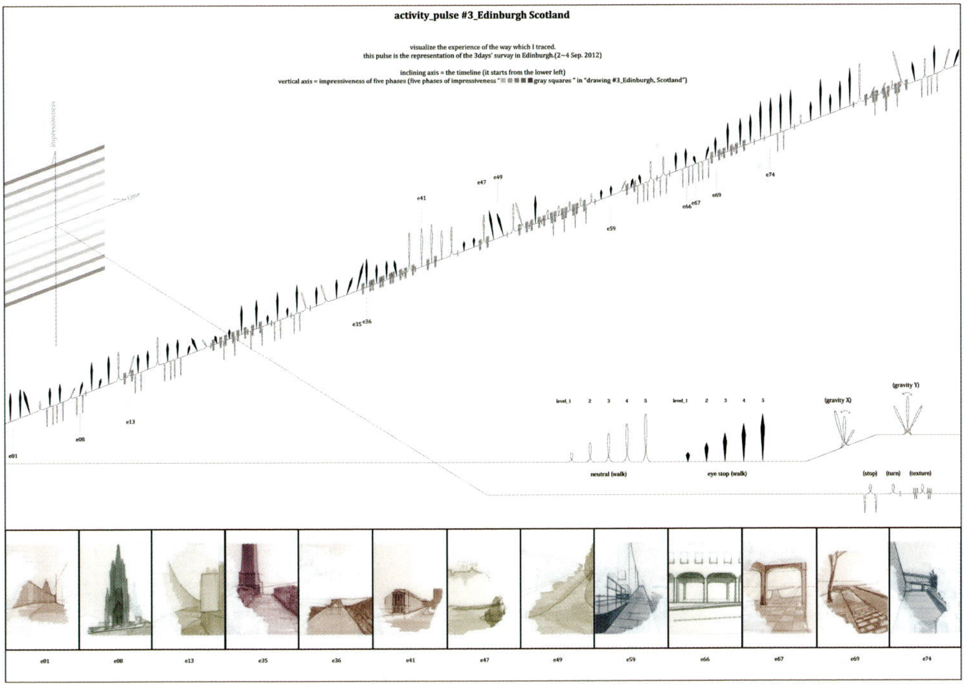

activity_pulseの例

記憶に依る都市の記述法①と②の媒体drawing_book

記憶に依る都市の記述法①"drawing"、②"activity_pulse"、をつなぐのが、各都市ごとにまとめた"drawing_book" に収めた、フィールドワークで採集した数十枚に及ぶスナップショットです。それぞれの写真につけられた、「英字+二桁の数字」のナンバリングは、"drawing" や "activity_pulse" にプロットされているものに対応しています。

並んでいる三枚の画像は、以下を示しています。
左の写真:スナップショット
中央線画:スナップショットに写ったうち、何を見て、写真を手書き地図にプロットしたか。判断要素、重要なひと・ものを、抽出した線画
右のダイアグラム:スナップを撮影した地点での、私の視覚的記憶を赤線で/身体的記憶を黒線で示したもの。
赤横線:アイレベル・赤矢印:視線の動き/ x 軸:左右・y軸:前後、灰太線:重心軸の傾き(道の傾斜)、灰点線:撮影後の足取り

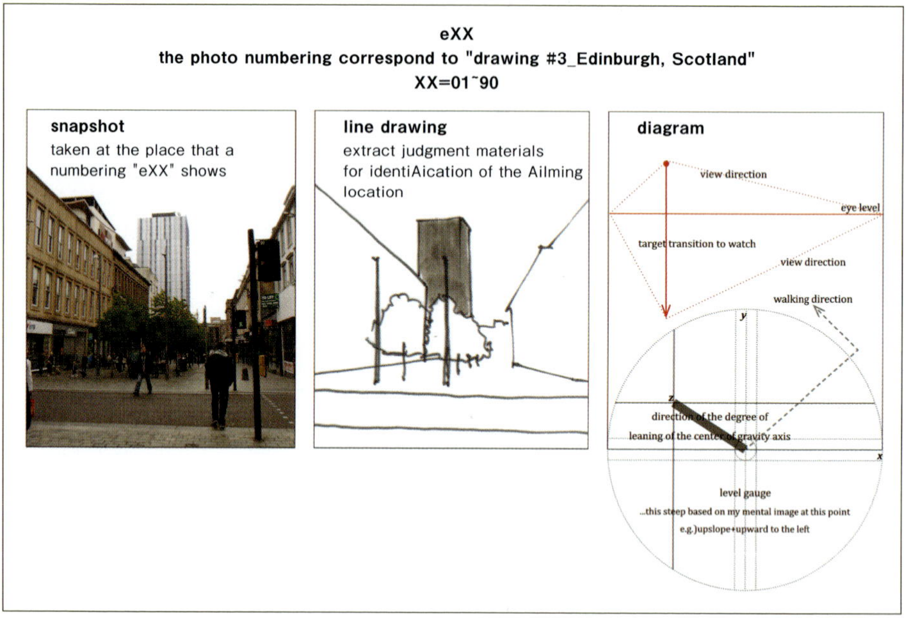

drawing book #1
Glasgow
g01 ~ g43

drawing book #2
Stirling
s01 ~ s67

drawing book #3
Edinburgh
e01 ~ e90

drawing book #4
Meguro
m01 ~ m74

drawing book #5
Yotsuya
y01 ~ y57

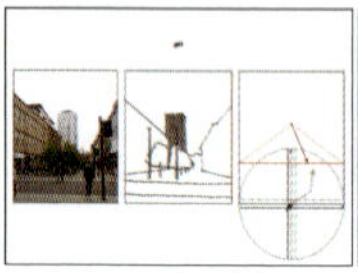
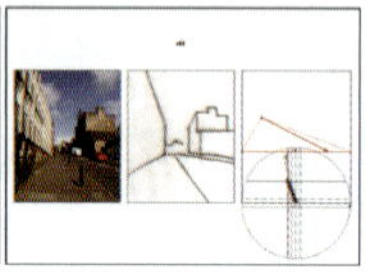
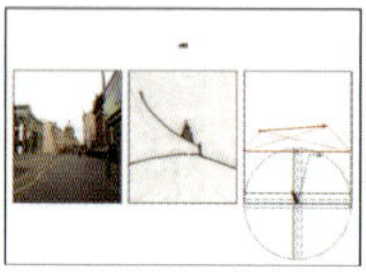
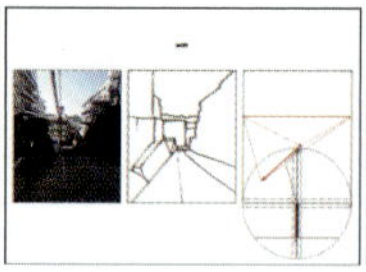
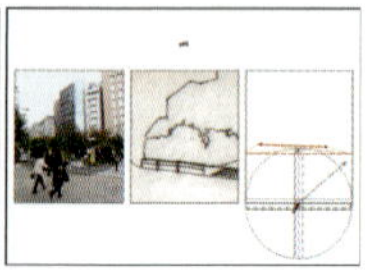

記述法の比較検討《感覚の記憶—状況の雛型》

"activity_pulse"で同じパターンの波形が5つ見つかりました。恣意性は含まれますが、普遍的な性質をもった状況です。

そこで、波形に色を振り分け、各色と同じ状況の地点における、"drawing_book" 中央のスケッチを精査。すでにあるスケッチに重要な特徴と思われるものを描き足し、不要な情報はホワイトで隠していきます。この作業で、その場所での記憶を再検証し精度を高められました。

実証を重ねた上で、5つの共通する状況とはどのような身体感覚を記憶に残す空間なのか、模型を覗く行為を介して、他者と共有できないかと考えました。

5つの状況の特徴を表す地点のスナップ写真に私の身体感覚の記憶を加えて模型化します。模型を持って、対応するスナップ写真を覗いたときの感覚が、私がそこで体験した感覚の再現です。向こう側のスナップ写真で、少しだけ想像しやすくなると思います。そこにいる自分を想像するという行為は、本来の建築模型の見方、あり方でもあります。

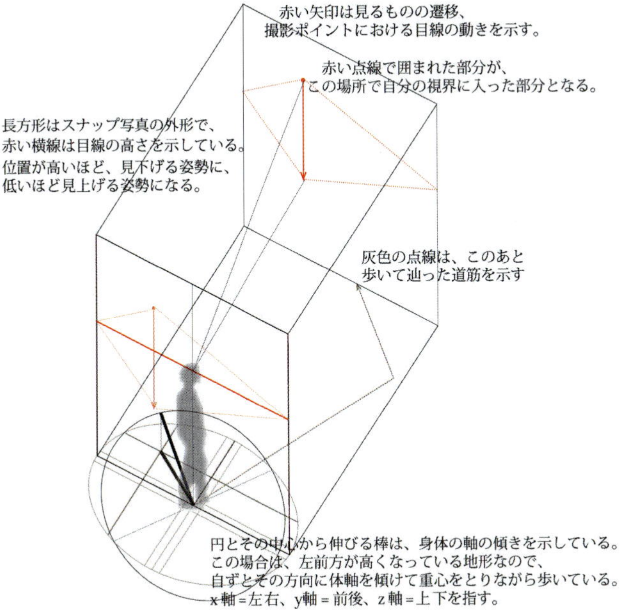
赤い矢印は見るものの遷移、
撮影ポイントにおける目線の動きを示す。
赤い点線で囲まれた部分が、
この場所で自分の視界に入った部分となる。
長方形はスナップ写真の外形で、
赤い横線は目線の高さを示している。
位置が高いほど、見下げる姿勢に、
低いほど見上げる姿勢になる。
灰色の点線は、このあと
歩いて辿った道筋を示す
円とその中心から伸びる棒は、身体の軸の傾きを示している。
この場合は、左前方が高くなっている地形なので、
自ずとその方向に体軸を傾けて重心をとりながら歩いている。
x軸=左右、y軸=前後、z軸=上下を指す。

雛型1/5
type A

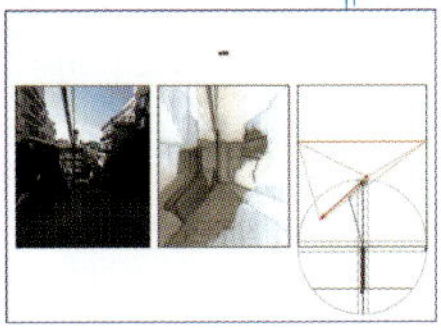

雛型2/5
type B

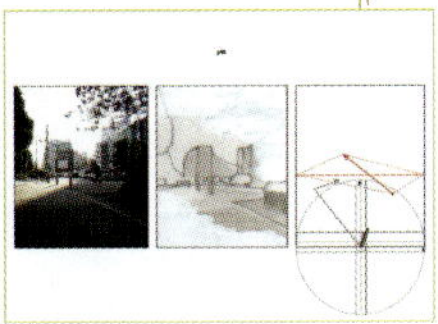

雛型3/5
type C

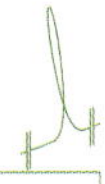
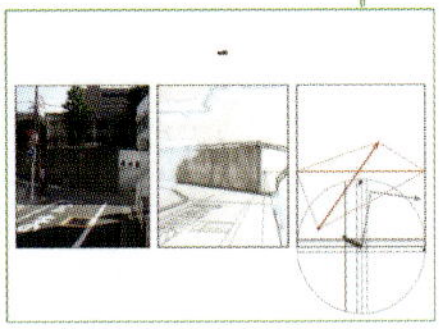

雛型4/5
type D

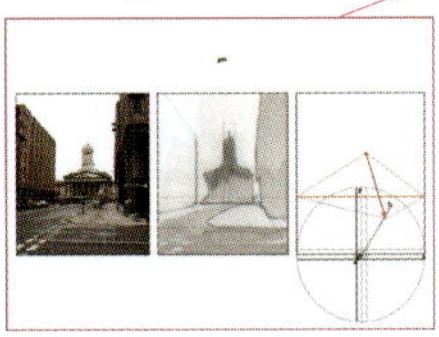

雛型5/5
type E

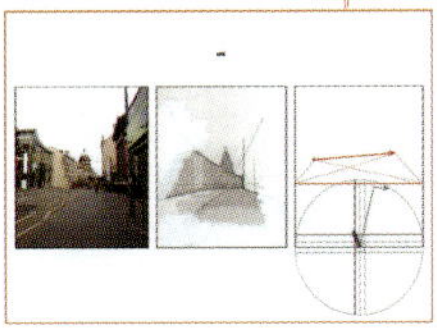

感覚の記憶—5つの雛型

雛型1/5:typeA

雛型2/5:typeB

雛型3/5:typeC

雛型4/5:typeD

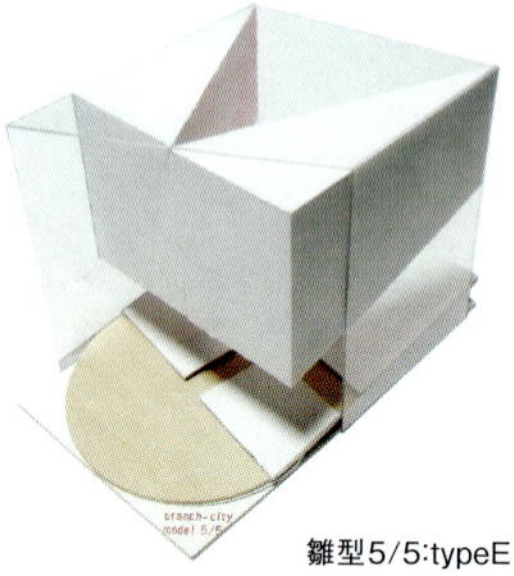

雛型5/5:typeE

土地勘・私的身体感覚を共有する試行

making "branch_city model" - Shibuya

ケヴィン・リンチは『都市のイメージ』で、目に見える「もの」による都市デザインを説いています。私は、身体に動きを生み出す「状況」から都市をつくることで、ひとに近い都市空間が生まれる可能性があるのではないかと考えています。

"branch_city model" は、私の渋谷の土地勘を、体験として具現化した、他者と超私的体験を共有するためのツールです。ボールゲーム形式で、土台部分の半球で自在に動く模型の上で転がる小球が渋谷での私の重心であり、疑似体験するための投影対象です。この模型にプレイヤーとして接した時の体験が共感を得られるならば、「状況」による都市のデザインの可能性が開けたと言えるのではないかと考えます。

"branch_city model" 内観

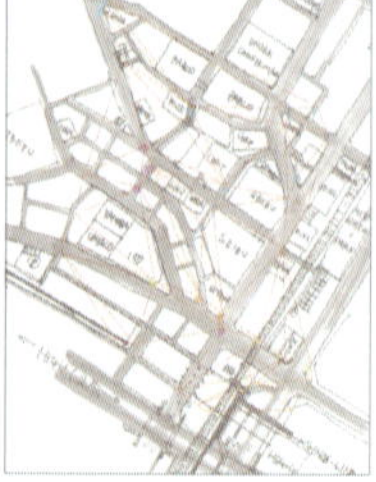

1. 記憶を頼りに渋谷の地図を描き、実際に歩いて5つの「状況の雛型」に当てはまる場所を地図にプロットした。

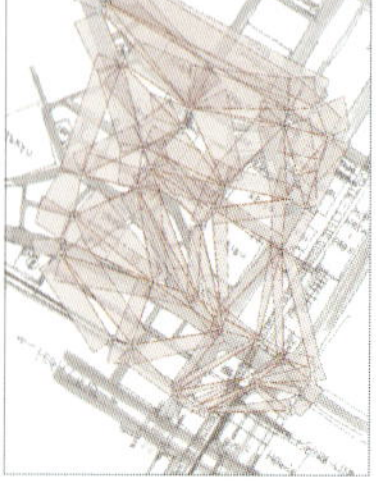

2. 点=記憶に残りやすい状況の地点をつなぎ、それをもとに雛型を構成し模型はつくられた。

diagram - Shibuya
(一部抜粋)

審査員コメント

審査員コメント@巡回審査

龍光寺：まず面白いと思ったのは、自分の個人的な感覚をどうやってみんなで共有することができるか、という視点。みんなが持っているであろうそれを主題にして真正面から切り込んでいった。なかなかできないことです。私たちは普段コミュニケーションをとりながら設計活動をしていますが、使うのは言葉がメインです。でもこの作品は言葉を使わずに経験を伝えようとしている。言葉なしでどこまで通じるか、という問題提起でもあるのでしょう。ただ、都市を楽しんで、肯定的に経験をつづっていますが、建築は否定形を伝えづらいのではないかと思っています。人間が感情を抱くのは、視覚情報だけでない。ポジティブな経験、ネガティブな経験など、多様な経験を積み重ねている。文学なら言葉として容易に伝わるでしょうけれど、形から伝えるのは不十分な部分があると思います。この提案のようにポジティブに積み重ねることは設計者として大事です。一方でポジティブな体験のみになるのではないか、と危惧します。記述の一つひとつの理由は分かりますが、それが非常に身体的。もう少し論理の構築をした方がよいのではないかと思いました。

南後：都市のリサーチの仕方として、知覚や記憶による都市の記述方法やノーテーションの方法がすごく面白かったです。私自身も、グラフィティ・ライターがどう都市空間を経験しているかに興味があってリサーチしてきたので、触発される点が多かったです。ただ、これは個人的な経験を他者と共有するためのツールだと思うんですが、ここからどういう対話や発見が生まれ、設計につながっていくのかが気になるところですね。

小嶋：あなたの超個人的体験と空間体験としての渋谷を模型にするとこういう形になりました、ということですね。難しい問いかけだよね。あなたの超個人的なものに異論を挟む権利が私たちにはないから。これを設計といえるかどうか、という話からスタートする内容で、さぞ勇気が必要だったことでしょう。

西沢：目のつけどころは面白いですね。都市交通の手段としてスケボーを考えると、スケボーは40kmくらいの距離を平気で移動できるとか、鉄道などの近代交通のなかでも機能したりするから、街の距離感や情報を変えてしまうようなものですよね。それはとても面白いことなんだけれど、それがノーテーションの話で終わっているのが惜しいと思う。実空間の提案になってくれるとすごくよかった。広場や歩道の計画でもかまわないんですよね。

手塚：一度ダイアグラム化、建築化しているから、人が全部消えているんだよね。建築はアートワークではないし、もっとインタラクティブで、多様性をもっているもの。手法のスタディとしては面白いけれど、道具がいっぱい集まっている感じで、僕の魂を揺さぶる強さがどこかで消えている気がする。すごく論理的に考えて答えが出てきていますが、予期せぬところまで昇華させるのは、もっと感情的なものだと思います。なにも間違ってないんだけれど、間違っていないことがいい、ではないんですよね。

海法：個人的な体験を他者と共有する先にヴィジョンが見えないことは、ともすればただ自己を他者に共有されたいという願望に見える可能性があります。その善し悪しは別としても、僕にとってはきわめて現代的、都市的な人間性を垣間見てしまう提案で、どうしても心の底からは賞賛しきれませんでした。そういう意味で、今後の展開には大変期待していますし、僕も寛容な大人を目指します。

旅の記録
現代における新集落、やがては集落

私が世界一周旅行で出会った「生きた場」を現代の日本に埋め込む手法を考えた。調査地をリサーチしダイアグラムに落とし込み、使用方法の検討、形態スタディを行なうことでツールとして確立させる。本計画は游住の貸別荘の集合体として新集落を置き、人々がネットワーク化や交通網の発達という時代変化の中で定住することで従来の集落という概念に還元されるも

Name:
津川康次郎
Kojiro Tsugawa
University:
東京理科大学大学院
理工学研究科　建築学専攻
初見学研究室

Q 修士設計を通して得たこと

良い空間は結局、そこにいる人々がどれだけ生き生きとしているかなんだと気づきました。設計で重要なのはアルゴリズムなどのPC上の形態シュミレーションではなくて、使われ方や建築の歳のとり方のシュミレーション。ということが私の信条となりました。

Q 修士修了後の進路と10年後の展望

鹿島建設で設計をしています。10年後は自分に正直に生きたいと思います。そして、楽しく建築と関われれば幸せです。

のである。建築に余白空間や、さまざまな領域形成の手掛かりを用意することで、人々の日常を鮮明に映しだし、生活する人々によって姿を変える「生きた場」となる。世界各地の伝統的要素から生み出された「生きた場」は、新しい伝統として未来に残る。

7カ国43カ所の「生きた場」リサーチ

中国麗江旧市街、エルサレム、クサール——訪れた7カ国43カ所で人々の暮らしようをリサーチ。そこで見られた特徴などを10項目、全47種類のダイヤグラムに落とし込んだ。また、調査地の敷地特徴や文化特性を抽出し、ダイヤグラムとの関係性を考察。「生きた場」を生成すると仮定した「余白」「地形」「屋根」「領域」に対応するものを絞り込む。

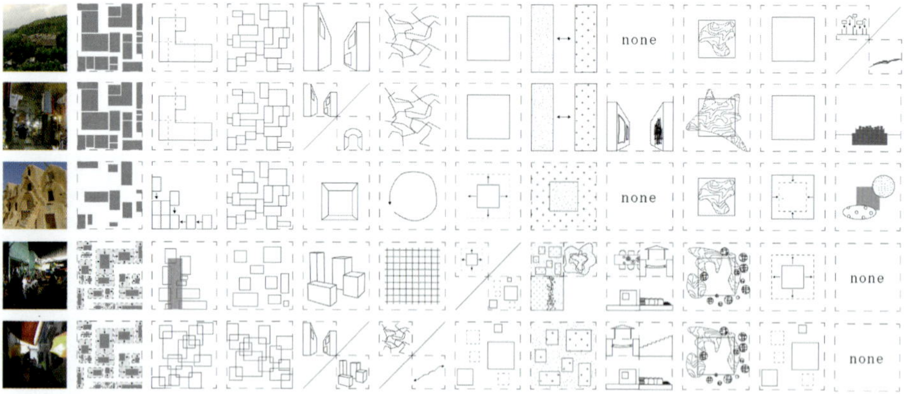

項目の例：動線の取り方、余白空間の分類、建築物の集合の仕方など10項目

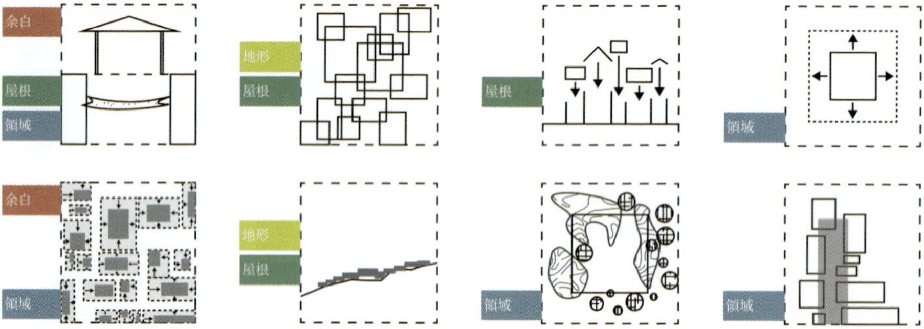

各ダイヤグラムごとに敷地の特徴や文化特性を考察した。「生きた場」を構成する「余白」「地形」「屋根」「領域」という4つのキーワードに対応するダイアグラムを絞り込む。

「游住人口」という概念、新集落へのプログラム

昨今の社会問題、特に地方から主要都市への人口流出を解決するために、「游住人口」の概念を提案する。これは非定住の人口のこと。新幹線などのネットワークによって主要都市からアクセスしやすい場所に「游住の地」をつくる。游住人口は、さらに時代変化に伴って「定住人口」へシフトする可能性をもつ。

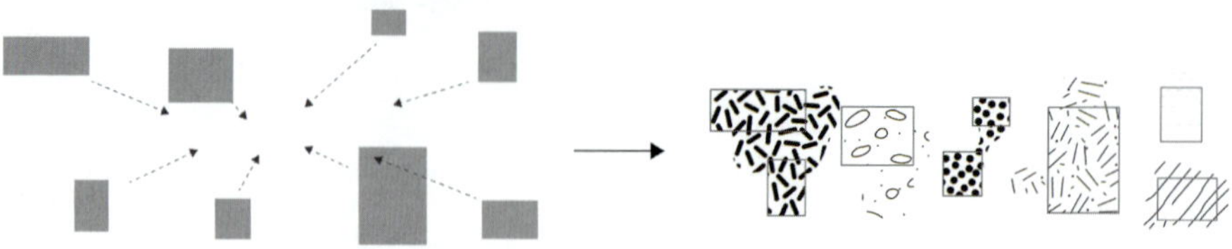

通常は散在するコンドミニアム。それらを集合させることで獲得される風景とは——伸縮性の高い領域、変幻自在な余白空間を備えることで人々の生活が染み込んだ「生きた場」となるのではないだろうか。

設計プロセス

敷地は最上川河畔の山形県戸沢村を選定。山間部の過疎地だが、新幹線新庄駅から至近で、最上川などの観光ポテンシャルも高い。先述のダイヤグラムをもとに、L字擁壁の有用性を導き出し、そこから集落全体の構成をデザインしていく。

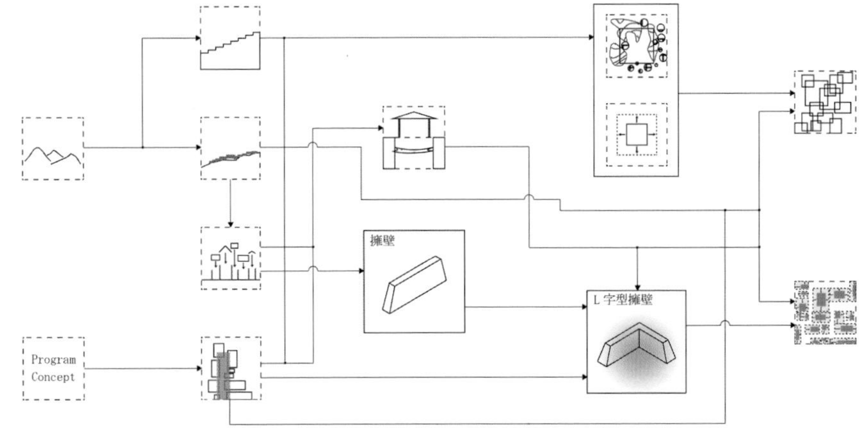

敷地の形状、プログラム、コンセプトからダイアグラムを組み合わせて考えると、L字擁壁という形状が想起された。

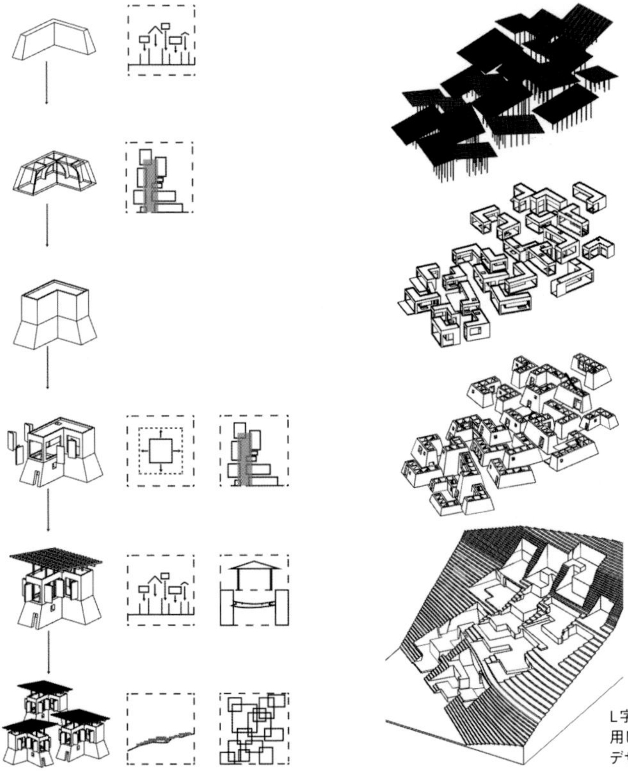

L字形状をさらにダイヤグラムを使用しながら発展させ、集落全体をデザインしていく。

第一形態：現代における新集落

セカンドハウス、貸別荘が集合体をなすことで新しい風景が生まれる。利用者はこの集合体全体を利用する権利をもつ。人数に応じて対応する規模、川沿いの部屋を選ぶときもあれば山側の部屋を選ぶときもある。隣り合う部屋を選択すれば、中庭のような空間をつくることができる。また、壁面をほとんど開放し、可動式の壁とすることであらゆる使い方に対応し、外部空間に生活が漏れだす。

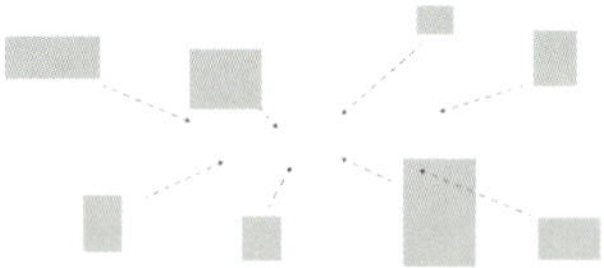

第二形態：やがては集落

進むネットワーク化、交通網の発達に伴い生活の場、働く場など人々の日常の生活圏は広がる。このとき、游住から定住へ移行し、"新集落"は従来あった"集落"の概念に還元される。本計画における余白空間、インフラは集落還元時に増改築の手掛かりとなる。

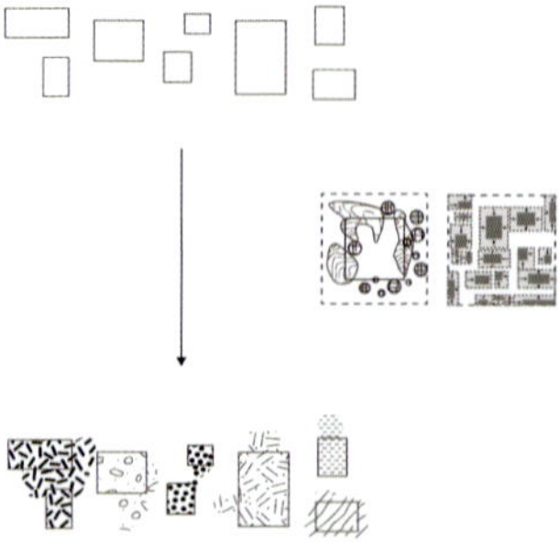

審査員コメント

審査員コメント@巡回審査

南後：游住人口が定住人口に変わっていくということで、游住人口という新しい概念をつくったのは面白いですね。游住人口から定住人口へは、どういうタイミングで切り替わるのですか。

津川：自分としては時間のスパンは考えられないのですが、この模型はその中間、新集落が集落に変わりつつある瞬間を表現したものです。

南後：ということは、グラデーションを帯びながら徐々に変わっていくというイメージですね。あと、他の人の作品では「被災地」とか「海沿い」など、直接的な表現を使っているのに対して、「集落」という言葉はメタファーだと感じました。ここで「集落」という言葉を使っている理由は?

津川：自分が旅行で思ったのが、人が場を見つけて勝手につくり変えていくというのが、いわゆる集合住宅や住宅街と集落の違いだということでした。旅から、こういう場をつくれば人は勝手に場を読んで、そこをつくり変えていく可能性を感じました。

西沢：この山間部に住むニーズというのは実際にあるのかな。収容人数はどのくらいですか?

津川：最初はホテルや別荘のようなもので、収容人数が70人ぐらいです。その程度の規模でしたらニーズは考えられるかなと思いました。

西沢：敷地選定の理由は何ですか?

津川：「新集落」がどのように社会に貢献するかを考えました。そこで敷地を、主要都市からアクセスのしやすい所に設定しました。新幹線の駅に近く、それでありながら過疎地域でありつつ、ロケーションに魅力を感じる所を選びました。

西沢：もっとベストな敷地があったのでは。リゾート施設の敷地を選ぶような目線で選んでいてはダメですよ。21世紀の集落を本当に成立せしめる条件を考えて、敷地選びをした方がいい。例えば、こういう自然環境もよく見ると、独自の集客力をもっている場合がある。名所旧跡や景勝地などがそうですが、それらは環境それ自体の力によって集客力を保っているし、リピーター率も高いです。環境それ自体が資源であるような場所を敷地にしていたら、提案内容とピッタリだったと思う。

海法：設計自体はとても密度の高い力作ですね。聞いていてプロトタイプを目指しているのかなという気がしたんですよ。新幹線の通る駅が近く、川が近い斜面地という説明でしたが全国探せばいくらでも出てきますよね。単純に斜面地に建つ特徴的な屋根をもつ集落を設計したいと思ってるのかなと。そうであれば、最初の説明はむしろいらないのではないかと感じました。

津川：今回敷地を一つに絞りましたが、もっと多様な敷地でできると思っています。たしかにプロトタイプをつくろうとしている部分は大きいです。海沿いなども含めて、本当は3個くらい設計案をつくりたかったのですが、今回はこのケースだけとなりました。

審査員コメント@公開審査

手塚：素直に感じたものを一生懸命ちゃんと実物に落とせていることがすごく良いと思います。L字型の石垣が提示されていますが、最終的に具体的にそれぞれの場に石垣に囲われたような囲われてないような空間に、人が行きたくなるような場が生まれている。それが学部の卒業設計と違い、ちゃんとリサーチの結果を踏まえているから、どこも淀んでいないと感じられます。

普通に見えない普通の住宅

自身のこれまで24年間の借り暮らしの背景のもと、「ありふれた」商品住宅に対する、新たな合理性のあり方を探る研究。

「建築学的」住宅とそれ以外の商品住宅という分けられた世界で両者が捉えられていることに6年間疑問

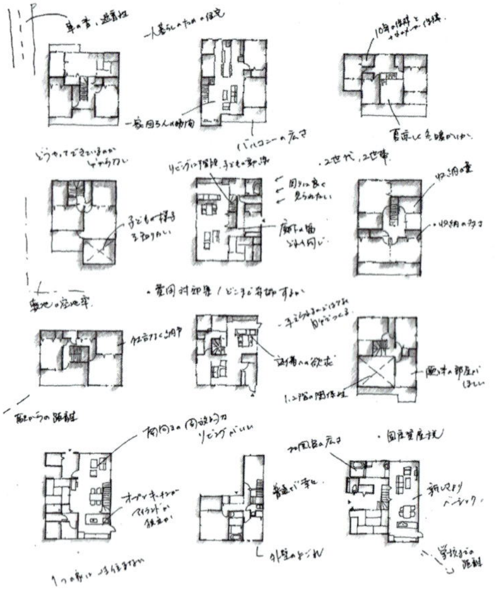

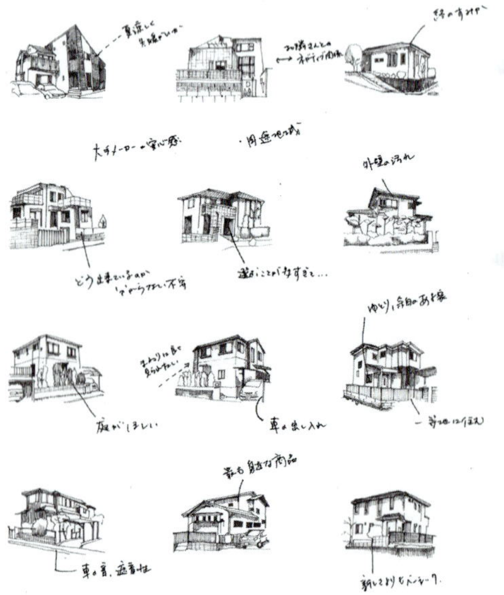

既存の商品住宅のイメージを抽出する

Name:
河田 將博
Masahiro Kawata

University:
芝浦工業大学大学院
理工学研究科　建設工学専攻
原田真宏研究室

Q 修士設計を通して得たこと

6年間常に考えていた「ありふれた住宅」に対する疑問と学生最後に真っ向から格闘することで、自分の生涯のテーマを見つけられたような気がしています。

Q 修士修了後の進路と10年後の展望

卒業後は、まさに「商品住宅」をつくる会社へ就職します。商品住宅側から新たな価値を生むような、新たな建築家の職能を見出したいと思っています。

を感じてきた。

商品住宅の合理性は「内的合理性」と「外的合理性」の2つのバランスによって成り立つが、現代では大きすぎる経済合理性によってそのバランスが大きく「外的合理性」に傾いている。内的合理性の側から働きかけることで、従来の均質な標準ではなく、一人ひとり異なる「多様な標準」を生み出すことができるのではないか。

[提案1]3LDKのワンルーム

[提案2]長屋とニワ

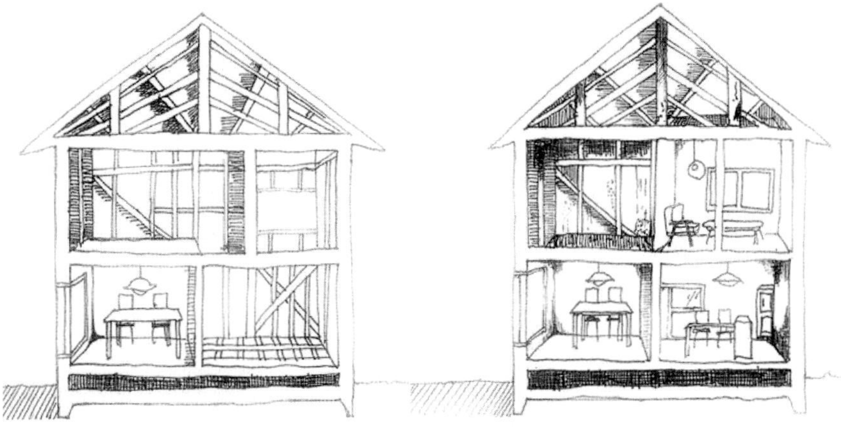

[提案3]格安未完成住宅

[疑問]大きすぎる外的合理性と標準化する内的合理性

現代では経済合理性が第一の目的となり、さらには住人にとっての「良さ」のように捉えられてしまっている。私はここに疑問を感じる。経済合理性が「良さ」となると、徐々に内面的合理性が欠如していき、モノとしての住宅の標準化／画一化が住人の価値観やライフスタイルまでも標準化していく。

内的合理性

住宅の生活空間としての価値であり、快適さや居心地の良さ、使いやすさなど潜在的な面である内的合理性。世界中どの住宅にも大前提として存在している価値であり、ここに建築家の職能が存在している。

外的合理性

企業や住宅業界、さらには国という大きな見えざる手による商品としての合理性。「値段」はいつの時代でも住人にとってクリアすべき大命題であり、逆に高ければいくらでも理想を追求することができる。

[問題提起]住宅の寿命は30年

外的合理性に傾いた商品住宅の合理性は、住宅の生涯における価値の推移に表れてくる。住宅においては、「今」自分たちにとって良い住宅を建てることを第一の目的とし、10年、20年後の価値については考えられていない。そして、現在の住宅の平均建替え年数は約30年という長くもなく、短くもない不思議議な数字となっている。

商品住宅の寿命を決定付ける外的要因はさまざまであるが、やはり最大の要因は住人の「更新」という価値観である。新しいものが最大の価値をもつということは、次の瞬間から価値が低下する一方であるということを示している。

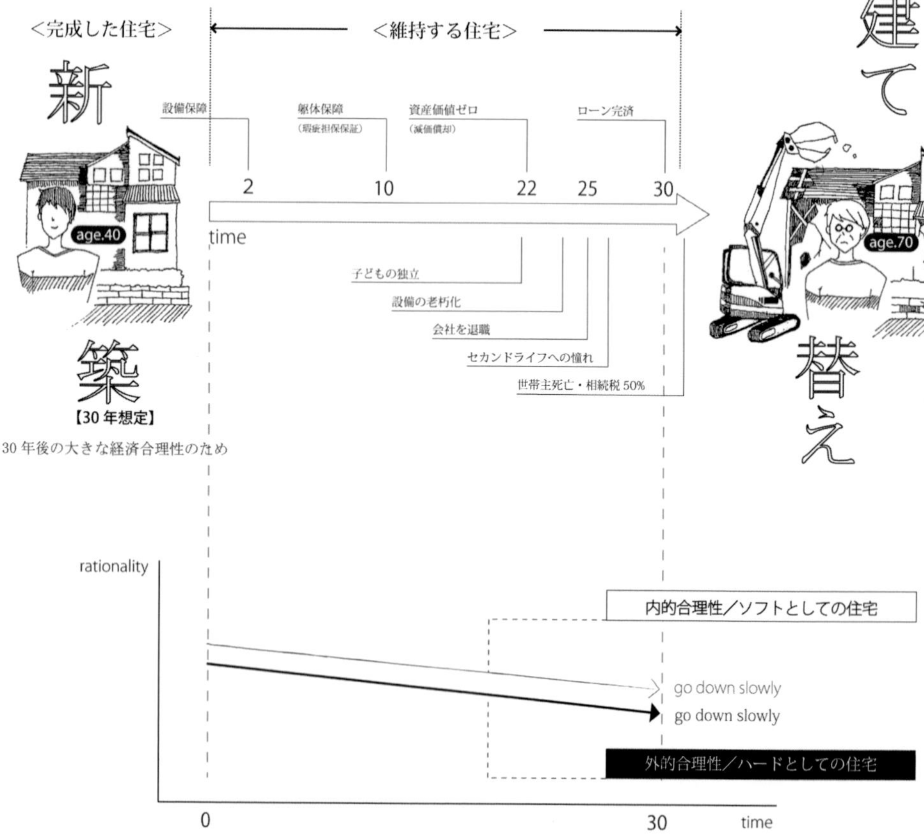

[手法]商品住宅の原理の反転

商品住宅をつくっている原理の方向を逆転させる。これは何ら特殊なアプローチではなく、本来的に優勢なはずの内的合理性の側から、外的合理性に働きかける可能性を探る。それは結果として、「多様な標準」という価値を生み出すことにつながる。

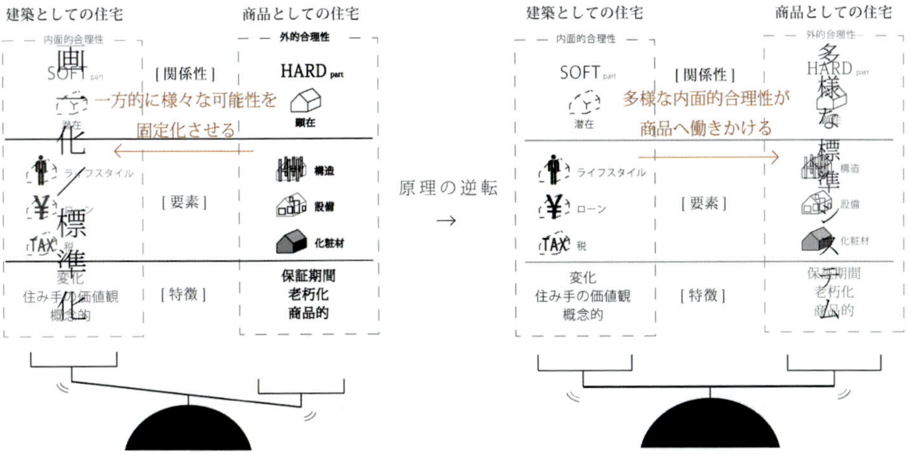

本提案では、ありふれた商品住宅への解像度を上げ、多様な内的合理性の並列／類型化によって外的合理性、つまり経済性を維持したまま、「新たな時間軸」という価値を3つの手法で導く。 これは固有解ではなく、どんな商品住宅にも転用可能な匿名的システムの設計である。

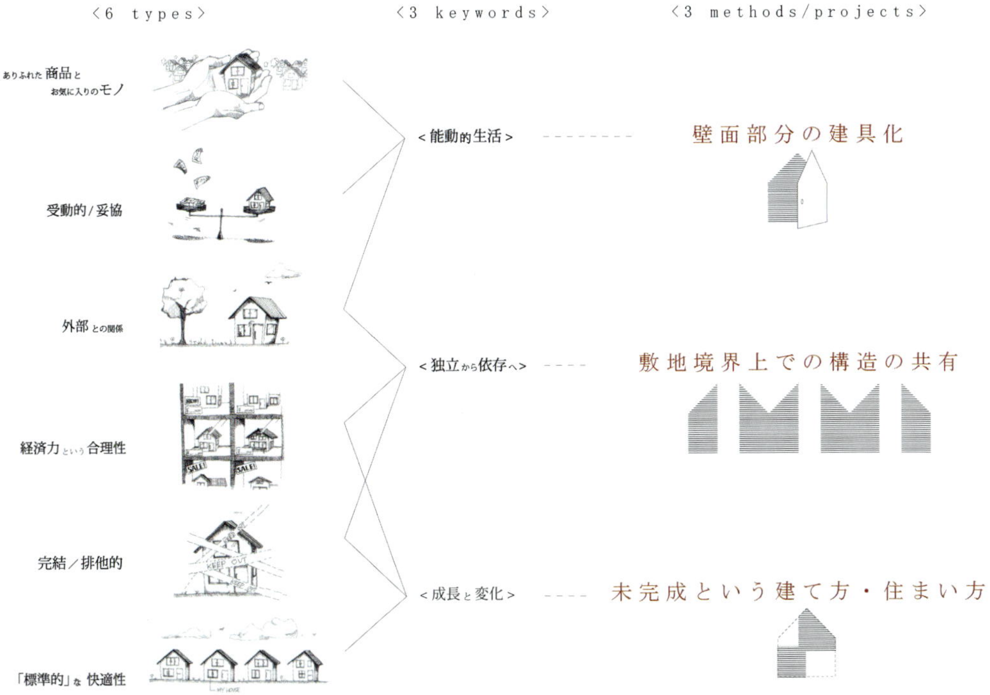

[提案1] 3LDKのワンルーム

能動的生活

標準化された商品性を生かして内的合理性の多様さを取り戻すことはできないだろうか。住人が住宅を能動的に捉えるために、住宅をただの箱ではなく住人の手で扱えるものにする。この物件では、既存のnLDKの間取りを踏襲し、明確に諸室を分けていた壁を片開きの扉とすることで、日常の中で住宅に触れ、小さな行為が空間を劇的に変化させる。

壁面部分の建具化

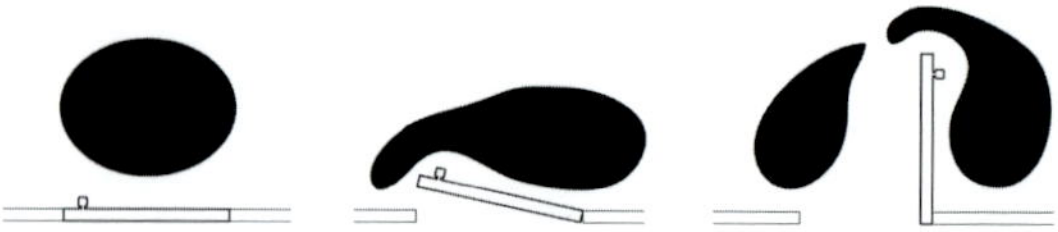

空間を分けていた1つの扉が

開くことで

新たに空間を二分化する

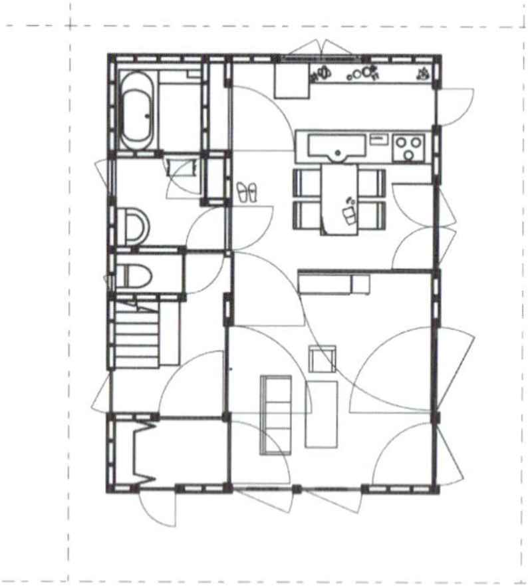

201X年4月1日　1F plan
nLDKのように諸室が比較的明確に区切られている。

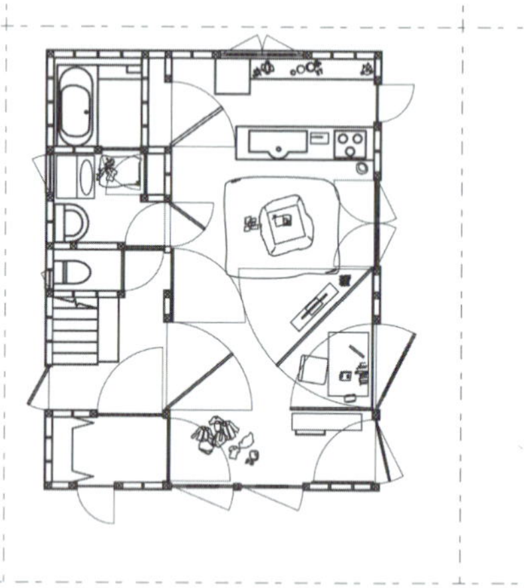

202X年11月1日　1F plan
扉はほぼすべて動きがあり、ワンルーム空間を緩やかにつなぐ。

[提案2] 長屋とニワ

独立から依存へ

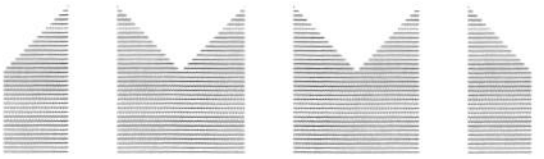

江戸の長屋のように敷地境界を共有することを新たな価値とする。隣地に接するかのように建て込んでいる現代の戸建て住宅は、外部に開きたい一方で、土地の中で完結することを第一とした自己矛盾を抱えている。
敷地境界上に共有壁を設けることで、半強制的に隣と構造を共有する。他人と構造を共有することで、安く住宅をつくることができる。

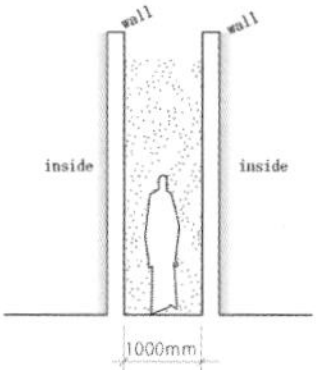

1000mmの隙間の非合理性

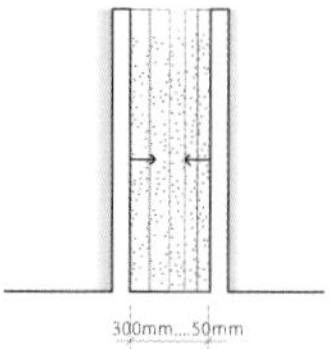

ネガティブな関係性を生む外壁同士をさらに接近させ、構造的に共有させる。

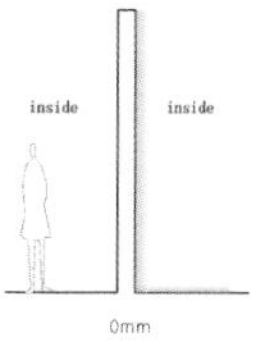

曖昧な関係はなくなり、物質的な依存関係が残る。

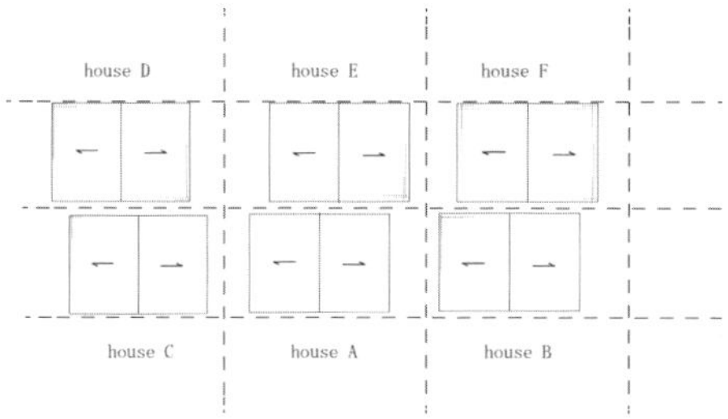

既存の独立型住宅

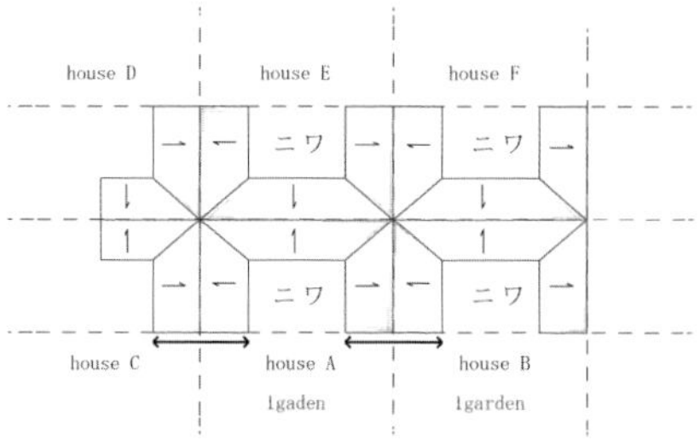

隣と依存する住宅

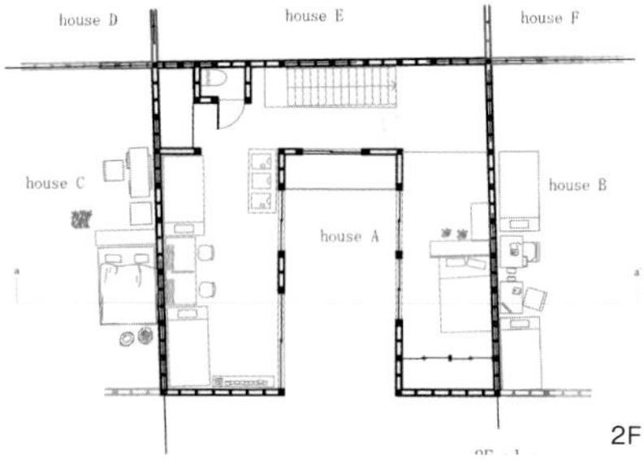

2F plan

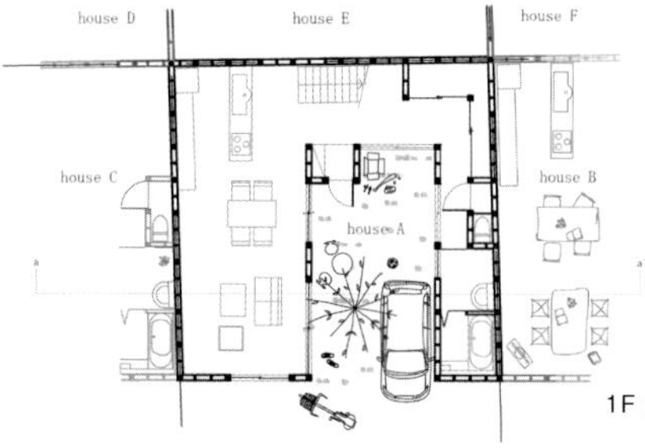

1F plan

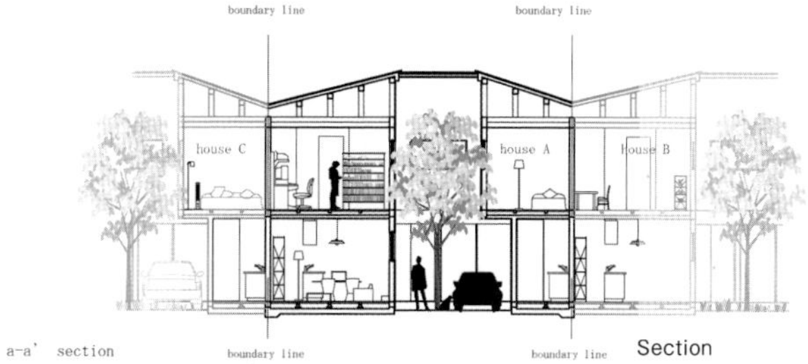

Section

Scale 1/250

[提案3] 格安未完成住宅

成長と変化

普通の住宅の「買い方」に着目する。木造軸組工法において、始めにすべてを完全に仕上げてしまうことは本当に合理的だろうか。30年後には、30年後の合理性を持った住宅が、住人の手でつくられる。建てて住むのではなく、住みながら建てるシステムの提案。

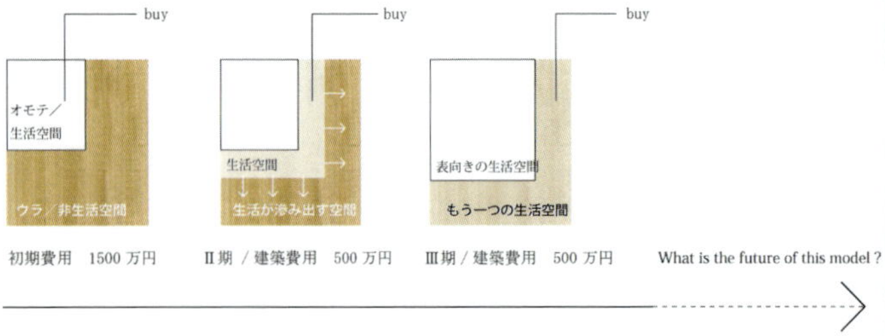

第3期工事
子ども室が与えられる。豊かな裏の空間がもう1つのリビングとなる。

第4期工事
老後を迎えた夫婦。床面や壁面を減築し、大きな空間で他者と交流する。

2F plan

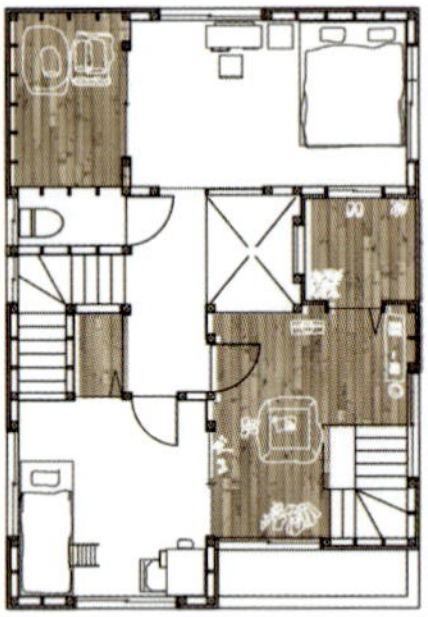

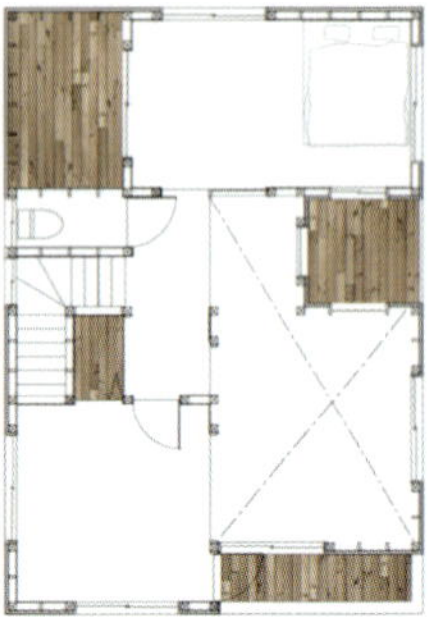

1F plan

Section

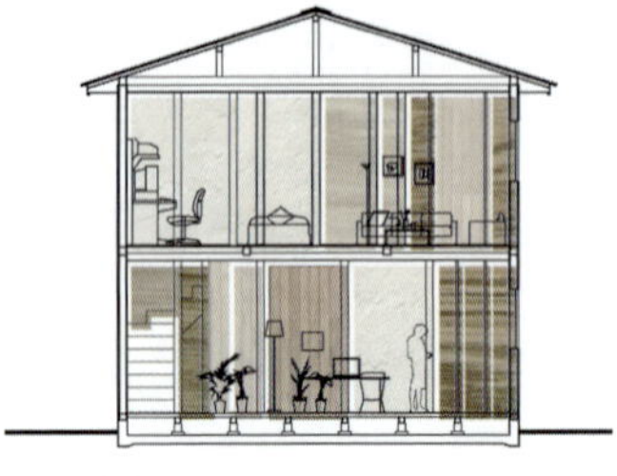

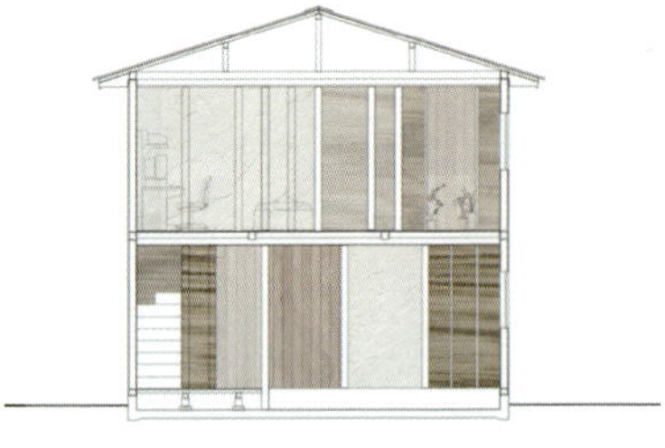

審査員コメント

審査員コメント@巡回審査

龍光寺：あなたの問題意識は非常に分かりやすい。ただ、この作品はハウスメーカー側の提案というよりは、実は建築家らしい提案ですね。建築家が商品住宅のコンテクストを利用することで、新しさがより伝えやすくなるという建築だと思います。

河田：僕がずっと学んできた建築は作家的な建築で、それに豊かさを感じています。一方、僕は今まで12回の引越しをしていて、住宅建築のイメージがあまりありません。商品住宅と建築家の住宅を近づけたいと思い、建築家側からではなくて商品住宅側からアプローチしました。

南後：建築雑誌からアトリエ系の建築家が設計した住宅を抽出した出展作品がありましたが、河田さんはハウスメーカーの一般的な商品住宅から抽出している。両作品の違いは何だと思いますか？ また、この2つの作品が広がって風景になったときに、どちらが社会的に豊かなものになると思いますか？

河田：あちらの場合は作家的な話で、僕のアノニマスな住宅とはまた違うと思います。僕は住宅の作家性は、ほとんどの人々は無関心だと思っています。作家性よりも、商品的な価値や経済という外的合理性の方が大きくて、価値観やライフスタイルといったものが外的合理性に引っ張られているという現状があります。その引っ張られがちな価値観を否定するのではなくて、肯定した上で新しいものをつくろうと思いました。

海法：この建具の提案は、本当に使いやすいのでしょうか？ 実際に使ってみたら建具の位置は固定されるように思います。

河田：僕は30年という時間で考えていて、住人の価値観は、子供が生まれたり成長したり、どんどん変わっていくと思います。

海法：住宅のプロトタイプ志向があるのですか？ 建築家の手を離れても自動的に生成されるような、そういうプロトタイプを目指しているのか、それともハウスメーカーの立場からジェネリックな住宅を変えようとしているのか。前者であれば、いままで数多くの建築家が試みてきた試みと何が違うのですか？

河田：後者に近いです。商品住宅と、建築家の住宅に大きな差があって、それを近づけるために大多数の求める方合理性から、アプローチしていきたいと考えています。

審査員コメント@公開審査

西沢：まじめに取り込んだと思います。長屋風のもの、3LDKのもの、格安の住宅という3パターンのうち、格安住宅については僕は理解できました。500万円でとりあえずリビングだけつくれるように設計するという考えは、リアリティもあるし、とてもいいと思います。ですが、それ以外の2つはあなたが本当に必要だと思って設計しているのか疑問でした。世間的に必要だと言われているから僕もやってみました、というような設計態度は、僕には理解できないです。一生に一度の修士設計なのだから、世間的にはどうあれ、あなたが本当に信じられる建物を見せてほしかったです。

手塚：普通なものをつくりたい、というときに重要なポイントは、「これありそうだけど、なかったね、なるほどね」という感覚だと思います。それが、彼の作品には感じられなかった。それに、すべての人が3LDKというプランに住みたいかどうかもわからないなと思いました。

みちとまちのにわ

小さな個の単位での更新を繰り返して新陳代謝している住宅地は過剰な敷地の細分化や、少子高齢化による空き家率の増加問題を抱えている。細分化された住宅地には同じように細分化されたヴォイドが点在している。これらを一つながりの敷地として捉え直すと、窮屈な住宅地に風や光や人を通し、緑をもたらす、みちのような、にわのような空間に変えることができるかもしれない。細長くつながり、きめ細かく張り巡らされたヴォイドにシェアハウスをつくる。人々のアクティビティを生みながら建築自体はひっそりと、まちの、人の、植物の背景として風景をつくりだす。

Name:
町田 彩
Aya Machida

University:
京都工芸繊維大学大学院
工芸科学研究科　造形科学域
建築設計学専攻　米田明研究室

Q 修士設計を通して得たこと

修士設計で考えてきたこと、学生だからこそできた自由な発想、そしてそのプロセスの中には、生ぬるい思考の中に混じって、建築を考えていく上で自分の中の芯になっていくであろうものを確認することができたような気がします。

Q 修士修了後の進路と10年後の展望

岸和朗事務所で働いています。10年後について考えることは難しいことですが、わくわくする出来事を抱えて仕事をしていたいと思っています。

図書館横の広場

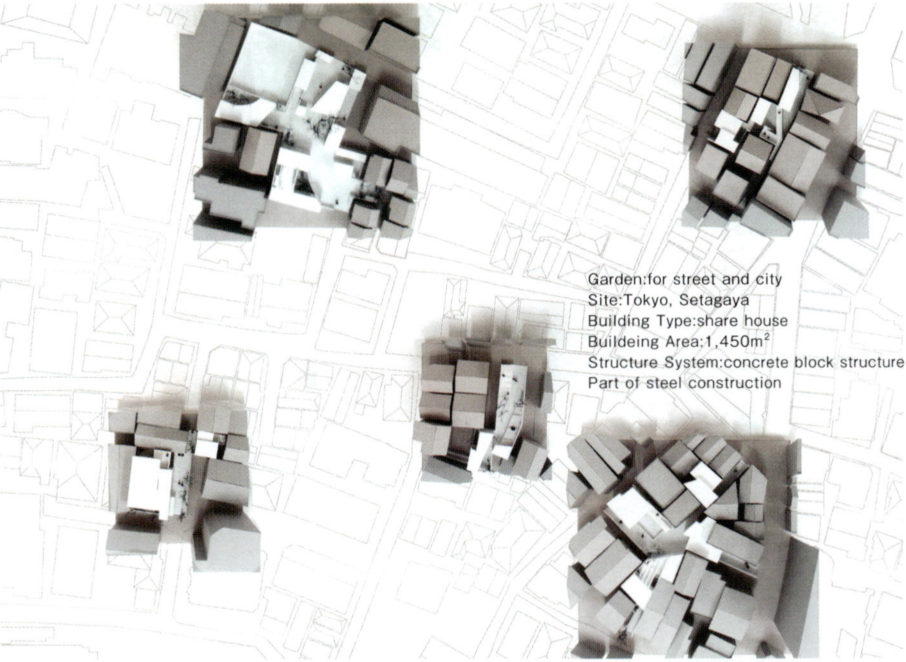

Garden:for street and city
Site:Tokyo, Setagaya
Building Type:share house
Buildeing Area:1,450m^2
Structure System:concrete block structure
Part of steel construction

防火水槽越しに防災広場を見る

老人向けシェアハウス

商店街側からの入り口

Site

東京都 世田谷区 若林4丁目

(Google Mapsを元に作成)

敷地は、古くから人が住み続けている東京都世田谷区若林4丁目。ミニ開発と呼ばれる過剰な敷地の細分化や、少子高齢化による空き家率の増加問題を抱えている。1)密集しすぎた風も通らないような狭苦しい住宅、2)その住宅のために張り巡らされた細い私道、3)放置された古い空き家が点在している。

Problem of the crowd residential area

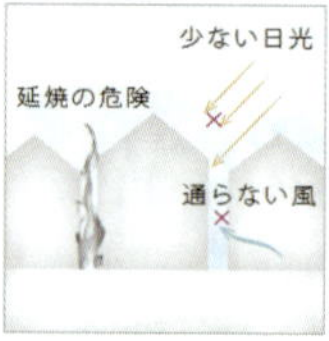

ミニ開発住居の環境悪

・防災問題

少子高齢化による住宅地の衰退

・コミュニティの希薄化

都市機能の分離

密集住宅地は問題を抱えている。火災が起きたときの避難経路や救護活動のための車が入れない細い私道の問題、風や光の少ない住環境の問題、少子高齢化による空き家の増加、若者の減少、都市機能の分離による住宅地の完全なベッドタウン化やそれによる住宅地の衰退、などである。

Plot of the void

今後ミニ開発されるであろう空き家・空き地

ミニ開発された狭小な空き家

ミニ開発住宅に付随する幅員4m以下の私道

街区を通り抜けられるまとまりが浮かびあがる

3種類のヴォイドをプロットしていくと、それらがうまくつながって、街区を通り抜けられる道上になる場所が見えてくる。このまとまりをパブリックな敷地とすれば、街区の中に車が入れない広場のような空間ができる。それは人や光や風を通す街のにわのような役割を果たす。

Management Solution

住民を集めて地域をマネジメントする組織を運営する　空き家ができ次第、組織で土地を借りる　くり返していくうちに敷地がつながる　必要建物を建築し組織で管理・運営する

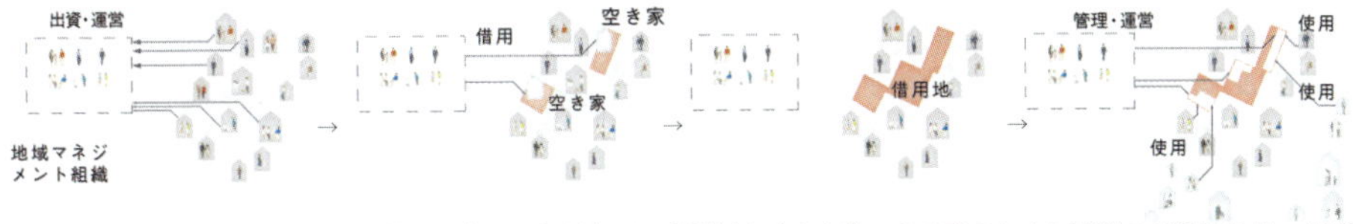

住民で地域をマネジメントする組織を運営し、空き地、ミニ開発された空き家、その家のための私道の3種類のヴォイドが生まれ次第借りていき、街区をまたぐ線上につながった段階で建築を計画する。それぞれの敷地に対応して、必要と思われる公共のプログラムを挿入し、運営・管理から利用まで住民が関わっていく方法を取る。

Diagram

3つのヴォイドをまとめた敷地　敷地境界線によって分断されている元の状態　50cmセットバックをやめて外部空間を集約する　外部空間は建築のあまりではなくなり街に緑が増える

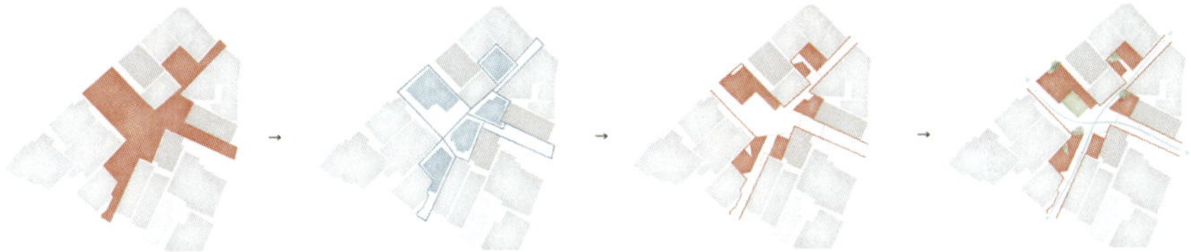

50cmセットバックをやめることを提案する。それぞれの敷地を区切っていた塀を取り除き、新しい敷地境界に、境界線と一体になった建築を計画する。建蔽率を変えずに外部空間の面積を集約し、風や光や人の通り道を同時に計画していく。建物の一室が外部になったように、建築内部の付属品としての外部空間ではなく、同等の空間として外部を扱った。

Role of the wall

人の活動や素材のあふれた街の背景となる塀　厚みをもてばヴォリュームとなる　植栽の場所を決め背景となる　ベンチやテーブルとなり人の憩いの場所をつくる

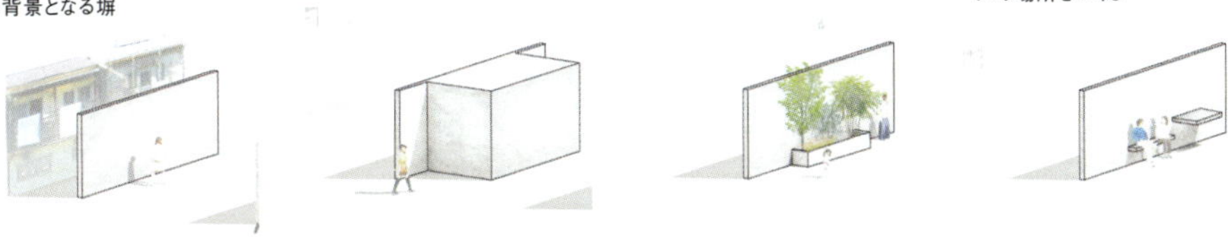

塀と一体化した建築は塀と同じようにコンクリートブロックでつくる。壁のような塀のようなブロックは、植栽の背景となり、人の活動の背景となり、時にはベンチやテーブルとなる。

Relationship between housing and road and garden

セットバックによって外壁に開口が開けられなくなる　奥に垣間見えるにわ　スクリーンの役割をするにわ　住居専用のにわはプライベートな空間をつくる

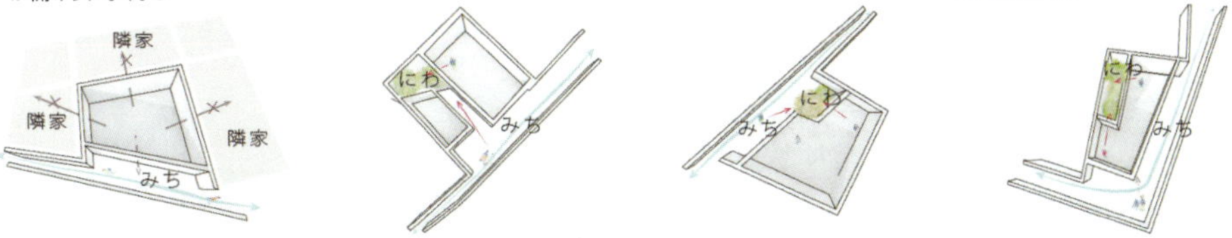

セットバックによって外壁に開口があけられなくなる。代わりに中庭ができ、それによってみちとまちと住居に関係が生まれる。庭のできる場所によってパブリックの密度が変わる。

Proglam

若者を呼び込むシェアハウスをつくる

今回選定した5カ所の敷地は、松陰神社参道向かい、松陰通り商店街沿い、世田谷図書館隣、といった個性をもっている。それぞれの場所の特性をふまえて、まちに若い人たちを呼び寄せて活性化を図るシェアハウスを中心とし、コミュニティの発展を促す集会所や、カフェ、持ち寄り図書館、松陰神社資料館、防災対策の拠点などのプログラムを挿入した。

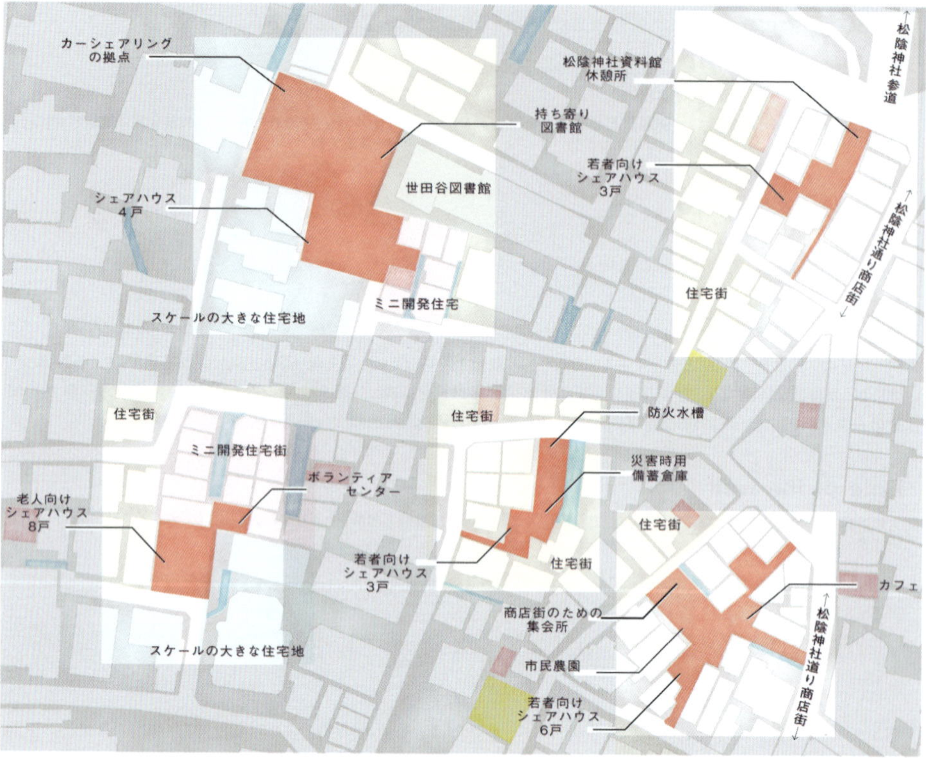

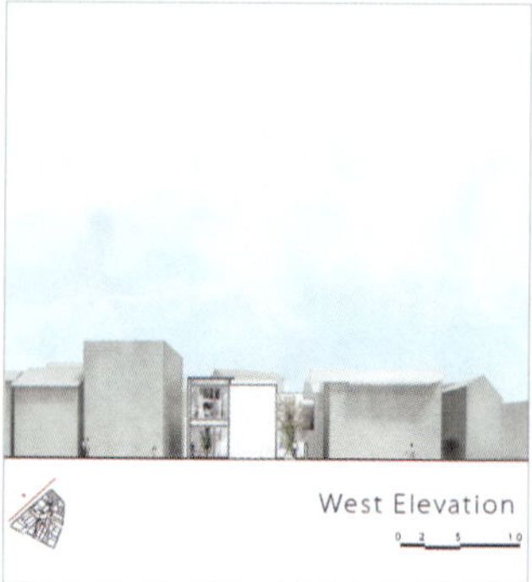

カフェから広場を見る

南側シェアハウスのリビング

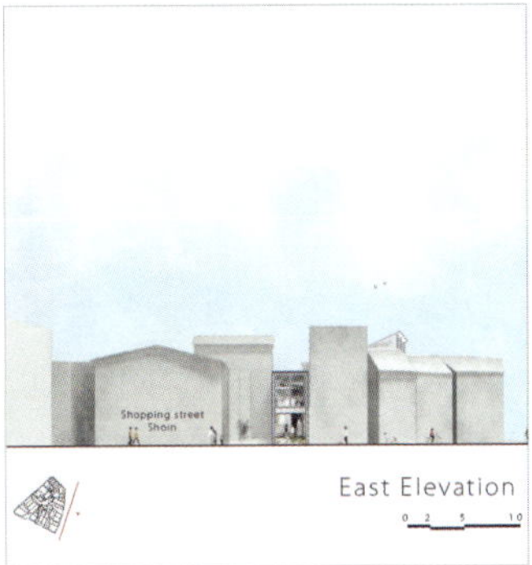

Share House
Room1
Bath
Kitchin
Assembly Hall
Room3
Living
3rd Floor Plan
Field
Kitchin
Cafe
Shopping street Shoin
Open Space
Multipurpose Room
Room2
Share House
Living
Share House
Kitchin
Dining
Warehouse
Terrace
Field
Cafe
Bath
Wash
Open Space
Room3
Room1
Living
Share House
Room2
2nd Floor Plan
0 2 5 10
N
1st Floor Plan
0 2 5 10

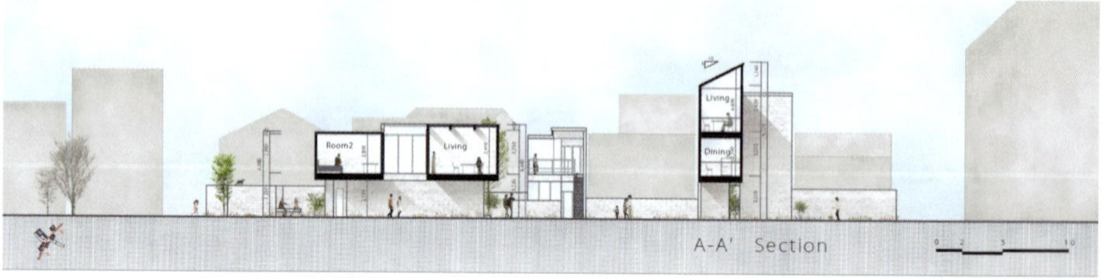
Living
Dining
Room2
Living
A-A' Section

住宅地側から広場へ

審査員コメント

審査員コメント@巡回審査

小嶋:Y-GSAで、北山恒さんの木造密集市街地をテーマにした課題の講評会に参加したことがありますが、あなた一人でよくここまで到達しましたね。塀を取り払ってつなぐだけでなく、輪郭の塀はあえて残している所もユニーク。この場所に対する良い意味での愛情を感じます。ただし、一つひとつの建築の精度が不揃いな点は気になりました。すべてRCでつくる必要はないし、ケースバイケースでいいんだよね。

西沢:敷地のつくり方、リサーチもいいです。ただ、デザインの方向性がいかにもキャッチーな商品にしようとしているのが気になりました。もっとあなたにしか思いつかないもの、今までの商品体系には存在しなかったようなものができてくるといいのにね。例えば、お母さんと子どもだけの通りをつくってみるとか、もう少し特化した「みちとまち」でもよかったのでは? あるいは若い人が集まれるように、この街を変えられるタイプの若者だけを探して、彼らのための通りを考えるとか。細かい点までリサーチしているからこそ、それを通じてはじめて出てくるような計画にしてほしい。

手塚:なんとなく塀で囲まれて、その後ろにプライバシーのある中庭があって、そこにもう一つ窓があるというのは、街にとっていいことだと思う。マラケシュやインドには、塀に囲まれた、塀が内部のような外部のような存在の建物はあるけれど、日本にはそれがない。実は日本は、敷地境界がすごく街に対して開いているんですよ。でも開いていてプライバシーがないから建物が閉じている。もっと日本なりの塀の在り方について、現代的な解釈をしていきたいな。この案は、着眼点はいいけれど、ドローイングが、中間領域をつくる塀と、そうではない塀が同じように描かれていて、ぼやけて見えるところが残念。

龍光寺:魅力的な平面形状をした空地をどうやってつくり上げていくかという話がなかなかユニークで、可能性を感じました。一方でもっといろいろな可能性があると思います。中と外の関係性をすごく意識しているけれど、それを敷地の中だけで完結させるのではなく、隣り合っている家との関係や、向かい側の家との関係など、もうちょっと考えた上でバリエーションができると、より豊かな街のイメージが生まれるのかと思いました。とはいえ、空間のイメージも分かるし、自分のやりたいことが素直に形になっていて、すごく豊かさを感じました。模型もドローイングも平面計画も良いものがあって、力作だと思いました。

海法:塀をポジティブに捉え、決して大がかりすぎない操作で街区全体の住環境を改善する提案で、全体を通しての素直な姿勢に共感しました。断面図もきれいでした。安易にコミュニティの話を落としどころにしない時代感覚と、街区外に開きすぎも閉じすぎもしない独特の身体性と、やけにアーバンなインテリアパースのアンバランスさが、提案自体の発展可能性を醸し出していたのが印象的でした。

南後:住宅地のヴォイドを、単体ではなくネットワークとして考えていく点が新鮮で、なおかつ公共的スペースの運営方法の提案もあったのがよかったです。ただ、すでにアトリエ・ワンも住宅を世代で分類したり、「ヴォイド・メタボリズム」という住宅地のヴォイドの活用について提案をしていて、若干既視感はありました。壁という装置の使い方次第で、内と外、庭と道などの間に新たな関係性が生まれてくるところは面白かったです。

Architecture in Kampong
インドネシア・ジャカルタにおける新しいメガシティへの提案

近年のインドネシアでは都市化が進み、既存のカンポンから住民が立ち退かされ、クリアランス型の開発が増加している。具体的には、カンポンの居住形態を、中層の集合住宅へ転換する事業が進められている。しかし、住民にとっては、生活様式の変化などから長く住み続けることのできるような計画ではない。

本計画では低質居住であると思われている、カンポン居住地のもつポテンシャルを底上げし、生活の質を向上していくような、クリアランス型ではないカンポン改善の仕方を探る。これからますます都市化していくと予想されるジャカルタにおいて、伝統と今までの生活スタイルを引き継いだ新たな居住のあり方を提案する。

Name:
古川正敏
Masatoshi Kogawa
University:
東京理科大学大学院
理工学研究科　建築学専攻
伊藤香織研究室

Q 修士設計を通して得たこと

街の建築家になる。がテーマでした。言葉の通じないなかで、いかに街に入り、共に建築をつくるかを考えていました。誠意と勢いと図面を持って街に踏み込めば、街のみんなは、温かく僕を建築家として迎えてくれました。

Q 修士修了後の進路と10年後の展望

みかんぐみにいます。10年後は、ジャカルタで設計していたいと思います。

Kampung Cikini

クリアランスが進む、都市の中の村

カンポンとはインドネシアの都市にある低所得者層の居住地（村）のことである。今回の対象敷地であるカンポンチキニはジャカルタ中心部に位置し、カンポンの中でも特に伝統的なもので、高密度居住がなされている。都心部に位置するため、外部からの移住者も多く、都市の中の受け皿のような場所として存在している。周辺には高所得者居住地、病院やショッピングモールが林立している。近年では土地の経済性の高さから都市化が進み、このカンポンチキニも一部クリアランスされ高層の商業建築が建設されている。

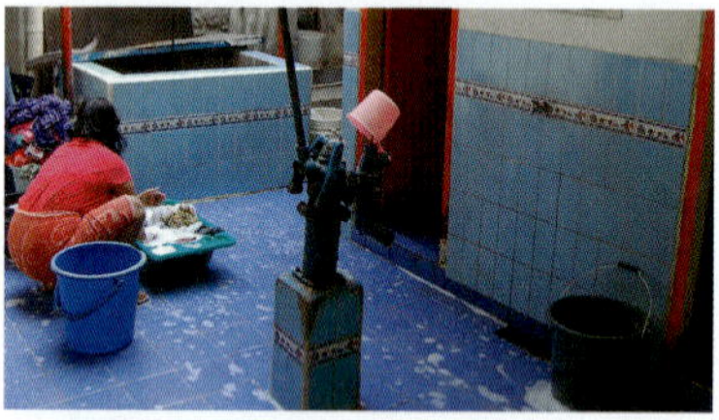

井戸

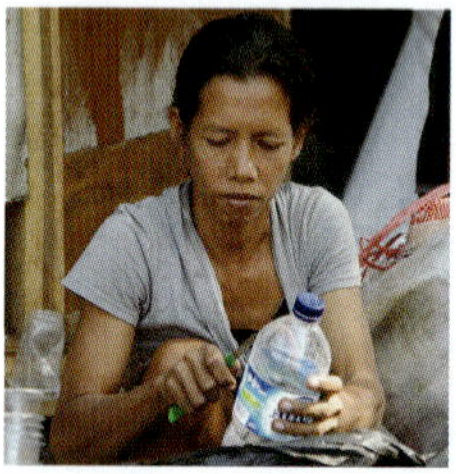

川の上にあるトイレ

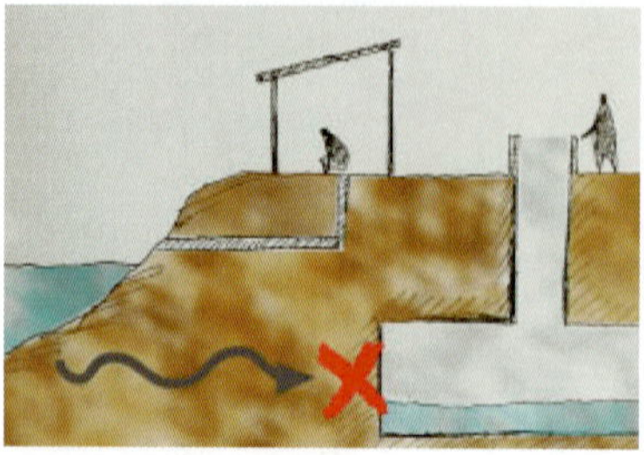

公共水場

Life

カンポンチキニの水事情

飲み水は買う

チキニ全体では、1日で約800,000ℓの水の消費量が考えられる。住人は飲み水は買っており、生活が圧迫されている家庭も少なくない。

乾期は渇水してしまう

チキニの地下には公共の地下貯水槽があるが、地盤が弱いため3〜4mほどしか掘れない。人口の増加も重なり、公共の貯水施設では乾期は渇水することもある。

川がゴミ捨て場

川は子どもたちのトイレである。さらに生活ゴミも川へ捨てられる。川からは常に悪臭が絶えない。一方で、川からはジャカルタの北西の風が吹き、涼しさと光を感じることができる場所である。

環境の悪くなる公共の水場施設

井戸、トイレなどの設備をもった公共の水場施設がある。川が汚れると公共の水場施設環境も悪化する。

Penyaringan Kita

街に「雨を集めて飲み水にする傘」を提案する

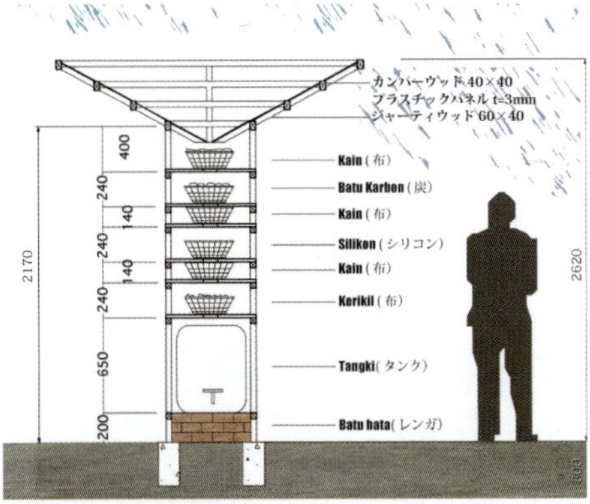

生活に一番近い水問題を考えたいと思い、新しいインフラを計画し実際につくってみた。これは雨水を集め、何層かのフィルターを通し、飲み水にすることを目標としている。花のように広がった口で雨を集め、布や炭などを通し、最後にタンクに貯め、タンクについた蛇口からろ過された水がでてくる。これをつくることで地下水に頼らず、地面から独立することができる。さらに好きな場所に建てることも可能である。

Water quality survey

1回のスコールで約3ℓ集水し、1ヶ月だと45ℓ程度の水がタンクに貯まる。

項目	日本の水道基準	フィルターろ過前	フィルターろ過後	井戸水
色	無色透明	無色透明	無色透明	薄緑色
大腸菌	検出されないこと	陽性（細菌が存在している可能性あり）	陽性（細菌が存在している可能性あり）	陽性（細菌が存在している可能性あり）
農薬（アトラジン）	10ppb以下	陽性	陽性	陽性
亜硝酸性窒素	0.05ppm以下	0.0	0.0	0.02ppm
鉄	0.3ppm以下	0.0	0.0	0.0
pH	5.8〜8.6	6.5	6.5	8.5
総硬度	300ppm以下	50ppm	20ppm	100ppm

ろ過前

近くの井戸水を調査した。結果、井戸近くの、なんらかの生物由来の汚染源から井戸水に流出している可能性が考えられる。

ろ過後

ろ過前にくらべろ過後の水は総硬度が少し下がった。しかしフィルターでは大腸菌の除去にはいたれず、飲み水としては不適当。しかし井戸水と比べるとかなり清潔な水であることがわかる。

Site

現状更地であるこの場所に、先回り的に傘を建てる

カンポンチキニ中心地区のはずれのこの場所は、まだ住居がそれほどなく、ほぼ更地である。しかし、新たに人が住むと予想される場所である。この場所に、傘を中心にして広がっていく街の将来を提案する。

Share of infrastructure

傘のある暮らし

清潔な水が手に入ることで、傘の下が快適なキッチンになる。

この住宅の屋根面積は110㎡。傘が2基あり、1つのタンクに、それぞれ月500ℓの水が溜まることが予想される。住宅には10人が生活することを想定し、家族の生活水は確保できる。

狭い通路に光が落ち、そこに人が集まる。

Relationship with the river
川と建築の関係

[既存住宅]

料理ゴミはそのまま川に捨てるため、キッチンは川のすぐ側にある。

[傘を含む住宅]

川から離れた場所に、ろ過する傘ができる。雨を集めるために、屋根の傾きが反転した住居形態になる。すると川側の開口面積が広がり、室内に良好な光、風環境が得られる。傘からも路地に光が落ち隣の住居へも光を届ける。

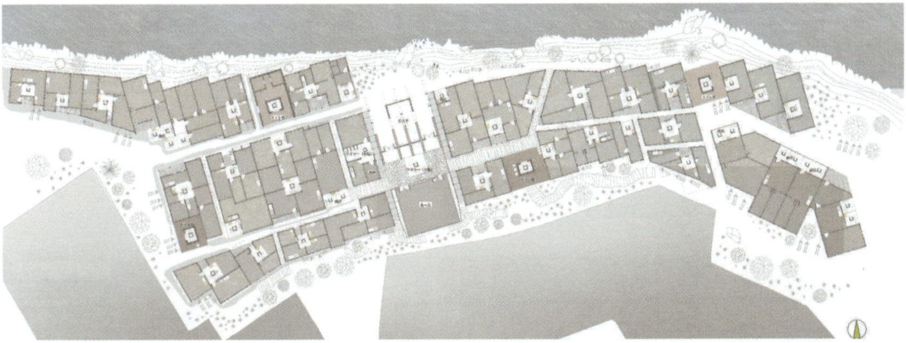

Mosque

地元の人たちと意見を交換したところ、人が集まれる新しいモスクが欲しいという要望があった。モスクは環境の良い祈りの場所として、ホールは子どもたちが持ち寄りで本を読める場所や、結婚式の場など多目的な活動に対応する空間をつくる。

地元の材料である竹を利用する。

大量投棄されたパネル。チキニのいたる所にあり、住人は壁や塀の代わりなどとして使っている。

老朽化し、近く取り壊されるであろう橋を再利用する。

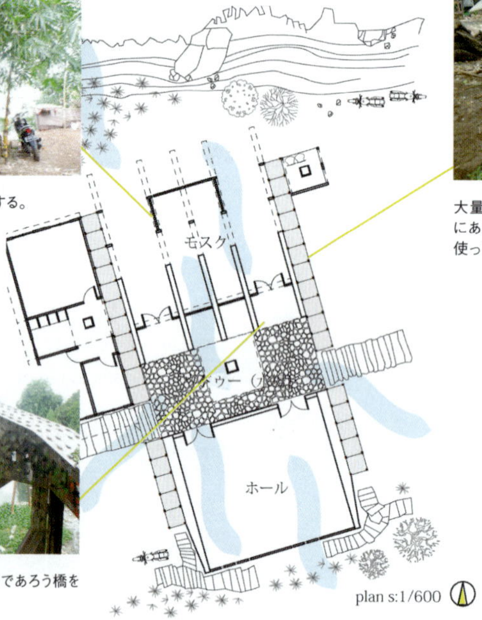

plan s:1/600

メッカのある北西に向けモスクの配置を振る。そうすることで、川からの北西風をうけ、快適な内部環境を維持することができる。さらに半外部空間にすることで風の通り道となり、川から奥に建つ住宅群に対して川からの風を送り込むことができる。

制作日数

事前敷地調査	2011年7月8日〜7月18日
Cikini WS（インドネシア大、東大、千葉大合同）	2011年9月6日〜9月22日
WSの成果をもとにモックアップの作成	2012年10月8日〜11月6日
使われ方の調査	2012年12月9日〜12月16日
滞在日数	計61日間

審査員コメント

審査員コメント@巡回審査

海法：インフラとしては決して大きくない傘の装置をきっかけに、住民の生活環境を改善し、最終的にはメガシティの将来像に結びつけるというそのスケールを横断した考え方に共感しました。黄色をテーマカラーに実際に現地で製作され、住民や風景に綺麗になじんでいるのにも好感が持てました。月に50ℓの水が溜まって、10人をまかなうことができるなど、緻密に考えられているのも素晴らしいと思います。

龍光寺：経済的なものに注目することは非常に良いことだと思います。ただ、貧困や産業って、建築の領域外の話だったりするんですよね。あまり一人で全部やろうとすると、本当に単なるアーティスティックなもので、ビジョンを描いて終わりになってしまう。これにもっとリアリティをもたせていくとしたらどういう組織づくりをしていくかとか、そういうところに踏み込んでいったらいいんじゃないかと思いました。

手塚：この傘があるともっと周りの建築が変わるだろうと思います。例えば屋根と建物がインテグレートしている。密接につながって、これがあるからこれだろう、という感じがする。広場の真ん中に、モスクがあってもいいと思うんだけど、若干つながっていない。これは種みたいなもので、派生して建築が変わっていくという雰囲気があると、もっといいと思います。それからこれは水を集めるだけじゃなくて屋根にもなる。だから本当はこれが10個くらいつながったら屋根になって水も溜まるとか、そういう可能性がもう少し見えたらもっとよかったのではないでしょうか。

小嶋：この傘で集めた水は、実際に飲料水にするのは無理だけど、洗濯くらいはできますか?

古川：できます。専門家の人たちと、もっと話していけば、飲料水としてのリアリティが出てくると考えています。

小嶋：雨水が50ℓ溜まるというのは雨期の話ですか、乾期の話ですか?

古川：雨期に貯めた水を、乾期まで保存する想定です。

小嶋：じゃあ50ℓって一瞬じゃないですか。それから、浄水ではない水を3、4カ月置いて、腐らないですか?

古川：屋根の面積が150㎡くらいあって、傘が二基あるという想定をしています。この地域の人たちは数家族で一緒に生活しているので、3、4カ月は生活できる水量だと思います。もちろん水は煮沸しながら使うという想定です。川の水や井戸水は衛生的にかなり酷いので、それよりも良いものだと思います。

審査員コメント@公開審査

西沢：ジャカルタに注目する際に、新都心ではなくスラムを取り上げているのは良いことだと思う。水も実際に実験して、月に50ℓ集まります、という具体的な数値を出してきたところが本気だなと思いました。水の集め方はアンブレラ型だけではないので、もうちょっと工夫すればもっと面白くなると思います。

GENETIC PATTERN LANGUAGE
「建築家住宅」における「デザインパタン」の「資源化」

近代以降の工業化と専門分化により、今日の建築物の多くは「効率性」など限定された価値基準に基づいて設計する「設計組織」により生産されるようになり、都市の均質化が進んでいる。そこで、本計画では、“建築作品によく使われるデザインパタン”を資源と捉え、デザイン言語化し、設計組織やユーザーに提供することにより、建築の多品種大量生産が可能になると仮説を立てた。本計画では、その仮説に基づいて作成するデザイン言語を、建築作品のデザインの遺伝子を記述したデザイン言語であることから「GENETIC PATTERN LANGUAGE（以下、GPL）」と定義し、その開発と設計方法論の構築、4つの住宅のケーススタディを行なった。

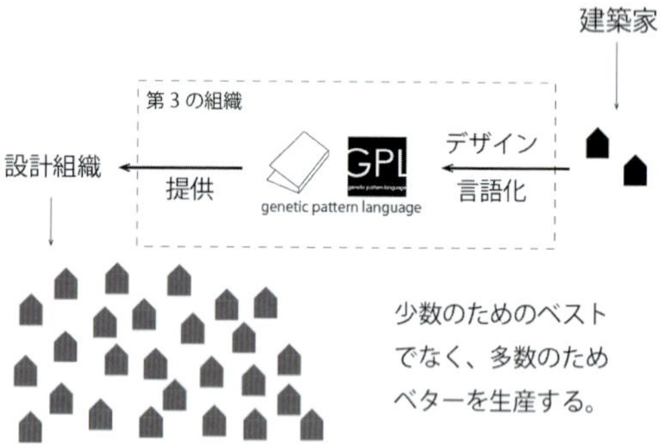

Name:
福地佑介
Yusuke Fukuchi
University:
千葉大学大学院
工学研究科　建築都市科学専攻
建築学コース　栗生明研究室

Q 修士設計を通して得たこと
修士設計を通して得たものは、自分で考え、継続する力です。展示会では審査員、来場者、友人、出展者などたくさんの人からフィードバックを得ることができ、これからの方向性を考えていく良いきっかけになりました。

Q 修士修了後の進路と10年後の展望
ゼネコン設計部で意匠設計者として働いています。ゼロから総合的に建築を学び、GPLの発展可能性を探っていきたいと思います。

パターン抽出のプロセス

日本の現代住宅137作品をサンプルとした。サンプルは更新されていくことにより、時代の変化を取り入れたデザイン言語となることを視野に入れている。(1) サンプルの設定、(2) パタンの抽出、(3)パタン間相性分析、(4)概要文の記述、(5)コンテキスト別分類という5つのステップを通し、ワークショップ形式にて実験的にGPLを作成する。まず対象となるサンプル群に対し、掲載された外観写真、内観写真すべてにおいて、KJ法を応用した方法でパタンを抽出。それらの形状を定義付けし、4つ以上の住宅から発見できなかったパタンを削除して最終的に88のパタンに整理。さらに、これらのパタンを整理し、10のグループに分類した。

	モダンキューブ	シンプルイエガタ	方流れボリューム	同形複合	異型複合	同形数珠	分棟	混構造	水平強調シルエット	おかっぱシルエット	門型フレーム	鬼キャンチ	マッシブファサード	浮遊する箱	ピロティ	縁側テラス	色々なロッジア	地盤テラス	開いたテラス	閉じたテラス	路地にわ	にわで挟む	登れる屋根	光のたまり場	少し浮いた坪庭
二通りの上がり方	4	1	0	2	0	0	0	0	0	0	0	0	3	1	0	2	0	0	0	3	1	0	0	1	1
舞台のような階段	2	0	2	0	0	0	0	0	0	0	0	0	0	1	0	1	0	0	2	0	0	0	0	0	0
リビング階段	5	2	2	6	4	1	2	2	2	0	2	6	5	0	5	1	0	1	2	5	2	1	1	0	1
スケルトン階段	5	3	0	5	2	0	1	1	1	0	3	2	5	1	5	1	0	0	2	7	2	1	0	0	1
スマートはしご	5	2	1	3	1	0	1	0	1	0	0	3	4	1	3	1	1	1	2	1	1	0	1	1	0
踊り場くうかん	9	0	1	1	1	0	0	0	0	0	1	1	2	1	3	1	0	0	2	1	0	0	0	1	0
屋内展望デッキ	3	1	1	2	0	0	1	0	2	0	0	1	2	0	2	1	0	0	1	3	0	0	0	0	0
吹き抜けキャットウォーク	2	0	0	0	1	0	0	0	0	0	1	0	0	0	0	0	0	0	0	0	0	0	0	0	0
目線でつなぐ吹き抜け	5	0	0	2	1	0	1	0	1	0	1	0	2	0	1	1	0	0	0	1	2	0	1	0	0
連続アーチ	2	0	0	0	0	0	0	0	1	0	0	0	0	0	0	1	0	0	0	0	0	0	0	0	0
室同士をつなぐ開口	6	1	2	2	1	0	2	1	2	1	0	2	1	0	2	3	0	0	2	2	3	0	0	1	1
低めのダイニング・高めのリビング	4	1	1	1	2	0	0	0	1	0	1	0	0	0	1	3	0	0	0	2	1	0	0	0	1
アルコーブ	3	3	0	1	1	0	0	1	0	4	1	0	3	1	1	0	0	0	0	0	1	1	0	0	0
段差で変化	2	4	0	2	2	0	0	1	1	0	0	2	2	1	2	2	1	0	2	4	0	0	0	0	3
現代風たたみスペース	4	1	0	3	0	0	1	0	1	0	2	0	0	0	0	2	0	0	0	3	4	1	0	1	0
象徴的な柱	2	3	0	2	0	0	1	0	0	2	3	1	0	0	0	0	0	1	1	1	1	1	0	0	0
列柱がつくる空間	4	1	0	1	1	0	0	0	0	0	2	0	0	0	1	0	2	0	1	1	0	1	0	1	0
梁がわける居場所	1	1	0	0	0	0	1	0	0	0	1	0	1	1	0	0	0	0	0	1	0	0	0	0	1
ゆるやカーテン	3	0	0	2	0	0	0	0	1	0	1	0	0	0	0	0	0	0	0	3	1	2	0	0	0
本棚に囲まれた吹き抜け	3	0	0	1	0	0	0	0	0	0	0	1	0	0	0	0	0	1	0	1	0	0	0	1	0
棚かべ	6	1	0	1	0	1	0	0	2	0	1	1	1	1	1	2	0	1	0	1	0	0	0	1	0
机が床で、床が机で	2	1	0	0	1	0	0	0	0	0	0	0	2	1	0	0	1	0	1	1	0	0	0	0	1
段差が効いたテーブル	2	0	0	1	0	0	0	0	0	0	0	1	1	0	1	0	1	0	0	1	0	0	0	0	1
腰壁ワークスペース	2	0	1	1	2	0	0	0	0	0	0	3	1	0	2	0	1	0	2	2	0	0	0	0	0
大きなキッチン	3	2	0	0	3	0	1	0	2	1	2	0	2	1	2	3	0	0	0	4	3	0	0	2	2
窓際のベンチ	3	2	1	2	0	0	1	1	2	0	1	2	3	2	1	1	0	0	0	3	1	0	0	1	0
深めのマドワク	3	1	0	2	2	0	1	1	1	1	0	2	1	0	1	1	0	1	0	0	2	0	0	0	0

	ワンルーム	個室アプローチ	リビングアクセス	回遊性	入れ子	スキップフロア	余白の空間	半地下室	通り抜け部屋	土間くうかん	溶け込む水まわり	ポツ窓	反対まで突き抜ける	全面ガラスで囲う	奥まったテラス	水平連続窓	猫の目線の開口	ガラスの無い開口	突き抜ける大開口	空を捕まえる天窓	深い庇+全面ガラス+テラス	切り取られたエントランス	壁が誘導するエントランス	ちょっと高い位置の玄関	窓のようなエントランス
二通りの上がり方	1	1	2	1	0	3	0	4	2	2	1	2	1	0	1	1	1	0	2	1	3	0	0	1	1
舞台のような階段	0	0	0	0	0	2	0	0	0	0	2	0	0	0	1	1	0	0	0	0	2	0	0	0	0
リビング階段	3	1	4	0	1	3	0	2	1	4	4	1	2	3	2	2	0	1	4	1	3	6	0	1	3
スケルトン階段	0	1	0	0	1	2	0	1	0	4	4	0	1	0	1	3	0	1	5	0	1	8	2	0	1
スマートはしご	2	2	1	1	1	2	0	2	0	4	2	2	1	1	0	1	2	0	0	1	2	1	0	1	1
踊り場くうかん	0	0	0	0	0	4	1	3	0	4	2	2	0	0	1	1	0	0	3	2	2	3	1	0	3
屋内展望デッキ	0	0	0	1	2	2	0	0	2	1	0	1	0	0	3	0	0	0	0	0	2	3	1	0	0
吹き抜けキャットウォーク	1	0	1	0	0	0	0	1	0	1	0	1	0	0	0	0	0	0	0	0	1	1	0	0	1
目線でつなぐ吹き抜け	1	1	0	0	0	0	0	1	1	1	0	3	1	0	1	1	0	0	1	0	1	2	0	1	1
連続アーチ	0	0	0	0	0	1	0	0	0	1	0	0	0	0	0	0	0	0	0	0	1	0	0	0	0
室同士をつなぐ開口	0	2	1	1	1	3	1	2	1	1	5	3	0	0	1	0	1	2	3	0	3	0	0	1	2
低めのダイニング・高めのリビング	1	0	1	0	3	4	0	1	0	2	4	0	0	0	1	0	0	1	2	0	4	2	1	2	1
アルコーブ	2	0	2	0	1	0	2	1	0	2	0	1	0	1	1	0	0	0	2	1	0	2	1	0	0
段差で変化	0	0	1	0	2	7	0	4	0	2	3	0	0	0	1	3	0	1	4	1	2	3	0	2	1
現代風たたみスペース	0	3	1	1	0	2	0	1	1	4	1	1	0	0	1	0	0	1	2	1	3	2	0	0	2
象徴的な柱	1	0	1	1	0	0	1	1	1	1	0	1	0	0	1	0	0	0	2	0	1	3	0	0	1
列柱がつくる空間	2	0	1	2	1	0	1	0	0	2	2	0	1	1	1	0	0	0	3	0	0	0	0	0	1
梁がわける居場所	0	0	0	1	0	1	1	0	1	0	0	0	0	0	3	1	0	0	2	0	0	1	0	0	0
ゆるやカーテン	1	0	1	1	0	0	0	1	0	1	0	1	1	2	0	0	0	0	0	0	2	0	0	0	0
本棚に囲まれた吹き抜け	0	0	0	0	0	0	0	0	1	0	1	1	0	0	0	0	0	1	2	0	0	1	0	0	1
棚かべ	0	0	0	1	0	0	2	1	0	2	3	0	1	0	1	1	0	0	4	0	2	1	0	1	2
机が床で、床が机で	1	0	1	0	0	2	0	1	1	0	0	1	1	0	0	0	1	0	0	0	0	0	0	0	0
段差が効いたテーブル	0	0	1	0	0	1	0	0	0	1	1	0	0	0	0	0	0	0	1	0	0	0	0	0	0
腰壁ワークスペース	0	0	0	0	0	1	1	0	0	0	1	1	0	0	2	1	0	0	1	1	1	0	1	0	1
大きなキッチン	1	1	0	0	3	1	0	1	0	2	1	0	2	0	1	2	1	1	4	1	3	2	0	0	2
窓際のベンチ	2	1	1	0	1	2	1	3	1	1	1	0	0	0	2	3	1	0	1	0	2	1	0	2	1
深めのマドワク	0	1	0	0	0	0	0	2	1	1	0	1	1	0	0	2	0	0	1	0	1	2	0	0	1

「異なる2つのパタンl、m を使っている建築がn個存在した場合は、l、m間の相性はnである。」「nの大きさが大きいほどl、m間の相性は強い。」と定義し、88のパタン間の異なる2つの組み合わせ3828通りに対して、専用のプログラムを用い相性の分析を行なった。

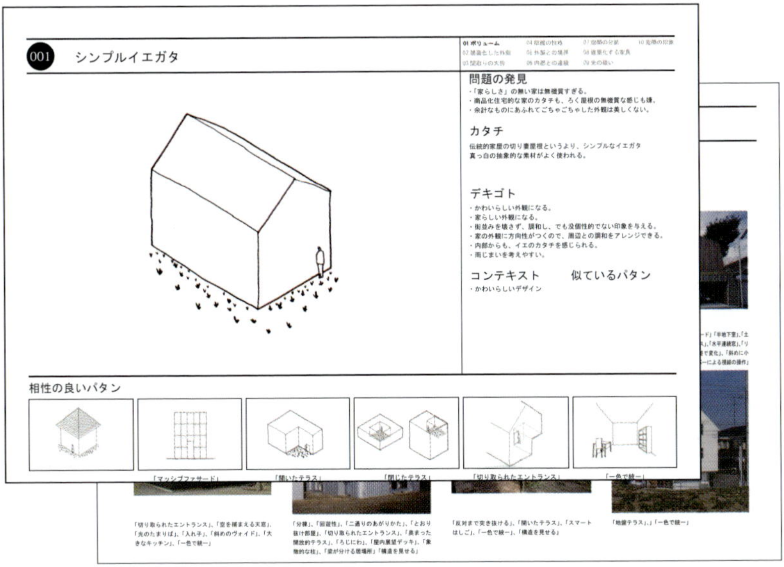

パタンのシートの一例。１つのパタンには、そのパタンを選択した場合どのような効果が発揮されるか、どのような文脈で使用されてきたか、またそのパタンと相性の良いパタンが記述されている。またシート２枚目には、そのパタンが見られる住宅建築の例を表示し、具体的に設計に適用しやすくした。

(1) パタンの検索 → (2) パタンの選択 → (3) インテグレーション → (4) パタンの改変・具現化

GPLの利用者は、自らの状況に応じて問題を発見し、パタンを選択し、そこに記述されている抽象的なカタチとデキゴトを、自分なりに改変、具体化し、パタンを組み合わせることにより設計することができる。

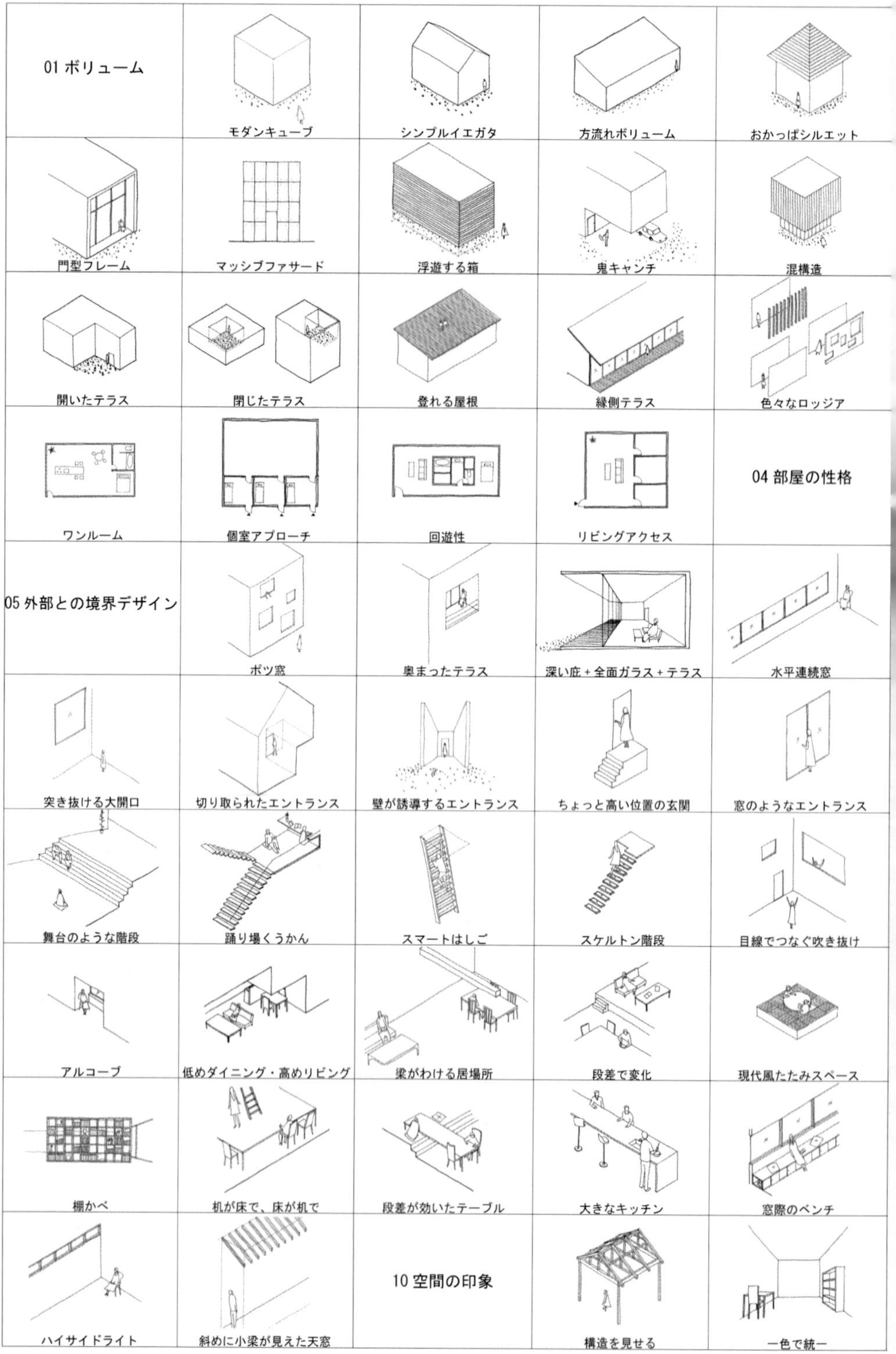

01 ボリューム
モダンキューブ
シンプルイエガタ
方流れボリューム
おかっぱシルエット
門型フレーム
マッシブファサード
浮遊する箱
鬼キャンチ
混構造
開いたテラス
閉じたテラス
登れる屋根
縁側テラス
色々なロッジア
ワンルーム
個室アプローチ
回遊性
リビングアクセス
04 部屋の性格
05 外部との境界デザイン
ポツ窓
奥まったテラス
深い庇＋全面ガラス＋テラス
水平連続窓
突き抜ける大開口
切り取られたエントランス
壁が誘導するエントランス
ちょっと高い位置の玄関
窓のようなエントランス
舞台のような階段
踊り場くうかん
スマートはしご
スケルトン階段
目線でつなぐ吹き抜け
アルコーブ
低めダイニング・高めリビング
梁がわける居場所
段差で変化
現代風たたみスペース
棚かべ
机が床で、床が机で
段差が効いたテーブル
大きなキッチン
窓際のベンチ
ハイサイドライト
斜めに小梁が見えた天窓
10 空間の印象
構造を見せる
一色で統一

同形複合
異型複合
同形数珠
分棟
水平強調シルエット
02 建築化した外部
ピロティ
にわで挟む
路地にわ
地盤テラス
光のたまり場
少し浮いた坪庭
03 間取りの大枠
スキップフロア
入れ子
余白の空間
通り抜け部屋
半地下室
土間くうかん
溶け込む水まわり
空を捕まえる天窓
猫の目線の開口
反対まで突き抜ける
全面ガラスで囲う
ガラスの無い開口
あとづけエントランスポーチ
大きなキャノピー
06 内部との連続
二通りの上がり方
リビング階段
吹き抜けキャットウォーク
室同士をつなぐ開口
屋内展望デッキ
連続アーチ
07 空間の分節
象徴的な柱
列柱がつくる空間
ゆるやカーテン
08 建築化する家具
本棚に囲まれた吹き抜け
深めのまどわく
腰壁ワークスペース
09 光の扱い
斜めのヴォイド
スリッドから差し込む光
特別な壁面
浮いたテラス
ルーバーによる視線の操作

4軒の住宅の設計

異なる二組の仮想クライアントをたて、「郊外住宅地」、「別荘地」に合計4つの住宅のケーススタディを行なった。

家族A:夫58 歳(芸術家)、妻55歳(小説家)
家族B:夫32歳(会社員)、妻29歳(主婦)、長男4歳、長女:1歳
敷地1:滋賀県大津市バードタウン レイクフロント、敷地面積128㎡、容積率200%、
建ぺい率60%、第二種住居地区、第3種高度地区、前面道路幅員5m
敷地2:長野県北佐久郡軽井沢町、敷地面積1350㎡、容積率200%、建ぺい率:60%、第一種住居地区

A-1

周辺のイエ型の建売住宅からあえて異化し、「モダンキューブ」のシンプルなボリュームを配置した。求められたのは、夫婦がつかずはなれずな関係のもと暮らせるSOHO住宅兼モノが飾れるギャラリー住宅である。そこで、中央に大胆に「目線でつなぐ吹き抜け」を伴う交流エリアを、両サイドには「スキップフロア」と「踊り場くうかん」による個人エリアを配置し、「棚壁」と「室をつなぐ開口」により、両者をつないだ。「二通りの上がり方」によって「回遊性」をもった空間構成とし、好きな時に好きな場所で仕事や生活を送れるようにした。周辺から閉じつつも光を入れるため、「閉じたテラス」と「ポツ窓」に配置に配慮しながら、一部を「突き抜ける大開口」とし、海や公園を借景とした。これらの操作により一つひとつの「踊り場くうかん」に空間の違いがでるようになった。

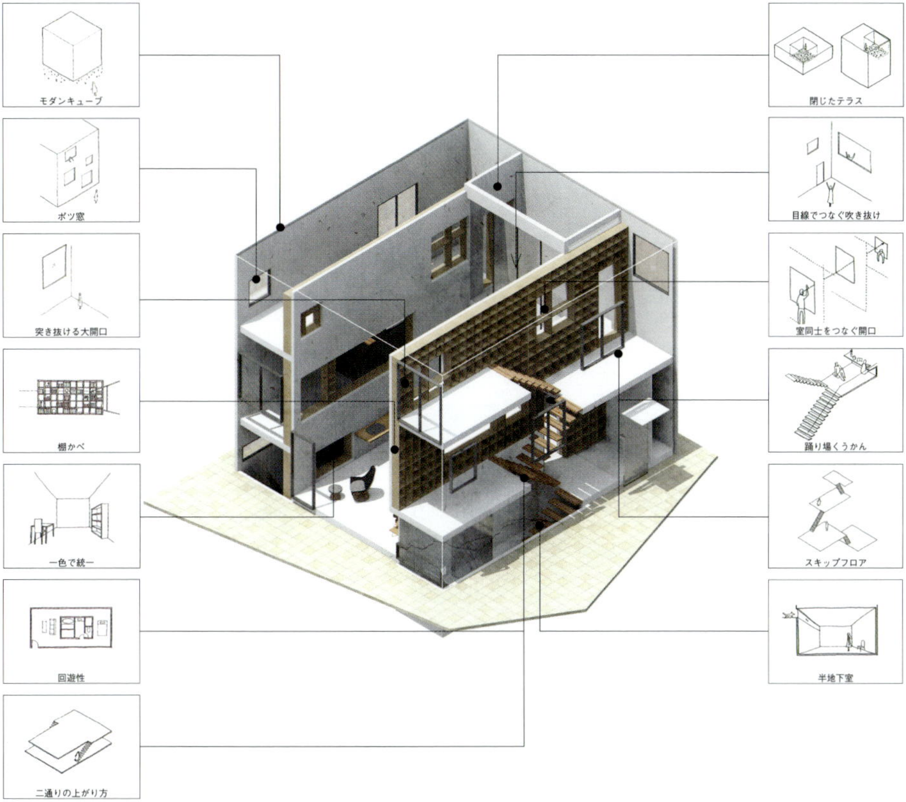
モダンキューブ
ポツ窓
突き抜ける大開口
棚かべ
一色で統一
回遊性
二通りの上がり方
閉じたテラス
目線でつなぐ吹き抜け
室同士をつなぐ開口
踊り場くうかん
スキップフロア
半地下室

+7000
+4700
+3200
+1700
+200

+7000

A-2

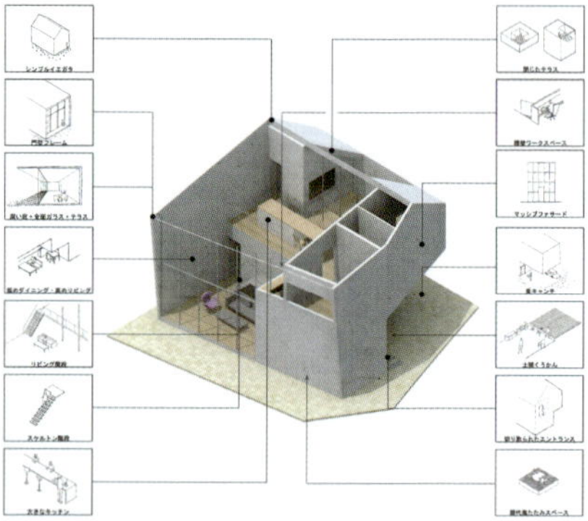

B-1

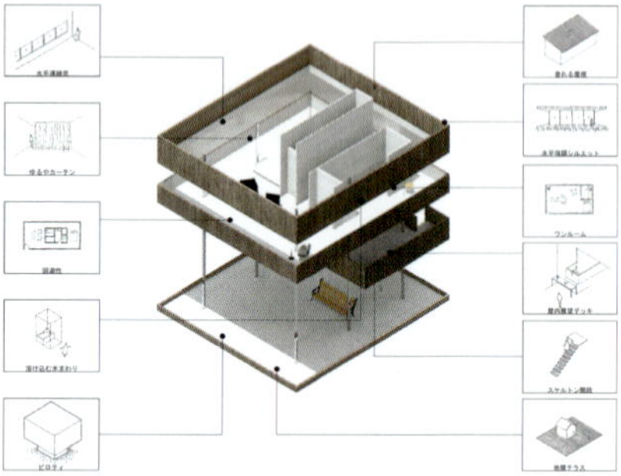

B-2

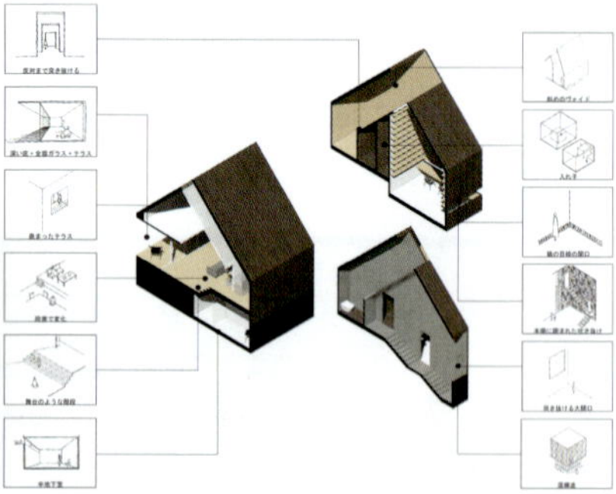

結論

設計した4つの住宅は、パタンの違いによりカタチ・提示するライフスタイルともに異なったものになったことから、GPL利用により多様なアウトプットが実現することがわかる。本研究内容が、情報化社会におけるデザインのあり方そのものを再考するきっかけとなることはもちろん、設計組織による画一的な建築でも、建築家による少数のための傑作でもなく、多数のためのベターな建築・都市をつくっていくための指標になれば幸いである。

審査員コメント

審査員コメント@巡回審査

西沢：イノベーティブな成果が出てくるかどうかに重きを置いてほしいです。これを使えば見たこともないようなクリエイティブな暮らしが誰でもできるようになるよ、というような。それから、もっとサンプリングの範囲を広げられたと思います。例えば周辺環境、造成や道路、気象や地形、植生などもパターンランゲージにするなどです。それらは今までの設計手法においては計画対象外のもの、アンコントローラブルなものだったわけですが、もしそれらをパタンランゲージ化して、それらをインテグレートした住環境ができますよという話になっていくと、面白いと思います。

手塚：建築はものすごい昔から行なわれているわけで、手法も数限りなくある。そんな長い歴史の中でわずかな範囲のサンプリングしかされていないのが気になりました。

龍光寺：リサーチの絵を見て、すごく可能性を感じさせました。でも実際これを使ってできた建物の現れ方は少々物足りない。このプロセスを経ることによって今までとは全く違った建築の価値や形態が生まれた、というものが見たかったです。しかしこれは、このパタンランゲージを使う人によってできたりできなかったりすることなんですよね。システムの提案をしていて、本当に黒子に徹している。それがなかなか清々しいですね。つくる側に立ってしまうと欲が出てしまいますから。

小嶋：ものすごくエネルギーがかかっている作品だと思います。つまりこれだけエネルギーをかけようとすると、モチベーションがないと続かないと思うんですが、その源がよく分からなかった。ところで、ここにリスティングされた建築家は、作品が使用される時に著作権料をもらえるのですか?

福地：はい、クリエイティブ・コモンズ・ライセンスのようなものを建築が発行していけるような世の中になればという考えがあります。

小嶋：それは僕らにとっても良いかもね。やる気が出ますね。

海法：ハウスメーカーの住宅だけでなくて建築家の設計のシミュラークルのようなものが出てくれば世の中の建築物や住環境ももう少し良くなるんじゃないか、ということですよね。例えばオタク文化のシミュラークルでは、シミュラークル自体がオリジナルを超える可能性を秘めていたりしますが、建築でもそういう事態はあり得ると思っていますか。

福地：使う人によっては、超えることもありうるかもしれません。

審査員コメント@公開審査

南後：建築の「萌え」要素とでも呼ぶべきパタン・ランゲージが、単なる組み合わせの問題だけではなくて、規模と合理性を踏まえて構成されています。新しい建築設計のシステムを構築するという意味で、とても挑発的な案だと思います。建築設計のシステムとしてこのオープンソースを使えば、どんな設計者でもそれなりのものができてしまう。それらが量的に増えて広がっていくと、都市の風景が変わるのではないか。設計者とユーザーの境界を組み替えていくような可能性も持っている。一方でそのパタンを「使用される」 建築家の著作権をどう保護し、運用していくかということも考えていく必要があり、建築界の制度に対する問題提起としても面白く感じました。

治建治水

Name:
永田 敦
Atsushi Nagata

University:
東北大学大学院
工学研究科　都市・建築学専攻
石田壽一研究室

Q 修士設計を通して得たこと
リサーチベースから案が生まれるかを確かめたいと思い、あえて何も決めず地元を理由に敷地のリサーチから始めました。建築単体まで詰められなかった点は問題だが、その発想の感覚を体感できたことは収穫でした。

Q 修士修了後の進路と10年後の展望
世の中に正解はないと思っています。すべてに可能性があり、その小さな可能性を自分なりにすくい上げ、今まで誰もしてこなかったことを実現したいです。

水系の歴史、溜め池の歴史、農業の歴史。これらを彷彿とさせる環境装置。環境改善のために地球に施された人工器官のような。それは、人のためにつくられる建築ではない。環境にあらがわず、環境のためにつくられ、環境に寄り添う建築。水系を再構成してできあがる新たなグリーンパブリックスペース。河川事業という土木と建築が融合した新しくもあり、この地域だからこそできる手法によって次世

代の人々の生き方の提案として地区センターを設計した。この地域にとっての地区センターとは、水系の歴史を育んできた水元の壮大な自然を取り戻すためにつくられる治水の場である。

「治建治水」

治水を以て建築を治める

建築を以て水を治める

地域独自の建築

生産性や効率性を求めたことで、まちに対して閉じた内側中心の、建築が立ち並ぶのが日本建築の現状と言える。しかし、東日本大震災で多くの人工物が崩壊していく姿を目の当たりにして、人工物の新たな立ち現れ方を再考すべき時代がやってきた。

そこで、土地の環境ポテンシャルを顕在化し、環境によって形成される場に、人間が寄り添って順応していくような建築を考える。歴史や文化が継承された、地域独自の建築の成り立ち方が見えてくるのではないだろうか。

水元地区の治水の歴史

水元は、かつての利根川水系の下流部に位置する。利根川の河道変動や水害、地主制といった制度、人口増加、社会的背景の変化など、様々な要因によって常に変化し続け、小地域で完結できなくなった用水体系がさらに大地域の結合へと拡大し、必然的に統合・変化してきた水系は、現代を生きる私たちにとって切り離せない関係にある。

水元の治水

小合溜井は、古利根川の排水を良くするために、亀有溜井を撤去することで中川の水位を低下させ、その下流の中川を拡幅し直線化された。また、古利根川の河道だった小合溜井は、江戸川増水時の古利根川の逆流を防ぐために、江戸川に流れ込んでいた古利根川を締切ることで東葛西用水の水源とし、水害から守ることを目的に造られた。

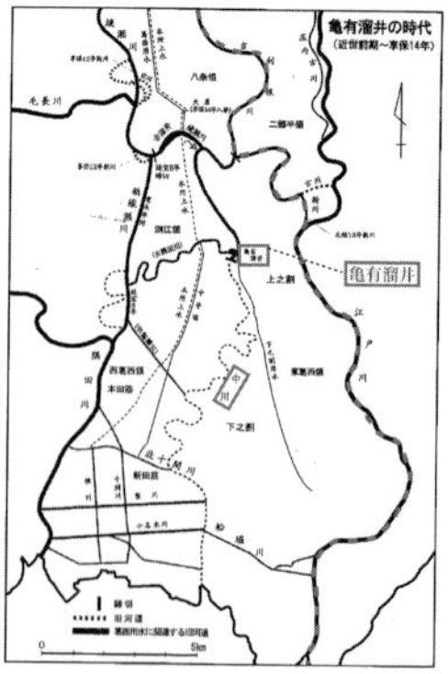

1729年以前

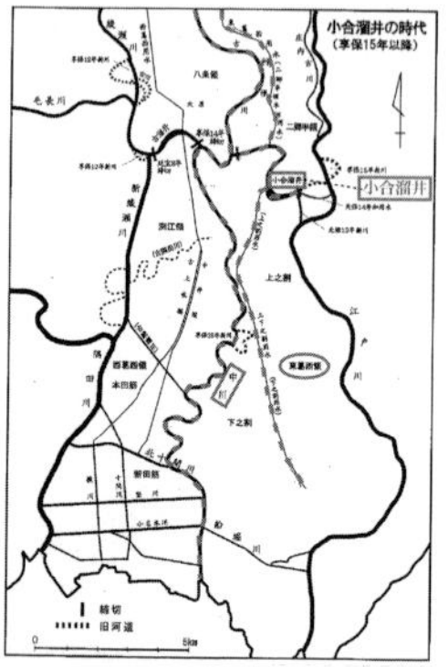

1729年以降

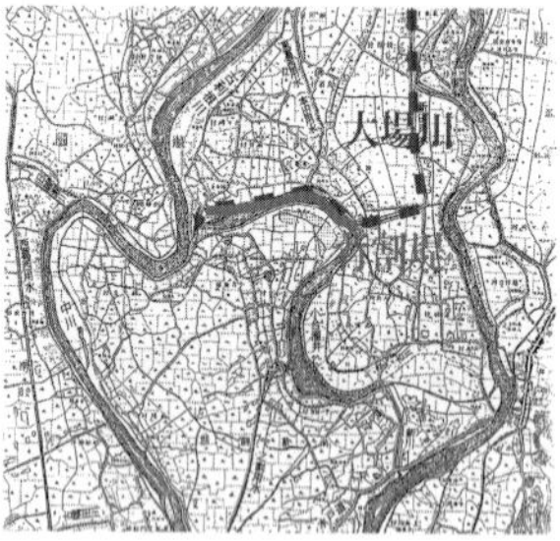

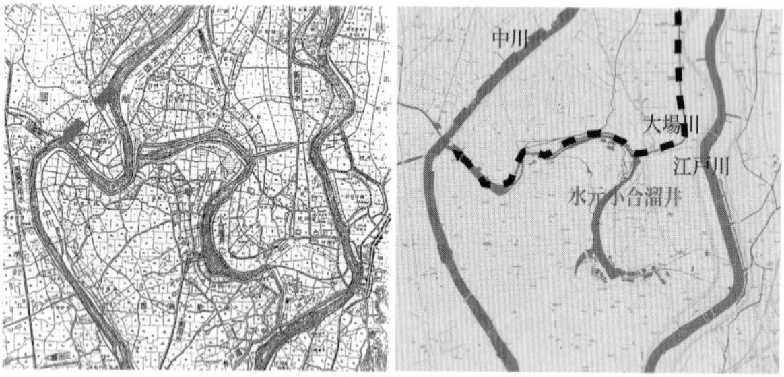

1846年

小合溜井内に瀬割堤（背割堤）を築き、溜井の一部を大場川にすることによって悪水の落ちを改善。

提案

本設計では、下流域に対する具体的な提案までは行わずに、その核となる小合溜エリアを設計する。

現状

農業排水路の大場川と二郷半領用水が中川に合流した水を、旧水元猿町排水場のポンプで浄化センターに送り、溜め池を通り、ポンプで浄化センターへと循環させている。

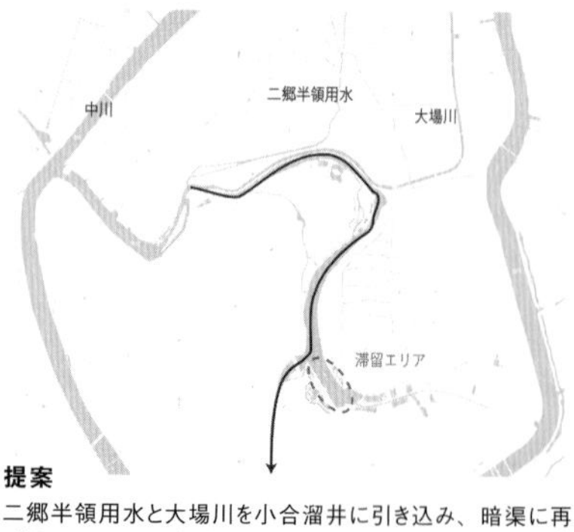

提案

二郷半領用水と大場川を小合溜井に引き込み、暗渠に再び流し、かつての水系に戻すことで水路を構成し、水を循環させる。

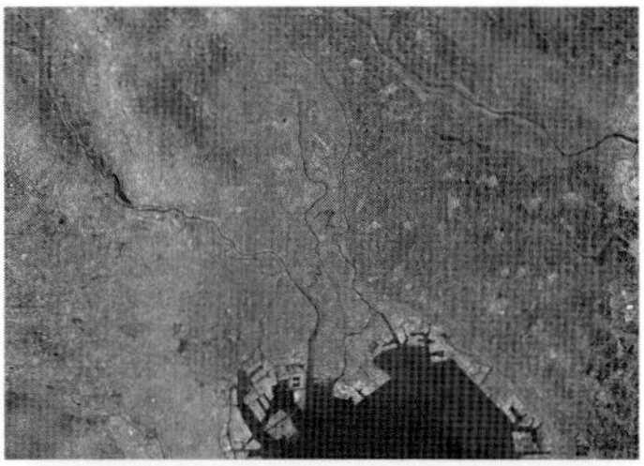

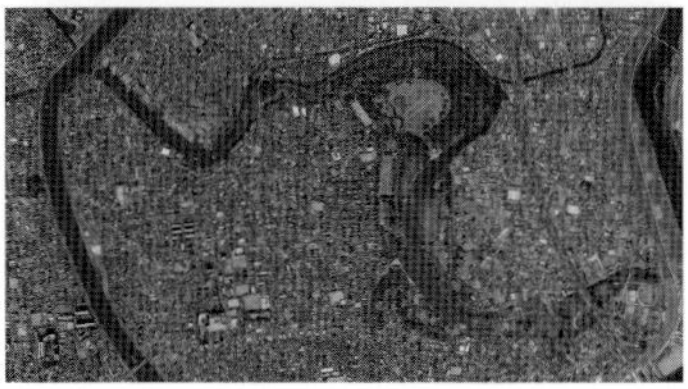

かつての水系へ

現在行なわれている、人工的ポンプと導水管による循環浄化はうまく機能しないため、溜め池の浄化だけでなく、設備自体の維持管理にさえ難航を極めている。そこで、地形を利用した自然浄化システム形成のために、まず水の流れを再構築する。そして、上下之割用水の暗渠に再び水を流して地下浸透域拡大を図る。それによって、取り残されていた水路に再び水が流れ、失われた自然の水環境は再生し、市街地の水循環機能が改善される。

現在エアレーションによって浄化が行なわれているエリアに仕切りをつくることで、滞留エリアに水の流れを生み出し、水質悪化を防ぐ。この水の流れをつくる装置が建築になり、治水の歴史に新たな一歩を踏み出し、そこに人々が関係していくことによって、地球に対し、自然をはじめ大きな歴史を感じられる場となる。また、治水という土木事業と建築の関わり方の一つの方法として位置づけることができ、建築の可能性を広げるものとなるのではないかと考えている。

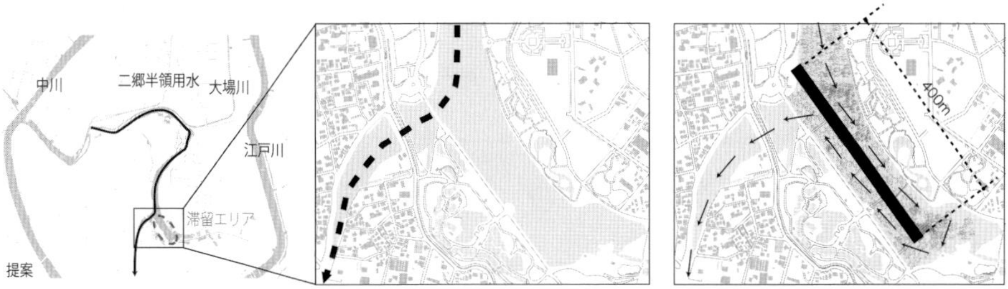

仕切りのつくられ方

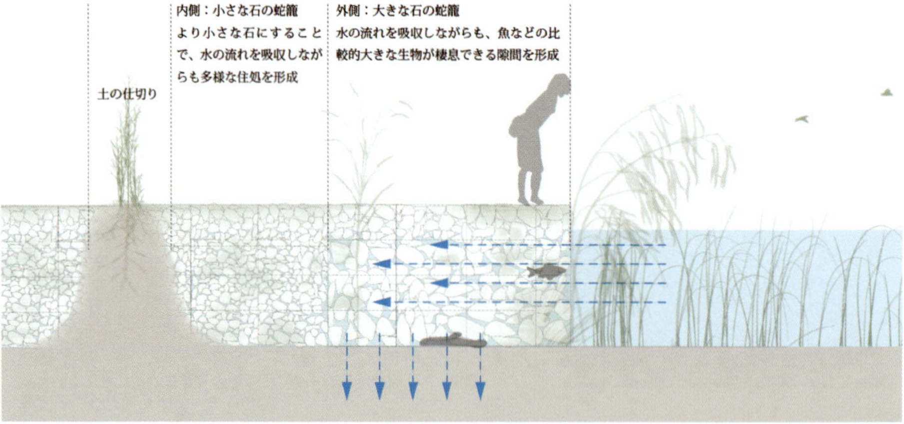

ユニット工法——蛇籠はユニット工法で構成していく。水平面が形成可能なのでバリアフリーに適し、高さの違いが明瞭化されゾーンが明快に認識できる。また、起伏に沿って人の居場所を形成。変化する陰や、水位の変化によって、植物が自然と根を伸ばしていく。

蛇籠地盤——流れを仕切るものとして、①土を盛り、②その土を護岸するように蛇籠を周りに敷き詰めていく。本提案における蛇籠は、大地の呼吸を妨げない「次世代型の埋め立て方法」として地盤を形成するものと考えられる。この地盤は、自然と人工物の間のようであり、支持地盤でもなく、表土に馴染む自然地形である。

構築プロセス

地盤——蛇籠を配置するにあたり、江戸川氾濫時の親水レベルよりも高い1m以上の高さを主要動線に設定し、平時はGLと同じ高さに親水動線を形成する。

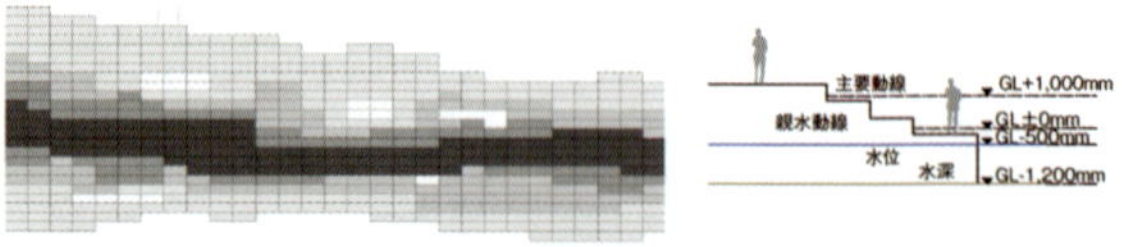

1F——動線確保のため、主要動線から必ず建築にアクセスできるようにする。また建物が主要動線をまたがないように配置。

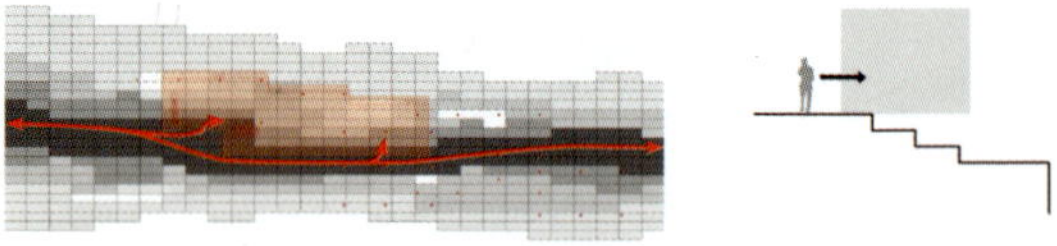

2F——1Fは親水半外部空間になり、2Fに内部空間を設けることで、蛇籠地盤への日射や風の流れを妨げず、親水空間としての蛇籠地盤を最大限に利用する。

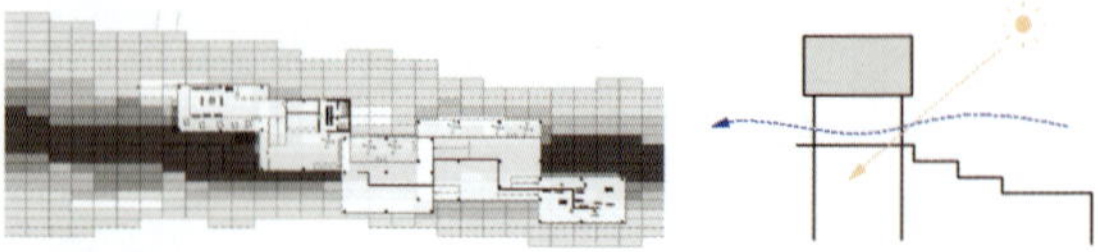

roof——一つの屋根が、外部空間、半外部空間、内部空間を覆いつなげる。

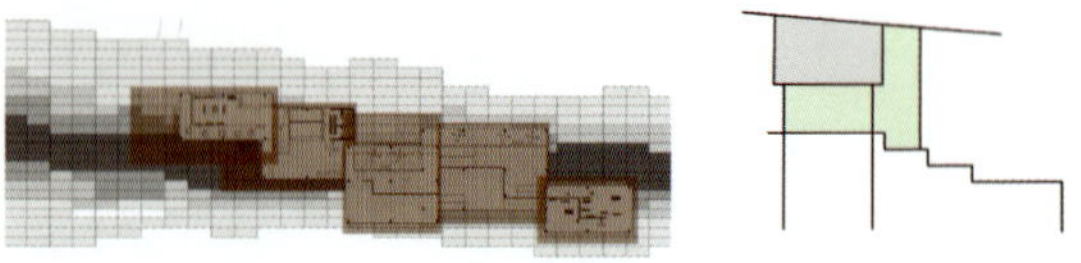

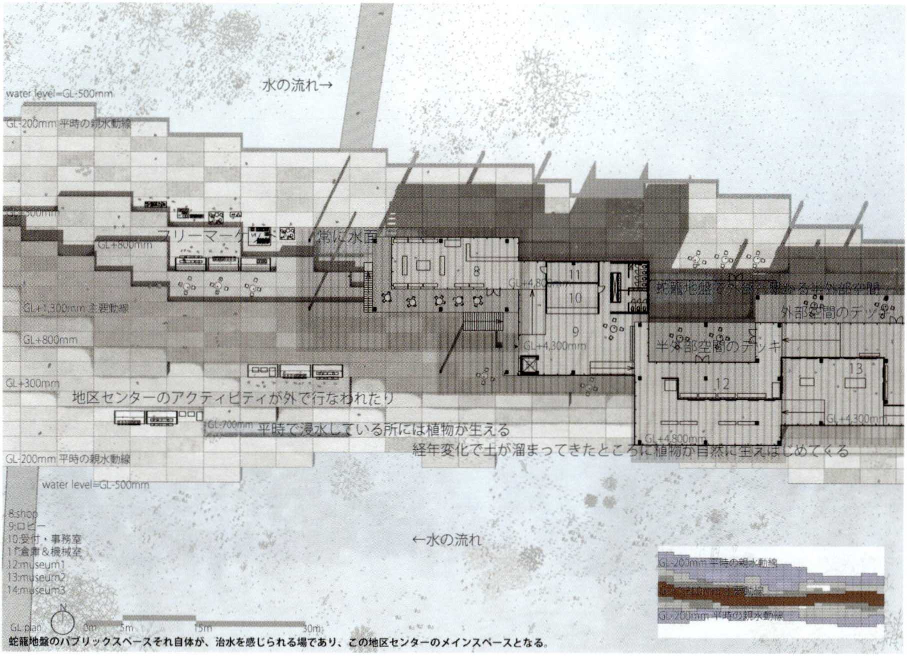

water level=GL-500mm
水の流れ→
GL-200mm 平時の親水動線
フリーマーケット
常に水面
GL+800mm
GL+1,300mm 主要動線
GL+800mm
GL+300mm
GL+4,800mm
GL+4,300mm
蛇籠地盤で外部と繋がる半外部空間
外部空間のデッキ
半外部空間のデッキ
地区センターのアクティビティが外で行なわれたり
GL-700mm
平時で浸水している所には植物が生える
経年変化で土が溜まってきたところに植物が自然に生えはじめてくる
GL+4,800mm
GL+4,300mm
GL-200mm 平時の親水動線
water level=GL-500mm
←水の流れ
8:shop
9:ロビー
10:受付・事務室
11:倉庫&機械室
12:museum1
13:museum2
14:museum3
GL plan
0m
5m
15m
30m
GL-200mm 平時の親水動線
GL-200mm 平時の親水動線
蛇籠地盤のパブリックスペースそれ自体が、治水を感じられる場であり、この地区センターのメインスペースとなる。

平面図

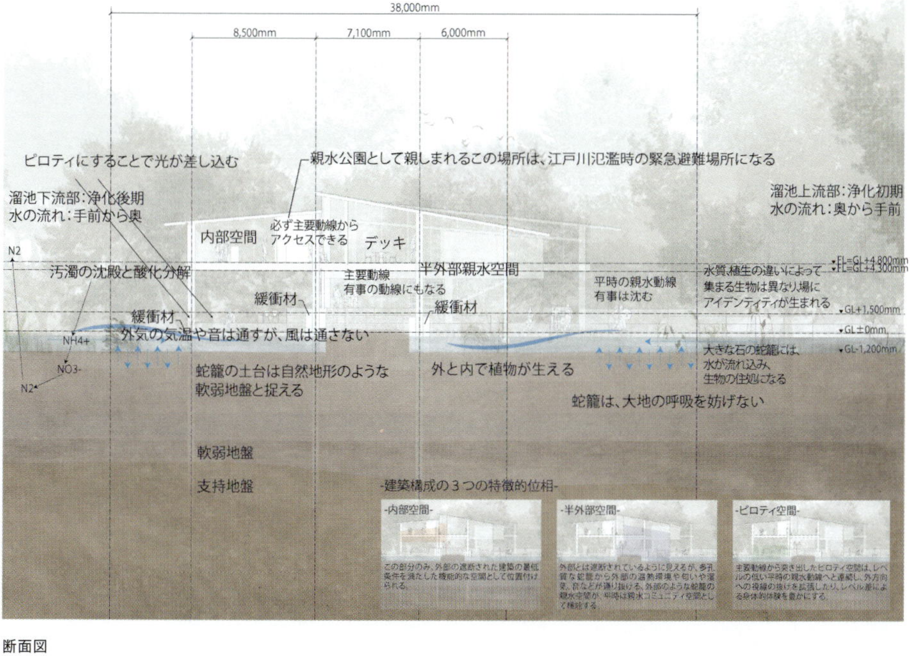

38,000mm
8,500mm
7,100mm
6,000mm
ピロティにすることで光が差し込む
親水公園として親しまれるこの場所は、江戸川氾濫時の緊急避難場所になる
溜池下流部：浄化後期
水の流れ：手前から奥
溜池上流部：浄化初期
水の流れ：奥から手前
内部空間
必ず主要動線から
アクセスできる
デッキ
N2
汚濁の沈殿と酸化分解
主要動線
有事の動線にもなる
半外部親水空間
平時の親水動線
有事は沈む
水質,植生の違いによって
集まる生物は異なり場に
アイデンティティが生まれる
FL=GL+4,800mm
FL=GL+4,300mm
GL+1,500mm
GL±0mm
GL-1,200mm
緩衝材
緩衝材
緩衝材
外気の気温や音は通すが、風は通さない
NH4+
NO3-
N2
蛇籠の土台は自然地形のような
軟弱地盤と捉える
外と内で植物が生える
大きな石の蛇籠には、
水が流れ込み
生物の住処になる
蛇籠は、大地の呼吸を妨げない
軟弱地盤
支持地盤
-建築構成の３つの特徴的位相-
-内部空間-
-半外部空間-
-ピロティ空間-

断面図

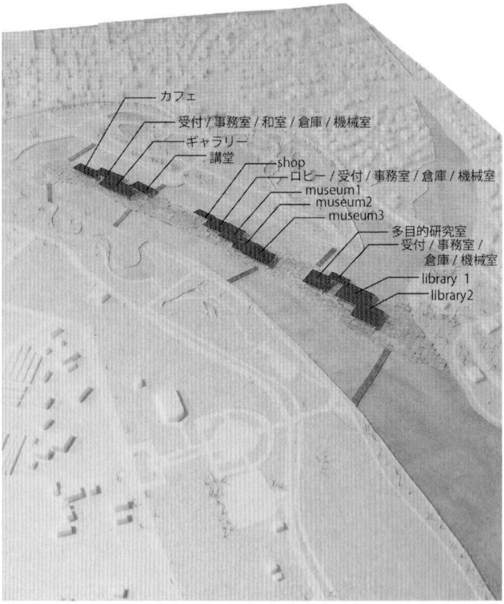

建設規模、用途

敷地面積(多孔質人工地盤):約18,000㎡(幅15～60m、長さ500m)
主に外部は公園と一体化した親水空間とし、親水空間を活かした建築内部空間を目指しながら、公園利用者も訪れ、施設利用を目的として訪れる人が十分に活用できるスペースとして、以下の用途を含む地区センターを計画する。
延床面積:4,850㎡

- 事務スペース(300㎡:想定職員数:30人)
- 書庫スペース(450㎡:図書館機能)
- 共有スペース(2,000㎡:廊下、階段、ロビー、情報コーナー、集会室、議会室、講堂、多目的研究室など)
- ギャラリースペース(2,000㎡:水元に関する展示をメイン、市民の展示、掲示板など)
- 福利厚生スペース(100㎡:職員休憩室、給湯室、トイレなど)
- 施設管理スペース(200㎡:施設管理など)

審査員コメント@巡回審査

龍光寺：第一印象は、本当に想定通りに水が流れるのかなと思いました。流れを仕切る蛇籠は水に沈んだ方がいいのではないかな。建物の形態は水平を強調しているようだけれど、ほとんど屋根に覆われているから、実際には暗いでしょうね。提案は理性的だけれど、この案はもう少し構築的に、細かく詰めた方がいい。大雑把さは否めなかった。

小嶋：敷地の歴史や技術的なアプローチなど、大変よく研究していると思いました。でも、これだけの洞察を込めていながら、できあがったものが新しさを目指しているようには見えなかった。例えば、菊竹清訓さんは「佐渡ホテル」で、ものすごく長いスパンの建物を、地盤が軟弱だからといって橋脚の構造を利用し、江戸東京博物館では建物側を徹底して軽くした。そういう発想もあるはずなんですよ。土木的なこと、生態系に関して発見したことと設計は一致しているけれど、建築では感じられなかったのは残念。

南後：水の浄化や環境回復の方法、工事のプロセスは面白かったんですが、親水空間でパブリックスペースを提案する必然性があまり感じられませんでした。硬派で緻密、着実な手続きを踏んでいますが、建築の提案がありがちになっていましたね。

手塚:できあがっているものは魅力的なんだけど、ランドスケープの上に建物を載せただけではもったいない。リサーチも、蛇籠で浄化するアイデアもいいのに、それらと建築の関係が見えてこない。ここまで強いコンテクストをつくり上げたのだから、絶対に見たことのない建築になっているに違いない、というのが僕の感覚でした。機能的な建築をつくる必要はなくて、模型にあったテントのように仮設的なもの、地面があって初めて成立するものとか、もっとすごいことが起こるかもしれないよね。ベースはとてもいいし、ドローイングも素晴らしかったから、もっと期待したいと思います。

海法：人工物なのか自然物なのか曖昧な川に対する意識や、川の周辺地域への役割に関するリサーチ、浄化の数値的な検証などにとても共感しました。ただ、川というものは上から下まで線状に流れていくその異常な長さが特徴の一つなのだから、ここに400mの構築物をつくって人が集まる、というだけでなくてさらに良い影響を広げられる可能性を考えてほしかったです。“点”で地域住民だけを考えると限定されてしまうけど、“線”としてとらえると流域の住民みんなが恩恵を受けられる、そういうプロジェクトになれば、より説得力があったと思います。

西沢：敷地はとても面白いですが、水辺の集落を整えようというのは、この敷地のもっている可能性に見合っていないと思います。盲腸みたいに放置されてきた水辺だからこそ、今までとは違う提案がリアリティをもったはずです。もともと人類と水の関わりは、破天荒で創造的でした。古代ローマ人はサイフォン式の水道橋を量産することで、異常な場所に都市を建設していったわけですが、それは想定外の結果をたくさん生み出した。たとえば彫刻が発達しました。トレビの泉みたいに水を賞賛するために彫刻が発達したという意味ですが、その意味では西洋美術の起源は水路のマーキングにあります。日本の古代の場合も、空海が多くの溜め池や用水路をつくったけれど、彼は水源だけではなく食事や衣服や知識の一切合切をトータルデザインした。その意味では水は万物の元です。水は今後ますます重要な資源になるので、水を研究できる場所にしたり、徹底して水を汚したり浄化する実験施設にしたり、いろいろ提案できたと思います。

谷川浜復興計画
農林漁業の融合による漁村集落の地域再生モデル

Name:
河西孝平
Kohei Kawanishi

University:
東京工業大学大学院
理工学研究科　建築学専攻
塚本由晴研究室

Q 修士設計を通して得たこと

光、風、眺めを必要とする所、それを一番端的に行なうような姿にすればいい。垂直の交通、水平の活動、静的空間、物を置く所、神の拠り所、それぞれが独立して一番機能するような形にすればいい。最後にすべてを統合して皆に説得すること。

Q 修士修了後の進路と10年後の展望

土地を愛し、土を耕すように建築の仕事を続けたい。

宮城県石巻市谷川浜の漁師は、地場の森林資源を用いて住居・作業小屋を建設し、漁業・農業・林業を融合させた自律性の高い生活様式を築いてきたが、東日本大震災の津波はすべての家屋を押し流し、こうした生業による漁村集落を壊滅させた。この漁村

の復興計画は、集落の持続性を考慮して、既存の田畑や河川、森林を資源として見直し、地域内での漁業・農業・林業の有機的なつながりを回復させるべきである。本計画では、津波の危険性に配慮した住居の高台移転と低平地の漁業による利用を前提に、漁師の生活様式にあった住居・作業小屋を地場の森林資源を用いて建設することにより、地域循環型の経済を活性化する地域再生モデルとしての新たな漁村集落の姿を提案する。

共同養殖作業場:漁師の山測り(海から見た山の重なりや形で位置を確認すること)から、山の稜線のリズムを参照した大屋根。下部はRC造の養殖桶が並ぶ室内空間と開放的日陰の半外部空間が反復する。

浜の生活を聞き書き

谷川浜の漁師に1カ月間弟子入りして生業を実地体験し、被災前の住居の間取りなどを聞き書きすることで、失われた浜の生活を記録。それをパタン化し、復興事業が浜の生活に与える影響を加味しながら漁業・農業・林業の生活シークエンスを図に表し、同時に新たに挿入する機能として、新たなパタンを織り交ぜる。こうして、復興による変化を余儀なくされる浜の生業と生活をつなぎ止める将来像を描く。（右ページ図）

生業と生活が連動する地域再生モデル

集落の持続性を考慮して既存の田畑や河川、山林を資源として見直す。山林は地場での木材利用を見据えた育成管理を行なう。住宅や小屋の工法は板倉構法とし、地域内での生産・消費を実践する。

また、生産活動と祭りの舞台の設計は、日常の生業で培われてきた地域共同体の自律性を喚起するシンボル空間のデザインである。

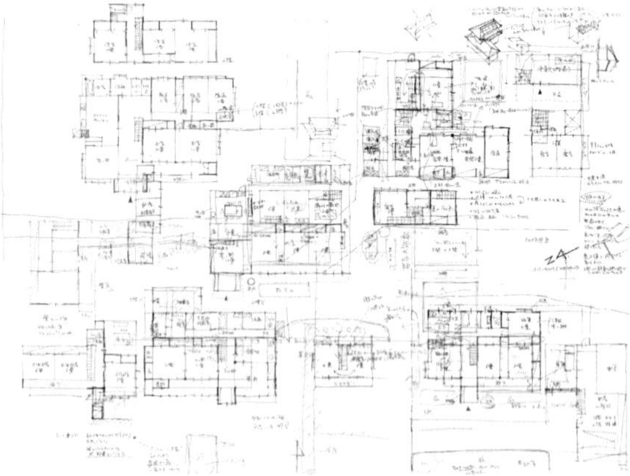

聞き書きで記録した野帳スケッチ

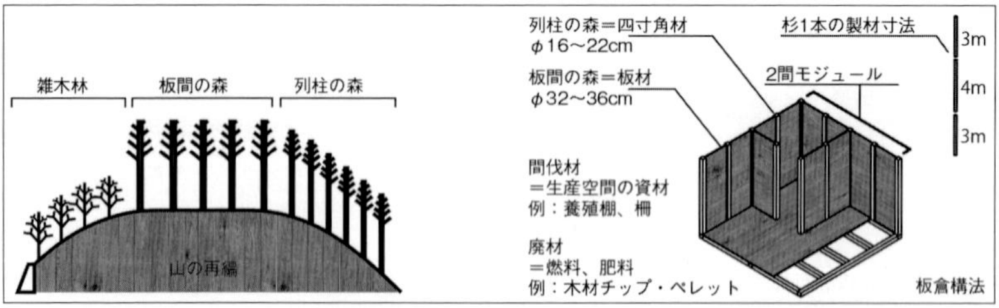

木材の地産地消——山林資源フローマネジメントの考察

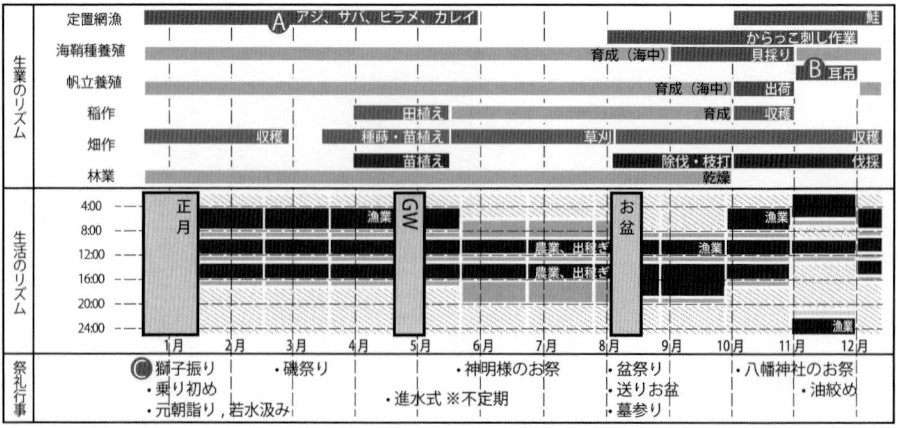

生業の節目には祭礼行事が行なわれる。生産活動と祭りを行なう場所のデザインは、地域の自立性を喚起する上で重要である。

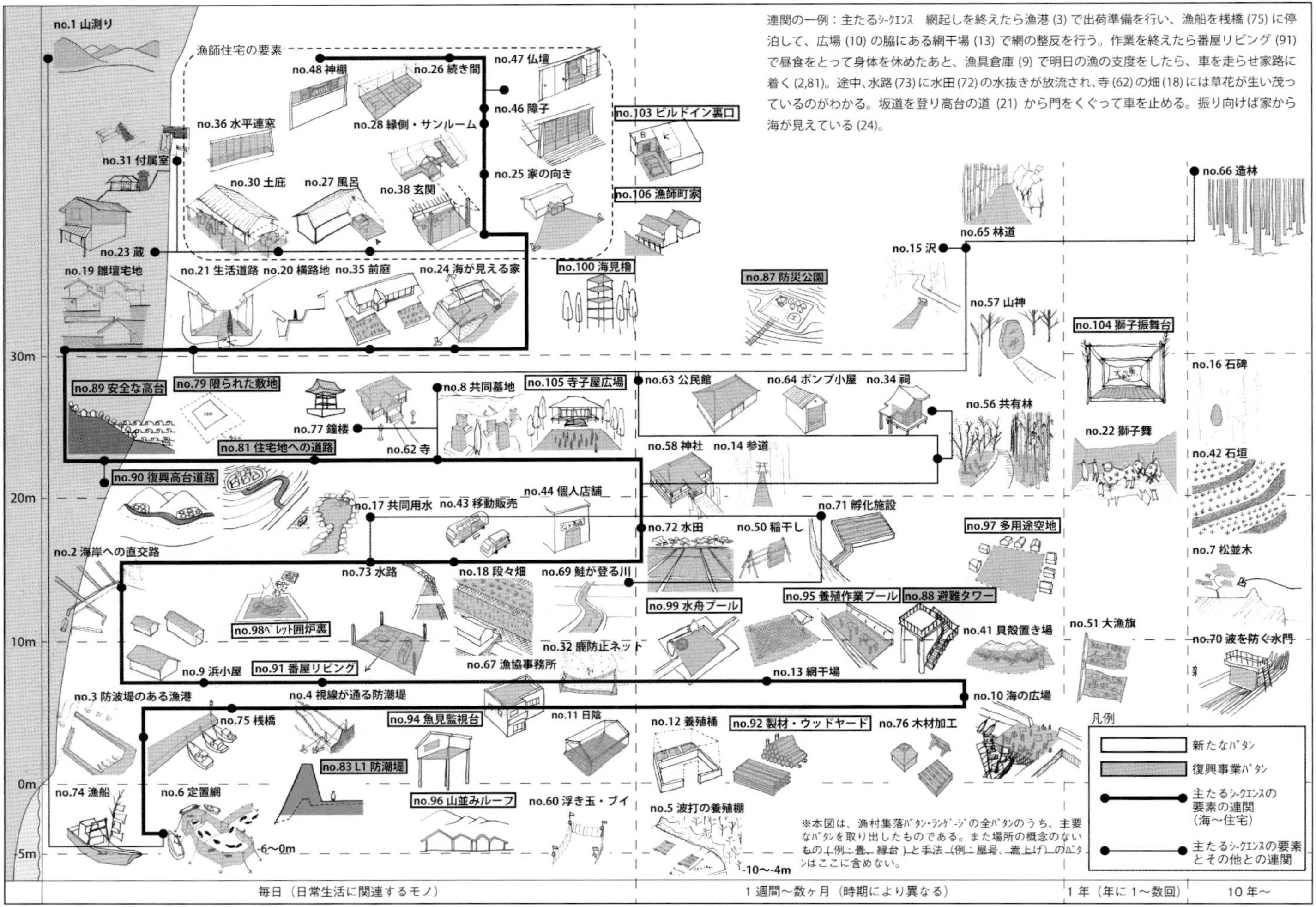

漁村集落パタンランゲージの見取図（縦軸：高低差による空間的配置、横軸：時間的リズムによる時間的配置）

生業に支えられたシンボル空間をデザインする

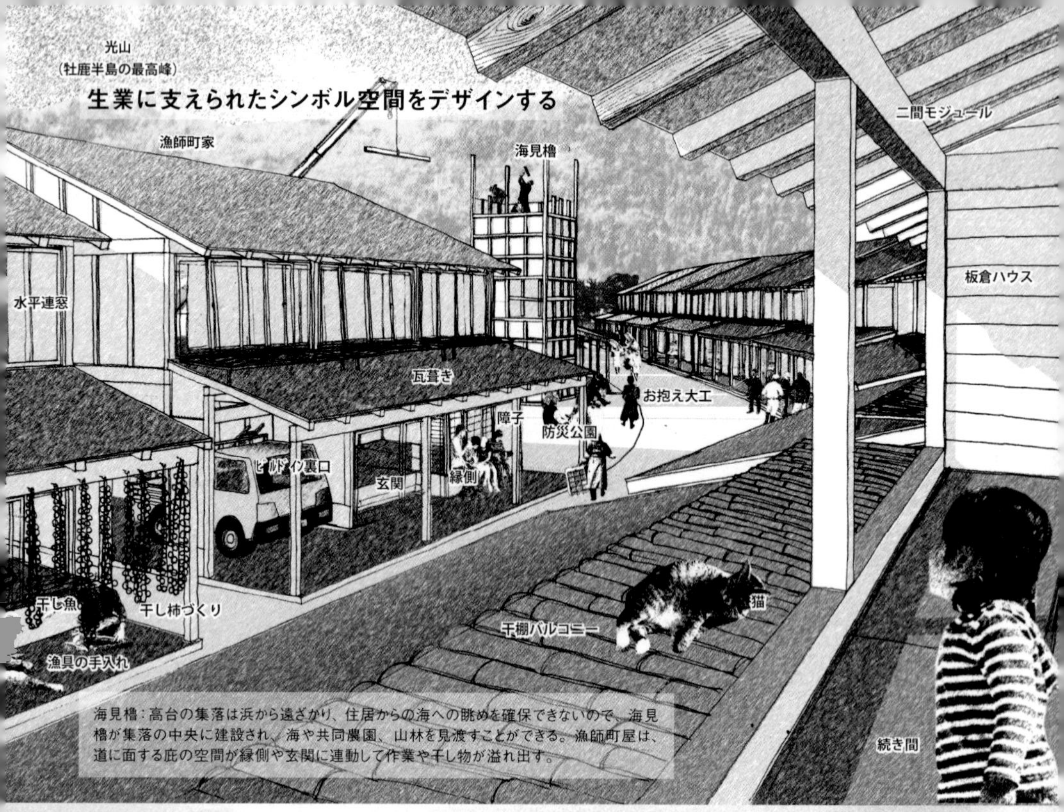

海見櫓：高台の集落は浜から遠ざかり、住居からの海への眺めを確保できないので、海見櫓が集落の中央に建設され、海や共同農園、山林を見渡すことができる。漁師町屋は、道に面する庇の空間が縁側や玄関に連動して作業や干し物が溢れ出す。

農具小屋：高台移転で宅地は限られた面積（100坪）に制限されるため、倉庫や蔵を被災前の規模で建設することが難しい。そこで農地に建つ農具小屋を蔵と複合させて水田の景色を一望できる庇の空間、農具蔵ロッジアとする。共同用水から水を引き込んだ水舟プールは村の人が誰でも利用可能で、手洗いや野菜の泥落しなどさまざまな水作業に用いる。

獅子振舞台：高台移転や高台復興道路事業の参入による山林運用の変化に伴い、山神の祠を共有林に建設する。この祠は春祈祷の獅子舞（牡鹿半島では獅子振と呼ばれる）の舞台となることで海と山の生業を結ぶ。普段は山神の御神体が安置されており、被災時には浜からのびる直線的避難道で高台に駆け登り、一次避難所として活用される。

番屋リビング：海の広場に面して建ち、桟橋に船を停めて浜に戻ってきた漁師を迎え入れる。通り土間による段差により、食堂と昼寝のための仮眠室を分節。進水式など祭礼行事の寄合の場にもなる。観光に訪れた人や釣り人が立ち寄れる開放性のある空間とした。

水源
林道
市街地方面
祝浜
泊浜方面
寺と鐘楼
共同菜園
海見櫓
高台移転地
共同墓地
防災公園
寺跡地
獅子振舞台
集会所
竹林
共有林
湧き水
貯水池
休息所
ため池
唐松の森
水田
段々畑
元宅地
段々畑
元宅地
農具小屋
水舟プール
バス停留所
直線的避難道
ウッドヤード
高台復興道路
共同養殖作業場
貝殻の作業場
木材製材所
水田
水田
農地整備
網干場
荷揚場
船揚場
広場
漁港
荷下場
鮭が登
松並木
番屋リビング
水門
栈橋
大谷川
鮫浦方面
L1 防潮堤
栽培漁業センター
神社
進水式の儀式
湾内を3周まわり、
漁の安全と豊漁を祈願する。

審査員コメント

審査員コメント@巡回審査

小嶋：研究室でやっている活動ではあるのだけれど、よくもここまでまとめたなあと思いますね。商店街のアーケードなどだと、ここまで変えられないですから。でも、案が少々優等生すぎる。社会人になったらもっとワガママを言ったほうが良いよ。そんなおとなしい人には見えないんだけどね! あなたを見てると。

手塚：気になったんですが、ここに堤防はあったほうがいいの?

河西：浜の人と議論してると、もちろんない方がいいんです。ただ行政のプランになかなか僕なども反発できないのが現状です。

手塚：それならどうして君は反発しないの? 彼らの声を君が行政に届けたらいいじゃないか。ちゃんと声を上げれば、行政も変わるんですよ。君がつくったこの風景はすごくいい。だからいろんなものに流されないように頑張って。

南後：生業の日常のリズムを基調としながら、空間的配置と時間的配置を分けて考えている点が面白かったです。そこにパタン・ランゲージを組み合わせた提案も新しいなと思いました。建築のシンボリズムのあり方として、「モニュメントをつくる」というのは飛躍が生まれがちですが、この提案は、人々の日常の振る舞いや漁村の慣習的なボキャブラリーのなかに溶け込んだシンボリズムになっているところが良いと思いました。

龍光寺：復興計画に建築家としてどう関われるか、という問題意識がすごくリアリティがありました。難しい課題に、非常に誠実に取り組んでいるんじゃないかなと思います。ひとつ惜しいのは――パターンランゲージの絵を見たときに可能性を感じさせるものがあったんですね。調査をして分析して、いろんな新しいものができそうな感じがあったんですけれど、実際にできたものを見ると個々のパタンランゲージを考えていた時の「豊かさ」がどこかに行ってしまったなという感じがしました。この豊かさをもう少し最終的に表現できていれば良かったと思いますね。

西沢：すごく真面目な案ですが、高台移転をせざるを得なくなったとき、移転して良かったと思えるような提案になってほしいです。津波は惨かったけれど、長い目で見るといいこともあったねっていう話になってほしい。以前よりは人の生活が海から離れてしまうとしても、その代わりこれこれの仕事や活動ができるとか、こういう新しい生き方が始まるとか、はっきり示せたらもっと良いですね。その意味では、産業が今まで漁業と農業だったのに対して、林業に踏み込んだのはいいと思います。それらを複合させた六次産業もできると思います。ぜひこの先もこの町に通って続けてくださいね。向こうで現地の人と結婚するといいのではないかな。

海法：完成度も密度も非常に高かったです。プレゼンを見て、住民が求めているものとあなたが新たに提案しているものの違いがいまいちよく分からなかった。提案した町のすべてが新しく見えてしまうのはしょうがないとしても、ある一人の人が全部つくったように見えてしまうのは復興計画として少し暴力的に見えました。これをたたき台に地元の人とコミュニケーションしていけたら良いんだろうなと思います。つまり、ここからが勝負ですね。

建築の速度

sequence of scenery / sequence of scenery

Name:
高栄智史
Satoshi Takae

University:
早稲田大学理工学術院
創造理工学研究科　建築学専攻
古谷誠章研究室

Q 修士設計を通して得たこと
修士計画は自らの今後の建築を考えていく上での基盤となるものを考えるべきというスタンスで設計を行ないました。決して分かりやすい計画ではないですが、ここから新たな発見ができればと思います。

Q 修士修了後の進路と10年後の展望
アトリエ志望ですがまだ未定です。9月卒業なのでそれまでに決まればと今は割合のんびりとさせてもらっています。10年後には建築家として独立していたいです。

建築にはありとあらゆるスケールでの時間が内包されている。同じ一つの建築でありながら、どの時間単位に焦点を絞るかによって見えてくる建築の速度は異なる。建築は一つの事物ではあらわしきれない多角的な視点を持ち合わせている。建築の速度におけるそれぞれの要素は、一つの時間軸という流れの中で連鎖しながら互いに影響し合っている。多角的視点における建築のプロセスは、建築を形づくるためのダイアグラムを一度別次元の視点によって解体しながら、それらのピースを再構成し、反芻することによって多視点の建築を捉えようとする。

近代以降、モダニズムの流れの中で、建築は分かりやすく明快に、抽象化されることによって建築を共有のものへと純化させようとした。それはある単一の視点・ダイアグラムによって建築を意図的にその視点へと誘い、それ以外のものを排除することによって建築はその視点によってのみ理解し得るものであった。

本計画では単一の視点でない、一見すればバラバラの要素となり得てしまう要素を時間という帯で編集し、多角的視点を包括していきながら建築の速度を捉えようとする試みである。ここではいくつかの要素ごとにプロセスを説明していくが、結果としてどのようにこの建築を体験してもらってもこの空間、場所はあなたのものである。視点は存在しない。視点は自ら見つけ出せる。

sequence (of) scenery

建築をめぐるシークエンスは、その前に捉えた過去の事物と関連させながら、記憶の連鎖によってつなぎ合わされていく。連鎖関係にある事物は共通項を見いだされ、その変化によって空間を把握する。

物としてはまったく異なるものも、人に影響を及ぼす共通の要素として抽出され、それが建築の内部空間へと影響を及ぼす。この関係性が全体の流れとしてのシークエンスを捉える。

シークエンスのダイアグラム

1

2

構成

建築の速度は、我々自身（主体）が動くことで変化する“動的視点”と、外的要因や建築自体（客体）が変化することで建築がうつろう“静的視点”の2通りが考えられる。

動的視点では、同じ建築でも人によって異なる視点・シーンを体験するため、すべての人の視点を内包した建築のシークエンスが必要となる。複数の個人の視点によって編集されたシーンを統合し、広域的なシーナリーとしてのシークエンスを動的視点において考察する。

静的視点では、外的要因や建築が目には見えない速度で変化して我々の記憶に積み重ねられる。それらを総合して風景へと至るまでのシークエンスを捉える。

時間スケールによって建築の見え方は異なるが、一つの時間軸で起こっている事象であり、相互に影響、補完しあっている。これらを多角的視点で検討していく。

手法

通常のレンズは撮影者により画角が切り取られ、方向性が生まれて視点が定まってしまう。そこで、定点で回転し撮影した複数の写真を重ね合わせ、方向性のない360°の視野角を写しとる。これによってすべてに焦点があった、何も切り取られていない情報が詰め込まれた写真ができる。これらは視点をもたないと同時にあらゆる視点を内包する。本計画ではこれを「無視点パース」と呼ぶ。

スケッチや通常の写真を、個人のフォーカスで抽象化された低解像度の、建築計画のためのダイアグラムとすると、「無視点パース」は360°すべてにフォーカスのあった視点のない高解像度の、いわば抽象化されたダイアグラムを解体するようなアンダイアグラムであるといえる。

スケッチと無視点パースを反芻しながら多角的に捉えることで、多視点の建築を設計していく手掛かりとする。

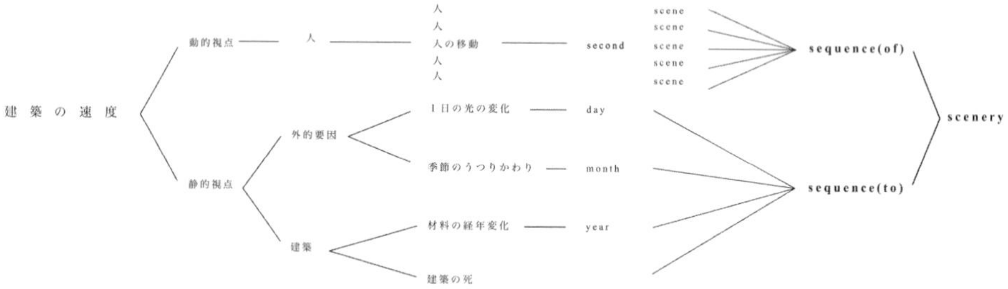

3

4

5

6

7

計画地

建築は在処を必要とし、所与から生み出される。その土地の寄与する建築の形態は、場所を生み出し、風景となる。

建築を考える上で、敷地（土地）は切っても切り離せない。その場に“なじんだ”建築は、むしろ切り離すという概念以前に、建築は場所そのものとなって、所与そのものとなる。敷地の選定は、自分自身がひとりの日本人として日本の風景に対する姿勢を捉えるための意思表明でもある。

京都大原。日本の里山の原風景が残るまちといわれる場所である。

京都と滋賀を結ぶ谷間のまちで、大原三千院や寂光院はさらにその山同士の谷間に位置する。そのような谷間に対して土地のポテンシャルを感じ、まだ大原の中で利用されていない唯一の谷間の場所を敷地とした。

敷地の周辺および大原全体を練り歩き、ポイントごとに無視点パースを作成する。

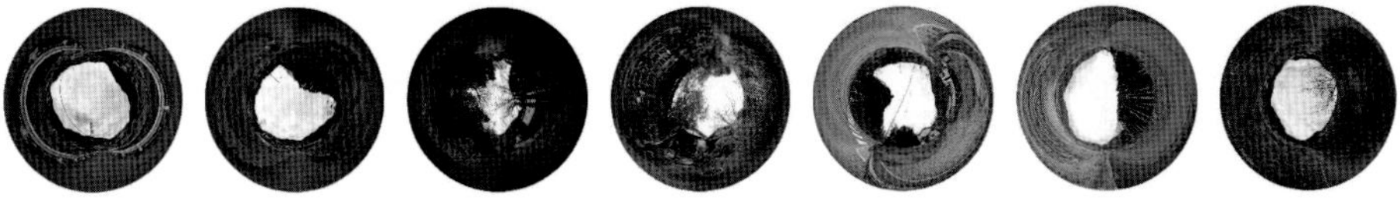

無視点パース（49カ所から抜粋）

無視点によるスタディとスケッチ

プロジェクターを利用し、アクリル半球に無視点パースを投影する。それにより平面上の無視点パースでは得にくい、本来の三次元空間を追体験することが可能となる。この装置を利用し、敷地をくり返し追体験しながらスタディを進め、設計に活かした。

スケッチは、究極的にパーソナルな抽象化された低解像度の視点であると位置づける。書き手の視点と限られた情報量によって、観察者の視点をあらわすツールとなり、建築を設計していく過程で必要なダイアグラムを生成するための要素となる。

無視点パースから発見された要素を抽出し、共通項として捉えることのできるものをカテゴライズしながら、くり返し同じ作業を意図的に視点を変えながら反芻することによって一つの空間の中から多角的に空間を捉えていく。

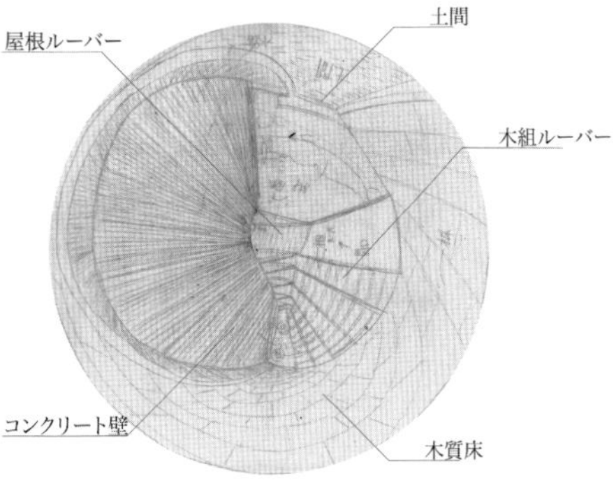

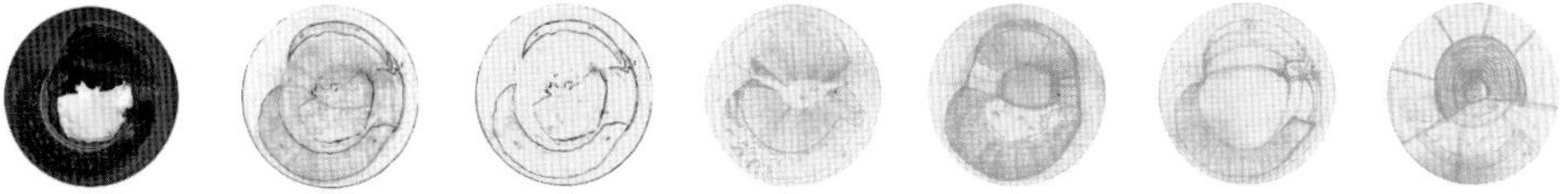

| original photograph | 00+01+02+03+04 | 00_extracting elements | 01_study sketch | 02_study sketch | 03_study sketch | 04_study sketch |

スケッチ（一部を抜粋）

landscape

山の谷間に位置するこの敷地はすでに造成された三角形の平面をしたフラットな土地である。谷間のため雨の際に大量の雨水が山から谷に向かって流れてくるが、敷地がフラットなために水はけが悪い状態となっている。そこで建築への浸水を防ぐための水路用の溝をゾーニングとともに行ない、ランドスケープを計画していく。

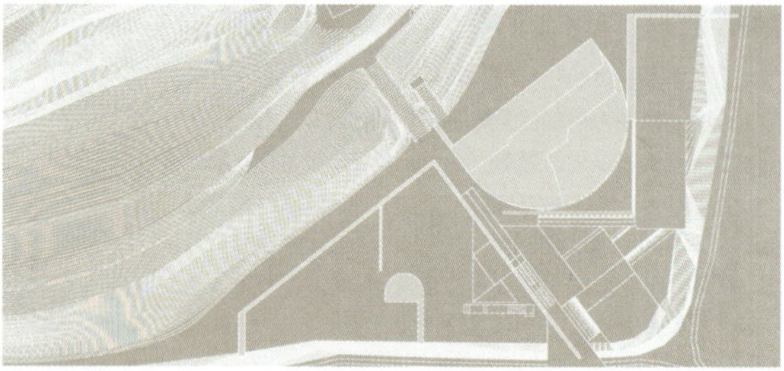

wall

建築として強い拘束力をもつ壁を配置する。視野の切り取りと建築の空間のキャパシティを決めていく。用途はこの時点では決めない。十字形による壁は数寄屋のようにそれぞれの方向に庭（屋外空間へのつながり）をもちながら内側に仕切り（壁および部屋同士の接合部）をもつこととなる。

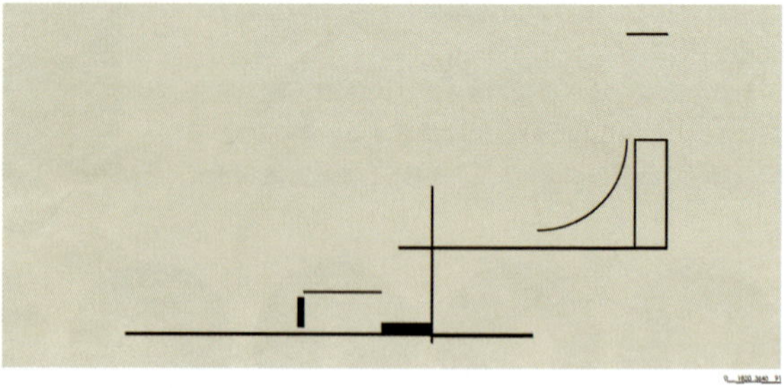

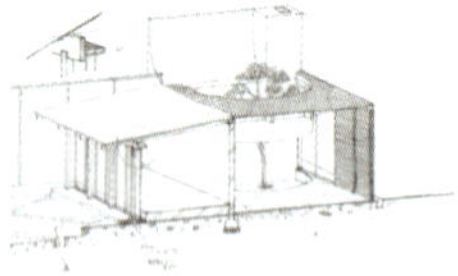

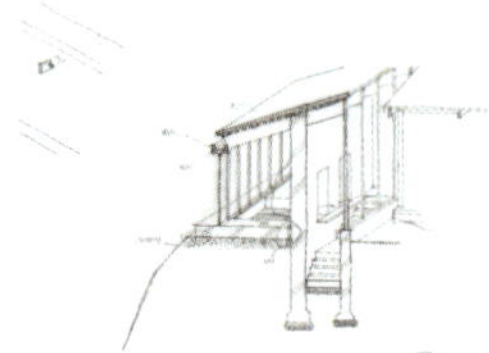

landform
+
rigid structure
+
soft structure

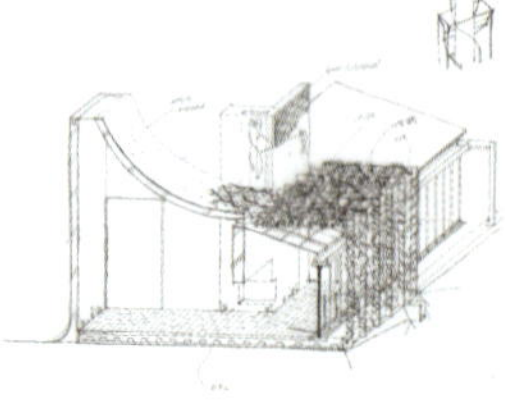

経年変化のスタディ

現代の建築模型のほとんどは空間に重きをおきすぎているのではないだろうか。白い模型は空間を想像で知覚させる良いツールであるが、建築の印象は形態だけでは決まらない（重量感など）。建築模型は限られた視点でしか検討しないために、実際に建てられた建築は、時が経つにつれ設計者の予期せぬ姿へと退化してしまっているように思える。

そこで建築のマテリアルの検討において、模型をある期間屋外に放置することで、素材の経年変化の様子を観察していった（現在5カ月）。マテリアルは木・鉄・コンクリートの3種類。実際の環境でのマテリアルの変化を採集し、模型だけでは補いきれない領域を補足する。

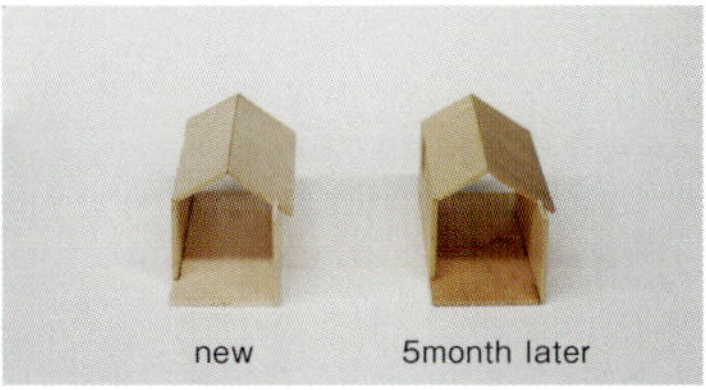

木材（ヒノキ）
表面は夏目が削れ、割れなどもおこり、荒々しいテクスチャへと変化している。紫外線によって色が濃くなっている段階まで確認できており、今後さらに雨のあたる部分は銀ねずみ色に変色していくことと考えられる。

鋼材
鉄は表面は荒く、冷たい雰囲気の表層がやわらかくなる。ただし手に触れる・なでるという感触ではなく、人の感覚からは少し遠い距離にあるようにも感じる。見て楽しむ情緒的な視点をもつ。

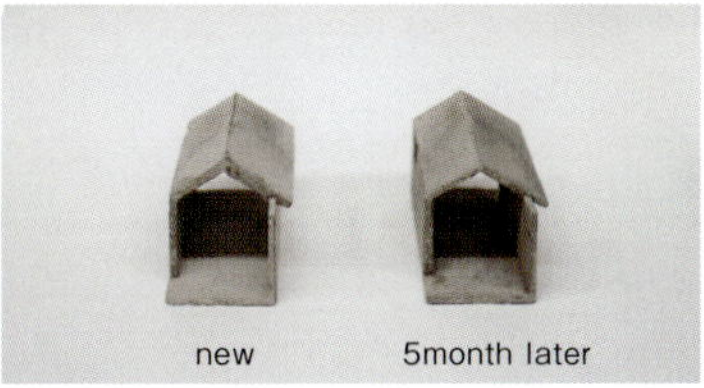

コンクリート（模型ではモルタル）
3つの中でもっとも変化が少なかったが、水はけが悪い場所におくと、黒ずみや苔が生えると考えられる。長期的に見ていけばクラックが発生したりエッジがとれ、表面が荒々しいテクスチャへと変化するであろう。

たとえ経年によって被覆部分（屋根架構等）がなくなっても、壁さえ残れば本計画の達すべき事項は残ることになるだろうし、さらに壁がなくなって地形だけになってしまっても、建築家としての使命は全うできているのかもしれない。

architecture

建築の用途を決め、壁に構造を担保させながら木造もしくはS造によって屋根や間戸を被覆させていく。今回は建築の滞在時間が最も長い「住宅」を用途とし、住宅には少し大きめの、美術館にしてはギリギリの室の大きさを定めている。住宅でありながら、もっと長い視点で見れば「建築」と呼べるだろうし、さらに長い視点で見れば「空間」、さらに長い視点で見れば「風景」となり得る。

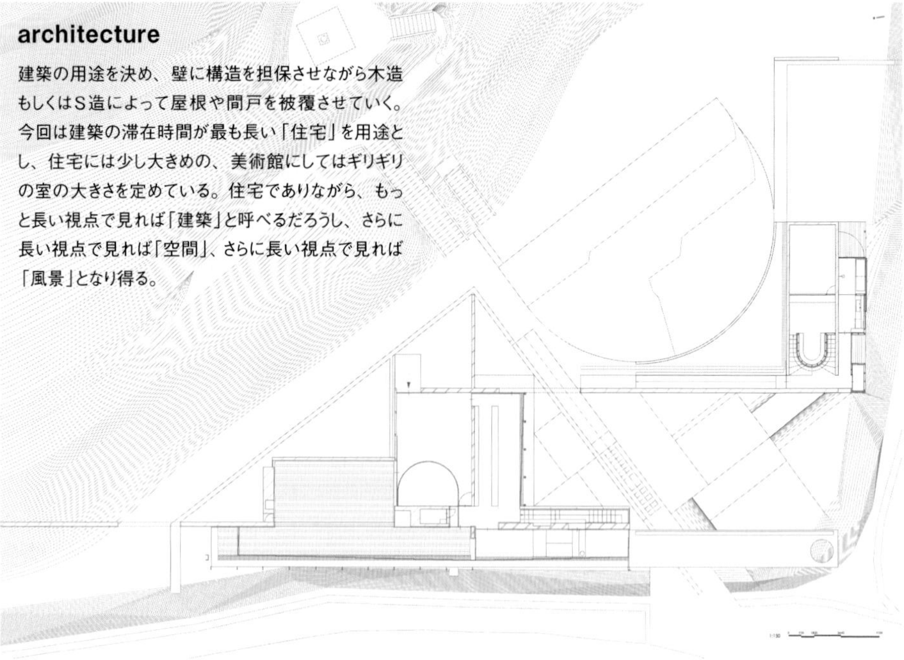

建築の更新性

建築は複数の要素に分解され、下に向かうほどリジットな構成によって形態が決められており、壁より上については更新性の高いものとなっている。スケールについては更新性の高い部材から基準寸法を決めており、JIS規格・尺基準のモジュールに則ったものとなる。木材については原則として3m未満の長さで組み、更新時に別部材にも使えるように簡易な架構とした。

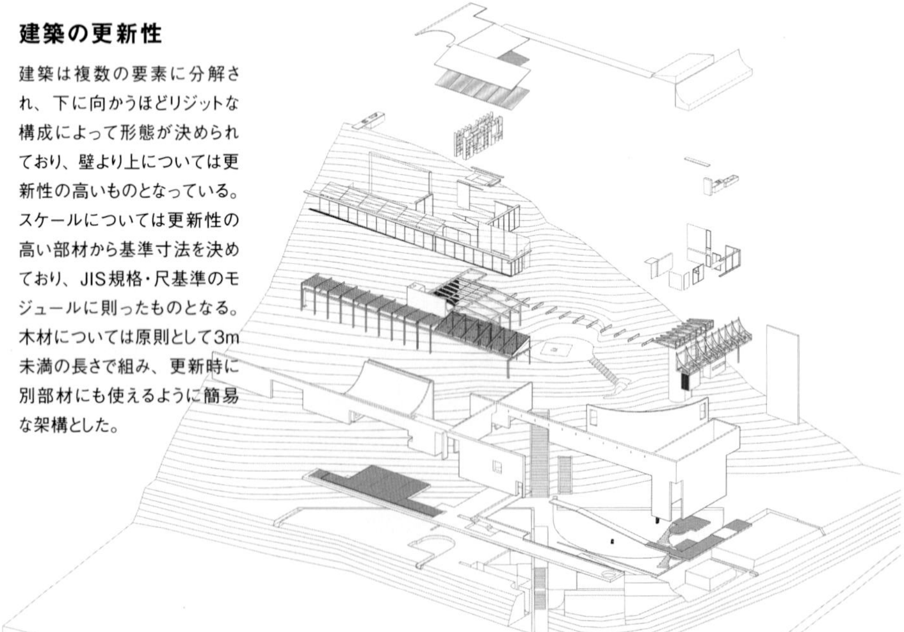

審査員コメント

審査員コメント@巡回審査

南後：ポートフォリオでは伝わりにくかったので、実際に展示を見たいと思った案でした。無視点パースによる空間の観察から枠組みを抽出するところまでは面白かったんです。空間や時間の記述方法としても斬新な試みだと思います。でも素材の経年変化の話に関しては、テクスチャーや触覚の次元まではうまくすくい取れず、視覚の次元に全部回収されてしまう危険性を感じました。また、無視点パースを経ることによって、今後建築のあり方がどう変わっていくのかをビフォーアフターで示したものがあるとよかったかもしれません。

海法：無視点パースという考え方自体はとても面白いと思います。計画学の研究者が人の流れを分析するときに似たようなものを使っていたと思います。設計で汎用したら面白いものができそうだと思っていたんですよ。でもね、無視点パースだからこその設計が見えなかったんですよね。例えば配置に従って形態を歪ませた方が全箇所の日照条件が良くなるとか、遠くのものが小さくなるという常識を反転させるボリュームの設計とか。そこがもう少し見たかったです。

龍光寺：印象的なプレゼンテーションでしたね。建築の最終形態は置いておいて、視点や導入の部分、設計の仕方がすごく面白い。時間を圧縮したり、引き延ばしたり、そういう体験をつくり出そうとしている。小説みたいですよね。材料についての考察もあって、アウトオブコントロール、いわゆる自分で操作できないものを組み込んでいる。自然を取り込むというのはそういうことだと思います。

小嶋：習慣化された身体思考に基づき、通常の建築の設計を揺さぶる。この攻め方は基本的に好きです。ただし、建築の最終形はその手続きを経なくてもできるのではないかと思えたんですよね。ザハ・ハディットやSANAAよりも構成的だし、材料にもヒエラルキーがある。シークエンシャルにできているところ、歩いて行く順番や場面展開も回遊式庭園みたいで古く見えましたね。

西沢：いろんな可能性を秘めていると思いましたが、無視点パースならではのスタディをしてほしかったです。かなりそそる形はできているけれど、必ずしも無視点パースを通して出てきたとは思えないのが残念です。無視点パース至上主義に立てば、想定外の部位や情報が重要になるはずで、もっとすさまじい情報を掴めたはずだと思います。たとえば直線や曲線といった常識的な区別はもはや関係なくなって、重要なのはスカイラインだけですとか、接地長さだけなんですよというような、何らかの価値転倒が起こったはずです。とはいえ、あなたは設計する能力は高いから、そんなに悲観することはないですよ。問題は知的な能力の方です。

手塚：無視点パースで回り込んでいくところはすごく面白いと思ったんだけれど、空間になったときのジャンプが分からなかった。無理して大きな空間にする必要はなかったのでは？ それよりも無視点パースの段階をもっとぶっ飛ぶくらい詰めた方が面白かった気がしますね。なんとなく想像の範囲内で収まっている。真面目というかね。でもこれだけの作品をつくり上げたわけだから、生涯のテーマとするといいですね。

海辺の棲家

復興の現場で何が起きているのか。被災地の行政インターンで見えてきたのは、事業そのものを知らない建築家と、事業をスピード優先で画一的に進める土木屋の葛藤であった。今こそ、建築的視座に基づき魅力的な事業計画を作成する新しい建築家像が求

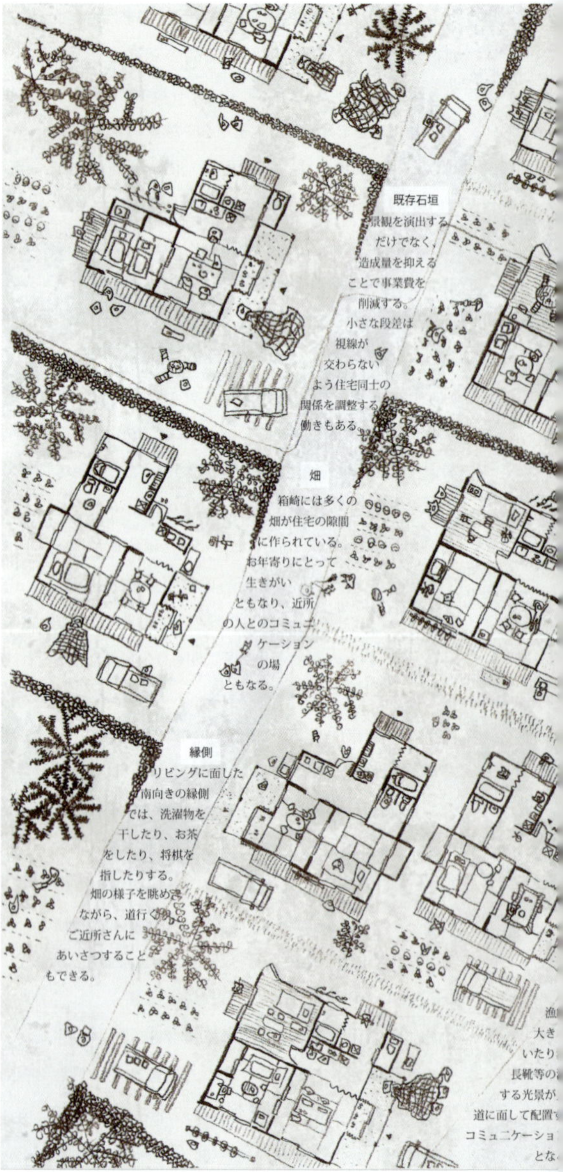

Name:
中村龍太郎
Ryutaro Nakamura

University:
東北大学大学院
工学研究科　都市・建築学専攻
建築空間学研究室

Q修士設計を通して得たこと

釜石市という第3の故郷と、そこに住む大切な人たちと出会えたことが何より嬉しいです。また、「建築をつくること」ではなく「人を幸せにすること」が本当の目的であり、建築はその手段であるという思想に辿り着けたことです。

Q修士修了後の進路と10年後の展望

インテリア設計（主にオフィス）の道に進みました。あらゆる人が「楽しく面白くそして健康に、働いて生きている」日が10年後には来るといいのですが。

められている。本計画では、単身高齢世帯化が進む地方漁業集落の復興において、地域の伝統や生業・コミュニティ形成を通して福祉介護にも配慮した自立協住モデルを提案し現実的な事業計画に落とし込むことで、土木技術者のつくる画一的計画への代替案を示すことを目的とする。

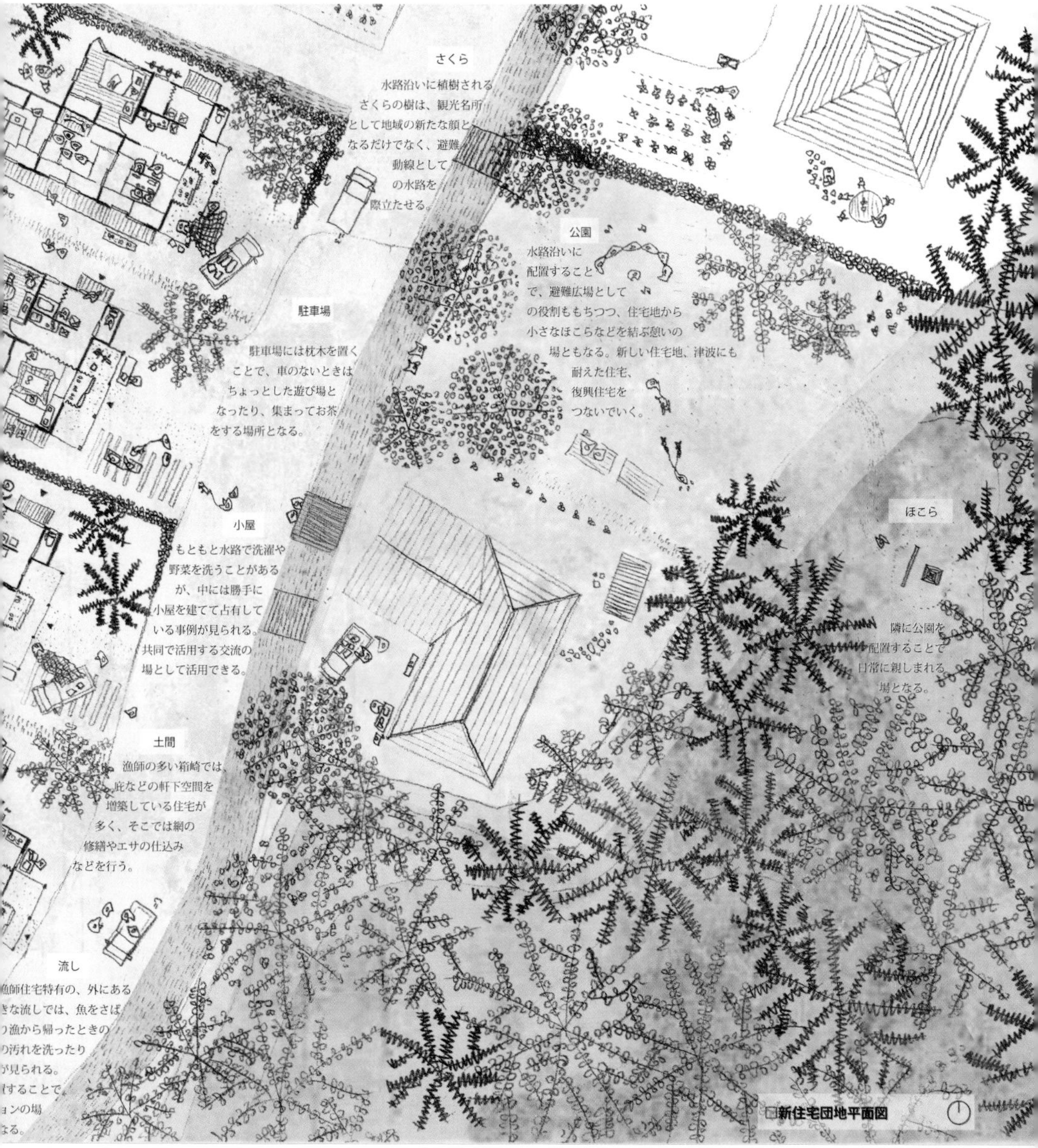
さくら
水路沿いに植樹される
さくらの樹は、観光名所
として地域の新たな顔と
なるだけでなく、避難
動線として
の水路を
際立たせる。
公園
水路沿いに
配置すること
で、避難広場として
の役割ももちつつ、住宅地から
小さなほこらなどを結ぶ憩いの
場ともなる。新しい住宅地、津波にも
耐えた住宅、
復興住宅を
つないでいく。
駐車場
駐車場には枕木を置く
ことで、車のないときは
ちょっとした遊び場と
なったり、集まってお茶
をする場所となる。
小屋
もともと水路で洗濯や
野菜を洗うことがある
が、中には勝手に
小屋を建てて占有して
いる事例が見られる。
共同で活用する交流の
場として活用できる。
ほこら
隣に公園を
配置することで
日常に親しまれる
場となる。
土間
漁師の多い箱崎では、
庇などの軒下空間を
増築している住宅が
多く、そこでは網の
修繕やエサの仕込み
などを行う。
流し
漁師住宅特有の、外にある
きな流しでは、魚をさば
り漁から帰ったときの
の汚れを洗ったり
が見られる。
することで、
ョンの場
なる。
■新住宅団地平面図

事業計画

復興交付金事業である5省40事業は実質そのほとんどが土木事業であり、土木優先で進んでいくのは仕方ないようにも見える。しかし復興に絡み合う諸問題は大変複雑で（右図下）、初期段階から建築構想をもって進めなければその懸念は現実のものとなってしまう。私は復興推進本部でのインターンを通し、2つの課題を発見した。(1) 建築家の提案は夢を語るのみで実現性に乏しく逆に被災地を振り回すことが多い (2) 復興計画を作成するのは自治体・コンサルともに復興事業に詳しい土木技術者であり、宅地の確保のみを考え計画が画一的。

本来ならばまちづくりは自然-インフラ-建築の3つのレイヤーの重なり合いから生まれるが、被災地においてはスピードが第一であり、地域に配慮した景観やコミュニティを丁寧に設計できなければ、災害に強いだけのゴーストタウンが量産されかねない。そこで本研究では、復興を実現させる制度や事業に精通して初めて、土木技術者と対等の立場で対話しつつ各レイヤーを串刺しにして魅力あるデザインに昇華できると考え、ハードのみならず事業計画についても設計していく新たな建築家像を目指す。

□事業に関する考え方

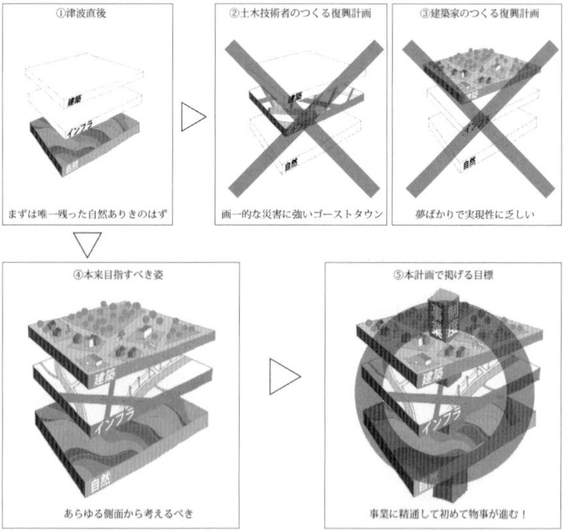

□復興において絡み合う要因

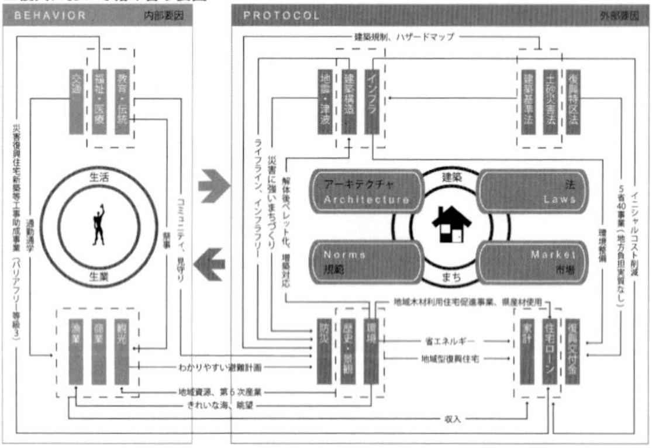

リサーチで抽出したデザインコード

00 コード

水路周りの新たなコミュニティ創出につながると考えられる箱崎特有の文化・風土を以下の7つ抽出し、適切に再配置していく。

01 水路

谷筋の水路沿いに住宅が並ぶ骨格をもち、それが宅地割に残っている。日常的に畑の散水や洗い物、打ち水に利用し、風の通り道にもなる。避難動線として整備する。

02 小屋

外流しがある住宅が多いが、水路上を不法占拠して小屋化しているものもある。魚をさばく、洗濯や野菜洗いなど人が集まるコミュニティ施設になりうる。

03 石垣

宅地ごとの小さな造成によって生まれる石垣は、地域景観としての美しさだけでなく、プライバシーの緩衝帯としての役割も合わせ持つ。

04 増築

家族や物の増加に合わせ、住宅を上に横に建て増している家が多い。また土間や庇など作業する半屋外空間を形成する。新たな収納小屋を別に建設することも多い。

05 やませ

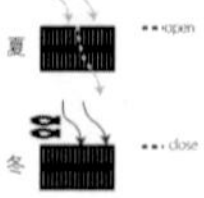

夏に海から吹いてくるミスト状の涼しい風。室内に取り入れて良好な住環境に貢献する。また冬は雪が少なく乾燥した風が吹くので鮭や柿を干す風景が見られる。

06 段々畑

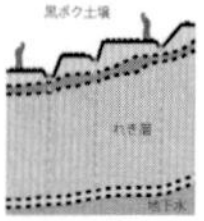

重機のなかった時代には地形を利用した段々畑が広がっており、土砂災害を防ぐようにつくられていた。定年後の生きがいとしての役割も期待できる。

07 ほこら

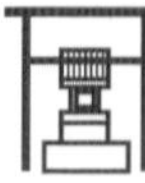

住宅を解体した後も小さな祠が点々と残されていることが多く、住民が大切にしていることがわかる。水路とともに地域の大切な伝統空間として位置づける。

自治体が見過ごしているこれらを復興計画策定における核として位置づけることで、地域特性に根ざしてコンテクストを引き継ぎ、景観的にもより美しい集落のあり方を検討する。

新しい町のマスタープラン

過去の水路跡やあぜ道は現在の道や宅地割と一致する箇所が多く、地区の骨格としての水路の価値の大きさが確認できた。この手掛かりをもとに水路・道路インフラを再構成する。プランのポイントは、(1)日常の偶発的接触を生み出す(2)地域の空間構造や伝統を活かしたまちづくりによって従前との連続性やコミュニティを維持する(3)地域特性に配慮した設計を行なうことで、サステナブルに地域を維持する——ことである。

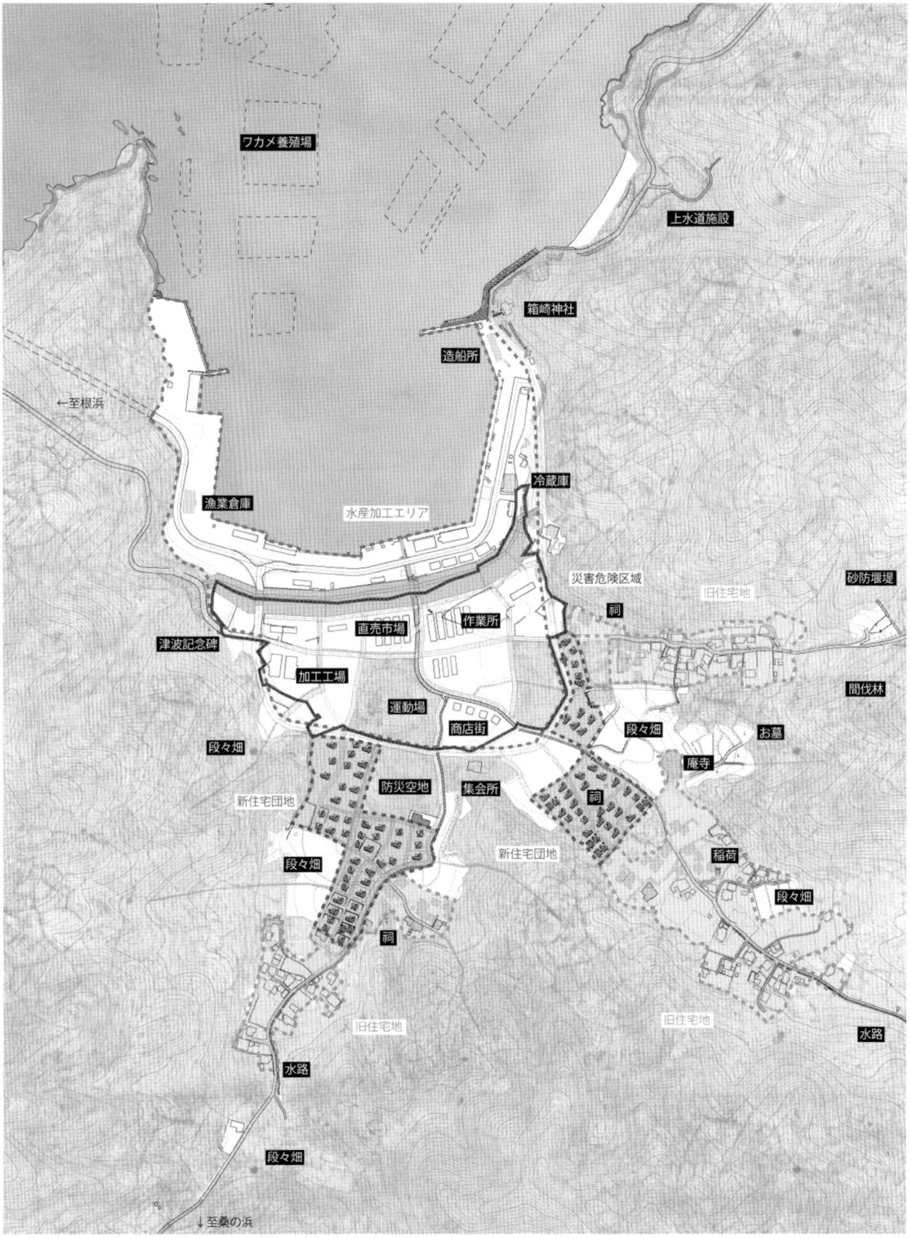

計画断面図

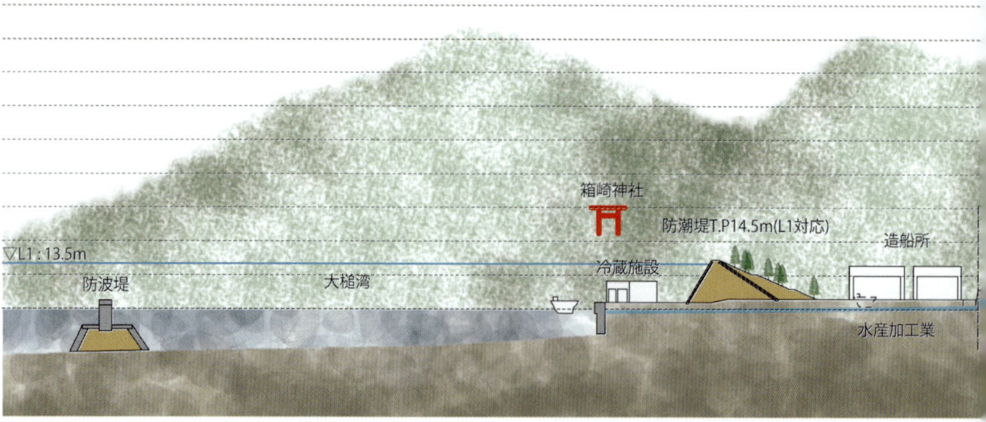

災害復興公営住宅のデザイン

人の顔の見えやすい土間空間を道に面して並べることで作業風景の連なりを演出し、パブリックな道路・土間からリビング、寝室へとグラデーショナルにプライベート性を確保することでスムーズにコミュニティに接続するリビングアクセス方式を採用する。敷地が60坪と小さいからこそ接点の多い住宅になることを目指した。

また生活スタイルや家族構成の変化に対応するために拡張可能なシステムを考えた。初期は水回りと茶の間だけの11.5坪という最小限住宅であるが、増築を繰り返すことでおかみを中心とした伝統的な漁師住宅の3間連なる構成にたどりつく。そのために開口や押し入れの位置を工夫している。

□災害公営住宅3つのコンセプト

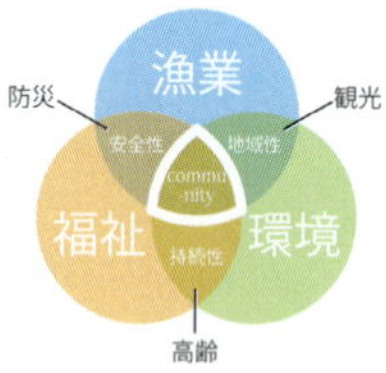

漁業
①土足で作業のできる土間
②外から直接入れる浴室
③大きな魚をさばける外の流し

福祉
①寝室と水回りの近接（施設サービス）
②玄関からすぐ道路へ（通所サービス）
③寝室へ直接アクセス（訪問サービス）

環境
①日光・通風の適切な利用
②水路まわりのコミュニティ
③地場産材の使用

□市建設予定災害公営住宅

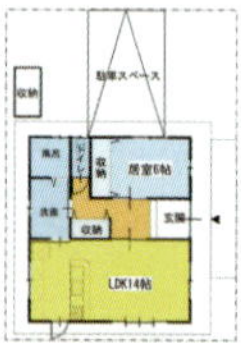

1LDK タイプ 16坪

□リビングアクセス型災害復興公営住宅見取り図

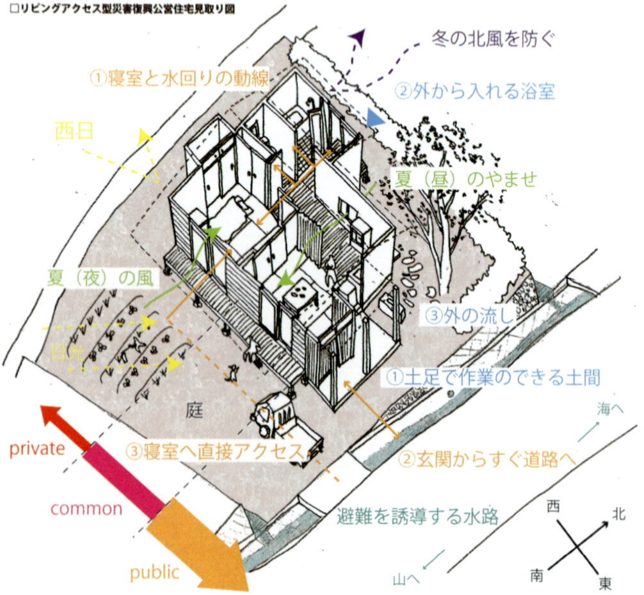

コンセプト図

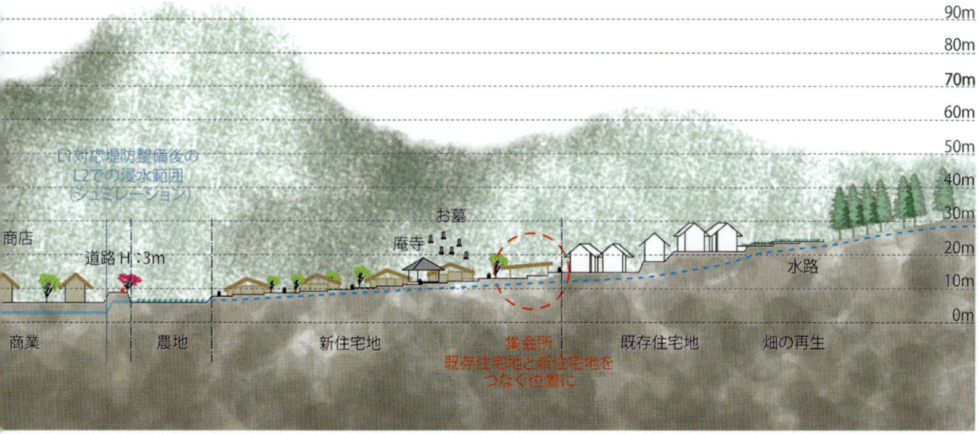

新しい町の断面図。再び人に寄り添う水路の再生を行ない、地形を利用した畑による灌水や豪雨時の浸透域拡大への効果も狙う。

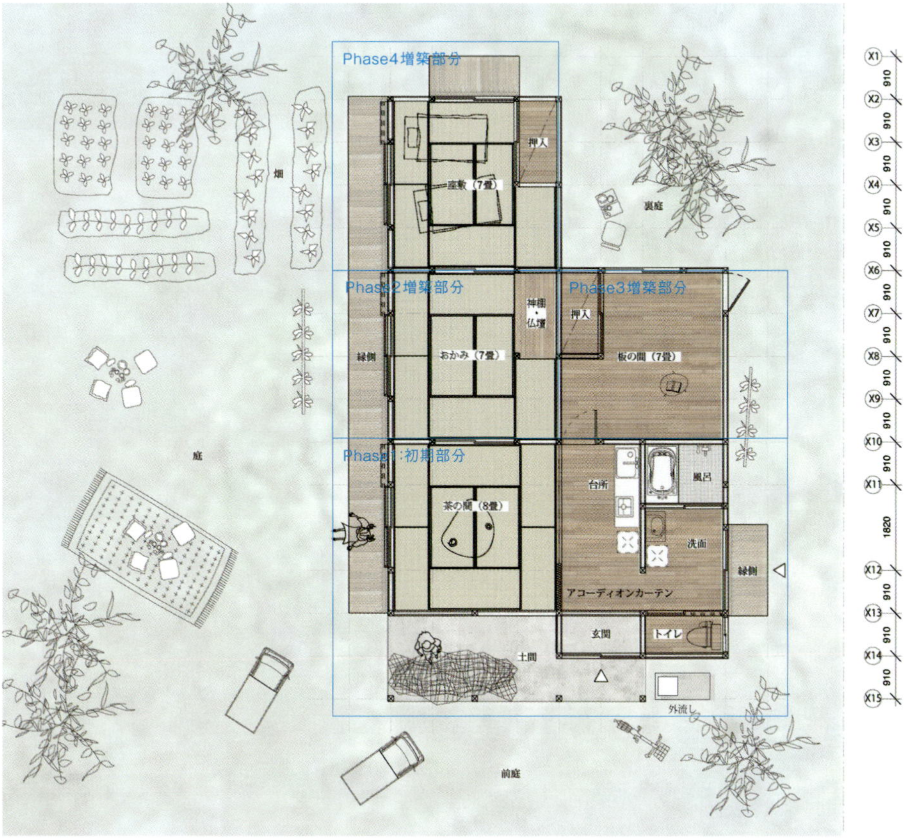

平面図

審査員コメント

審査員コメント＠巡回審査

海法：経済面に言及した点でも非常に現実的な提案になっていると思うのですが、もう少しどこかで建築の可能性を見たかったですね。実際この計画で進めてみよう、ということになったとして、行政の推進する計画案と比較して、住民はどのくらい夢を抱けますかね。

中村：やはり市役所の案どおり、道も水路も直線的なままで実施されてしまうと、この土地がもっていたものがゼロにしてしまうと思うんです。せっかく戻ってくると言っている方がいるので、そういう方のためにも「やっぱりここはこういう場所だよね」という地域性を出していきたいのです。

海法：既存の町が歯抜け状にでも残っているのであれば、まちの場所場所の機能を再編成するとか、既存の町と触れる部分をどうするかとか、既存の活かし方に大きなヒントがあるはずで、行政の方には絶対に思いつかないような夢のあるアイデアを見たかったと思います。

龍光寺：いま東北で建築家がいろいろ提案していますが、それを実現するということは結局、建築家の技量というよりは、どういう人がその組織に集まっているかじゃないかと思うんですよね。ですから、これは個人の才能に頼るのとは違う、組織論としてまとめ上げた方が自然だったのではないかな。

中村：そうですね、無理やり僕一人で全部やろうとしてしまいました。

龍光寺：もちろん領域横断的にいろんなことをちゃんと知る必要がある一方で、その限界もこの作品には現れてきているのかなと。そういう意味で問題提起的な修士設計だと思いますね。途中で終わらせるのではなくて最後までやりきっているというのは評価できます。

西沢：もう少しクリエイションをして良かったのではないかな。よく考えてはいるのだけれど、あなたしかできない提案をもっと入れてほしいです。国が決めた防波堤を前提にするのではなくて、多少フィクションが入ってもいいです。財源まで調べたのはとてもいいことなんですが、ただ、あとはこのままゼネコンと土木事務所に渡せばできますよ、という悪い意味でのリアリティがありすぎるのが残念です。

小嶋：制度についてはよく考えてられていて良いけれど、もっと建築の部分で頑張ってほしかった。例えば庭から入れると言ったときに「入り方」とか「縁側」や「軒」の設計に固有性が出ると思うんですよ。同じ条件でやっても同じにはならない。そういうオリジナリティが乏しく見えてしまうのが残念だね。

手塚：なぜこういう木造の設計にしたのか？ 君がこの仕事を請け負って設計してるわけですよね。どこがいいのか、これによってどう幸せになれるのかを説明しないといけないけれど、それが見えない。土足で作業できる場所があるといいなというのは、地元の人たちはみんな考えてるよ。僕は、君が学生時代に学んだことを活用して欲しいなと思う。建築のね。建築だけではなくて他の仕事も大事ですという話をしているけれど、「全体のマスタープランをやるし、プロセスが大事だから最後の建築のところはそんなに力を入れなくてもいいんです」というのは、僕は違うと思うんですよね。僕もお金集めやボランティアを組織したりすることからやりますよ。そういうプロセスも大事。でも、最終的になぜ僕を信用して任せてくれるかというと、「あの人に頼むと、いろいろなことをまとめて最後に素晴らしい形にしてくれる」ということです。それが建築家の強みだと思うんですよ。

庄内広域地方都市圏

MID-SIZE UTOPIA

Name:
乙坂譜美
Fumi Otosaka

University:
東北大学大学院
工学研究科　都市・建築学専攻
石田壽一研究室

Q 修士設計を通して得たこと

雪、酒、風などできるだけ多様な要素を集めて1つのストーリーに落とし込もうと試みながら一年を過ごし、面白い物事の組み合わせを考えることが得意になったと思いました。意匠の方はまだまだ未熟だと感じています。

Q 修士修了後の進路と10年後の展望

現在はアトリエ・天工人という設計事務所に勤務しています。将来は敷地である地元鶴岡で何か人のためになることをしたいと思っています。

日本の人口は2004年をピークに減少に転じ、また産業構造の変化に伴い人口は都市に一極集中化してきた。第一次産業に偏っていた地方小都市は縮小。継承者不足により土地のアイデンティティを損なってしまうのは非常に残念なことである。

東日本大震災では、東北の太平洋沿岸部の広域で破滅的大ダメージを受け、現在の日本の都市構造の脆弱さが露呈した。災害弾力性という点からも、東北の拠点都市が仙台しかないという一点集中の状態からの脱却が必要であると言える。

エネルギーやサービスの供給の効率化を図り、供給距離を短くすべく政策が行なわれている。細く長く続くような都市のあり方を考えたい。国外の資源に頼

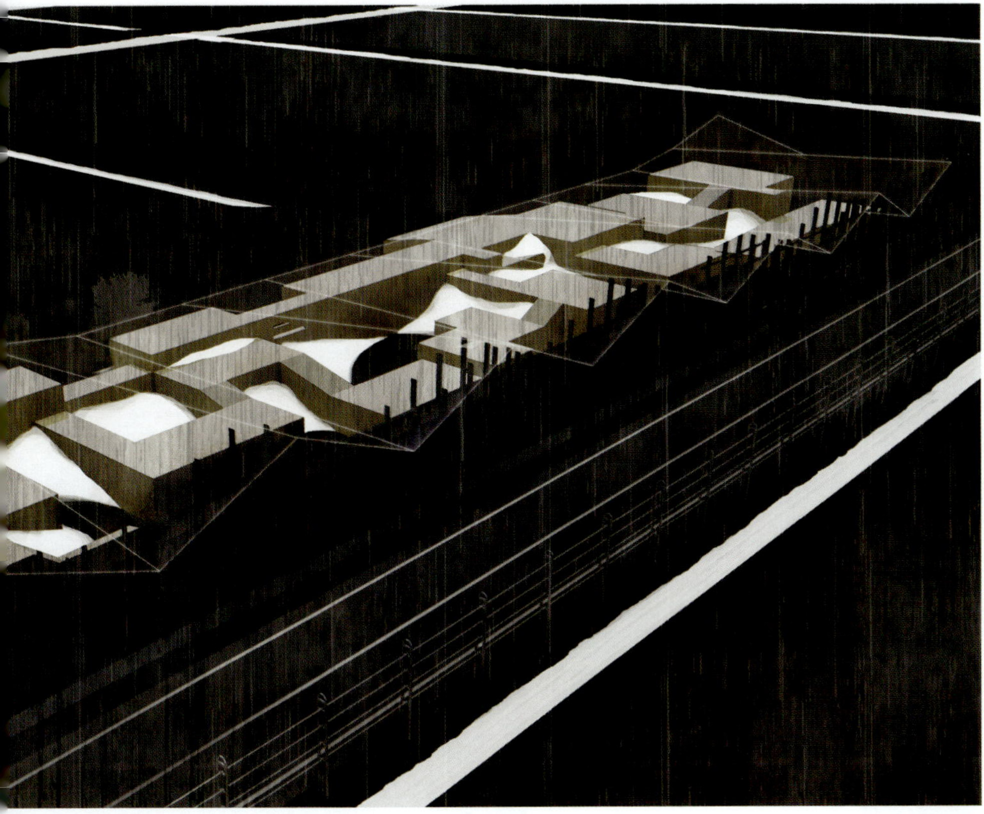

るエネルギーとは別に、地元の地形ポテンシャルを活かしたローカルエネルギーを生産・供給し、電気を原動力とするモビリティに充てると、地元住民の行動域の拡大につながるかもしれない。個人がサービス供給ポイントまで必要に応じアクセスする生活。

点で分布し放射状に拡大するような断片的な地域の魅力をリング状に再編し、様々な地域の特徴や魅力を併せもつ多様性に富んだ新たな一つの広域都市圏“MID-SIZE UTOPIA”としての再定義を試みる。個としては小さくても互いにネットワーク化された地方広域都市圏は、新たに日本を支える拠点地域となる。本研究では、広域地方都市圏の概念を山形県庄内地方に当てはめてケーススタディを行なう。インフラと建築を共に考えることで地域をネットワーク化し、産業や文化の継承および広域な庄内地方に対する個人の所有感覚を誘発させることを試みる。そこに生まれ得る未来の都市風景と共同体の姿を提示することを目的とする。

土地のポテンシャルを活かした都市圏の形成

モビリティや観光、エネルギーといったポテンシャルにより、庄内は幾重にも重なるレイヤーでネットワークを形成し、おおきな全体が構成される。

第1期：酒造の建設

地吹雪で吹き付けてくる雪を利用した酒造を建設する。高齢化したベテラン杜氏の知恵を受け、酒造りシステムの基盤をつくる。酒造産業従事者のみならず、観光産業の雇用増加も期待できる。防雪柵を断熱にも利用し、今ある物を使う暮らし方を模索する。

第2期：ツーリズムの連携化

酒造の見学、試飲会に留まらず、他の地域の食文化や祭りなどに合わせて季節の観光の見所を提示する。スポットではなく、回遊滞在型の観光を促す。同時に、鶴岡タウンキャンパスで酒米の開発を継続していく。

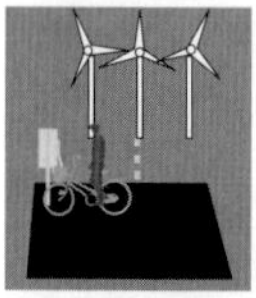

第3期：再生可能エネルギー発電地域整備

防雪柵以外にも、再生可能エネルギー発電装置を設置していく。従来の火力によるエネルギーから徐々に代替エネルギーにシフトしていき、電力自給自足を目指す。

第4期：交通システムの再編成

観光客増加に伴い、再生可能エネルギー利用のシャトルバスを庄内地方を一周するように配する。モータリゼーションの時代の酒ツーリズムの不便を和らげると同時に、交通弱者に対する配慮でもある。他地域へのアクセスが容易になり、子供をもつ夫婦なども農村地に住みやすくなり不動産価値が向上する。また、地元産エネルギー利用で走るバスは、自動車社会からカーシェアや公共交通利用重視のモビリティのシフトを助長し新たなライフスタイルの提案にも繋がると考えられる。

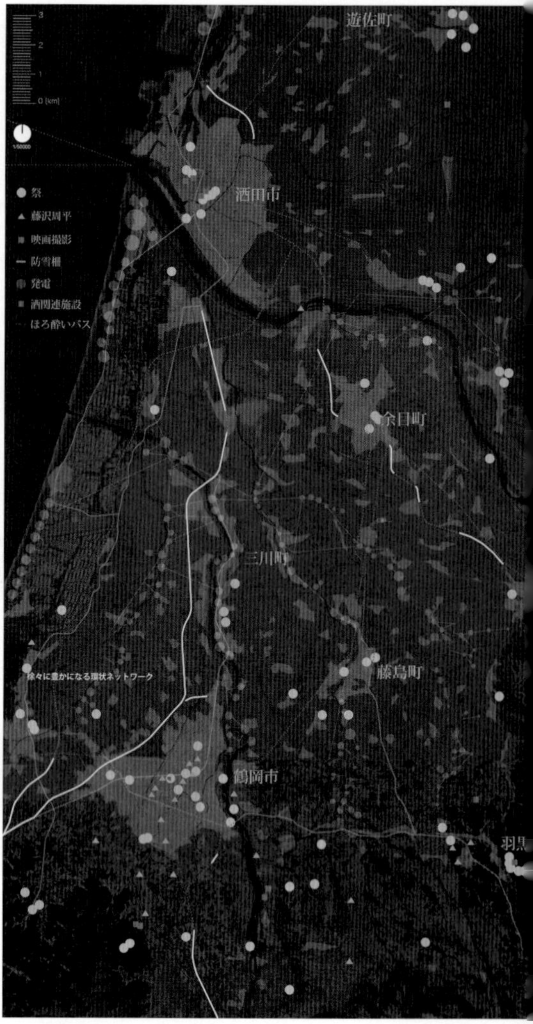

（Google Mapsを元に作成）

再生可能エネルギーの採用

季節風や夏の強烈な日差しから生み出されるエネルギーは、モビリティの充電や多雪時の融雪地としてなど、地元住民の生活の質向上に役立て、エネルギーシフトを徐々に行なっていく。電力は不安定だがエネルギー消費との付き合い方を見直すことで、環境に歩み寄る生活の第一歩となる。

ケーススタディ：山形県庄内地方

北緯38～39度、東経139度に位置する庄内は面積およそ53,000ヘクタール、内およそ37,400ヘクタールが水田の広大な平野であり、一級河川最上川の河口に開けた平野部からなる扇状地である。この地形的要因により得られる豊かな土地のポテンシャルを最大限活かし、日本海側の拠点となるような都市圏の姿を模索する。

庄内広域地方都市圏

人口	最大都市間距離	交通	都市	面積	人口密度
30万人	約30km	電気自動車、自転車等	鶴岡、酒田、羽黒	300km^2	1,000人・km^2
マスタープラン：それぞれ異なる歴史的特徴を持つ3都市を結び環状交通網を整備し、300k㎡都市圏を形成する。三角形の中心部は各都市にアクセスしやすく、エネルギー生産拠点を兼ねる農業住宅とする。					

地形がもたらす環境因子

2011年の酒田市を例にとると、年平均気温は12.7度、年間降水量は1892.4mmであった。海から吹き付ける湿潤な風により多湿であり積雪量は県内の他地域と比較して少ない(2011年4月山形地方気象台調べ)。

庄内は対馬海流の影響を受け、海洋性の比較的温暖な気候である。冬期の積雪は少ないが、日本海からの強い北西の季節風が吹き抜け、「地吹雪」や、海岸に打ち寄せる波の泡が強風で舞い上がる「波の華」といった現象をもたらす。また春から秋にかけて庄内町の立川地区では「清川ダシ」と呼ばれる最上川からの東南東の強風が吹くことで知られ、その強い風は風力発電に利用されている。風速の年平均は4m/s程度であるが、瞬間最大風速は30～40m/sに達したこともあり、過去には羽越線特急脱線転覆事故の発生もあり、冬の強風は災いをもたらすものとして疎われている。

庄内地方における電力供給は、東北電力の火力発電と水力発電でまかなわれているが、地形を活かした風力や水力、太陽光によるエネルギーが潜在すると考えられる。

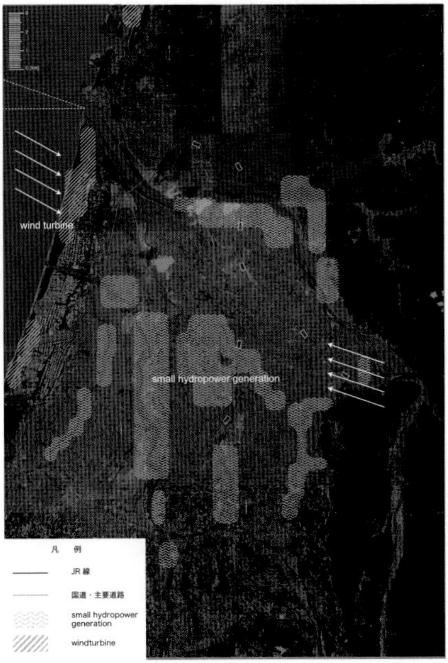

庄内地方の自然現象とエネルギーポテンシャルイメージ図
(Google Mapsを元に作成)

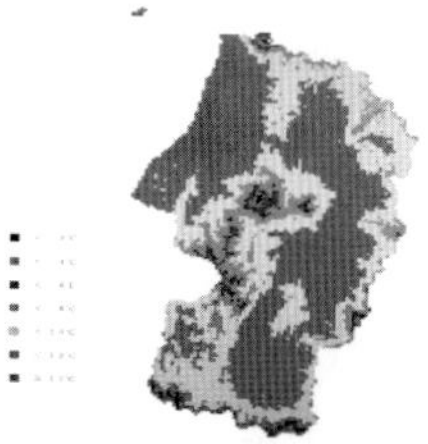

年平均気温分布

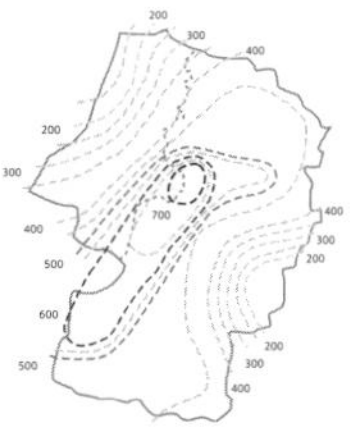

年間降雪量分布

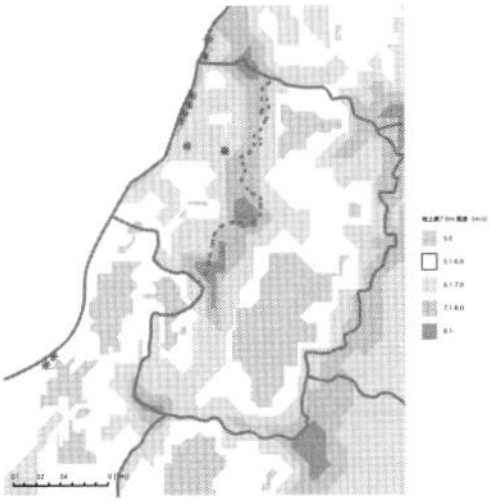

平均風速分布

インフラに寄り添うリニアな都市圏

例えば、道路にずっと滞在していたい、というシチュエーションはなかなかない。しかしインフラは生活基盤となる交通や医療福祉教育といったサービスが全員にあまねく供給されるべく確固たる目的と共につくられている。みんなにとって必要なインフラというものに対し付加価値を与えることができれば、それは元々求められるサービスの何倍もの価値をもつものになり得るのではないだろうか?

山形県庄内地方には道路際に「防雪柵」が設置されている。防雪柵とは、風の力に変化を与え、道路上に積もる雪や視程障害を防ぐための柵である。融雪後に取り外され、次の冬が来ると再び取り付けられる。現在日本では鋼板製が主流で、冬になると真っ白な平野の中に灰色のラインが浮かび上がり、雪国ならではの特異なランドスケープを形成している。

この地方ならではの暴風雪を資源として使用する暮らしとはどのようなものだろう。コンスタントに流れ続ける風を受けて得られるエネルギー利用が期待される。また、強風に乗って横から押し寄せる雪を集め冷房負荷を軽減し、生活や産業に役立てることを試みる。

山形県庄内地方における防雪柵の配置
鶴岡〜酒田を南北に結ぶ国道7号、47号、112号の一部区間計27.5キロメートルおよび日本海東北自動車道の鶴岡市大広〜同市山田地域6.3キロメートル区間である。(Google Mapsを元に作成)

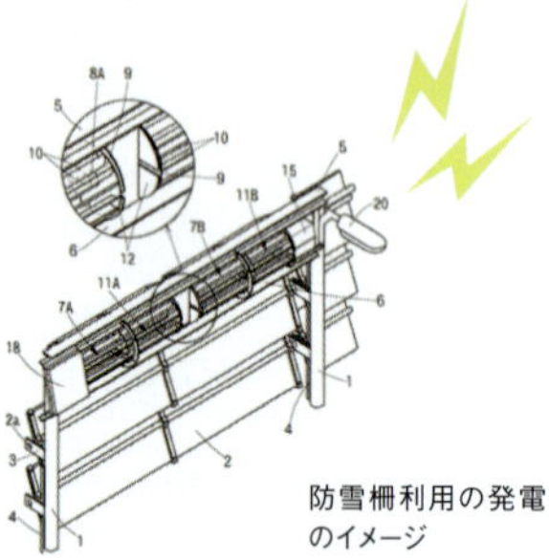

防雪柵利用の発電インフラのイメージ

風で雪を集める

雪国において、降雪は事故のもととなったり、高齢者家庭の負担となったりなど、あまり喜ばしいものではないように思う。ここでは、地吹雪というこの地方特有の気候を資源として活用するべく、風で雪を集める機構をもつ建築を考える。

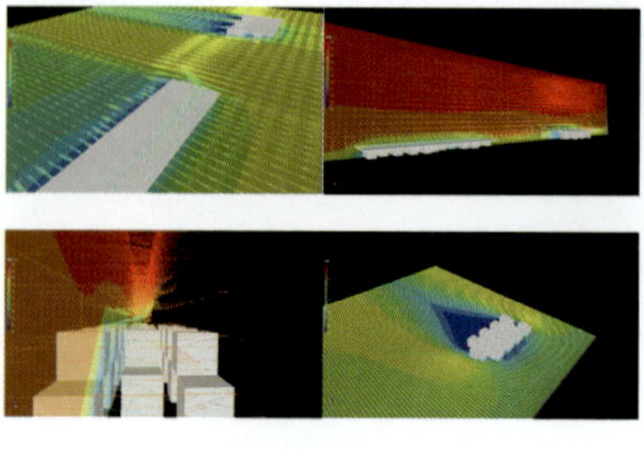

短冊形・雁行形

市松模様形

吹雪の減速を促すトポロジー
平均風速4m/sの吹雪に対する挙動を、ボリューム別に解析し吹雪を集める形態のスタディを行なった。

集めた雪を貯める

雪を貯めて雪室冷房として利用し酒造りに新たな旬を加える。「貯める」から「保存する」への機能の転換が風景に変化をもたらす季節のイベントとなる。

11～3月：道路際に設置された防雪柵は横風を下向きに受け流し、道路の雪を吹き飛ばす。酒造が雪を受ける。
4～10 月：防雪柵は酒造のスキンとして転用される。断熱材で雪を囲い、その外側に空気層を設け、最後に防雪柵で蓋をして、暖気と西日から雪を守る。

年間を通して保冷される酒造

酒造は基本的に冬に行なわれるが、生産過程により室の必要温度が異なる。壁の断熱・蓄熱性の操作により吹き溜まりとの間の距離感を操作し、室用途に応じて温度差を与える。

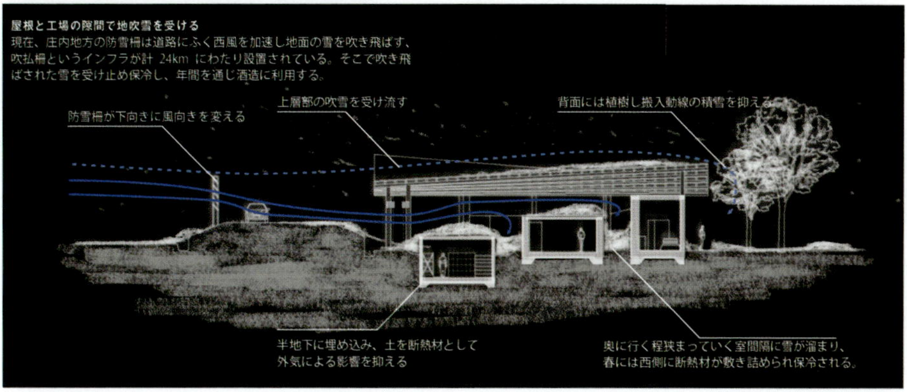
屋根と工場の隙間で地吹雪を受ける
現在、庄内地方の防雪柵は道路にふく西風を加速し地面の雪を吹き飛ばす、吹払柵というインフラが計 24km にわたり設置されている。そこで吹き飛ばされた雪を受け止め保冷し、年間を通じ酒造に利用する。
防雪柵が下向きに風向きを変える
上層部の吹雪を受け流す
背面には植樹し搬入動線の積雪を抑える
半地下に埋め込み、土を断熱材として
外気による影響を抑える
奥に行く程狭まっていく室間隔に雪が溜まり、
春には西側に断熱材が敷き詰められ保冷される。

南側断面図

冷房負荷の軽減

この建築の敷地に降る降雪量総量は
25×122.5×3.12＝9266.4 ㎥/year
一方、貯められる雪の最大量は
ヴォイドの体積＝25×122.5×4×1/2
＝5625 ㎥/year
280＋32=312MWh/年の冷房負荷を軽減できる。

日本酒の冷却負荷

日本酒の比熱を3.9J/g･Kとする。
一升瓶一本：3kg
一年に12万本生産するとする。
1カ月:1万本、1日:300本
外気温との差10℃とすると
収蔵物の冷却負荷＝3×300kg/日×(25-15℃)×5w/kg/℃(比熱)×1/24時間
収蔵物の冷却負荷＝3×300kg/日×(25-15℃)×3.9 J/g･K(比熱)×1/24時間
=収蔵物の冷却負荷＝3×300kg/日×(25-15℃)×0.0039J/kg･K(比熱)×1/24時間
1.4625W/㎡

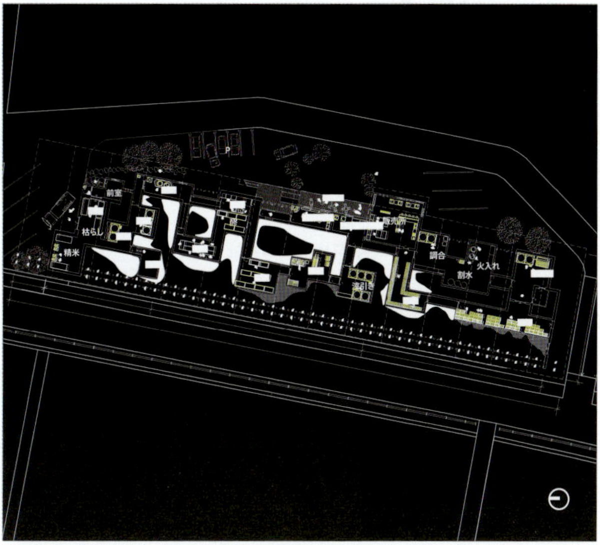
前室
枯らし
精米
販売所
調合
火入れ
割水
滓引き

地域とのつながり

つくられた酒造はモビリティネットワークを強化し、ツーリズムをはじめとする産業、酵母・酒米のバイオ研究、神社への献酒などを通じ周囲の地域と関係し始める。
計画地:酒田市広野
主食用の米と一カ月間異なるリズムで栽培された酒米を用い、年間を通して雪冷房を利用したパッシブな酒造りを行なう。酒蔵の敷地は鶴岡と酒田の間の田んぼに囲まれた地帯で、最上川洪水時には浸水域が2〜5メートルとされているところである。特徴的な波形屋根と、周囲と一カ月ずれた植生によりひと味変わったランドスケープとなり、来る大災害の際に対する警鐘としても位置づけられる。

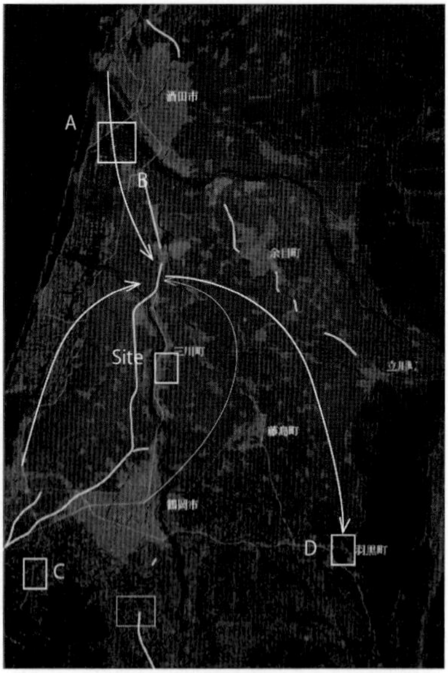

(Google Mapsを元に作成)

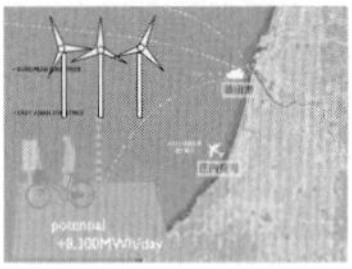

A:酒田港
地元産のエネルギーによる生産物を海上輸送する拠点として使われる。また強風の吹く沿岸部では風力発電を行ない電気モビリティの充電用に提供し貿易の促進を図る。

発電したエネルギーを
観光客と交通弱者にむけた
電動公共交通の充電へ

B:山居倉庫
古くから続く米倉に酒米も保存する。また、酒造が安定した生産力をもつ規模になったところで山居倉庫と連動したツーリズムを開始する。

米のルーツを辿る
広域観光モデルの提案・
古くからある米倉庫

C:大山地区
江戸時代は天領として栄えた大山地区から杜氏を招き、技術指導を仰ぐ。また、既存の新酒祭りと連動し広域ツーリズムを行なう。

杜氏育成、
江戸時代から続く酒造で
伝統の味を堪能

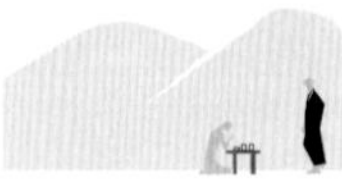

D:羽黒町出羽三山神社
出羽三山神社の大笈酒や様々な神事の際に、広野で開発した地酒を提供する。

神酒として献上し
地酒は対外販売に留まらず
進んで地産地消される

鶴岡バイオキャンパス特区
栽培しやすい米、また酒酵母の研究開発を鶴岡で行なえば、年間を通してより高品質な日本酒を生産することができるのではないだろうか。市では、まち全体をバイオテクノロジーのキャンパスと位置付けた「鶴岡バイオキャンパス特区」「鶴岡研究産業都市再生計画」の認定を受け、慶應義塾大学先端生命科学研究所や山形大学農学部などをはじめとする生命科学に関する研究活動を生かした新しい産業の集積を目指している。

鶴岡バイオキャンパスで
早期収穫の酒米の研究開発
を行ない、生産に還元する

審査員コメント

審査員コメント@巡回審査

小嶋：CFD解析で雪だまりのスタディをするなど、多くのリサーチをしていた案。設計もきちんとしていました。屋根のちょっと変わった形状によって、風で雪を集めて吹き溜まりをつくる、受け止めるという力強さがありました。ただ、ストーリーそのものは鮮やかだけれど、はたして成立するのか、ちょっと心配ですね。

手塚：雪溜まりをつくるという話が面白いし、建築の断面もすごくいいと思う。でも空間に関しての言及がありませんでしたね。しかも、せっかく溜めた雪は冬しか見られないんでしょう? それはもったいない。もっと雪に対して気に掛けてほしかったな。

西沢：暴風柵や雪室をきっかけにして、田んぼから酒造までつなげる点は納得したんですけれど、広域都市圏とツーリズムがどうもつながっていないという印象です。ちょっとお役所的なつなげ方になってしまっているのが残念です。雪が主役の建築というのはもっとすごいはずです。とくに柵は従来の使い方とさほど変わらないので、もっとクリエイティブな暴風柵の使い方や雪の溜め方があったはずです。例えば冬の間も絶対に雪に覆われない畑ができますよ、ゆえにそこが観光拠点になるんですよ、とかです。もし降雪によって自ずと直径10m、高さ300mの雪のヴォリュームができるというような提案になれば、それだけでインパクトがあって、何カ所かあればツーリズムにつながったと思う。とはいえ、よく調べていて、雪という面白い切り口を見つけてきたところはとても良いです。

龍光寺：周辺の話と建築をつくる話が別々に聞こえてしまいました。入り口はよいと思いますが、現実的すぎるんですよね。ここまで壮大なスケールで描いていて、しかも1からオリジナルなんですから、ここでまとまる必要はない。閉じたコンクリートの箱に見えてしまうのは残念。もっと壮大なプロジェクトにすべきだったのでは。それと酒蔵の選択も疑問です。酒蔵は言ってしまえば装置であって、人が体験する空間ではないですよね。内部の機能もからめるとハードルが上がってしまうから、酒蔵の周りの提案で止めてもよかったのでは。

南後：風土、地場産業からツーリズムのことまで、さまざまなことがリサーチされていて、学術的な意味でもレベルが高かったと思います。ただ、建築的提案が弱かったように感じました。広域地方都市圏というアイデアは通俗的な意味でのコンパクトシティに対するアンチテーゼとして面白かったのですが、たとえば高齢者が増えると移動のための交通手段やインフラを整備する必要などがあり、インフラをどう維持するのかが疑問に思いました。将来、広域地方都市圏内の点のあり方やネットワークの形は変わっていくはずで、長期的な時間軸を視野に入れることができているかどうかも気になりました。

海法：酒から庄内地方までスケールを横断した欲張りかつバランスのとれた提案で個人的にとても共感しました。冷房負荷の計算やCFD解析をしている点、雪溜まりを利用した酒蔵がツーリズムにつながるなど、建築をまちづくりにつなげようという意思も好感です。ただ、リファレンスとして挙がっていたランドスタッドは人口や規模が全く違うのですが、それをどこまで意識したまちづくりなのか、ツーリズムの有効性には少し疑問です。また防風柵は土木的な時間軸をもっているだろうと思うのですが、酒造の設計にあたり、そこまで拠り所にして良い要素なのか気になりました。

para-Site
狭小空間群の制作による 場の顕在化とコミュニティの拡張についての研究

まちを構成する要素の隙間に見られる、人に使われなくなっている場所に、サイトスペシフィックな狭小建築作品群を設置することによって場の顕在化を行ない、場の空間価値を創出する試み。場の価値の創出によって、地域活性化を行なうことを目的としている。私が在籍する大学の周辺地域で、人に使われていない場所を10カ所見つけ出し、現場で場の特性を読解し、セルフビルドによって狭小建築作品群を制作した。作品は人と場をインタラクティブにつなぐコミュニティアートでもある。本修了制作を通して、最終的に様々な地域活性シーンにおいて作品を展開することが最終的なビジョンとなっている。

背景・目的

「空間は人々が活動できるととによって価値を生じる」――レイ・オルデンバーグによる都市の場の概念では、都市には3つの場所、ファーストプレイスとしての住宅、セカンドプレイスとしての職場・学校、そしてその中間領域であるサードプレイスとしての憩いの交流の場が必要であるとされる。中でもサードプレイスは「自己回帰できる“居”場所」であり、外での文化・コミュニケーションから生まれるアイデンテイティがまちの魅力を創造し、人とまちの関係が意識されるようになると考えられている。一方で、まちを構成する要素と要素のすき間には人があまり訪れなくなってしまった場が多く存在するが、それらは魅力が隠れてしまっている。そこで、まちのすき間に新たな価値をもたらす狭小建築作品群を実制作した。価値を失った場はサードプレイスとして人々に活用されることで再び価値が生まれ、活発に機能することでまちを創造し、最終的に地域活性につながると考えた。場に潜在する魅力を作品によって顕在化し、一定の地域内でとのような作品いくつも点在させる。まちで連続的に発見される価値がまちの新たな表情を形成し、まちを創造していく。

Name:
渡邊俊介
Shunsuke Watanabe

University:
札幌市立大学大学院　デザイン研究科
コンテンツ・メディアデザイン分野
上遠野敏研究室

Q 修士設計を通して得たこと

実際の空間を自分の手でつくることで、壁・天井が身体にどう働きかけるのかをリアルな感覚として得られましたが、一番は主に作業を補助してくれた4人の後輩と「達成感」を共有できたことです。楽しかったです。

Q 修士修了後の進路と10年後の展望

現在は札幌の建築事務所で働いています。将来は「建築家」になるのではなく、建築を軸にして木工・グラフィック・映像など、広がる興味をどんどん仕事にしていきます。

『人目につかず一人になる並木の小屋』

私が在籍している大学のキャンパス周辺の地域を敷地として設定し、校舎と環境の境界に存在する価値を失った場10カ所に、それらの場の価値創出による学校生活の活性化を目的として狭小建築群を制作した。作品はサイトスペシフィックで、訪れる人と場のさまざまなコミュニケーションを生み出すコミュニティアート作品であることを目指した。また実制作によって「para-Site」の考察を行ない、将来的に地域活性シーンへ展開していくことを見据えている。

なお、「para-Site」のネーミングは、アメリカの美術家ロバート・スミッソンの「サイト／ノンサイト」の概念から。ギリシャ語「para」には英語の「from」の意味があり、作品タイトル「para-Site」には本来の意味である「寄生」から「場を経て繁殖していく作品」に加え、固有の「この場」から派生するプロジェクトという意味を込めている。

コンセプト・手法

本校校舎での学校生活と周囲の自然の境界にはその融合による魅力的な場がいくつも存在するが、現状としては人目にふれず空間的価値を失っている。それぞれの場所を訪れ特性を読み解く中でインスピレーションを受け、場が学校生活の中で人々に活用されるストーリーを描いた。空間プランニングやセルフビルドによって積極的に場とコミュニケーションを取り、その都度得られる新しい発見やハプニングに応じてプランを練り直した。また積雪による状況の変化によってもサイトスペシフィック性が導かれると考えている。各狭小建築は利用者や鑑賞者がストーリーを鮮明に想像できるよう、空間の操作を施している。また作品は学校生活のいずれかのシーンからはっきりと確認できるようになっているため、場に人々が訪れるキカッケとしても機能する。やがて作品の存在が徐々に浸透し、学校生活の中で作品を探す者がでてくると、人と場をインタラクティブにつないでいくコミュニティアート作品となる。

研究と距離を置き頭を冷やす大学院棟の小屋

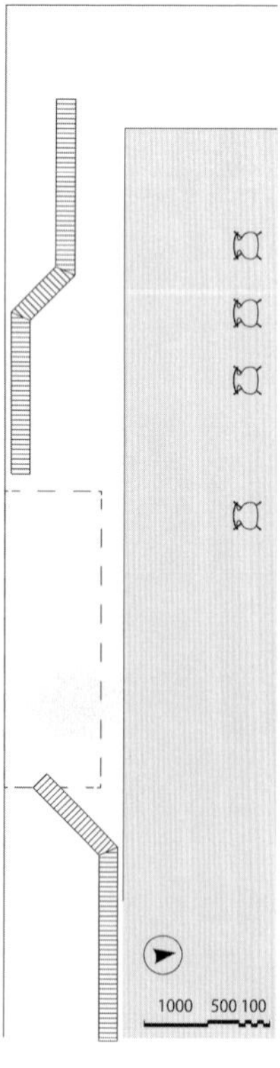

この場所では、雪が降ると周囲の要素に積雪が遮られて隆起するスノースケープが現れる。作品はこの場所を映す鏡であるスノースケープの谷をなぞるような形態をもった一本の道である。ベンチとしても使うことができ、人が集まる「場」をつくっている。

3人で世間話をするアリーナ前の小屋

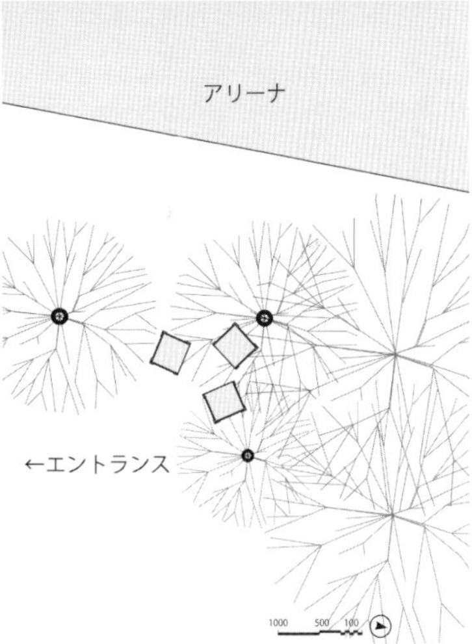

3本の木によって周囲の情報が程よく遮られ、特徴的な空間が形成されている場所。空間の構成をトレースするように塔型の作品を3つ建てることで、元の空間を引き立てている。

カップルがたたずむ池の小屋

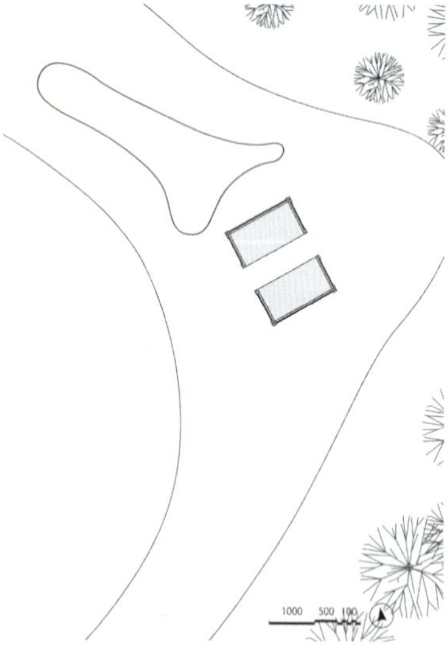

池の中心に建っているこの作品には岸と作品をつなぐ道は設けていない。一冬に数回しかない池が凍る日にのみ、作品内部に足を運ぶことができる。希少な体験が場と人を密接につなぐ。

季節にふれて気持ちを和ませる図書館前の小屋

木の密集したこの場所では、枝によって雪が遮られて積もった雪に密度の違いが生まれる。作品天井部に小さな開口をたくさん設けることでこの場で起こっている現象を手法として用い、場の特性を可視化することを狙った。

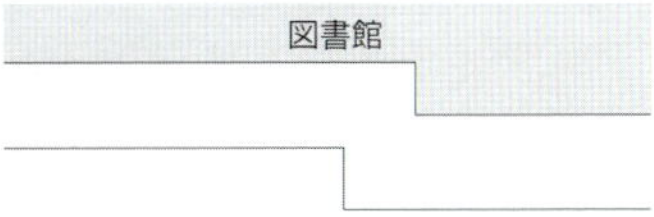

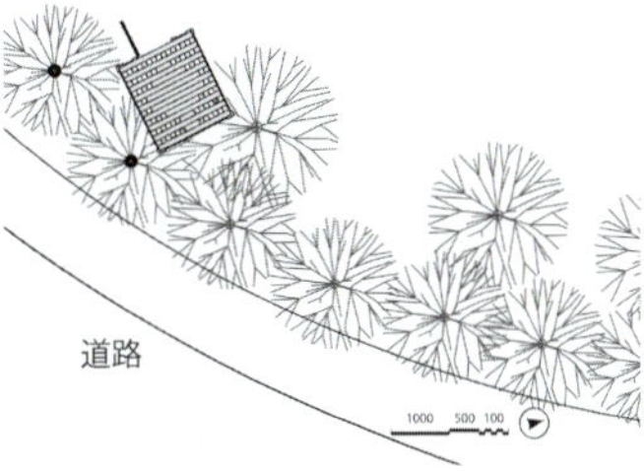

4人でカップラーメンを食べる中庭の小屋

落ち着いて集まれる場づくり。ここは三方を大学校舎に囲まれているので、音の反響によって中心的な空間が演出されている。この場所の中心に適度に音を遮断する空間を設置することで、騒がしさの中に突然静かになる空間を生み出した。

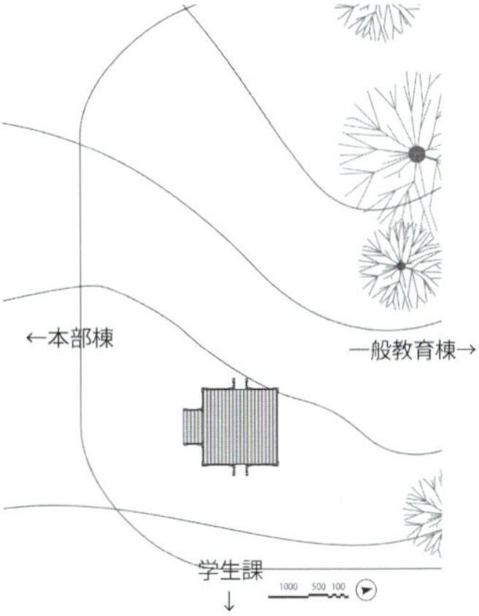

夜景を見ながら語り合う尾根の小屋

授業を躊躇しながら缶コーヒーを飲む木工室前の小屋

スケッチブックを広げて人間観察するA棟横の小屋

瞑想し自分を見つめ直すクローバーホール裏の小屋

審査員コメント@巡回審査

海法：基本的にはすべて森の中につくっているんですね?

渡邉：そうですね。ただ、森だけではなくて完全にコンクリートで囲まれた場所――ビルの間とか、歩道橋の間などでもつくっていきたいと思っています。

海法:それは見てみたいですね。森の中だと比較的どこにでもつくれるし、つくれば人間にとって必ず周辺より環境が良くなって、相対的に滞在しやすいのはきっと当たり前ですからね。でも街中だと、全体のコンテクストの話になる。だから街中でどうなるのかっていうのが見てみたいですよね。実際どれが一番気持ちよいんですか?

渡邉:「カップルがたたずむ池の小屋」ですね。池の上に建っていて、池が凍らないと行けないんです。

龍光寺：「池の小屋」は、池が凍るか、長靴を履いていくかしなければいけない。面白い。空間の使い方が野性的だね! あなたの作品は、今あるものと新しいものの、どちらでもない、中間に位置するものだと感じます。普段は余ってしまうような隙間に何かを差し込むことによって、隙間じゃない価値というか――隙間だからこその価値なのかな、それをつくろうとしているのが面白いですね。実際見てみたいと思いました。

小嶋：「池の小屋」が面白いですね。池の上を歩かせたいというのでつくったのでしょう? 年にわずか数回、寒い日が続いて凍らないと渡れない。プレゼンテーションではそこまで分からなかったのですが、そういうストーリーがあるのがいいね。

南後：学内に狭小建築を複数つくって、それらが互いにつながっていくことが重要なのであれば、各サイト同士のネットワークを表現した絵がプレゼンテーションにあったほうがよかったですね。伝わり方がまったく違ったと思います。この作品は街づくりへと展開できると言っていましたが、それぞれの狭小建築だけの話に終始してしまっていたので、どう街づくりまでつながっていくかが見えにくかったです。

西沢：悪い意味で抽象的になってしまったのが残念です。プレゼンシートを見ても、例えば周囲の森がどのように広がっているか、その森とキャンパス全体や街全体がどのような広さで接しているか、またそのなかのどの地点にこの作品をどのように配置したのか、といった具体的な事柄を確かめることができない。これでは周囲は森一般でありさえすれば良く、雪の降る公園ならどこでも良くなってしまう。そういう作品は本当の意味で現実世界の一部になろうとしていないわけで、建築の最も重要な存在条件から逃げている。それは建築家の発想というよりも、インスタレーション作家の妄想です。だから、全体の配置図はプレゼンテーションには絶対必要だし、提案施設の量やバリエーション、校舎や森との関係、などなどを具体的に見せてほしい。

手塚：カップラーメンを食べている雰囲気とか、「寒いね」って縮こまっている感じの、シェルタリングっていうイメージがあるところがいいね。雪の中、寒くてしょうがないところで頑張っているところが偉い。近頃みんな建築をつくらなくなって、机の上だけで一生懸命考えているだけの人が多い中で、君はもう理屈とかは抜きにして、まずはとりあえずつくってみて、それぞれを体験してるところが非常にいいなと思いました。写真を見ていると、ラーメンとかコーヒーとか小道具が出てくるんだよね。すごくリアルな感じがするね。

電湯

Name:
矢野健太
Kenta Yano

University:
東京都市大学大学院
工学研究科　建築学専攻
手塚貴晴研究室

Q 修士設計を通して得たこと

学生最後の修士設計を通して、自分が今まで何をつくり出そうとしてきたのかが、少しだけ見えてきた気がします。悩み苦しんだこともありましたが、本気で自分を見つめる良い機会になりました。

Q 修士修了後の進路と10年後の展望

手塚先生の事務所でしばらくは修行させていただくつもりです。10年後には建築家として立派に羽ばたけるよう精進したいと思います。

社会は便利になっていく反面で、人間らしさを失ってしまったのではないだろうか。それを気づかせてくれたのは２年前に発生した東日本大震災。この震災は大津波を発生させ、長年培われてきた地縁社会を真っさらな白紙に戻してしまった。しかし、町のしがらみによる人々の助け合いもあり、いざという時に人は本来の人間の姿に戻ることも思い知らされたのである。コミュニティの重要性も社会は認識したのではないだろうか。

一方で、原子力発電所の事故を境に、エネルギーの転換期を迎えようとしている。大規模発電で都心へ供給していたトップダウン型から、地域や一戸一戸が発電するボトムアップへの移行は、町という単位へと戻ることを意味している。さらに地域発電は町の拠点になる可能性もはらんでおり、共同体を再構築するチャンスであるともいえる。

そこで、廃業へ向かう銭湯に着目し、東京23区の銭湯を調査することにした。そこから導き出されたのは、銭湯は町のスケールをもっていたことである。法律では半径250m以上は離さなければならないため、結果として町の単位をつくりあげたといっても過言ではないであろう。しかし、今では日本の過去の文化として捉えられてしまった。

本修士設計では共同体の再構築を目的として、かつての町の拠り所であった銭湯と発電所を並列的にリサーチし紐解いていく。

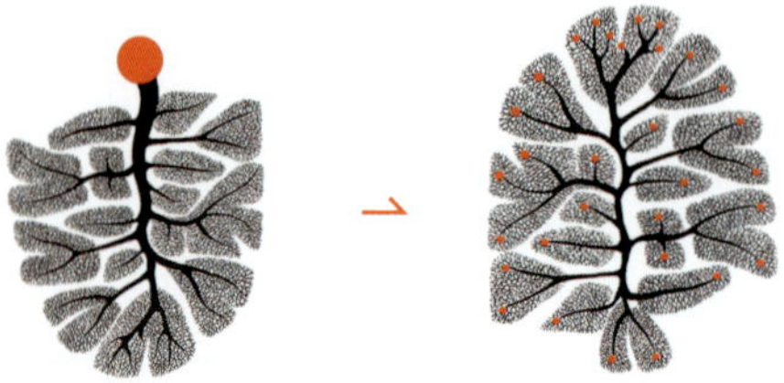

Section

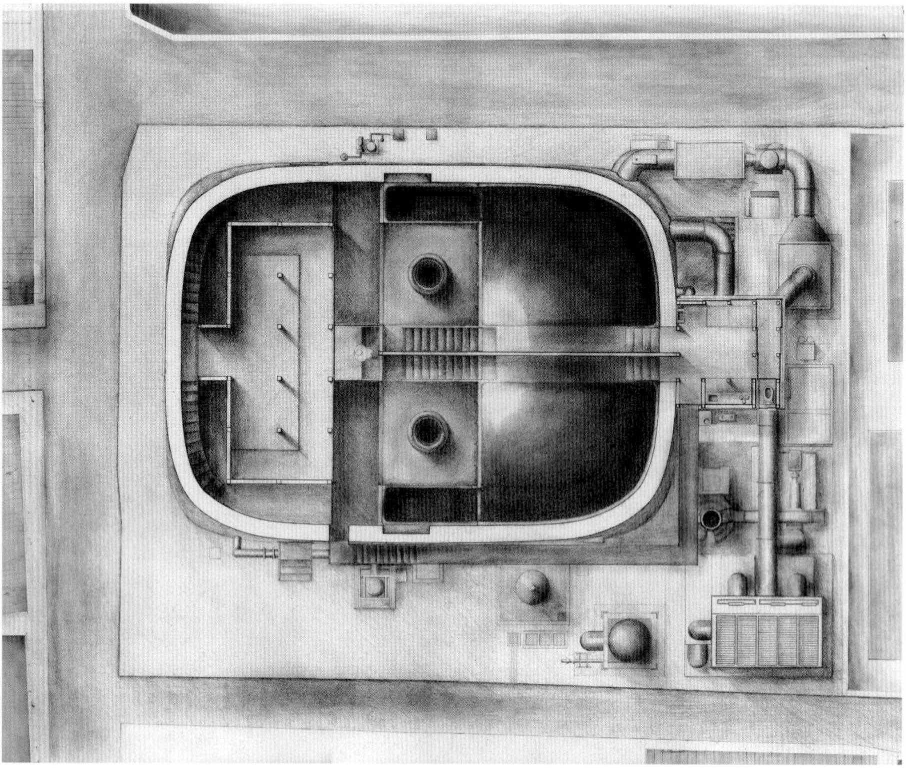

plan GL +6500

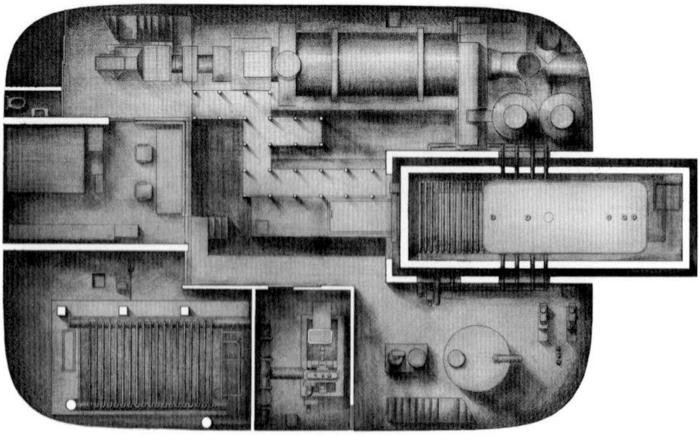

plan GL -3000

リサーチ

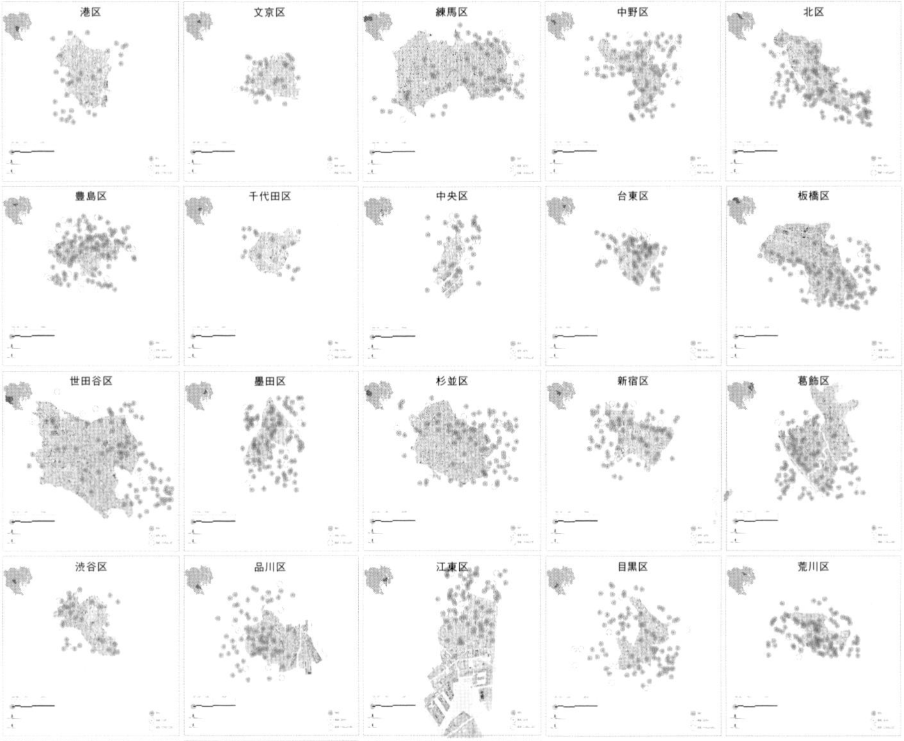

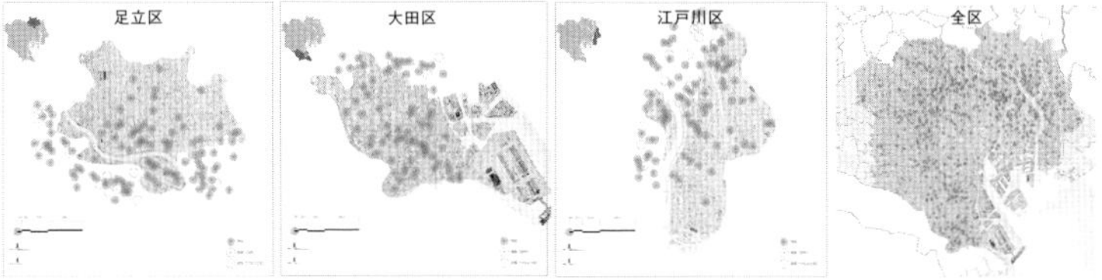

どれくらいの距離感で銭湯が配置されているのかを地図にプロットすることで、かつての町の単位であった銭湯という共同体が失われている場所を可視化させた。銭湯のもつスケールは徒歩圏内のスケールに等しい。

東京23区の銭湯の距離感

地域の発電銭湯として

すべての機能が住宅内に収束された今、エネルギーが最後の共同性を結ぶ鍵である。銭湯は熱を使うことから、発電が可能である。現に、発電する銭湯は全国に多数存在する。かつての町湯としての機能ではなく、地域の発電所として存在することで、銭湯を再び日常的場所として回帰させる。ボトムアップへと移行する時代の流れは、完結させるか、それともある小さなスケール感をもって共有するかの2つの移行を示している。太陽光発電により住まいを完結させる一方で、サブ電源として地域の発電所をつくることは共同性を失わせないためには極めて重要である。

ダイアグラム

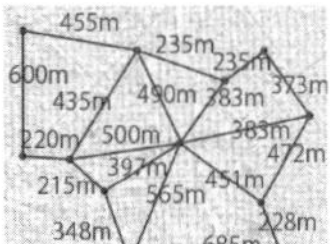

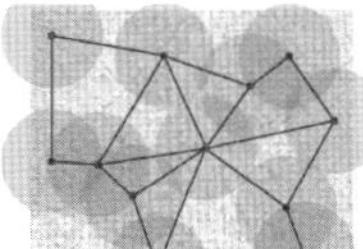

銭湯のもつスケール

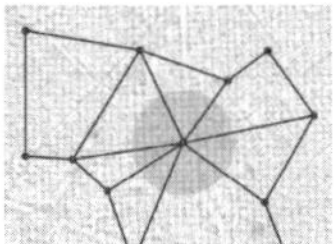

廃業する銭湯

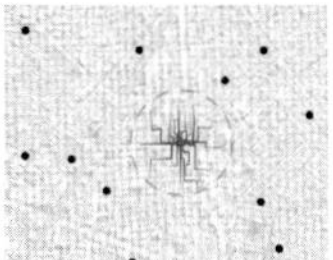

エネルギー共同体

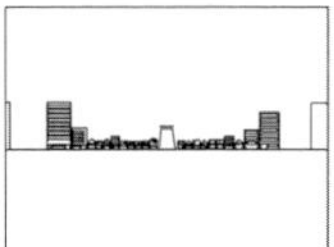

町の中心になる

蒸気タンク

23mというかつての煙突の高さをもつツボは蒸気を貯める空間装置である。湯気が溜まり始めると天井までの境界をぼやけさせ、さらに光を拡散させることで、宇宙空間のような非日常的空間をつくる。角のない丸みを帯びた柔らかい曲線が、湯気を柔らかく包み込み、不必要な湯気は屋根から逃げていく。ここから電力が供給されている認識を周辺住民がもつことになれば、ここは地域の拠り所になり得る。

対象敷地

敷地は北区の十条駅近くにある、銭湯の廃業跡地である。ここにはかつて戦後につくられた「久保の湯」という銭湯が建っており、地域の拠点として多くの周辺住民に利用されていた。しかしここ数年、建物の老朽化が著しく、後継者もいない中、内風呂の普及によって周辺に住む人たちからの客足が減り、3.11の時に屋根からの雨漏りがきっかけとなり、2011年9月に50年程続いた銭湯ののれんを下ろすことになった。現在は駐車場となり、がらんとした風景が広がっている。

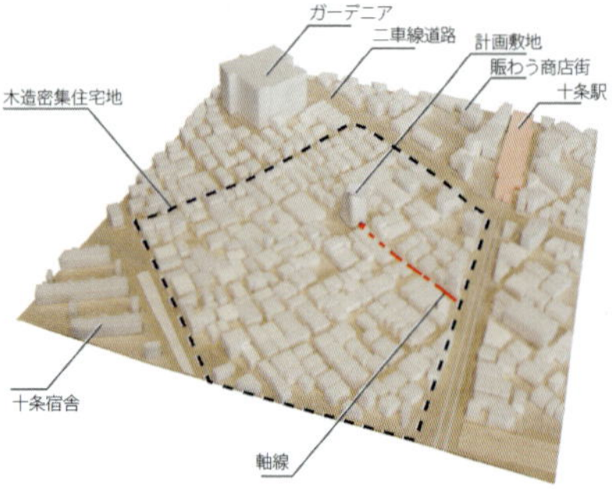

site model

マネジメント

薪を燃料とするバイオマス発電とする。通常の銭湯にも給湯用のボイラーがあり、その釜にかつては薪や建築廃材を燃料として水を沸かしていた。これを発電用に置き換えて、発電と給湯を同時に行なうボイラーを設置する。燃料は、東京都檜原村の間伐材、建築廃材を使うものとする。

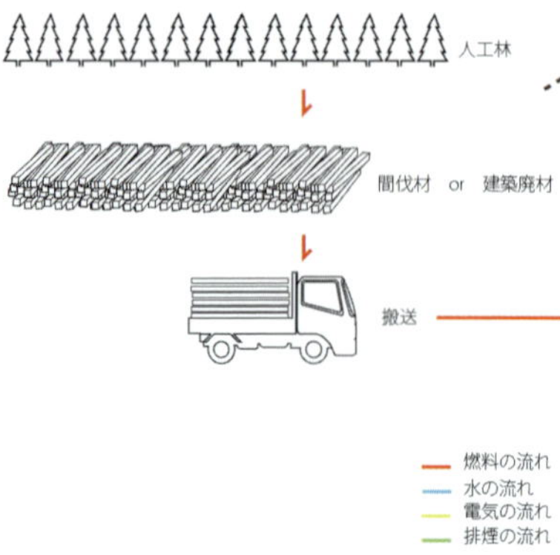

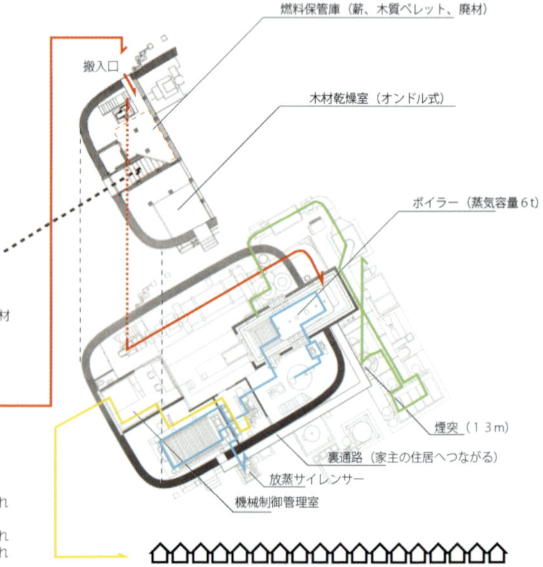

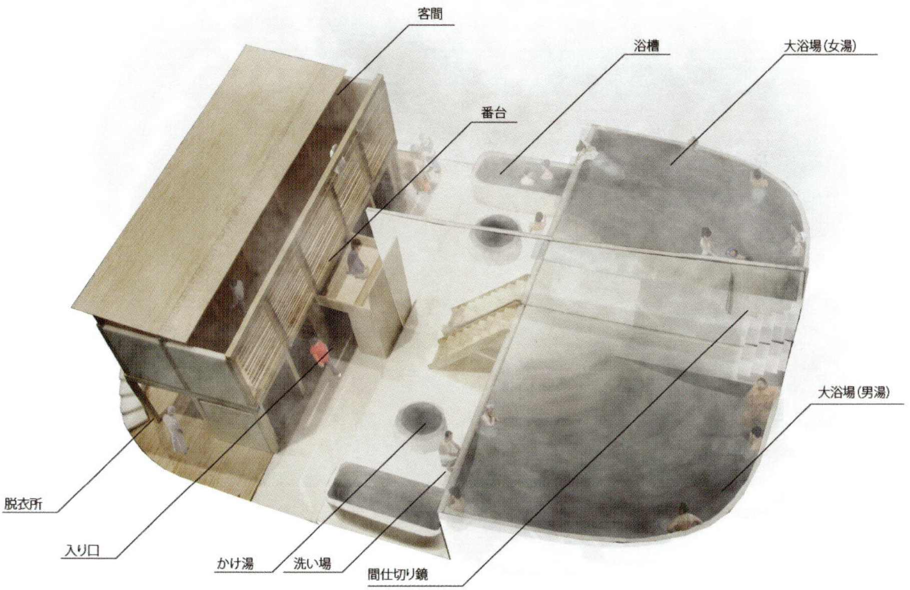

アクソメ

審査員コメント

審査員コメント@巡回審査

小嶋：ドローイングもすごいけれど、このストゥーパのような形がすごい！ これが増殖していくと面白いよね。銭湯は昔からプロトタイプができていて、地域によって細部を少し変えることで地域性をつくっていました。一つのプロトタイプによって街でいろんなことができたらいいなと思います。

西沢：銭湯に目を付けたのは面白いです。ただ、燃料が薪による蒸気タービンということになると、近世の資源に戻りましょうという話になるので、単なるノスタルジックなおとぎ話になってしまう。薪の燃焼効率を上げるとか、圧縮して化学処理するとか、エネルギーのレベルで知的な提案があると良かった。もともと薪による蒸気タービンっていうのは近世の技術なんだけど、あれは18世紀に今の原発のようなトラウマをもたらして終わった技術です。薪による蒸気タービンを国をあげて推し進めたイギリスでは、国土全体が禿げ山になってしまって、農作物は二度とできないと言われたほどです。でもギリギリのところで石炭の蒸留法、つまりコークスが発明されて、薪や炭を駆逐して、ようやく生存環境の破壊を阻止できたんです。都市が急拡大するときは、古代ローマの都市のように、エネルギーや食料が不足して、周囲は砂漠か荒れ地になります。それが近世イギリスでも繰り返された。ところが同時代の江戸の場合は、都市が膨張すればするほど周辺の緑化が進んでいったという、世界的に見て異常な都市化をやっていた。江戸の住民の糞尿を周辺の農地の肥料にして、それと交換された農作物が都市に持ち込まれるという、循環をつくりあげたからです。これが江戸とその郊外の生態系を再建した。あなたの銭湯も、都市内外の生態系を再建できるという話になると面白いです。間伐材を使うことで森の保全になる、雇用が生まれるといった、ドミノ倒し的な展開が続々と起こるという話になると、ベリーグッドです。

龍光寺：銭湯が出会いの場というのは、なかなかユニークで力作だと思います。いわゆる裸の付き合いですね。仲のよい人同士だけでなく、知らない人同士でも少し違ったコミュニティが生まれるかもしれない。ただ形がね、シンボリックな形で記憶に残るかもしれませんが、全体的には結構閉じていて、気になってしまいました。

海法：災害時でも、半径250mであれば1戸あたり1灯くらいの電力はまかなえるかもしれませんね。課題は、郊外のメガソーラーの需要にいかに打ち勝つか、もしくはどう住み分けるか、でしょうか。どれくらいの世帯の電力を同時にまかなえるのか、電力の交直変換の問題や、既存の電力網にどう組み込むか、実際に考え始めるととても難しいのですが、そういう側面はやはり重要で、もう少し結果として現われているとより魅力的かつ説得力があるだろうと思いました。

南後：ポートフォリオが印象的でした。すごい画力ですね。ダイアグラムも面白い。気になったのは、この銭湯が点在する風景のイメージがないんですよね。それと、建築設計のプロセスや手続きに関して違和感はないのですが、シンボリックな形が立ち上がっていく姿が、地方であればリアリティがあるかもしれませんが、東京となると多少の疑問を感じました。どうしてもこの彫刻的な形のインパクトが街から浮いて見えます。街のコンテクストによって銭湯の形が変化する可能性があるというのであれば、その他のバリエーションもあった方がよかったかもしれませんね。

仮面
mask

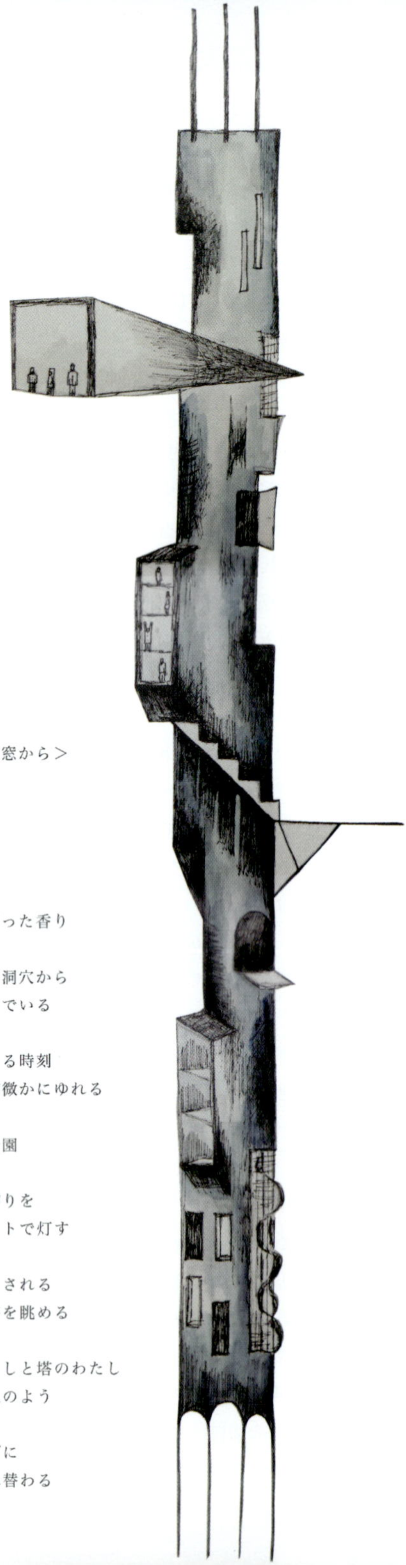

Name:
及川 輝
Hikaru Oikawa

University:
早稲田大学理工学術院
創造理工学研究科　建築学専攻
古谷誠章研究室

Q 修士設計を通して得たこと
周囲のクリエイティビティを自分のなかに取り込みながら設計を進めていくか、ということが重要だと感じました。最初から最後まで楽しむことができました。

Q 修士修了後の進路と10年後の展望
組織設計事務所で設計の仕事をしています。建築に限らず、深みのあるものを創っていきたいと思います。

＜７４階の窓から＞

眠りにつく
街は眼下

コーヒーと
煙草の混ざった香り

吹き抜けの洞穴から
都市が呼んでいる

隣人が起きる時刻
カーテンが微かにゆれる

遠くには公園

地下の暗がりを
ヘッドライトで灯す

太陽に照らされる
都市から塔を眺める

都市のわたしと塔のわたし
まるで別人のよう

音を立てずに
何かが入れ替わる

＜公園から＞

新宿の夜明け前の
街が一番静かな時
私はこの境界を抜け出し
都市へと入る
そこで手に入れるのは
日々の糧、それと
わずかな希望だ

遠くには塔が見える
高く高く
上のほうには明かりがひとつ

新宿に日が昇り
私は境界をまたぎ、内側へ入る
ペットボトルを拾い
そこに注ぎ込むのは
水道の水、それと
まばゆい光

新宿の日が沈み
境界の中で、私は配給を待つ
仮設テントの下
そこにあるのは
薄いおかゆと安い酒

蓄えた水で身体を洗うが
そこにはもう光はない
過去に失ったもの
その記憶は薄れるままに

遠くのほうには塔が見える
夜明け前
灯っているのはいつも同じ部屋

＜仮面 1＞

I

塔が描く居住の仮面世界

どこからでも見えるあの塔は
都市のなかに世界をつくりだす

この塔に住むもの
この都市に住むものの舞台

内から外を覗く
外から内を覗く
内から内を覗

生活の全体像は捉えられない
けれど確かに日々の断片は存在
その編み目の中に居住はある

II

境界が描く森の仮面世界

都市の生活の舞台の中に
囲い込まれた絶対的な外

周囲から切断され
都市は見えない

静止した時間

異なる価値観の領域を
選択し
移動する

個か　集団か
関係をもつか　もたないか
動的か　静的か
過去か　未来か

「塔」と「境界」を通して、都市を見るためのミュージアムを計画する。

既成の概念の組み合わせで成り立つ建物、その集積である都市。そこから得られる空間体験も、既成の概念の域を抜け得ない。人が何かを見て、体験するとき、その客体は一つでありながら、得られる空間は主体固有である。この固有の空間体験が投影される場は、主体の経験、感情などと、客体から発せられる情報などが交差する場である。この場を「仮面」と呼んだ。森を見るように建築を見、本を読むように空間を読み、闇に幻想するように建物と対話する。塔と境界が描く仮面世界。あらゆる場所、あらゆる時代、あらゆる平面に転移し、見慣れた平凡な風景をゆらめかす仮面。

2つの仮面が描く物語

計画1 塔

〈覗く／振る舞う／想像する〉
新宿駅西口広場に居住の塔を計画する。人、車が行き交う地下広場から、わずか15メートル四方の平面、高さ350メートルにもなる超高層のコンドミニアムである。街からは中の居住の様子がちらりと見え、居住者の振る舞いを感じる。一方、内からの視点は、街の雑踏を風景に変え、都市を創造的に再構成する。上空では、地上の匂い、音などの感覚が捨象され、視覚によって都市とつながれ、外を覗くことの意味が要求される。

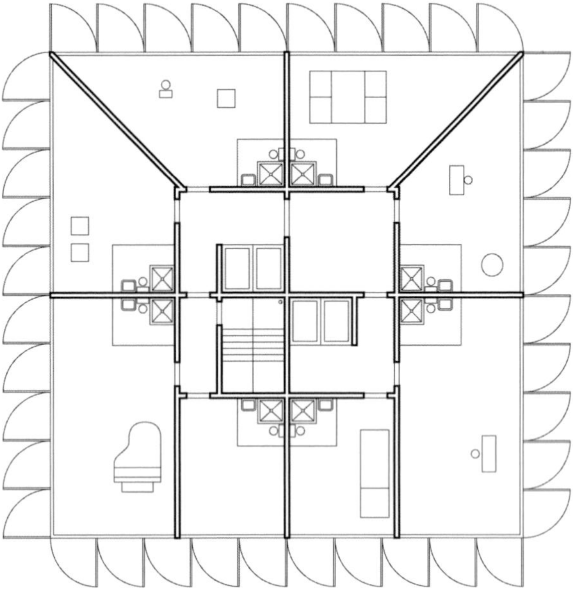

15F Plan Scale=1/250

異なるプラン
すべてのフロアは異なるプランをもち、生活の中のどの部分をこの建物に頼るかは自由である。下層部では、1フロアに8〜10戸、上層部にいくにつれて、4〜6戸、最上部では1フロアに1〜2戸の住戸を納める。途中階にあるシアターや、吹き抜けのフレームからは、外部の風景が限定された形で見え、居住者はそこから他の風景を想像的に体験する。

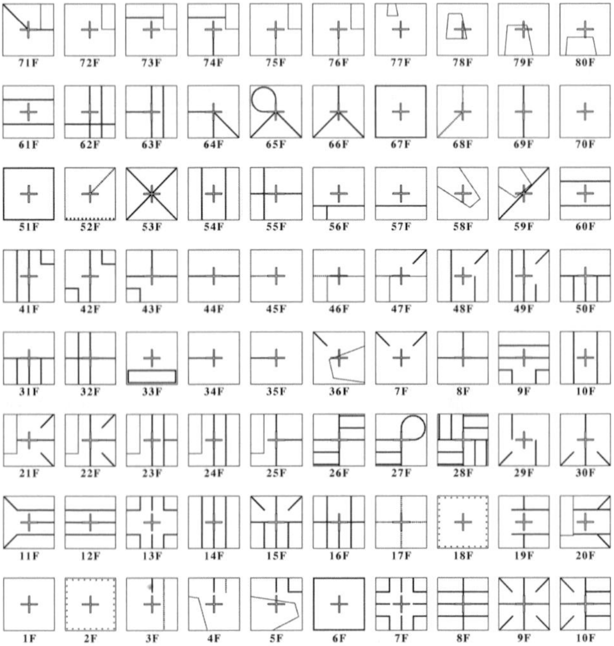

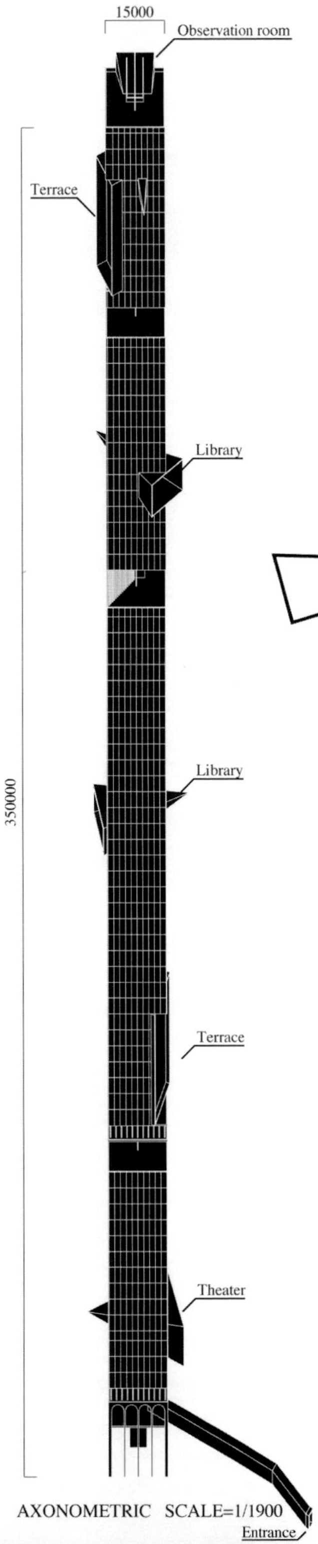

AXONOMETRIC　SCALE=1/1900

計画2 境界

〈囲い込む／切断する／通過する〉
新宿中央公園に屋外劇場、温室植物園、遊具などの一連の公園設備を計画する。これらは、ひとつなぎの薄い壁によって全体がつながれ、公園全体がひとつのフレームによって縁取られる。塔が街の中にある領域をつくりだすことに対し、この囲い込みによる空間は、その領域から逃れるための場である。周囲の時間・空間から切断され、ある種の完結した自由が得られる。

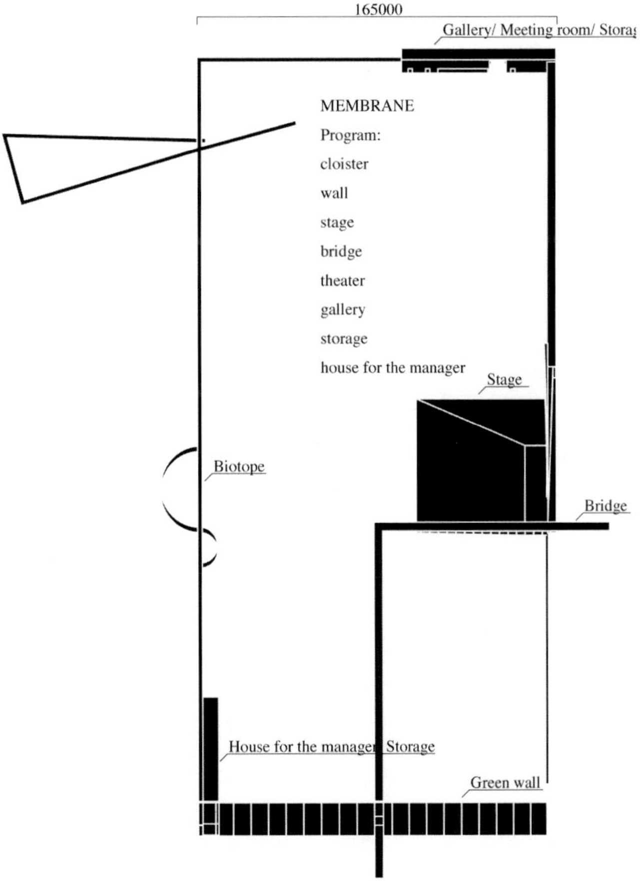

都市と自然の境界

公園を覆う回廊、壁の途中に公園の施設が点在する。外側の都市から切り離された非日常の機能として、野外劇場、集会所や展示ギャラリー、ビオトープ、また、災害備蓄庫を備える。内と外でやわらかい関係性をつくりだし、塔が可視範囲という領域を都市の中につくりだす中で、この森は絶対的な外部として脱領域化させる。

FANCL
ODAKYU

MIZUNO

Site〈塔〉

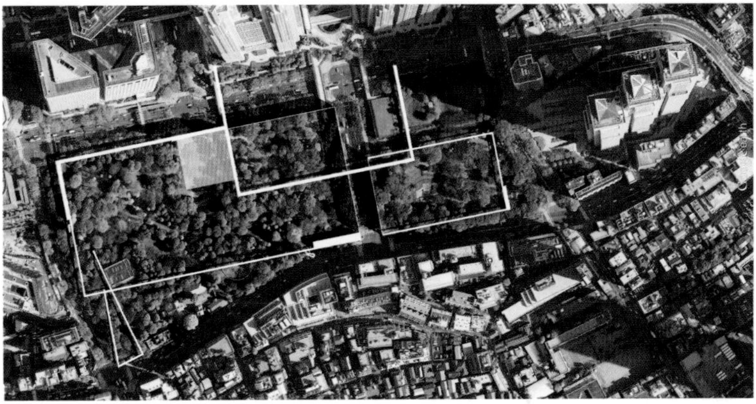

Site〈境界〉

GoogleMapsをもとに作成

建築における仮面性

ポストモダンの時代に、絵画、詩、音楽など様々な芸術形式を建築の問題に引き寄せた建築家・ジョン・ヘイダックは、代表作ウォールハウスにおいて人と建築が出会う場を「仮面」として壁に表出させた。

また、彼はこの壁を通して人が単なる傍観者の立場から、建物に取り込まれることが建築に特有の状況とし、壁自体の意味、そしてその壁を通り抜けることをテーマとして扱っていた。ヘイダックの空間分析から主体と客体、そしてその間に置かれる仮面の三者間の性質を抽出した。

John Hejduk ／ジョン・ヘイダック

"I come to this complex issue of architecture as an architect. The problems of conception, image, representation and realization are haunting obsessions to my mind's eye. The many masks of apparent reality have made me wonder, speculate and ponder about the revealed and the unrevealed."
John Hejduk

「私は、建築家として複雑な問題に至った。概念、想像、表象、現実の問題についての強迫観念に取りつかれている。見かけの現実を表す多数の仮面は、姿が見えるもの、見えないものについて、疑問に思い、推量し、熟考させる。」
ジョン・ヘイダック

仮面の定義

「人が何かを見、体験するとき、その客体は一つでありながら、得られる空間は主体固有のものである。この固有の空間体験が投影される場は、主体の経験、知識、感情などと、客体から発せられる情報、背後の歴史などが交差する場。」

①囲い込むこと:
境界を設けることで内部と外部、人工と自然といった差異を明示する。建築は外部(自然)から室内・空間(人工)を分け隔てきたが、人工物であふれる都市においては、逆に外部を囲い込むという逆説が生まれる。

②振る舞うこと:
内部と外部が分けられた結果、内部は皮膜を通して外部に対しての顔をもつ。見るものを見返し、記号を放ち、内部を暗示させる。

③覗くこと:
仮面によって情報は隠される。人は限定された情報に頼る他ない。情報の隠蔽が意図された場合、映画のフィルムや、カメラのファインダーを覗くように、作者の目を擬似的に通して対象を覗くことになる。

⑥切断すること:
客体に取り込まれた主体は、外部環境から切断される。また、境界を通して、その内と外で異なる空間、時間、歴史、文化が同時存在可能である。

⑤通過すること:
観察主体が移動し、それまで見ていた客体の境界を通過し、領域の内部に入ることで、人は建築の内部に取り込まれ、観察者の立場から客体の一部へと変化する。空間体験の中で最も緊迫した瞬間である。

④想像すること:
観察主体は、限定された情報、自身の経験や知識、感情などによって、仮面の向こう側の客体の姿を想像して体験する。

審査員コメント

審査員コメント@巡回審査

龍光寺：これは富士山のような、どこにいても見える象徴のようなものですね。人に優しい建築が多いなかで、どこか人を突き放した建築だと思いました。都市の見方をどう変えるか、という提案なんですよね。

及川：建築家の仕事の一つとして、何を見せて何を隠すか、こういう空間体験をしてほしいという、ある種のファインダーを設けるということがあると思います。

龍光寺：塔の窓の向きはどうやって決めましたか？

及川：窓は4つあります。1番下が新宿の駅前広場、2番目が公園、3つ目が富士山、4つ目が北極星に向いています。

南後：なぜ塔にしたのですか？

及川：新宿を敷地として選んだ時に、まわりから突き抜けるプロポーションや細い、太いというフォルムの議論から抜け出したいと思いました。そこであまり建築に見えないように、細く長くなりました。この建築が他の都市にも転移していくことも考えていて、その場合は、その場所に合わせた形になると思います。

南後：仮面の概念はいろいろなビルディングタイプに応用可能ですよね。公園と塔の関係はどうなっていますか？

及川：塔が都市生活の舞台で、見えない境界を描いています。けれどもそこから逃れられるような場所も必要だと思い、そこが公園です。

西沢：僕も学生時代にヘイダックが好きでした。ただし、当時の僕は彼の思想やドローイングを、現実に建設されるものとして見ていました。でもその後の彼はビジョナリーアーキテクトになってしまって、その頃から僕は彼にたいする興味を失いました。建築をめぐる真にすぐれたビジョンや認識は、仮に実作にするときに満足のいかない条件に晒されたとしても、依然として輝きを失わないはずだと思うんです。しかしヘイダックはそこから逃げてしまった。それは初期の彼の認識からすれば明らかに後退なんですよ。だから、現時点でヘイダックのドローイングなり認識なりを元にプロジェクトをつくるのであれば、絶対にビジョンに終わらないようなものにするべきだと思う。実作になった時にはじめて、世の中を揺さぶるようなものを目指すべきです。あなたは手も動くし、本当はそれができたはずだと思う。でもこのプレゼンは、悪い意味でのヘイダック様式になっていると思います。尊敬する作家の仕事を設計上で取り上げるということは、その作家の仕事を額面通りになぞるということではないです。その作家が超えられなかった限界以上にその仕事を発展させるということですよ。

手塚：僕の学生時代はジョン・ヘイダックがまだ生きていて、とても好きでした。及川君のこういう詩的な空間は良いと思うんだけど、気になったのは、いきなりデベロッパーみたいによくできたプランをつくっているところ。僕は住むことより、ここで何を感じるか、何を見つけるかということのほうが大事だと思う。

海法：この塔の高さはどのくらいですか？ 新宿であればすでにある都庁や高層ビル群、もしくはスカイツリーとはどう違うのですか？

及川：高さは350mです。都庁は243mなのでそれよりも高いです。高いことにはあまり意味はなくて、ただ新宿の中に領域をつくるとしたら都庁よりも高く細い必要があると思います。

海法：領域というのは、最終的に共同体をつくりたいというようなイメージがあるのでしょうか？

及川：そのような強いイメージではなくて、遠くから見える可視領域みたいなもので、モノでつながりつつ変化し続けるようなものです。

神保町の古本屋さん

膨大な本があふれる世界有数の古本屋街、神田神保町。ここにある、本が積まれてできた空間に興味があります。集まる本、その置き方、カテゴリーの分け方、そして棚や台などの本が収まるための空間などの違いによって、本が多様な空間をつくっています。それは人の集まり方が表出したような風景です。規格化された建物の中で、それぞれの古本屋が豊かな空間をつくっています。そこで、本がつくる空間を分析することで、「本たちが強固な建物から解放され、積まれた本自体が建物となった古本屋」を想像してみました。時の流れの中で、本は積まれてゆき、また古本屋も、本のように積まれていきます。これはその空想をおさめた、建築的な一冊の本です。

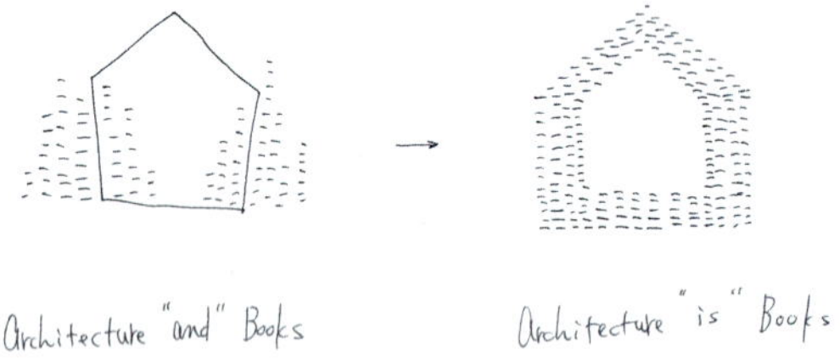

Name:
佐々木 慧
Kei Sasaki

University:
東京藝術大学大学院
美術研究科　建築専攻
トム・ヘネガン研究室

Q 修士設計を通して得たこと
自分が楽しければ誰かも楽しいと確信しました。

Q 修士修了後の進路と10年後の展望
修了後、長崎で設計活動中。来年以降は未定。10年後も未定。建築家ではあると思います。

コンセプト模型全景

「本による空間」のスケッチ

本の集まり方、置かれ方、そのディテールの集積として、本でできた空間を分析した。

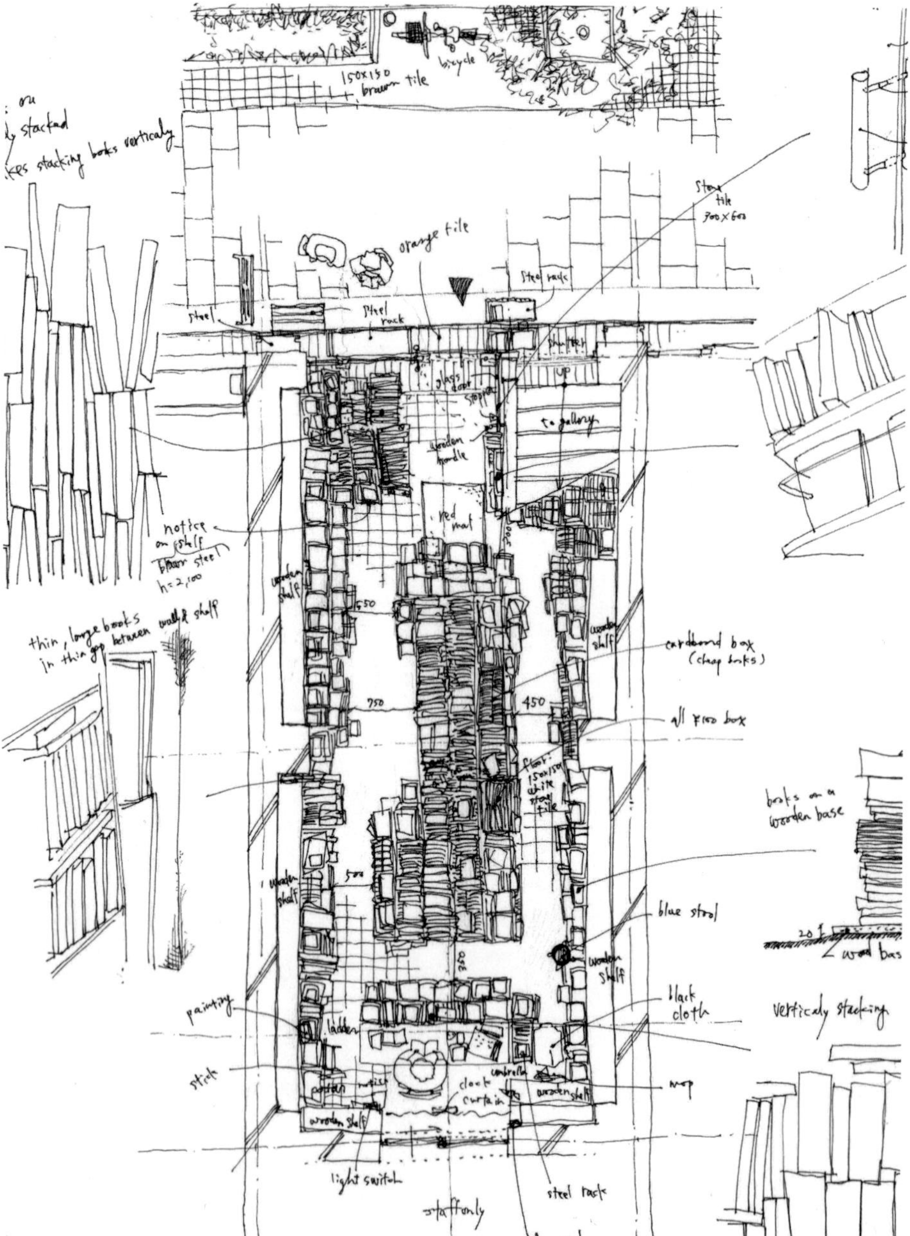

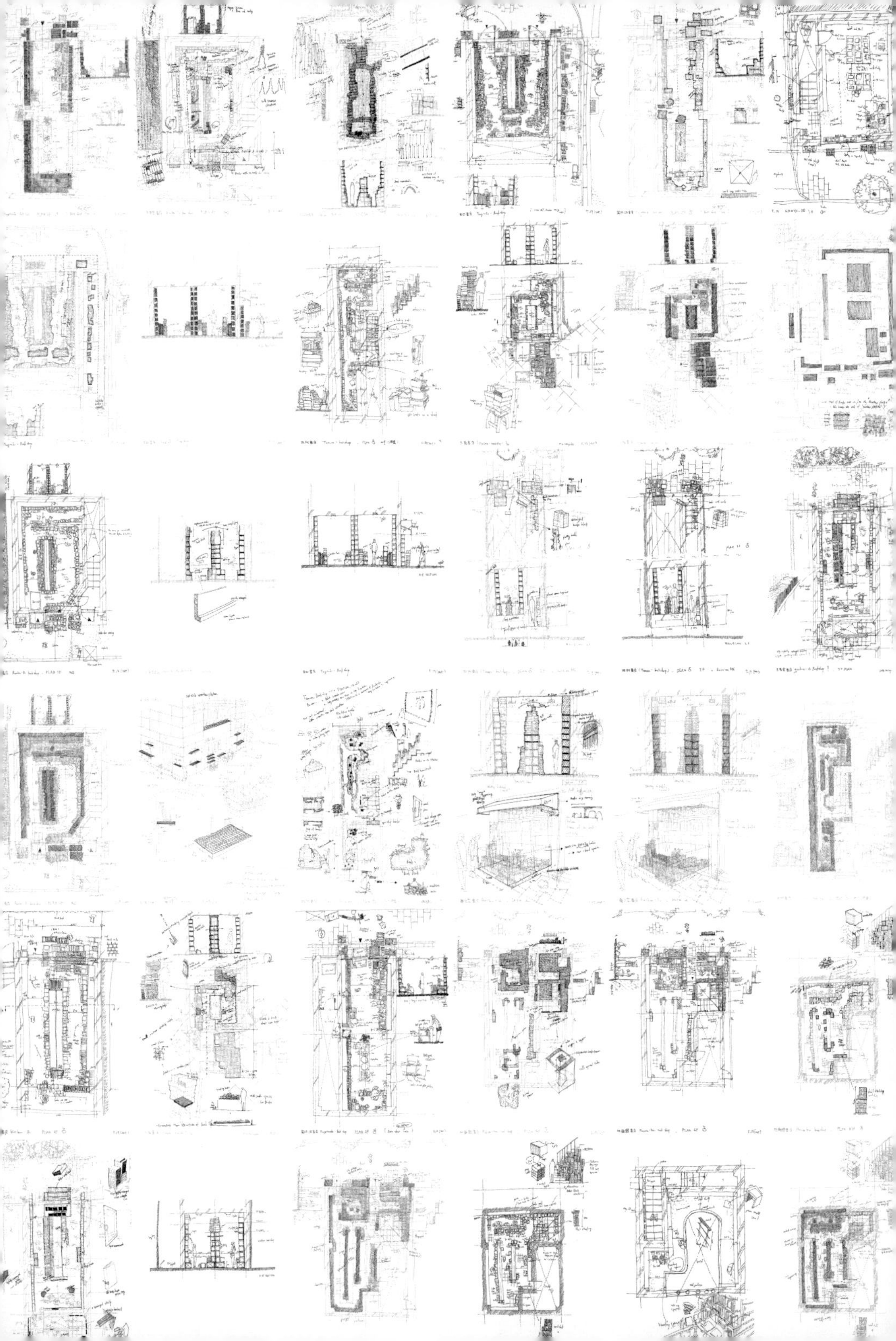

古本でできた古本屋

古本を積んで、古本によって、古本屋をつくる。神保町のディテールの集積として、増殖し続ける本／建築を設計した。

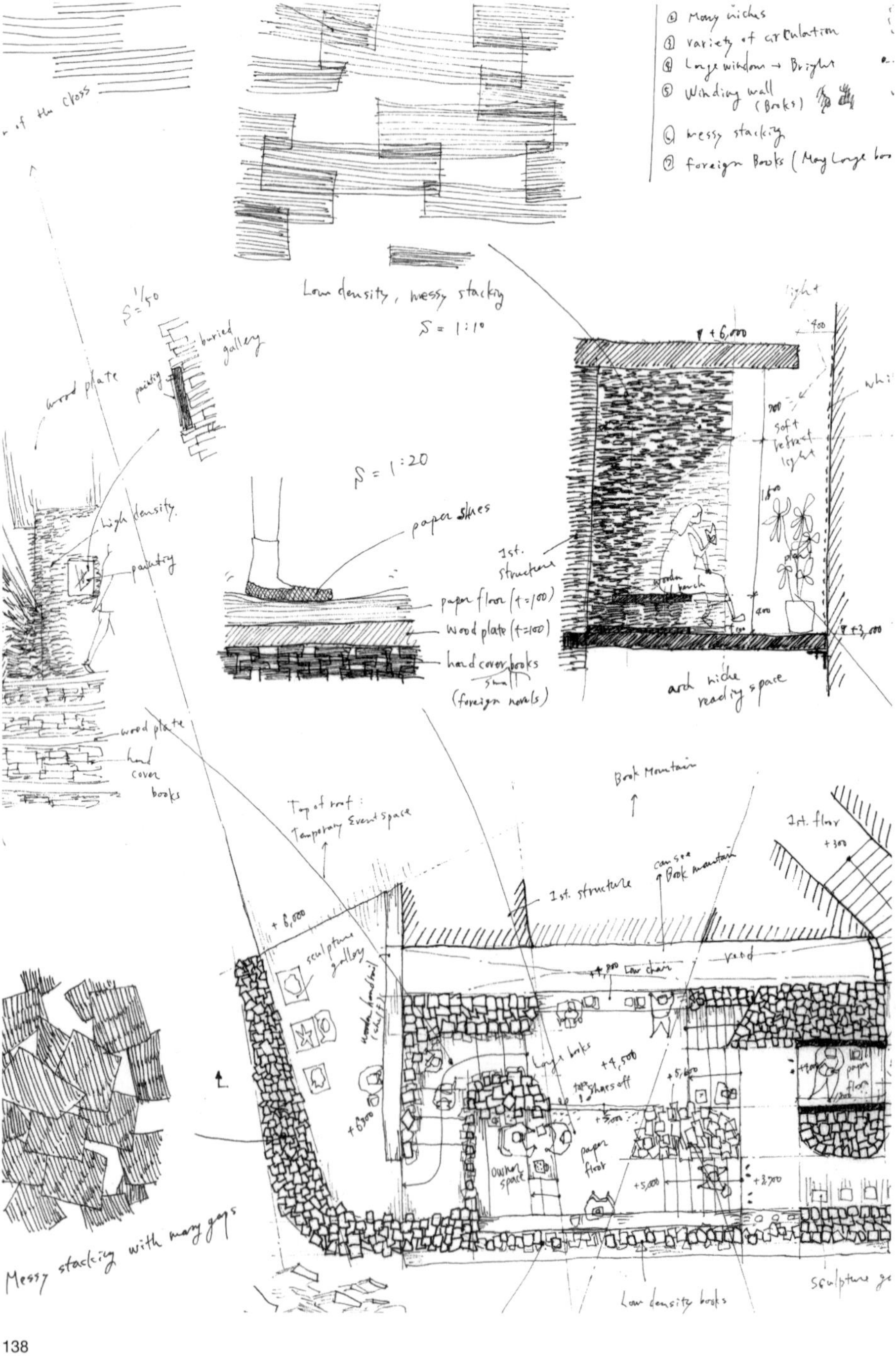

SUKEN NO

審査員コメント

審査員コメント@巡回審査

龍光寺：獣道を設計しているような感じですね。設計する際にはまず敷地条件もあり、計画的に必要な用途も面積も決まっているわけです。その中で要望を満たしながら形にしていくなりして、外側から詰めていく。あなたの場合、内側から、まるで巣づくりのように、獣道をつくっていくように、本を書き分けていってそれが空間になっていくような。結果としてできた形が蟻塚みたいになっている。パッと見たら理性的ではないけれど、実は非常に合理性が働いて空間ができている。そういうつくり方が面白いなと思いましたね。迷宮をつくるようなね。

審査員コメント@公開審査

西沢：リサーチは非常に執念深くて、ものすごく微細で良かったです。それで、提案において本を重ねて、ページを互い違いに噛み合わせて構造にするとか、ポストテンションを使って積層するといったことも検討していて、そこには可能性があったと思います。僕が感じた可能性とは、これは一種の組積造の提案になっていますが、いわばパーツが抜かれても成立するような組積造ということです。つまり、躯体となっている書物が買われたり入れ替わったりしていくような組積造、という今までになかったビジョンです。建築基準法違反ではあるかもしれないが、本当はこのビジョンに可能性があった。ただ、彼はそこまでは残念ながらたどり着いていなくて、単なる本好きのオタクの空間で終わってしまっているところがもったいない。組積造の新しい可能性が目の前に開けているのに、どうしてそこに踏み出さないのかと思いました。

小嶋：模型が、結局、紙をはさむ技を使わずに、単純に本を鉛直材の代替品にしてしまっている。そうすると、これはもう組積造の一般解に戻ってしまっていて、おしいと感じます。

南後：今和次郎らの考現学の空間・建築バージョンとして面白く見させてもらいました。ただ、「人に伝えること」に対してのケアが少し不十分だったかなと。リサーチの結果から最終的な模型の表現までの間に飛躍がある。リサーチからどういう要素を抽出・抽象化して、それらがどう設計に変換されているかが、把握しにくかった。短時間でもわかるような表現で示されていれば、より魅力的なものになったのではと思いました。

海法：あそこまで厳密に、本を燃やしたり、水で濡らしたりして、本物の本で構造をスタディしているのは、すばらしいと思います。ただ1／50の模型の本の表現だけがノンスケールでした。本と呼ばれている、寸法にある制限をもつものが集積した圧倒的な量塊性とか、そういうものに古本屋で出会ったのが設計の出発点のはずなのに、最後の表現がそれらを捨象したきれいなコラージュに意図せずなってしまっているように見えるのが、本当にもったいないと思いました。

手塚：本を燃やしたり濡らしたりしてひどいなと思うんだけれども（笑）、それでも本で建築をつくってやろうという信念がいいと思いましたね。真面目にやっても時代を超えるものってつくれないと思うんですよ。彼はこれをやり続けたら、もしかしたら10年後くらいに世の中に突然評価されて花開く人かもしれませんよ。設計自体は、スラブも木ではなくて本でやってほしかった。45cmぐらいなら工夫すれば本で飛ばせるんじゃないかな。

晴れ時々、雨、のち虹

認知高齢者のための壁のない住宅

あなたは、今の認知高齢者施設についてどのような状況か知っていますか。今、とてもひどい状況におかれています。どれも学校や病院のような配置計画で、生活空間とはいえないもの。認知症が悪化する計画ばかりで、一人ひとりの高齢者に決して目を向

平面図:利用者の個室は壁でなく本棚(壁棚)で仕切られる。

Name:
戸塚千尋
Chihiro Totsuka
University:
東京都市大学大学院
工学研究科　建築学専攻
手塚貴晴研究室

Q 修士設計を通して得たこと

「Architecture for everybody is for nobody」普遍的建築ほどロクデモナイ建築はない。

Q 修士修了後の進路と10年後の展望

今は組織設計事務所で実施コンペをやっています。毎日楽しくて仕方ありません。10年後は、組織設計事務所の顔になっているはずです。

けられていない空間。ひどい状況にある高齢者施設の実態を知ったことから始まりました。グループホームは治療の場であるだけでなく、毎日を暮らす大切な生活空間でもあります。散歩したり、外に出たり、一人になったり、大きな声で笑ったり。そんなあたりまえのことを、おじいちゃん、おばあちゃんに。ほんの少しでも安らげる時間をみんなに。認知症高齢者にも笑顔を。そんな、認知高齢者のための住宅です。

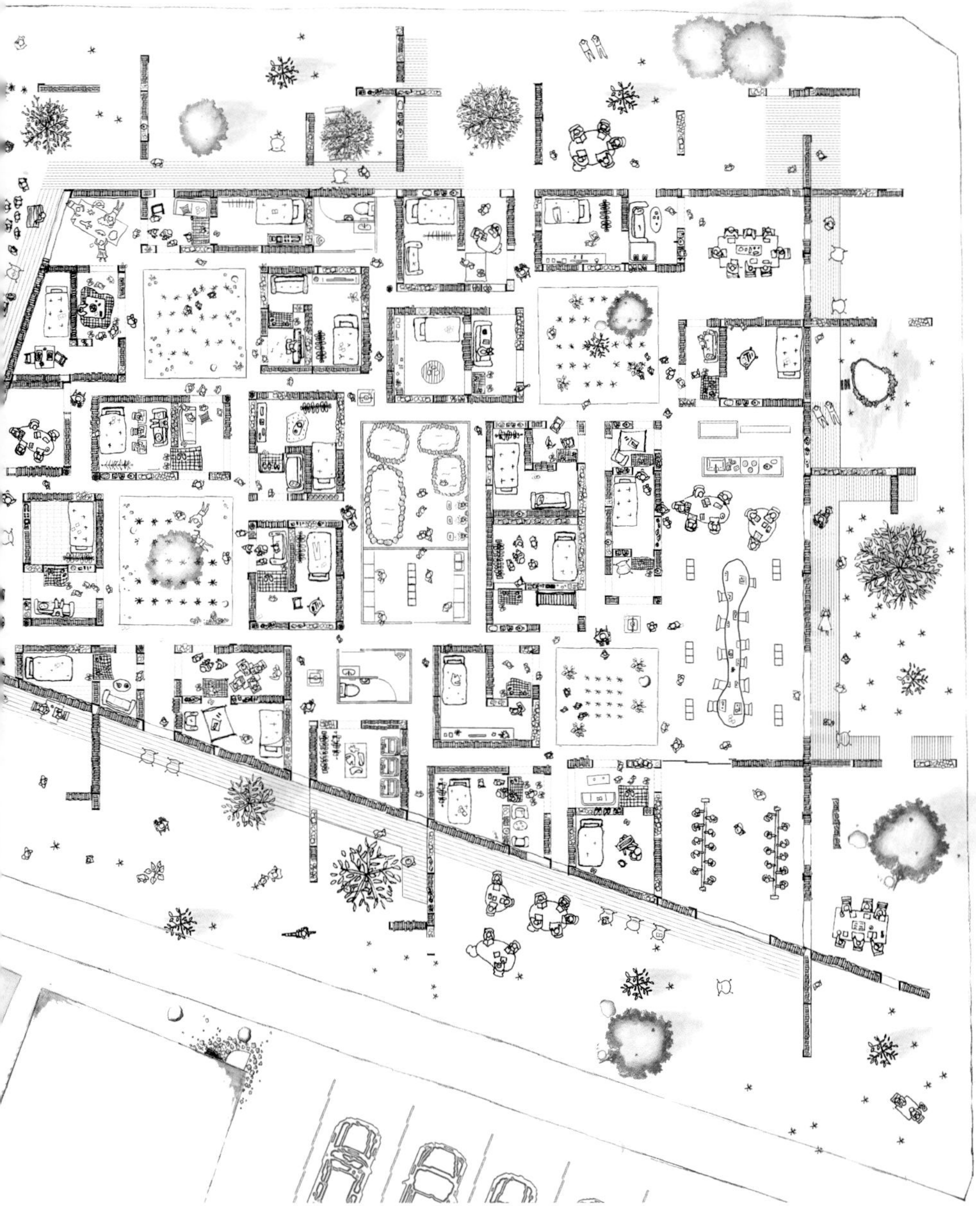

認知症を取り巻く問題の調査

私は、介護の実態を知ったときに、まず、認知高齢者のために建築家としてこれまでにない空間をつくらなければと感じたことから始まった。今、認知高齢者専用のグループホームはひどい状況におかれている。そこで一年間、特別養護老人ホームでボランティアを通しながら、問題点などを探った。建築の形態に行き着くまでに、様々な調査を行なってきた。認知高齢者に対して最良の空間とは、どのような空間なのか、 時間をかけて調査を行なった。最終的に行き着くのは、認知高齢者を特別扱いしないということ。認知高齢者も、我々と同じ、人間なのだから。

〈問題点〉
・施設不足と見合わない建築
・担い手の変遷
・慣習の限界
・高齢者施設というハードについて

〈介護施設のあり方〉
・一極収容から多数点在へ
・段階的施設利用と機能分化
・空間に深度をもたせること

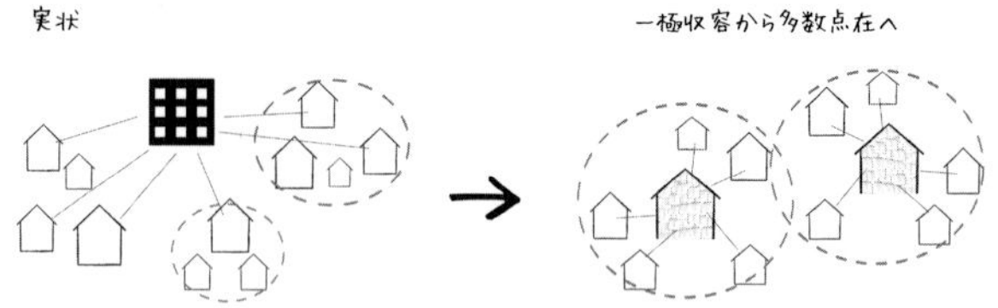

問題点を解決するために

わが国では高齢化が大きな社会問題となって久しい。認知症高齢者も増加の一途をたどり、2025年には300万人を越えると予想される（高齢者介護研究会、2003）。同出典によれば，認知症をもち介護が必要な高齢者の約半数（76万人）が各種老人ホームや病院などの施設で暮らしているが、現在日本の高齢者施設は、どこも学校や病院のような配置計画で、豊かな生活をもたらす空間とはいえない。そこで、一人ひとりの高齢者の生活に目を向け、諸問題を解決するための方法を考えていった。

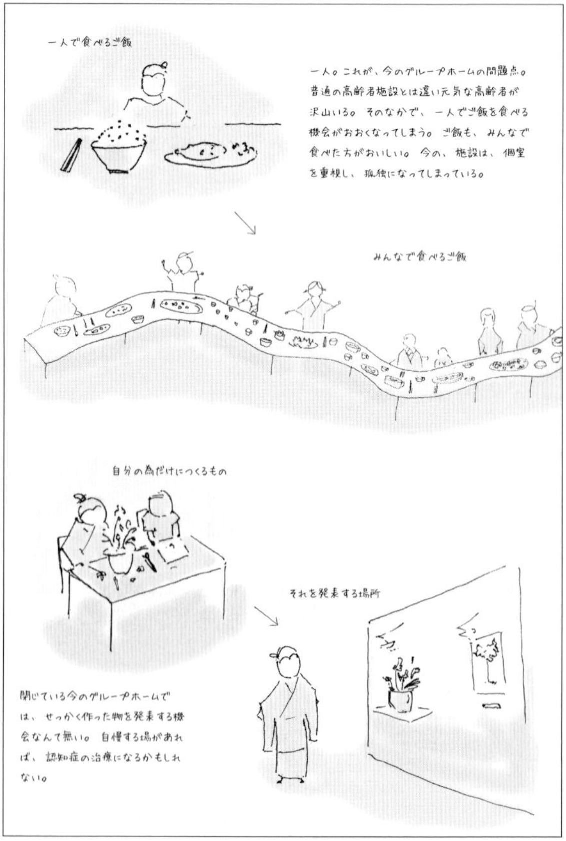

問題解決の例：認知高齢者たちにとって、グループホームは治療の現場であるだけでなく、毎日を暮らす大切な生活空間。散歩したり、外に出たり、一人になったり、大きな声で笑ったり。グループホームに笑顔がふえるほど、認知症高齢者も笑顔になる。

敷地図

敷地：谷中

谷中は高齢化が進みつつ人口増加する不思議な街だ。しかし街が細分化されつつあり、都市の空き地が減少している。つまり子供たちの居場所が減っているのだ。

設計コンセプト

集落のような助け合いの空間
隣人祭り（La Fetedes Voisins）は1999年パリの小さなアパートでおきた高齢者の孤独死をきっかけに、住民たちが建物の中庭に集まり、交流のための食事会を行なったことから始まった。助け合いながら生きていく生活を取り入れる——そこで、縁側をめぐらして、子供たちの出会いや出来事を誘発させる建築を目指す。各利用者の個室に土間のような大きな玄関を設ける。それらが、集落のような助け合いの空間をつくる。

児童施設と認知症施設の一体化
高齢化がすすむ谷中。多くの認知高齢者が暮らしている。今までの認知症施設は個室化してしまい、常に孤独が付き回っていた。そこで、谷中における高齢化と子供が増えているという不思議な街の特徴を利用し、待機児童施設との併用を考えた。高齢者にとっては日中子供たちと過ごすことで認知の穏和が図れる。そして子供たちにとっては高齢者からさまざまなことを教われる場となる。

コンセプトイメージ図

設計:高齢者も子供も笑顔になる施設へ

内部のイメージスケッチ：トップライトから木漏れ日のように光が差し込む。

子供と高齢者が混じり合って楽しめる空間

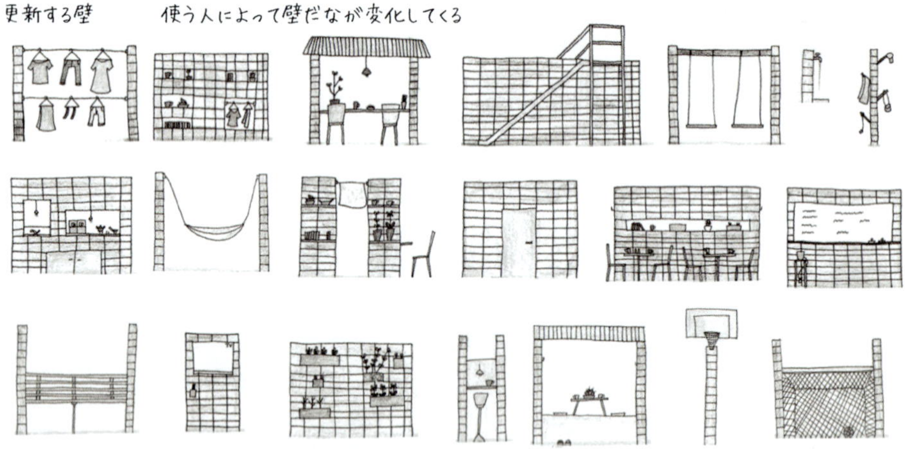

壁棚のバリエーション

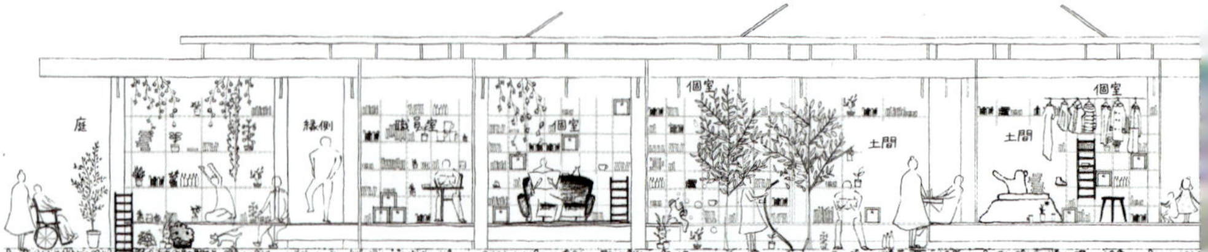

左：土間のスケッチ。右：一住戸のスケッチ

見守りの出来る居室
見え隠れしやすい高齢者の居室を
柔らかく棚でしきる。
門構えの土間
天井高が低くなっている。
土間
縁側に連続する土間空間担っていて、
好きな人や子供たちをお出迎えする事が
できる。
60cm の縁側
消えつつある縁側
ここで、じじばばが子供
にみかんをむいてあげたりするかもしれない。

居室と土間、縁側の関係のスケッチ

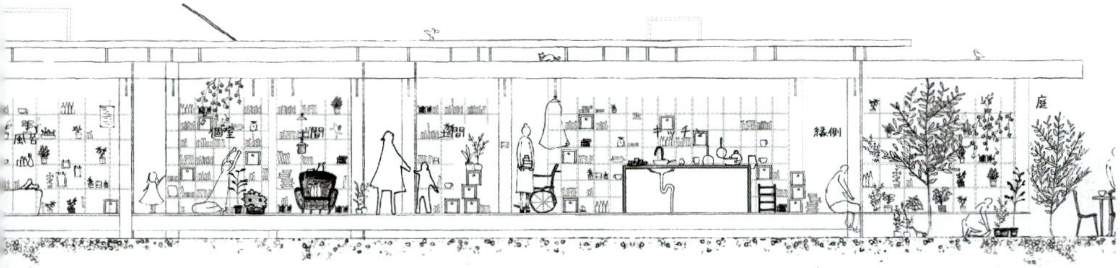
風呂
個室
土間
土間
キッチン
縁側
庭

街の俯瞰。中央が今回設計した施設

屋根を見る。ガラスの天井から木漏れ日のように内部に光が落ちる。

審査員コメント@公開審査

海法:認知症をテーマにしている人は意外と少ない。現代的な問題ですので良い問題提起だと思いました。気になったのは、この施設の住民は要介護度が高く健常者とは違うので、周辺住民や敷地外の状況、さらには運営母体の経済性など考えなくてはならない社会的なハードルがどうしても高くなってしまう。この敷地とコンテクストにおいてこの規模と収容人数は適正なのか、周辺とどう関わるかの境界のデザイン、子どもの存在が唯一の答えなのかなど、もう少しその高いハードルに対する提案として納得したかったなと思いました。

南後:人とのつながりがない閉鎖的な状態に、コミュニケーションをもたらそうというのは認知症高齢者のための住宅でなくともよく使われるレトリックだと思うんです。この提案で認知高齢者ならではの空間形態は具体的にどこにあるんでしょうか。

戸塚:機能的には認知症の施設と子供という存在を結合させることで、認知症に対しての新しい見守り空間が提案できたと思っています。加えて屋根に着目しました。認知高齢者施設の現状は、小さな窓でしか外の風景を見ることができないのです。見上げた時に星空を実際に感じ取ることで、自分の昔の記憶が呼びさまされるような場所になることを狙いました。

西沢:すごく頑張っていますが、設計の進め方が雑だと思うんです。プランニングも一つの図式のみだし、屋根もなぜ他ならぬここにこの開口が必要なのか、なぜこの梁が必要でこういう形状をしているのか、煮詰められていない箇所が多いです。だから屋根で解ける問題の焦点を絞りきれてないし、プランもそうです。ちゃんとスタディすれば、屋根でも木造でも面白いことがもっとできますよ。

小嶋:模型が大きいというので、見てみたかった作品です。実際すごいけれど、棚壁に物を置いていって向こう側が見えなくなるというときに、可燃物の量がものすごくなるのではないかという懸念がありますね。あと、内部空間がいわばジャングルのようなので、認知症の人もそうでない人も、入ったら出てこれるのだろうかと気になりました。認知症の人が果たして自分の居室に帰れるのかな。

審査員コメント@公開審査

龍光寺:つくり方は正攻法ですが、住む人のことを真剣に考えて幸せな空間を構築しようとしているなと思いました。プレゼンが、心の叫びというか、真に迫っていましたね。グループホームを普通につくろうとすると閉じてしまうのですが、それが町に広がっていくような、すごく困難なことを提案していますが、それも織り込み済みで、なんとかしてグループホームを幸せな空間にしていこうという決意を感じた。空間としては少し単調な感じがしますので、メリハリをつければもっと彼がイメージしているような幸せな空間ができあがっていくのでは。それが利用者だけではなく町との幸せな関係も生まれるとしたら、それは素晴らしいのではないかと思いました。

音と建築
The Relationship between Sound and Architecture

テーマは音と建築。今日の日本の都市では内側の空間が快適になった代わりに、人や物の気配は建築の中へ閉じ込められ、気配や音が聴こえなくなりつつある。それは私たちの生活と周囲の環境との関係性がどんどんと薄れていった結果でもあり、ここで私は今一度、音と建築の関係性を問い直したいと思う。本制作では水の音に着目し、スパ・温泉施設を設計する中で、音と建築の関係性を実際に考えていった。設計では1.音の分解、2.音の再編、3.再構成という3段階を踏み、1つの曲を作曲するかのように全体を設計していった。訪れた人がスパ施設を経験していく中で建築が1つの曲として、時間、季節、環境を反映しながら浮かび上がってくる。

Name:
和田郁子
Wada Ikuko
University:
東京藝術大学大学院
美術研究科　建築専攻
元倉眞琴研究室

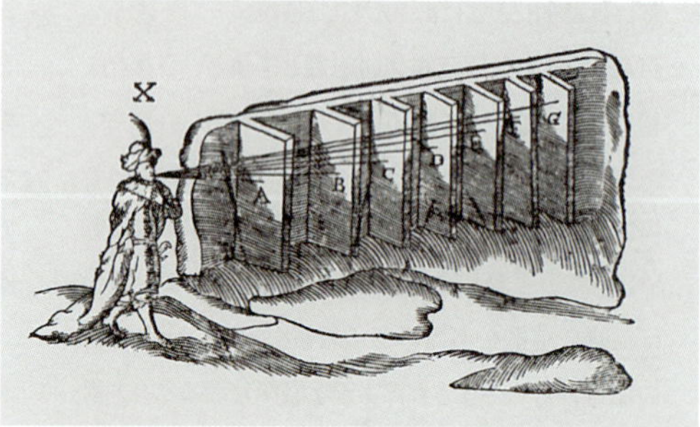

Q 修士設計を通して得たこと

修士設計を通してさまざまな知識や経験を得ただけでなく、それまでインプットしてきた事柄を一つの作品としてまとめる作業は、今後活動していく上で必要な体験だったと感じています。

Q 修士修了後の進路と10年後の展望

感性に訴えかけられるような建築を設計できるよう、これから実務経験を積んでいきたいと思います。

コンセプト

上図は17世紀に博物学者キルヒャーによって描かれた、響きの研究に関する絵である。本来、音と空間は密接な関係をもっているにもかかわらず、音楽や騒音に関する研究の他に建築との関係性を研究した事例は、このキルヒャーの響きの研究以外に今日までほとんどないといっていい。ここで私は再び建築と音の関係性を問い直したいと思う。今日の日本の都市では内側の空間が快適になった代わりに、人や物の気配は建築の中へ閉じ込められ、人の気配や音は聴こえなくなりつつある。それは私たちの生活と周囲の環境の関係性が希薄になっていった象徴ともいえる。

1. 音の分解

普段何気なく聴いている音を、フランスの音楽家ピエール・シェフェールが考案した「音素材のソルフェージュ」によって一つひとつの音に分解、視覚化する。

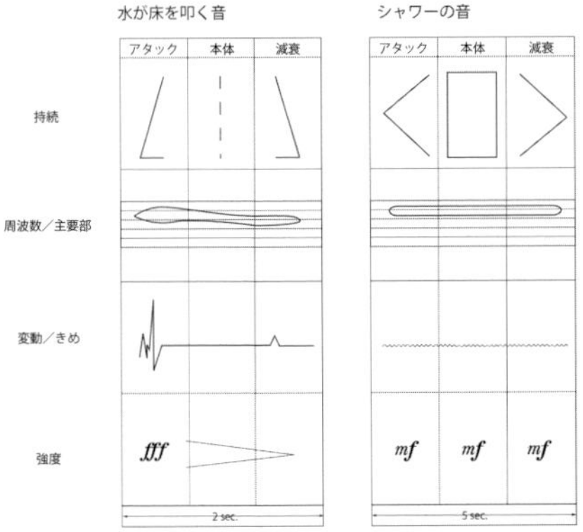

2. 音の再編

もう一度それらの音を再編し、個々の空間ごとにどの音をどのくらい聴こえさせるのかを決め、それぞれの部屋で響く音を「水・自然・人」のパートに分け、スコアとして書き出した。このスコアを基に音を演出する要素として、空間はどのくらいの広さをもち、どのような形をしているのか、そして素材や光に還元していった。

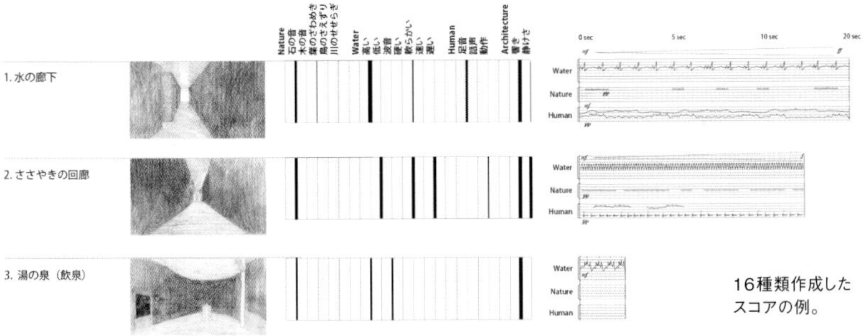

16種類作成したスコアの例。

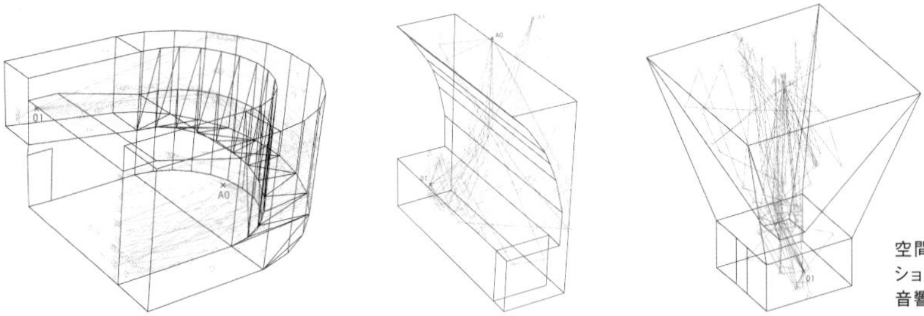

空間内の音響シミュレーションの例。合計5点の音響解析を行なった。

3. 再編成

第2段階のスコアを再構成しながら個々の空間を配置し、建物を音楽となぞらえて1曲の曲を作曲するかのように設計していった。それぞれ音楽に例えて、前奏曲（プレリュード）、間奏（インテルメッツォ）、3種類の主奏（テーマ）、後奏曲（フィナーレ）としている。ここには水や自然の音、人の気配をはじめとした音の空間が16存在し、訪れた人がスパ施設を体感する中で、それら一連の流れが1つの曲として浮かび上がってくる。

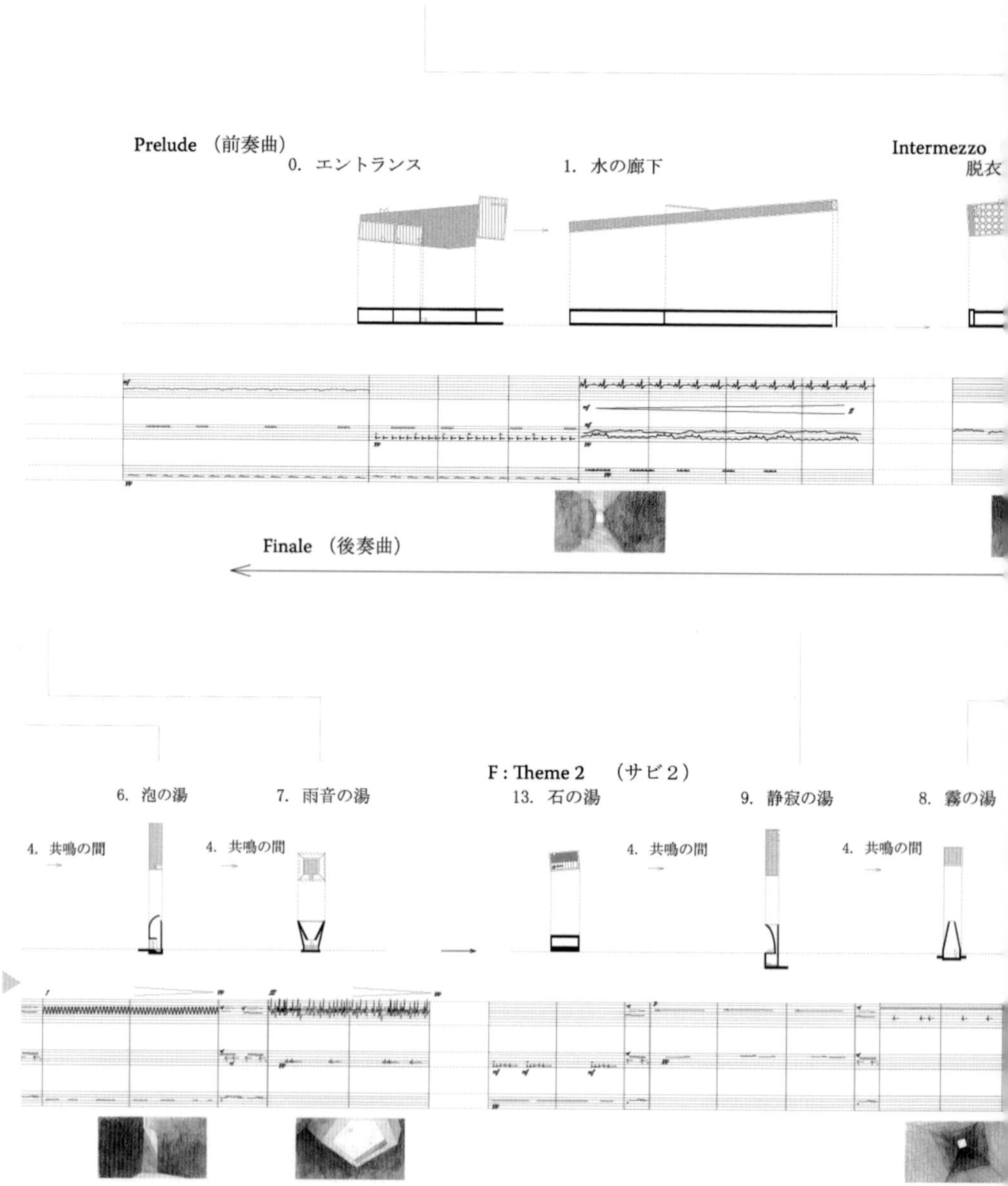

外観、内観パース

B
2. ささやきの回廊　3. 廊下

C
4. 共鳴の間

D : Theme 1　（サビ 1）
シャワールーム

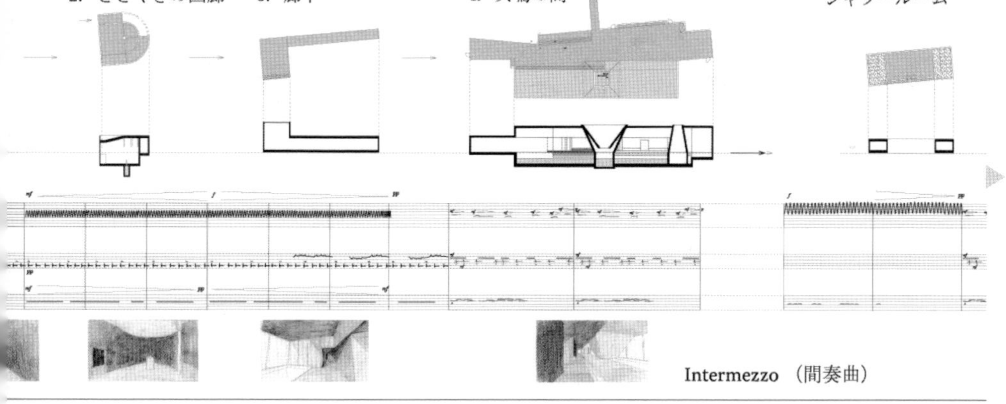

G : Theme 3　（サビ 3）
10. 森の湯　森への廊下　19. 沐浴　12. 木の湯（サウナ）14. 森の廊下

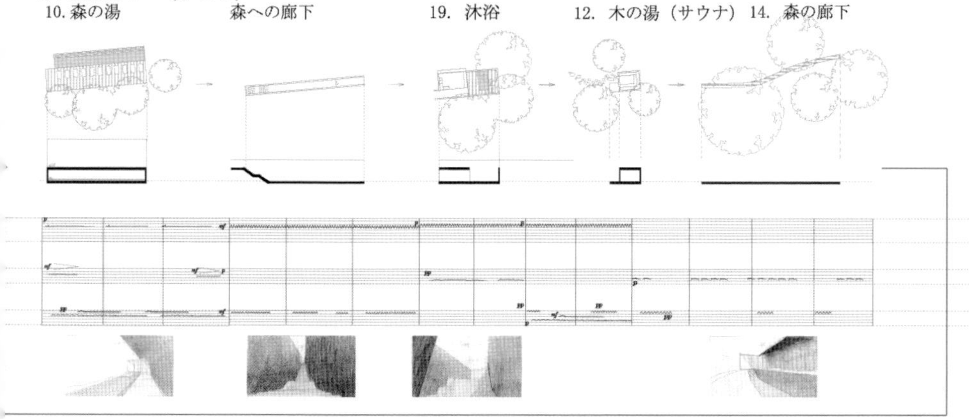

設計

人間の五感の1つである聴覚という視点から建築を設計することで、より体感的に面白い建築や都市ができるのではないか、その一つの提案として今回の修士制作を位置づけたい。

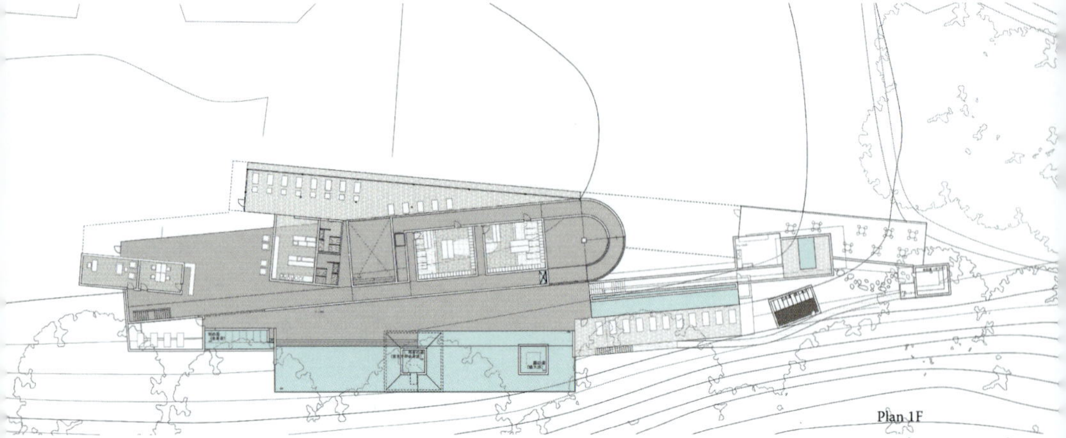

Plan 1F

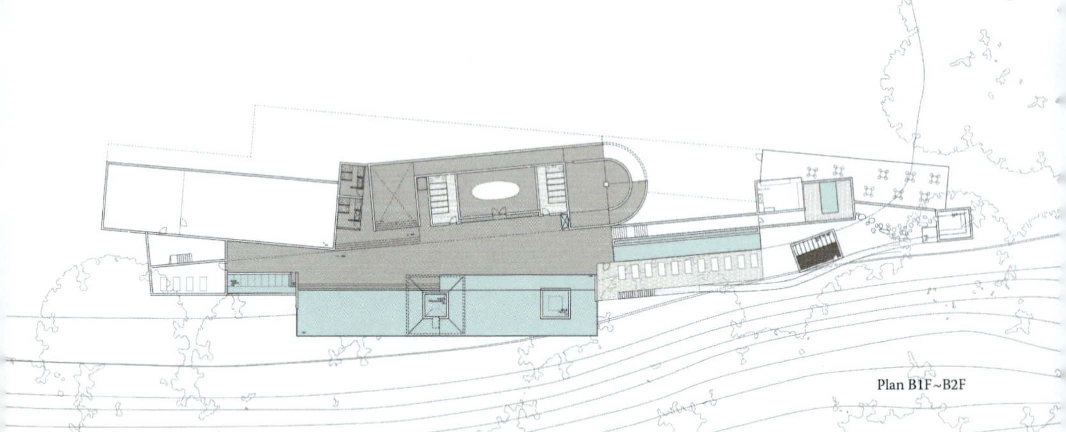

Plan B1F~B2F

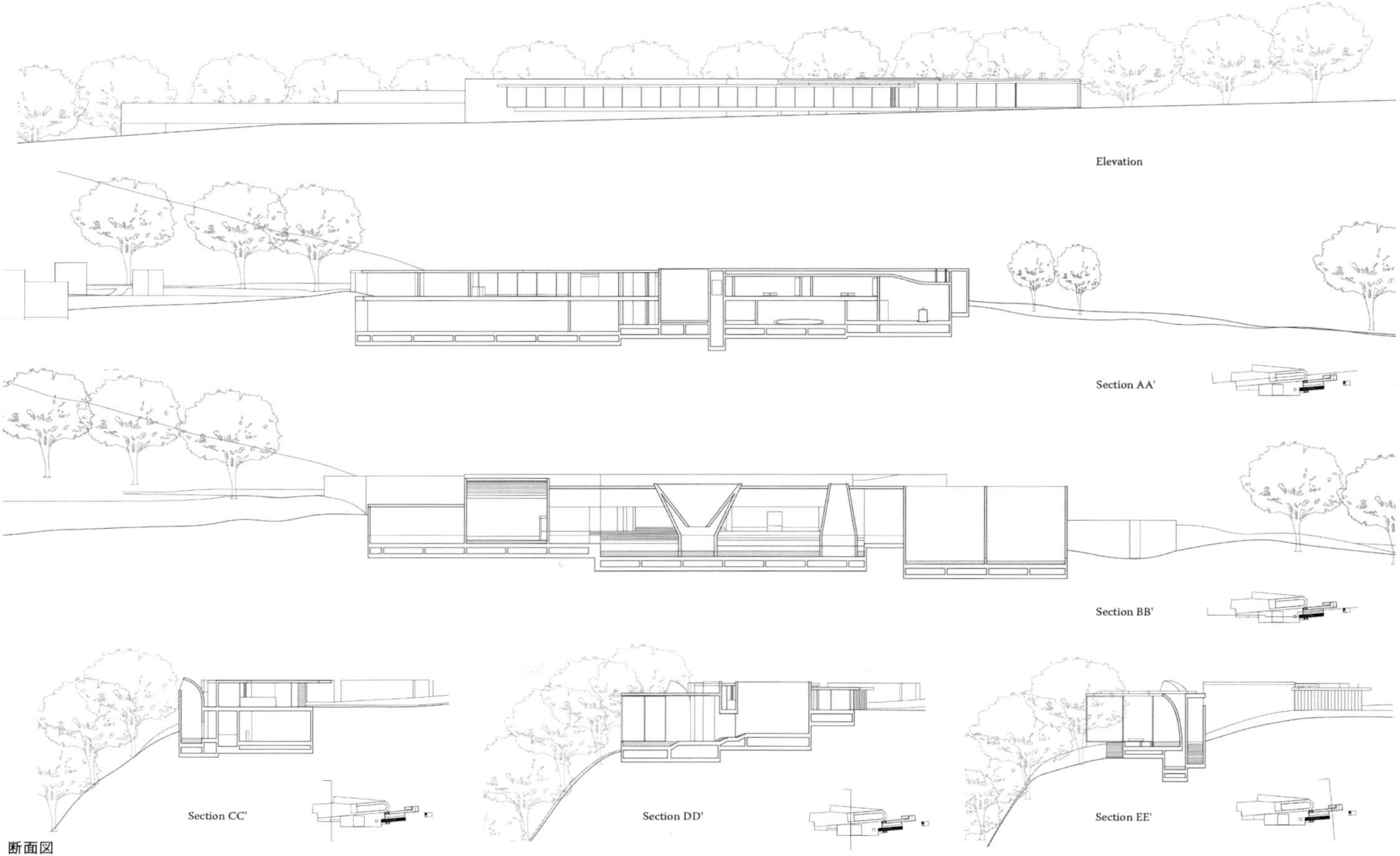
Elevation
Section AA'
Section BB'
Section CC'
Section DD'
Section EE'

断面図

5つのスパ空間の模型（実際に音が出る）

審査員コメント

審査員コメント@巡回審査

龍光寺:建築において「静けさ」を空間として構築しようとしているのが、設計者として正しい視点だと思いました。すごく美しいものをつくろうとしているというのがよく分かりますね。敷地もいい。静かできれいな音を聞いて、快楽と言えばいいのかな、そういうものが得られるんではないかと。そういう発想というのは私は、ある意味批評的でもあるんじゃないかなと思うんですね。個人的な動機ももちろんあるんだろうとは思うけど、多くの人は都市に視点を移して、非常にノイズのある中でやっていく。この作品ではそれをバッサリと切り落として取り組んでいる。潔いなと思いました。

小嶋:ジョン・ケージ以降のアヴァンギャルドの中には、時間というものに対してどう抵抗するかというような姿勢がありますよね。それを考えると、この作品の場合、建物がシーケンシャルに見える必要はないと思う。パッと見て、人間の行動を拘束するように見えたんですよ。こう歩きなさい、歩くスピードもこうですよって言っているように見えたんですね。

手塚:少し気になったのが、ビルディングタイプの付け方。「スパ」ではなくて、もう少しいいネーミングがあったらと思うんだよね。タイプとしてなにか違うものにすれば、より深みが出ると思うんです。それから、僕も音楽をやりますから説明を聞いて理解できたけれど、実際はプレゼンを見た瞬間にコンセプトが分からなければいけない。しかし、ちゃんと営業施設としてトイレまで考えてつくっているところが律儀でいいなと思いました。

海法:音をテーマにしているのはとても面白いと思いますし、一連の設計も綺麗でした。ただできた建物のボリュームや壁の素材が、音だけでできた感じじゃなく見えますね。音に特化したら、耳しか必要のない空間になっているとか、もう少し見たことないものになっていてほしいという思いがあったのですが、水の配置が機能主義的に感じたり、ルートが恣意的に見えたり、ボリューム自体も意外と普通に佇んでいるなあという印象でした。

南後:例えば鳥の声や雨水の音などは、わざわざ新たに音をつくり出さなくても自然の音として世の中にあるわけですよね。居心地の悪い「音のテーマパーク」 のようなものにならないよう注意する必要があると思うのですが、どのような点にこだわりましたか。

和田:今回はやはり、その「音」に対してより特化した空間づくりを試みています。より音が響くよう、また光や素材などにもこだわりました。

西沢:よくできていますが、商業建築のBGMのようになっているのがもったいないです。音と建築というと、例えば人が発するさまざまな音のサウンドスケープというのがありますよね。声とか足音とか騒音といったいろんな環境音です。そういうことをコントロールする建築をスタディしていけば、音と建築というテーマにぴったりなのにな、と思いました。

全国修士設計展 公開審査会

審査員:
小嶋一浩／西沢大良／手塚貴晴／
龍光寺眞人／海法 圭／南後由和(コーディネーター) ※ 難波和彦氏は欠席

動機をはっきりと持て。言葉にならない内面を表現せよ。

南後：審査員の先生方には一次審査で100~150作品のポートフォリオを見ていただいています。その際、◎=5点、○=3点、△=1点と採点していただき、◎のついた作品、もしくは5点以上となった作品が公開審査へ進んでいます。まずは先生方が気になった作品を挙げていただきましょう。全体の感想やご自分の審査基準などもあわせて話していただくと、より広がりが出るかと思います。なお、参加予定だった難波先生は、急用で欠席されております。

小嶋：トウキョウ建築コレクションに参加するのは僕は初めてでしたが、修士設計だけあってプレゼンが素晴らしいですね。しかも話も鍛えている。僕は「庄内広域地方都市圏」(p.102)「旅の記録」(p.030)「眼暗の家」(p.012)「みちとまちのにわ」(p.046)「選択する肢」(p.022)「Architecture in kampong」(p.054)が気になっています。

手塚：僕は2回目の審査員ですが、今年は結構ショックを受けました。それは学生の皆さんが建築をつくらなくなっているからです。最近の傾向なのだけれど、皆さんは建築を信じなくなっている。建築家は本当に素晴らしい職能なのに、それをポジティブに捉えている人があまりにも少ない。だから今回は、建築を設計しているものを評価しました。「旅の記録」「眼暗の家」「神保町の古本屋さん」(p.134)「kampong」「音と建築」(p.150)を推します。

西沢：僕は二次審査からの参加です。みんな基本的にリサーチから設計まで丁寧にそつなくやっているのですが、肝心の「動機」の部分がよく分からないものが多かったという印象です。つまり、そのリサーチで何を解明しようとしているのか、その設計で何を実現しようとしているのか、本当にあなたにとって必要な提案になっているのか、といった動機です。もし強烈な動機が生じてこないようであれば、もっと全身全霊でぶつかれるジャンルを見つけたほうがいいと思います。僕が動機の部分で多少とも理解できたのは、「眼暗の家」「選択する肢」「古本屋さん」「kampong」です。

龍光寺：私は難波先生のリリーフということで、二次審査からの参加です。現在35歳ですので、学生に近い立場での発言になるかと思います。全体の印象は、つくっていく上で学生は学生のリアリティとしての社会問題に対して何ができるのか、一方で内的な創作の欲求との折り合いをどうすれば良いのか——その間でみなさん苦しんでいたのかなと感じました。特に震災の影響もありますから、余計その葛藤が大きくあったのではないかと思います。僕が推すのは、「普通に見えない普通の住宅」（p.038）「みちとまちのにわ」「古本屋さん」 あとは「晴れ時々、雨、のち虹」（p.142）です。

海法：僕は若手建築家枠ということでお招きいただいていますが、採点に迷いました。これは、実は自分の価値基準がまだ定まっていないということの裏返しで、皆さんの多種多様な提案を見ていると、僕自身の悩みに近いものが現れているなという印象でした。全体的に論文のようなポートフォリオが多くて、皆さんは言葉に頼りすぎていると感じました。文字や論理的な思考が存在しない社会がパラレルに存在することを知ってほしいし、自分の内側にある、言葉で表現できない風景や感触といったものをそれぞれもっているはずで、それを作品にぶつけて欲しいと思います。推す作品は、「治建治水」（p.070）「みちとまちのにわ」「Kampong」です。

南後：それでは私もコメントします。全体の傾向としては、パタン・ランゲージを応用するタイプ、絵画や音楽という異なるジャンルの空間の文法に着目するタイプ、もう一つは、土木と建築と集落・コミュニティというものを横断しながら、さらにそこに時間という要素を加えて持続的に設計に携わっていこうとするタイプが見られたかと思います。私は、リサーチの結果やそこから抽出されたプロトタイプをそのまま表現した作品よりは、リサーチの統合や設計の段階で翻訳やひねり、創発性を感じられる作品、または建築家の職能を拡張しようとしている問題提起的な作品を評価しました。「眼暗の家」「GENETIC PATTERN LANGUAGE」（p.062）「普通に見えない～」「庄内～」を挙げます。

学生ならではのリアリティと向き合うこと。

南後：さて、例年はポイントをつけて、その合計点で上位を選ぶという方式なんですが、どうしましょうか。

手塚：上位を選ぶのはいいんですが、ポイントが高い作品がグランプリというのは違うかなと思うのですが。

南後：では、今2人か3人以上の審査員から挙げられた作品を議論していくことにしましょうか。まず「普通に見えない～」から。

西沢：格安住宅というのはいいと思ったのですけど、それ以外の2つ、長屋風のものとか3LDKのスタディというのは理解できないです。あなたは本当に3LDKが必要だと思っているのか。世間の常識はどうあれ、本当にあなたは3LDKが必要だと思って取り組んだのですか。僕には信じられないです。確信してないことをやっちゃダメです。

手塚：ピーター・クック氏は「今の若者に足りないものは2つだ。常識と観察」って言うんですね。常識とは、例えば、みんなで座ったら気持ちいいよねという当たり前の感覚です。一方、観察は、例えば人はどうやって座るんだろう、ということに対する目ですね。住宅メーカーの人たちはとても優秀ですよ。甘く見てはいけない。本来、商品住宅のことを言うのであれば、まずそこからはじめないとね。それが、この作品には感

じられなかった。

龍光寺：手塚先生の話は非常によく分かるんですけれども、それではちょっとハードルが上がりすぎている感じがありますね。先生がおっしゃったようなものが実現されていれば、すぐ売れるぐらいのレベルになるのでは。

小嶋：「普通の商品住宅」の30年後のリノベーションでしょう。もう商品住宅の話は彼の中では終わっている。あとは思う存分自分でリノベーション設計しているだけですからね。建築家住宅とは言ってないけれど、きちんと設計している案だと思って見ていいんじゃないかなと思うのですが。

南後：では次、「眼暗の家」については、若手の龍光寺さんと海法さん、いかがでしょうか。

海法：図面が異常なほど特殊なのが最も面白いところだと思います。その図面表現の特異性が建築に置き換わったときにどうなるかという点で、もう少し感動が欲しかったですね。

龍光寺：日射を熱量としてとらえるなど、すごく発見的で可能性があるなという風に思ったんですね。ただし、目の見えない人にとってこういう建築があり得るというのは何となく理解できたのですが、提案にまでもう一歩踏み込んでくれないと、と思いました。

手塚：とはいえ、やっぱり点字でつくったあの図面を見た時の感動は何にも代え難い。

南後：では、続いて「みちとまちのにわ」について。

西沢：彼女の年齢で彼女の目線だけでしか言えない細かいリアリティがあるはずで、その実感をどうして自分の設計に生かしたり、自分の提案で解決しようとしないのか、そこが残念だと思います。

手塚：本当は、都市のさまざまな空間を内部化するというものすごく大きなテーマが隠れているはず。しかし、その事実が分かって設計しているのかなという疑問があります。

南後：ヴォイドにつながりができ、道ができ、庭のような新しい空間ができるという、ヴォイドに対する手つきが面白いですね。しかし、住宅の更新の速度と塀の更新の速度というのは別に同じでなくてもいいはずです。その関係性がよく見えなかった点が疑問に残りました。

次は「選択する肢」に関してですが。

海法：まず、この案をどう捉えたらいいか最初は分からなくて。共有ツールの開発がテーマなのかなと思ったのですが、だとしたら共有の目的や共有できた先にあるものが重要だと思うのですが、それがよく分からなかった。もう少しその先の展開を知りたかった、というのが正直なところです。

龍光寺：独創的で、オリジナリティがあると思いました。ただ、これは設計なんだろうか? 設計として見ていいのか? という疑問がありました。

小嶋：これは知覚を含んだ新しい幾何学を開発しようとしているんじゃないかと。原広司さんも「現代の幾何学をちゃんと理解していないと現代の空間をつくれない」とおっしゃっているような意味で。これ自体を建築物にするというような意味でのモデルではないけれども、三次元の新しい知覚を含んだ幾何学だと捉えると大変知的な案ではないかと思います。

南後：次は「古本屋さん」に関して。

小嶋：僕は作品に素直に感動したのですが、模型が結局、紙を挟む技ではなくて、鉛直材の入れ替えというものに終わっている。せっかく薄い紙が高密度に重なっているという「本」の特徴的な構造があるのに、組積造の一般解に戻ってしまったのが惜しい。

南後：神保町の古本屋を観察する手法は、今和次郎らの考現学の空間・建築バージョンとして面白かったです。ただ、リサーチの結果や分類の仕方が分かりにくい。リサーチを設計につなげる部分の表現形式を工夫すれば、より魅力的なものになったと思います。

では最後、「Kampong」について。

龍光寺：実際にジャカルタまで行って、非常にアクティブで素晴らしいと思いました。しかし、提案と実際につくったものが大きく乖離しているように感じていて、その間のプロセスを丁寧に、もう少し構築的にすると良かったと思います。

南後：では、ここからは学生ともディスカッションしながら、最終的にはグランプリと各審査員賞を一名ずつ選びたいと思います。審査員の皆さんは、議論をふまえて、推す作品を一つだけ選んで下さい。学生はコメントがあれば挙手を。

知覚表現の共有ツールとして

小嶋：それぞれ魅力的ではあるんですが、ここまで残ってきた建築的な案は、それが建築物として建つのであれば、是が非でも見に行きたいと思えるかという視点でいくと、「眼暗の家」はアイマスクをつけて体験しないと伝わらない。「古本屋さん」も模型が特殊なので、皆に形や意図が伝わらない難しさがある。現実化は別にして「選択する肢」が提案している幾何学が、現代における建築の枠組みや強度を変え、それに対して問題発見するというようなことも含めて満たしているんじゃないかと思います。よって、「選択する肢」を推します。

手塚：残っている案の中から選ぶと「選択する肢」しかないと思います。新しい、すべてを超えて何か未来に残せる強さがあるのはこれしかなかったかなと感じます。

西沢：僕も「眼暗の家」か「選択する肢」か悩んだのですが、より気になる提案を選んで「選択する肢」にします。

小嶋：これで若い人が3人とも違う人に入れたら面白いよね(笑)

海法：その行動力を評価して、「kampong」を推したいなと思います。狭い日本を飛び出していってほしいという希望も込めて。

龍光寺：私は「眼暗の家」ですね。ざらざらとした手触りというか、リアリティという所でちょっと突出したものがあるんじゃないかなというのが大きいです。

南後：私も「眼暗の家」か「選択する肢」で迷っていますが、「眼暗の家」に入れたいと思います。「選択する肢」も面白いんですが、知覚を共有するツールとしては、個人的経験を他者と共有しにくいアウトプットになっていると感じたからです。「眼暗の家」は、視覚障害者の祖父の個人的な知覚や記憶から始まりつつも、視覚を用いない知覚のあり方を、全体性をもったものとして設計に落とし込んでいる。しかも、図面の体験を通じて、私たちも空間の変化や広がりを感じることができ、知覚を共有するツールとしても成功していたと思います。

海法:「kampong」はもう落ちたんですか?

一同:(笑)

海法:分かりました(笑)。僕は建築をもっと開いていきたいです。それには提案が人類にとって根源に関わる部分があるだけではなく、根本的な分かりやすさがないと、きっと開けない。建築界はずっとその開き方の課題を抱えてきていますよね。そういう意味で、「眼暗の家」と「選択する肢」のどちらとも他者と共有するツール自体に特徴があるのが印象的ですが、「眼暗の家」の図面表現の方が全人類が理解できるような明解さがあると思います。

南後:はい、では挙手している「眼暗の家」の平井さん。

平井:祖父に寄りすぎている、見える人も見えない人も満足する建築を目指すべきだと言うご指摘をいただきましたが、他者の存在も盛り込んでいます。祖母が料理する気配や、線香の香り、泊まりにくる親戚などです。

手塚:「眼暗の家」、いい作品なんだけど、プレゼンが惜しかった。だから僕はさっき「選択する肢」を推したんです。「眼暗の家」は、審査員にアイマスクをさせてモックアップを歩かせたら、みんなイチコロでグランプリって言ったと思うよ。

平井:プレゼンに関しては、見えないものを形にするという矛盾からスタートしていて、見せ方については一年間悩み続けました。確かにそういうダイレクトなやり方の方が伝わるところも多かったのかなと思います。一方その中で、見えない方に作品を見せる手段を考えた時にあの立体的な図面を考案できたり、彼らとの会話の中から表現が生まれてきたりしたので、新しいものではあると思っています。

南後:「選択する肢」の川上さんから、コメントやアピールポイント、または反論があれば。

川上:反論は特にはないですけれども、このノーテーション法というのは誰にでもできるもので、例えば住宅内の身体感覚をグラフにしたり、庭園を書き出すな

どに使える「定義」です。この先のヴィジョンや、これが果たして設計かどうかということについては、もちろん最終的な目的として私は形を実現したいと思っています。しかし、いずれ自分がプレイヤーとして楽しんで参加できるような建築にするために、今回はあえて手前で止めました。今の私ではまだ難しい。設計は今後楽しみにしておいてくださいとしか言えません。

南後:今のコメントは小嶋さんの評価を台無しにしてしまうのでは?

川上:そうかもしれません。でもそこは嘘をつけません。今回、私は修士設計展に「設計の新しい可能性を示す制作」を出したんです。

小嶋:なるほど。「修士設計展」というけれど、将来的に建築可能ということも含めた「設計物」である必要はないと思うんですよね。どこまで修士の設計とするか、この展覧会ではっきりした定義がないのであれば、今ここにいる人たちで評価できればいいのではないでしょうか。ところで今残っている「眼暗の家」も「選択する肢」も、知覚をテーマにした案だということはすごいと思っています。なかでも、リアルな知覚の問題と、プロフェッショナルな知覚を、どう一般化すると他者と共有できて、なにかを生み出す可能性があるか、という意味でも「選択する肢」の知覚のほうが優れていると思っています。

手塚:「眼暗の家」はね、よく見てみると、床を一枚一枚張ってみたり、瓦を葺いてみたり、建築をつくろうとしている意思をはっきり感じるんですよね。僕はそれを評価したいなと思います。推す作品が二転三転しているようですが(笑)

西沢:2人とも自分の問題をすでにはっきりもっていて、それに対して取り組んでここまで来ている。テーマは両者で著しく違うのだけれども、取り組むべき問いが揺るぎないという意味で評価したいです。それで、両者を比べるのは本当に難しい。この難しさは、こうしていろいろ話を聞いても変わらず、より深まるばかりです(笑)

一同:(笑)

西沢:非常にイロジカルな決め方になって申し訳ない

んですが、どっちがより驚いたかという直感で選ばせてもらうと、「選択する肢」です。

龍光寺：既存建築のリノベって、元の建物が良ければやりやすいですよね。しかし「眼暗の家」では、現実に存在していた建物を、それが良いか良くないかという価値判断を挟まずに選択して引き受けて、検証した上で自分なりの視点をもって良さを見つけ、積み重ねていっているというのが評価できると思います。

海法：僕は変わらず「眼暗の家」なんですけれど、希望としては「視覚障害をもつ私のおじいさんの家」という特殊解で終わってほしくないですね。図面表現が素晴らしいのが、条件の特異性から導き出されただけで終わってほしくない。それから——今回グランプリにお二方のどちらかが選ばれるのですが、選ばれなくても今後ゴリゴリとやっていけそうな人っていうのは「選択する肢」の川上さんかなと。

南後：グランプリではないのだけど、今後が楽しみということですね(笑)

一同：(笑)

南後：私は「眼暗の家」は特殊解ではなく、普遍性を獲得していると思います。健常者にも通底するような五感をめぐるさまざまなリサーチを設計にフィードバックし、きちんとゴールしている。修士設計としてやり切ったものを見たかったという点で、「眼暗の家」にしたいですね。

小嶋：ここまでくれば僕も「眼暗の家」に賛同しますよ。素晴らしい案ですから、これだけ議論できれば十分じゃないでしょうか。

西沢:そうですね、僕も異論はないです。

困難だからこそ生まれる議論

南後：このトウキョウ建築コレクションがシビアなのは、グランプリはあるけれど準グランプリがないことなんですよね。あとはすべて審査員賞になってしまうので、これだけ議論をしてきたなかで本当に甲乙つけがたいと思うのですが——では、グランプリは平井さんの「眼暗の家」の案ということで決定させていただきます。

会場：(拍手)

南後：では、審査員賞を小嶋さんから順番にお願いします。

小嶋：もちろん小嶋賞は「選択する肢」にします。

手塚：今の若い人たちって世界の歴史的名作をどうやって見ているんだろう。何度も言いますが、若い人たちは建築をつくらなくなってきている。でも僕は建築そのもののもつ力が本当はあるべきだと思っています。「旅の記録」は、良い建築、良い空間ができていると思う。これが建ったらね、僕は感動すると思うのですよ。そんなわけで、手塚賞は「旅の記録」に。

西沢：そうですね。では、僕も西沢賞を「選択する肢」に差し上げます。ちなみに、あまり議論になりませんでしたが、「電湯」(p.118)もプログラムの読み替え方、新しいネットワークのつくり方が面白かったです。銭湯というビルディングタイプにもこういう伸び代があるのかと思いました。議論の行きがかり上コメントする機会がなかったのですが、目のつけどころが非常に良かったです。

南後：今日、二次審査にやむを得ず参加できなくなった難波先生から、龍光寺さんが手紙を預かっています。難波先生には会場を見ていただいており、それを踏まえて評価していただいています。

龍光寺：「普通に見えない~」が難波賞に選ばれました。では難波さんの手紙を読み上げます。「実を言えば一次審査で僕の最高点の5点を与えたのは〈建築の速度〉(p.086)と〈眼暗の家〉でした。前者は表現力において、後者は仮説力において突出していると思いました。しかし、最後まで迷った作品が〈普通に見えない~〉でした。この作品には明確な社会性と仮説力があります。ポートフォリオでは表現力がやや弱いように感じられましたが、システマティックにつくられた会場の模型を見てその提案の面白さを知りました。この作品は普通の商品化住宅を時間をかけて普通でない住宅へとリノベーションしていくプロジェクトです。これはある程度建築を学んだ後でなければ取り組めないハードルの高いテーマであり、これからの日本の住宅に重要な課題であり、リノベーションを扱うという点に注目しました。最後に〈普通に見えない～〉、〈建築の速度〉、〈眼暗の家〉の3作品に共通して隠されているテーマは、近代建築が見失っていた時間であることを指摘しておきたいと思います。」以上です。

海法：では、海法賞は「Kampong」でお願いします。最後に作者の古川さんに希望を申し上げますと、今回見せていただいたのは全部新築するプロジェクトだったので、ぜひ既存の街並みにもこういう技術をきっかけに、楽しい街並がうまく広がるような方法論を見つけ出していただきたいなと思います。

龍光寺：僕からも賞ですか。実は迷ってまして。「みちとまちのにわ」と「古本屋さん」、どちらもいい作品ですね。「古本屋さん」に賞が行かないのはどうなのかというのが正直なところですが——龍光寺賞は「みちとまちのにわ」でお願いします。

南後：私は「GENETIC～」と「庄内～」で迷いました。「庄内～」に関しては、地域の自律性と連携の観点が面白かったんですけども、建築的な提案の展開をもっと見たかった。「GENETIC～」に関しては、議論ができず申し訳なかったのですが、この案は建築家の著作権をめぐる問題提起でもあり、建築家が蓄積してきたデザイン・リソースを社会的に共有するプラットフォームを構築しようとしている点を評価します。ですので、南後賞は「GENETIC～」にします。

では各賞が決まったところで、最後に小嶋先生、総評をお願いします。

小嶋：総評と言っても、今まさにここでしてきた議論を見てもらった通りです。大学院が違ったり研究室が違ったりするだけで、やることの価値基準やトレーニング法が全然違いますよね。リアリティを求めるかそうでないか、など。そんな人たちが一堂に会して、審査する方のメンバーも世代的にかなりのバラエティがあって、難波さんがここにいたらずいぶん議論の方向も違ったと思いますが、そういった中でグランプリを一点だけ決めるというのは相当難しいことです。しかし無理なことをやるから滅多にできない議論がこうして僕らの間でもできる。それはこういう会のいいところですね。総評と言えるかどうか分かりませんが、楽しい時間を過ごせました。

南後：皆さん長時間にわたりありがとうございました。

全国修士論文展

「全国修士論文展」開催概要

全国修士論文展は全体テーマ「建築の一歩先へ」のもとに、論文展のサブ・テーマとして「探求の先へ」を掲げました。建築分野の可能性を広く伝えることを目標とし、全国から分野を問わず集められた修士論文の中から、審査員による一次審査で選ばれた13点の作品の公開討論会を行ないました。

ヒルサイド・フォーラムでは提出していただいた論文梗概の展示、さらに一次審査を通過した論文は梗概のみでなく、パネル・模型なども展示し、論考の過程を理解できる展示を行ないました。

公開討論会では、建築業界の各分野でご活躍されている先生方を審査員に迎え、活発な議論を展開しました。発表者とは異なる専門分野の先生方や出展者との意見を交えることにより、大学や分野ごとに完結してしまいがちであった論文を題材に、論文の相互理解を促し、社会の中での研究の価値や位置づけについて考えました。

学術的なものに捉われず、広く学生の立場から研究への問題提起を、大学で行なう研究に対しての意味を、また建築を学ぶ後輩達へ刺激を与える討論会となりました。

トウキョウ建築コレクション2013実行委員

全国修士論文展コメンテーター

石川 初　Hajime Ishikawa

登録ランドスケープアーキテクト(RLA)／東京大学空間情報科学研究センター協力研究員／日本生活学会理事／千葉大学特任准教授／早稲田大学建築学科、武蔵野美術大学建築学科にて非常勤講師。1964年生まれ。東京農業大学農学部造園学科卒業。株式会社ランドスケープデザイン設計部に勤務。主な著書に『ランドスケール・ブック　地上へのまなざし』(LIXIL出版)、『今和次郎「日本の民家」再訪』(共著、平凡社、2013年建築学会著作賞)など。

大野二郎　Jiro Ono

建築家／日本設計環境創造マネジメントセンター(CEDeMa)長／工学院大学非常勤講師／建築学会「サステナブル建築デザイン」小委員会主査、JIA環境ラボ副委員長、日本太陽エネルギー学会理事。1948年生まれ。日本大学大学院理工学研究科建設工学修了。主な作品に、「沖縄熱帯ドリームセンター」(BCS賞他)、「パサージュガーデン渋谷 投資育成ビル」(グッドデザイン賞他)、「日本大学船橋校舎14号館」(JIA環境建築優秀賞他)など。

佐藤 淳　Jun Sato

佐藤淳構造設計事務所顧問／東京大学特任准教授。1970年生まれ。東京大学大学院修士課程修了。木村俊彦構造設計事務所勤務を経て、2000年に佐藤淳構造設計事務所を設立。近年の作品に、「地域資源活用総合交流促進施設」、「武蔵野美術大学美術館・図書館」、「共愛学園前橋国際大学4号館KyoaiCommons」、「山鹿小学校」など。2009年日本構造デザイン賞受賞。著書『佐藤淳構造設計事務所のアイテム』(INAX出版)など。

篠原聡子　Satoko Shinohara

建築家／日本女子大学家政学部住居学科教授。1958年生まれ。日本女子大学大学院修了後、香山アトリエを経て、空間研究所設立。主な作品に、「大阪府営大津なぎさ住宅」(1999年)、「ヌーベル赤羽台3・4号棟」(2010年)、「日本女子大学付属豊明幼稚園」(2011年)、「SHAREyaraicho」(2012年)など。著書に、『住まいの境界を読む』(彰国社)、『おひとりハウス』(平凡社)など。

陣内秀信　Hidenobu Jinnai

法政大学デザイン工学部教授。1947年生まれ。東京大学大学院工学系研究科修了・工学博士。専門はイタリア建築史・都市史。イタリア政府給費留学生としてヴェネツィア建築大学に留学、ユネスコのローマ・センターで研修。『東京の空間人類学』(筑摩書房)でサントリー学芸賞を受賞。その他の著書に、『ヴェネツィア―水上の迷宮都市』(講談社)、『イタリア海洋都市の精神』(講談社)など。受賞歴に地中海学会賞、イタリア共和国功労勲章、ローマ大学名誉学士号、アマルフィ名誉市民他。

門脇耕三　Kozo Kadowaki ／全国修士論文展コーディネーター

明治大学理工学部建築学科専任講師／関東学院大学非常勤講師。1977年生まれ。東京都立大学工学部卒業。2001年東京都立大学大学院工学研究科修士課程修了。主な作品に「目白台の住宅」(メジロスタジオと協働)など。主な著書に『SD2012』特集「構築へ向かうエレメント」(鹿島出版会)など。

海外旅行ガイドブックの地図にみられる都市の領域的階層性

地図表現によるイメージ形成の枠組みに関する研究

Name:
金森麻紀
Maki Kanamori

University:
東京工業大学大学院 総合理工学研究科
人間環境システム専攻
奥山信一研究室

Q 修士論文を通して得たこと

最終形をできる限り想像し、長期的なスケジュールを組み立てること。また、自身と周囲との考え方の違いを理解し、自分の考え方を正しく伝えるために考えを整理し、図と言葉とを合わせて表現する姿勢。

Q 修士修了後の進路と10年後の展望

建築とは異なる業界に就職し自分の興味・関心の幅を広げ、それを踏まえ10年後は業界や分野を越えてできる事をやっていきたいと考えています。

1. 序

現実の空間から必要な情報が選択され描写される地図は、都市空間に対する人々のイメージ形成に影響を与えるメディアのひとつといえる。その中でも、世界の都市を観光する際に利用する海外旅行ガイドブックにおいては、広域を描写した都市の全体地図に、多くの人が訪れることが想定された地域一帯を部分的に拡大して描写した複数の部分地図が重ねられることで、都市の領域が階層的に表現されている。そのような縮尺の異なる全体地図と部分地図との包含関係と部分地図の分布形式とは、都市の階層化された領域的広がりのイメージ形成に関与すると考えられる。そこで本研究では、世界の主要都市（註1）を対象とした海外旅行ガイドブック（註2）の地図にみられる領域の階層性を検討することで、都市に対するイメージ形成の枠組みの一端を明らかにすることを目的とする。

2. 部分地図の分布形式にみる都市の階層的性格

本章では、全体地図に分布する部分地図の内容と、分布形式とを分析することから、都市の階層的性格を検討する(図1)。

2-1. 部分地図の性格

部分地図には、それぞれの特徴を示すタイトルと解説文とが掲載されている。それらと、地図中に示される主要観光スポット(註3)(以下、スポット)やその他飲食店などのコンテンツ（註4）の数と位置とから部分地図の性格を検討した。スポットが多く位置するものをスポット中心、コンテンツが多く位置するものをコンテンツ中心、さらに交通の要所中心、自然・公園中心の大きく4つで部分地図の性格を捉えた(図2)。

2-2. 部分地図の分布形式

全体地図に分布する部分地図の多くは、それらが連続することでまとまりを形成する。そこで、隣接する部分地図同士の連続関係を、重なりあり・重なりなしに大別し、さらに地図共有部分におけるスポットの有無からそれらを2つに分類した（図3）。これらの連続により、資料ごとの部分地図の分布形式を以下の6つで捉えた(図4)。〈環状完結〉は全ての部分地図が複数の地図と連続し、一体的なまとまりを形成することで、部分地図の分布における平面的な階層性が、全体の広がりの中心から周縁へ段階的に変化するもの、〈環状突起〉は環状のまとまりに付属的な部分地図がみられるもの、〈放射〉は単一の部分地図や単一の環をもつ部分地図のまとまりから、複数の方向へ放射状に連続することで、ある場所を中心として複数の方向に個別に変化する階層性をもつもの、〈線状〉は複数の部分地図が線状に連続するもの、〈分散〉は連続せず階層性が低いもの、〈単一〉は部分地図が単独のものである。

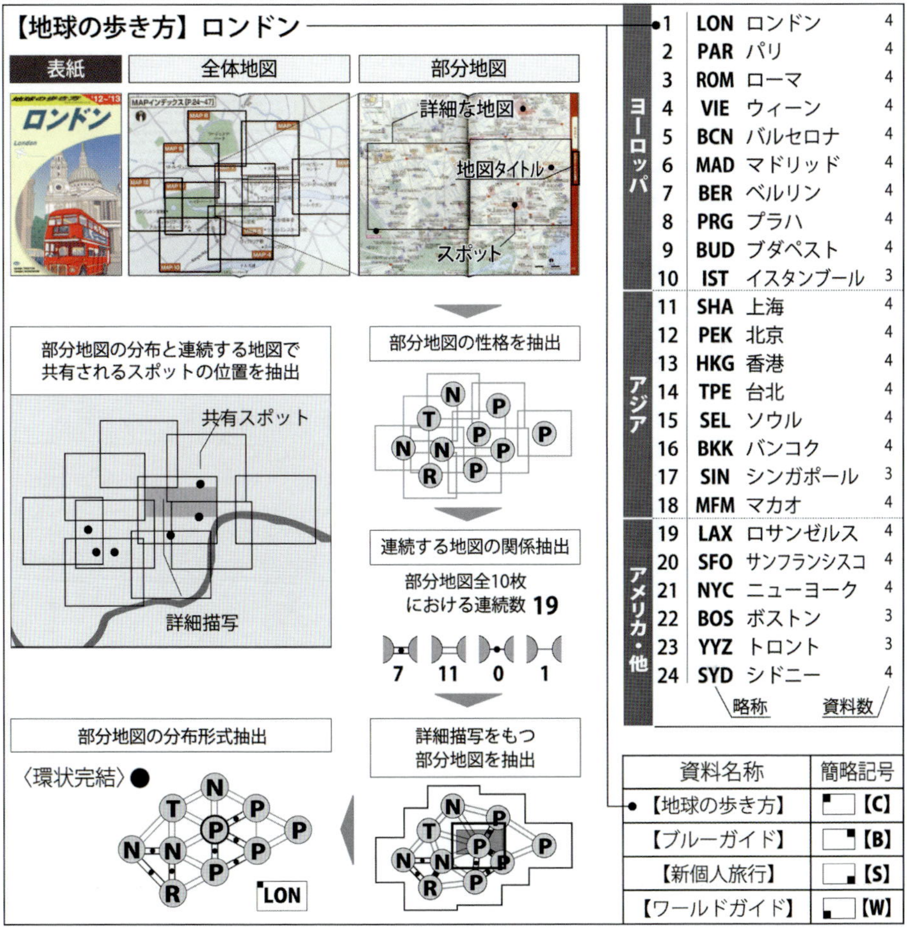

図1　資料概要と資料単位の分析例

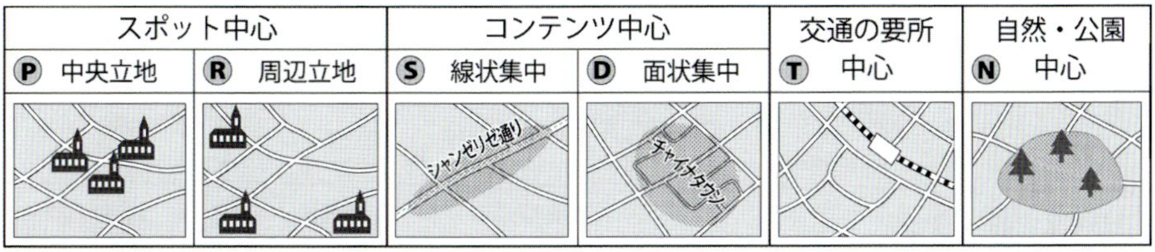

図2　部分地図の性格

2-3. 部分地図の分布形式と詳細描写の数

部分地図には、より詳細な地図を包含するものと、部分地図の縮尺自体が大きく詳細に描かれるものとがある（図5）。それらを詳細描写と定義し、資料ごとにその数を検討した（図6）。ここで、図7において、部分地図の分布形式と詳細描写の数との関係から、ガイドブックの地図における資料ごとの階層的性格を検討した。分布形式において面的な広がりをもつ〈環状完結〉〈環状突起〉〈放射〉のうち、〈環状完結〉〈環状突起〉には詳細描写単数のものが多い一方で、〈放射〉においては詳細描写なしのものが多くみられた。このことは、明確な集中点をもつ場合には、そこから多方向に連続することで、一体的なまとまりが形成されるのに対し、明確な集中点を持たない場合には複数の個別のまとまりが拡張し、結果的に近接する領域と連続することで、一続きのまとまりが形成されると考えられる。〈線状〉〈分散〉においては、詳細描写複数のものが多いことから、複数の集中点を繋ぎ合わせるように一連のまとまりが形成される、もしくは連続せず複数の個別のまとまりが形成されると考えられる。〈単一〉においては、単数の詳細描写が多いことから、非常に狭小な範囲に集中的な単独のまとまりが形成されると考えられる。

2-4. 分布形式の類似性にみる都市の階層的性格

複数のガイドブック間での部分地図の分布形式の類似性によって、〈環状完結〉〈環状突起〉を中心に描かれる都市を《面状型》、〈線状〉〈分散〉を中心に描かれるものを《線状型》、〈単一〉を中心に描かれるものを《点状型》、さらに、様々な分布形式が複合するもののうち〈単一〉を含むものを《点状複合型》、その他の面的な広がりをもつ分布形式が複合するものを《面状複合型》とした。そのうち、分布形式の類似性が高いと考えられる《面状型》《線状型》《点状型》を確定型、類似性が低いと考えられる《点状複合型》《面状複合型》を不確定型として位置づけた(図8)。

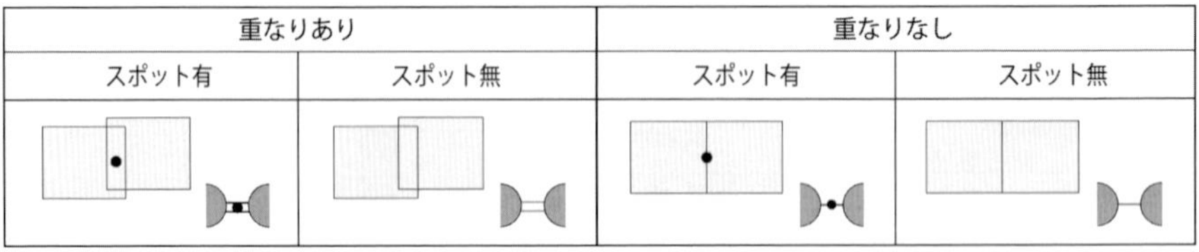

図3　部分地図同士の連続関係

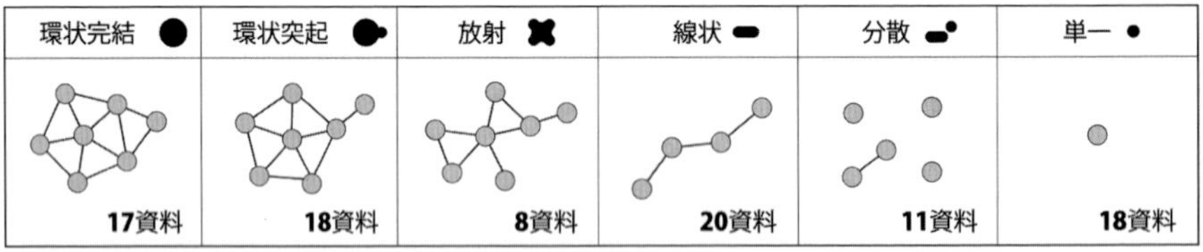

図4　部分地図の分布形式

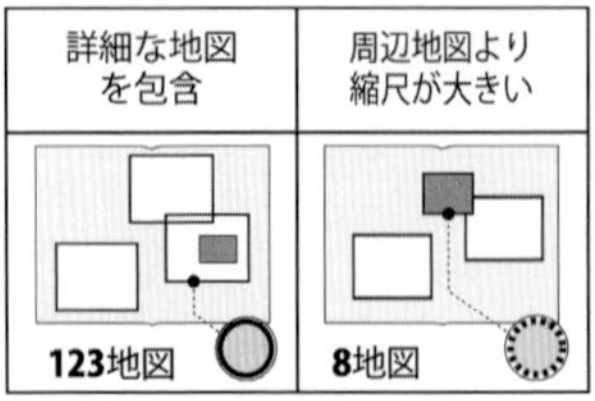

図5　部分地図における詳細描写

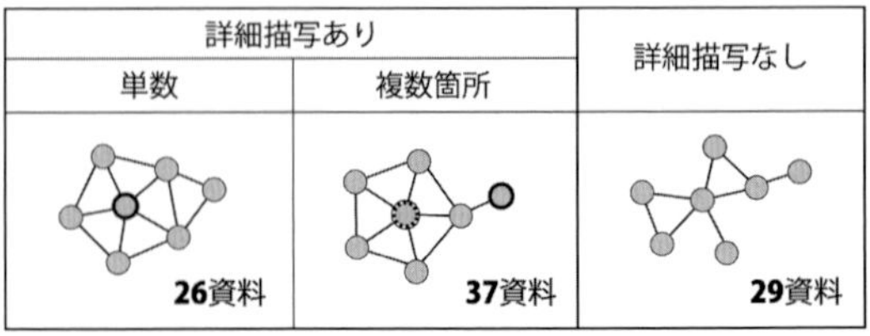

図6　部分地図の分布における詳細描写の数

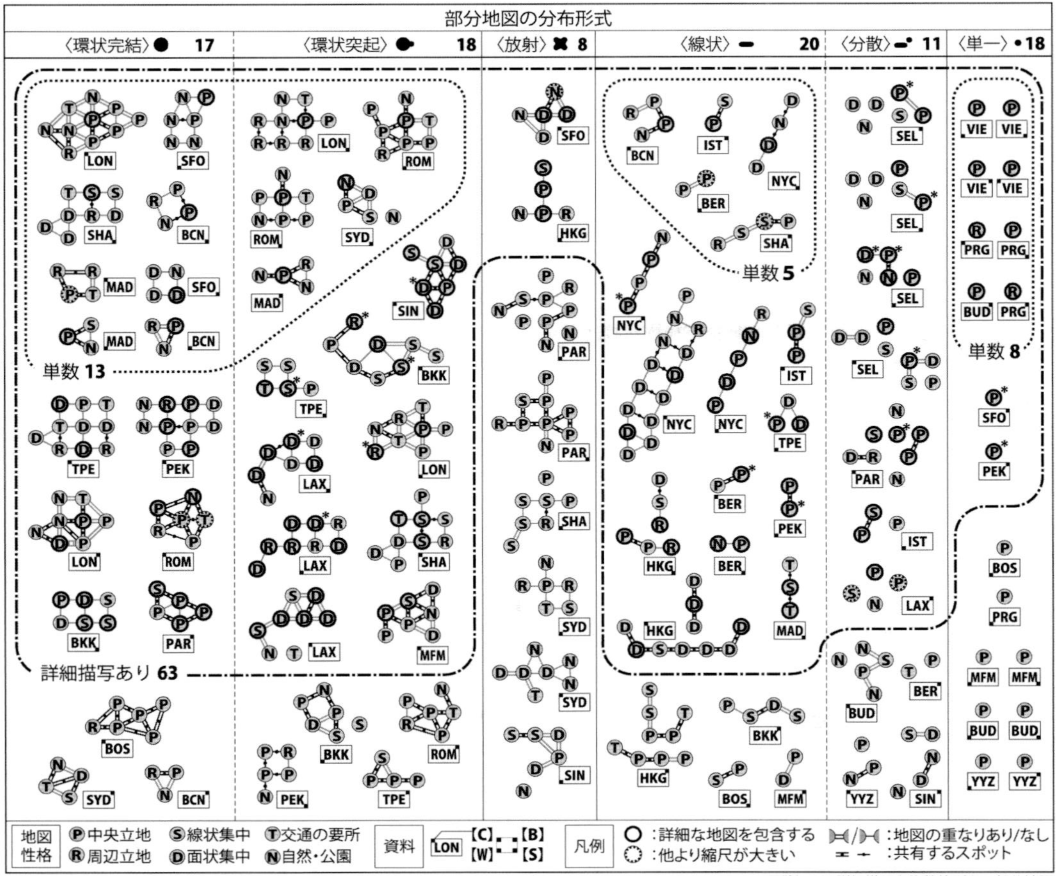

図註）＊は詳細描写を複数箇所もつ部分地図

図7　部分地図の分布形式と詳細描写の数

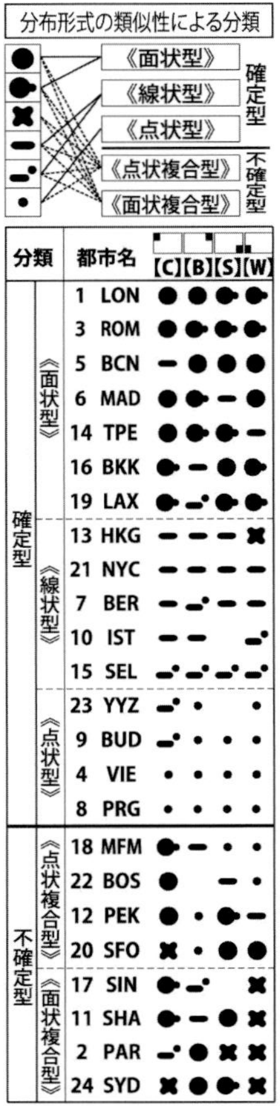

図8　分布形式の類似性による分類

3. ガイドブックの地図による都市の領域イメージ

前章でみた部分地図の分布形式の類似性とは別に、分布範囲についてもその類似性を捉えることができる。そこで、本章では都市ごとに部分地図の分布範囲を重ね合せ、領域的な広がりの類似性を検討し、分布形式の類似性との関係からガイドブックによって形成される都市の領域イメージを捉える。

3-1. 部分地図の分布範囲にみる都市の領域的広がり

本節では、以下の3つから都市の領域的広がりの類似性を検討する(図9)。

まず、都市ごとの全資料において、部分地図の分布範囲の外形線の近接の度合いを検討した。全資料で近接するもの、単数資料を除いて近接するものを[近接性が高い]、その他の近接がみられないものを[近接性が低い]として分類した(図10)。

また、部分地図の重ね合せにおいて、図11のように全資料で同一の範囲が切り取られていると考えられる共有範囲をラップエリアと定義し、その数から、複数、単数、なしの3つで捉えた。

さらに、共有する詳細描写の位置(註5)を捉え、その数によって複数、単数、なしの3つに分類した(図12)。

3-2. 分布形式と分布範囲にみる階層的な領域イメージ

分布範囲の重ね合せによる外形線の近接性とラップエリアの数との関係に加え、分布形式の類似性による分類を捉え、図13に示した。近接性が高くラップエリアをもつことで、部分地図の分布範囲において類似性が高いものには確定型の《面状型》《線状型》《点状型》がみられたことから、分布形式において類似性が高い都市は、領域的広がりにおける類似性も高いと考えられる。

ここで、分布形式の分類毎に都市の領域イメージを検討する。《面状型》においては、近接性が高いものが多くみられ、そのうちラップエリア複数のロンドン、ローマ、バルセロナ、マドリッドにおいては、求心的な領域が複数分布し、それらが連続することで、境界が明確で一体的な領域イメージが形成されると考えられる。そのうち、ロンドンにおいては東側にラップエリアが多く分布することから、西側においては東側とは対

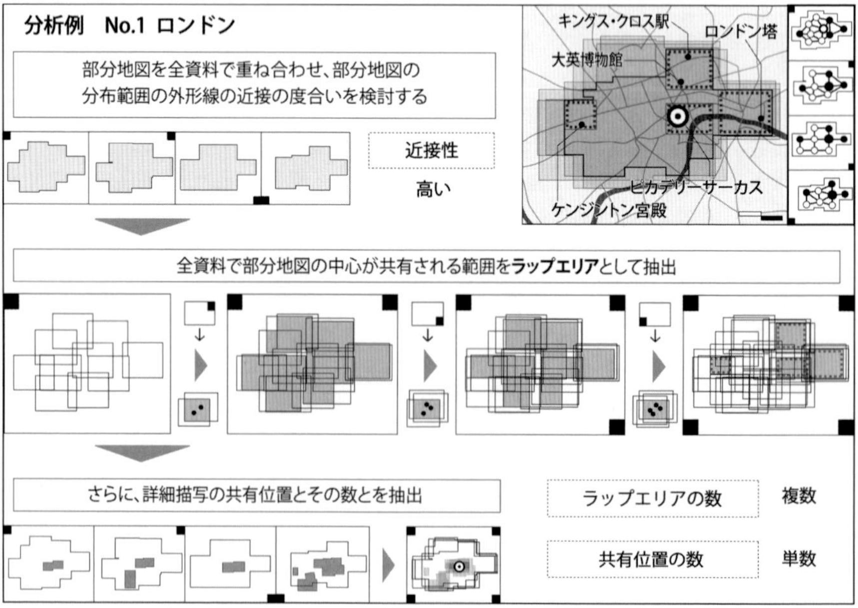

図9　都市単位での分布範囲の分析例

照的に、不明瞭で求心性のない領域的広がりが形成されると見て取れる。また、ローマにおいては全体の広がりの周辺部にラップエリアが均等に分散することで、中心部と周縁部とで対照的な領域的広がりが形成されていると見て取れる。《線状型》においては、近接性が高いものと低いものとに両分され、近接性が高い香港、イスタンブール、ニューヨークにおいては地形に沿って線状に連続する境界の明確な領域イメージが形成されると見て取れる。近接性が低いベルリン、ソウルにおいては、いずれも中核となる2つの領域により都市全体の広がりが見て取れる。ベルリンにおいては2つの領域がいずれもラップエリアとなることで、類似した2つの広がりによる領域イメージが形成されるのに対し、ソウルにおいては一方が求心性と明確な境界を持ち、他方は求心性のない曖昧な境界を持つことで対照的な2つの広がりによる領域イメージが形成されると見て取れる。《点状型》においては、ラップエリア単数のものが多く、ウィーンにおいては近接性が高いことから、狭小な範囲に求心性と明確な境界をもつ領域イメージが形成されるのに対し、プラハとブダペストにおいては、近接性が低いことで求心性を持ちながらも境界の曖昧な領域的広がりが形成されていると考えられる。《面状複合型》においては、全都市でラップエリアがみられた。そのうち、ラップエリアが複数のパリにおいては求心性のある領域が複数分布するものの、分布形式が複合し、地図同士が明確な連続性をもたないことで、曖昧な境界の内部に複数の断片的な領域イメージが形成されると考えられる。また、ラップエリア単数の上海に関しては、都市の中心となる領域から通りに沿いながらも面的に広がる領域イメージが形成されると見て取れる。《点状複合型》おいては、ほとんどがラップエリアを持たず、近接性が低いことで、多様で不確定な領域イメージが形成されると考えられる。

4. 結

以上、海外旅行ガイドブックに描かれた部分地図の分布形式と分布範囲とから、都市イメージの領域的な階層性を検討した。その結果、ウィーンのように非常に狭小な範囲に求心的な単独の領域が形成されるもの、ロンドンのように明確な広がりの内部に複数の求心的な領域の連続が見られるもの、パリのように連

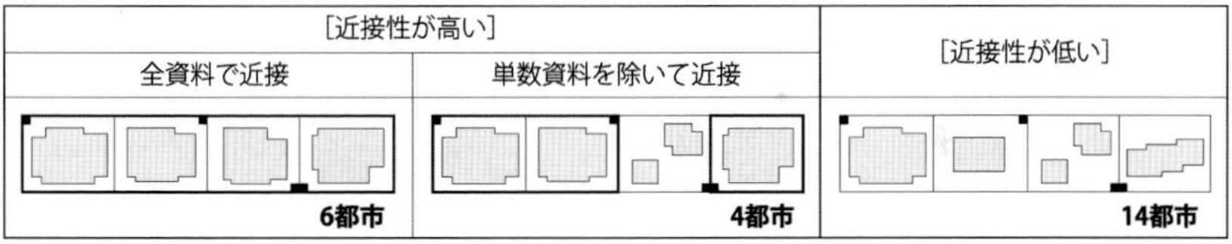

図10　部分地図の分布範囲における外形線の近接性

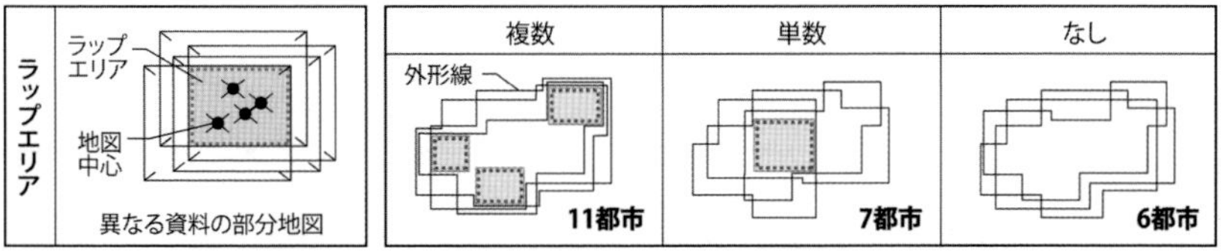

図11　ラップエリアの定義と数による分類

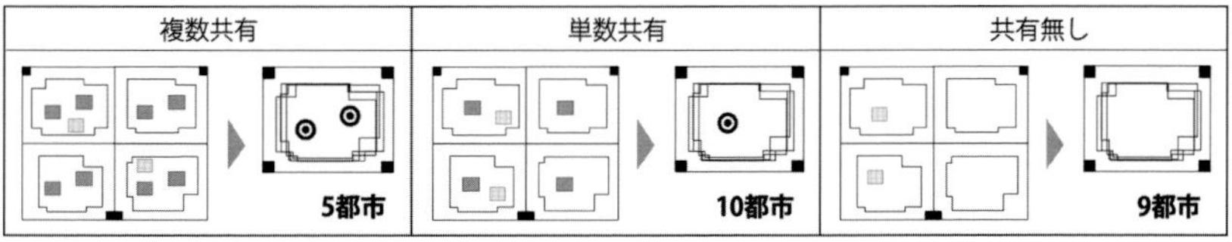

図12　詳細描写の共有数による分類

続性のない求心的な複数の領域を内包し都市の広がりが曖昧なものといった都市のイメージの典型を位置づけることができた。このことから、ウィーンは都市の領域的な広がりが中心に固定化した不変的なものであるのに対し、ロンドンとパリにおいては、都市の発展過程における領域的な変遷を基盤とした、都市のイメージ形成の異なる2つのあり方を示すものであると考えられる。

[註]

1）世界の主要都市であり、ガイドブックに多く取り上げられる全24都市を対象とした。

2）日本で出版されている、海外旅行者向けガイドブックである『地球の歩き方』（ダイヤモンド社）、『ブルーガイドわがまま歩き』（実業之日本社）、『新個人旅行』（昭文社）、『ワールドガイド』（JTBパブリッシング）の2012年時点における最新号を資料とし、これらの地図を分析した。

3）個別の解説文付きで紹介されている主要な観光地を、スポットと定義した。

4）スポット以外で、観光の際に利用する飲食店をはじめとする店舗などをコンテンツとして定義した。

5）ここでは、3資料以上で共有される詳細描写の位置を抽出した。

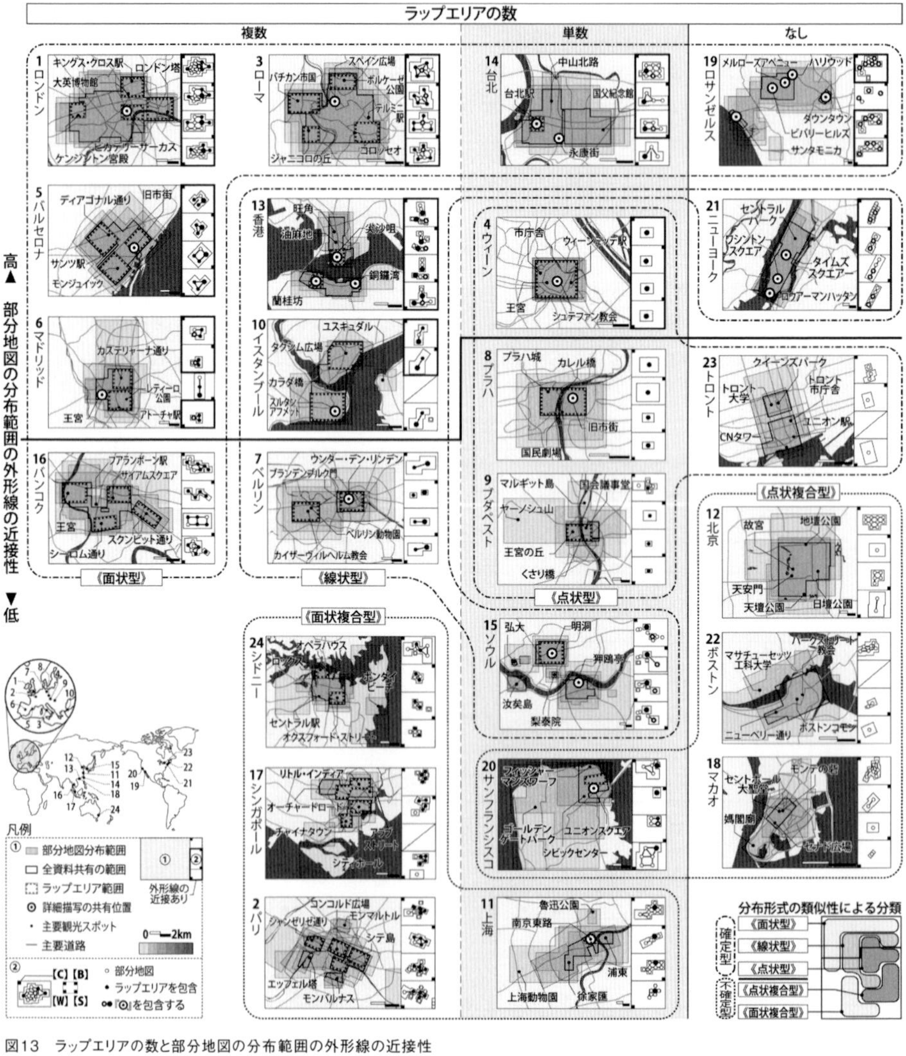

図13　ラップエリアの数と部分地図の分布範囲の外形線の近接性

コメンテーター・コメント@公開討論会

陣内：結論の所で、ロンドン、パリ、ウィーンという3つの代表的な都市が出てきますが、アジアの都市と比べると、どういう特徴が浮かび上がりますか？　また、東京を対象として選ばなかったのはなぜですか。

金森：シンガポールや上海はパリに近かったのですが、ロンドンやウィーンに近いものはアジアにほとんどありませんでした。

　また、東京を扱わなかった理由についてですが、今回、日本人が見る海外旅行ガイドブックというテーマだったので、東京を扱うと内容が異なってきてしまうことから、最後の段階で東京を対象からはずして結果を導きました。

陣内：ロンドン型とパリ型の違いは、ロンドンは部分地図の重なり合うところがいっぱいあって、パリは重なりが少ないということですか？

金森：ロンドンは都市が全体に広がっていて、一体的で連続性が高いのに対し、パリは一体的ではあるけれども、それよりも局所的な場所のイメージが強くて、島状に広がるような領域が形成されています。

　つまり、パリは連続性のない求心的な領域が多く、凱旋門やシテ島など、ここを中心に切り取りたいという所がたくさん出てくるわけですが、逆に、そこさえ切り取ればいいというような捉え方をしています。それに対してロンドンは、グリーンパークやケンジントン・ガーデンズなど、さまざまな場所に緑があって、周辺とつながりをもって広がっていくので、結果的に切り取った部分地図の重なりが多くなるのだと考えています。

篠原：外側から見た都市の賑わいやイメージの集積のようなものと、実際に生活している人々にとっての都市の構造は、少し違うのでないかと思っているのですが、その辺のイメージの差についてはどのようにお考えですか？

金森：ほとんど知識のない海外の都市に行く人にとっては、まず都市の全体像がわかる大きな地図を把握して、全体から部分に、さらに詳細に、というような順番での捉え方が重要になってきます。それに対して、住んでいる街というのは、部分的にはかなり詳しく分かっているので、自分が今いる場所から全体を捉えようとする。そういった違いがあるのではないかと考えています。

篠原：この論文で行なったことは、都市の構成を厳密にカテゴライズしたというよりも、外側から都市をどのように理解すればいいかということについてのトライアルだと考えればよいでしょうか？

金森：外側からというよりも、私たちは様々なメディアというフィルターを通すことにより、都市を見ているわけですが、そこに明らかに影響を与えているであろう1つのメディアというものが、一体どういう都市像を提示しているのかを明らかにしたいという立場を取っています。

石川：掲載されている地図の縮尺はだいたいどれくらいですか？

金森：1個の部分地図はだいたい1日で見て回ることができるようなサイズで切り取られているので、縮尺はだいたい1/5,000～1/7,000くらいで、1つの地図の横の長さが2km、縦の長さが1kmくらいです。

石川：都市全体が載った大きい地図も縮尺が似ているのですか？

金森：それは似てないですね。誌面に全体が入るような縮尺になっています。

石川：フォーカスインしている地図の方が縮尺と表示範囲が似ていて、都市のインデックスをつくっている大きい地図の方は、都市に応じてばらばらなんですね。

金森：はい。ばらばらです。

回転成形を用いた立体漉き和紙ブロックのファブリケーションに関する研究

Name:
坂根知世
Tomoyo Sakane

University:
東京大学大学院
工学系研究科　建築学専攻
隈研吾研究室

Q 修士論文を通して得たこと
越後門出和紙の小林康生さんの工房にて日本固有の和紙文化に関するお話を伺った体験が本論文を執筆する強い動機となりました。

Q 修士修了後の進路と10年後の展望
隈研吾建築都市設計事務所にて設計スタッフとして働きます。古くからある文化を新しい形へと翻訳できる人になりたいです。

1章 序

1.1 研究背景

紙の種別は原料の違いから、洋紙と和紙に分けることができる。日常生活において使用される紙のほとんどはパルプからできた洋紙であり、和紙は楮・三椏・雁皮を原料とした日本の伝統的な紙である。

和紙は伝統的な製法を応用することで、立体として漉くことが可能である（註1）が、型枠の外側に製品が形成されるため、型枠が製品の内側で分解可能であること、または形状記憶合金を用いて収縮させて取り出すことが必要となる。そのため型枠のコストや取り外す工程に時間がかかり、型枠の形状の自由度も低くなるため、生産性を高めることが課題となっている（註2）。

1.2 研究目的

本研究はプラスチック製品等の生産に用いられる成形技術を適用することで、1.1において指摘した従来の製法における型枠が抱える制約を解消し、その製法の体系化を目的とする。また、接着剤等を用いずにジョイントが可能なブロック形状にした場合の有効な利用方法をオープン教室型の小学校や病院の多床室におけるケーススタディとして提案することで、立体漉き和紙ブロックの建築における利用可能性を示す。

1.3 研究方法

成形とは型枠の中にプラスチック等の原料を投入し、熱や力を加えて一定の形状を得る技術である（註3）。回転（遠心力）成形と呼ばれる製法では、型枠の中を原料が熱せられながら流れることで中空の立体を得ることができ、主に水タンクの生産などに使われている（註4）。原料を型枠の中で流す製法は、和紙の流し漉き製法と共通する特徴である（註5）。よって和紙の原料である楮繊維を水・粘剤（註6）とともに加えた試料液を金網製の型枠内で回転させることで立体漉き和紙を得ることが可能であると考えられる。また、型枠が製品の外側にあることで取り外しが容易になり、1.1で指摘した制約の解消が可能となる。本研究では回転成形の考え方に基づいて製作を試み、従来の立体漉き和紙及び和紙・洋紙との比較を行なった上で、ブロック状にした場合の建築における利用可能性を考察した。

	A	B	C	D	E
水	500ml				
楮	10g				20g
粘剤	10%	20~30%	40~50%	60~70%	10%
全体					
内部	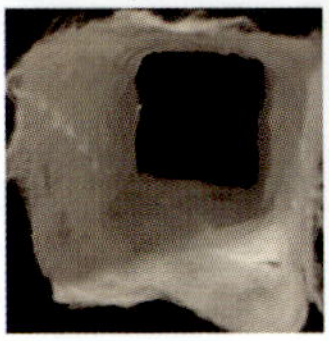	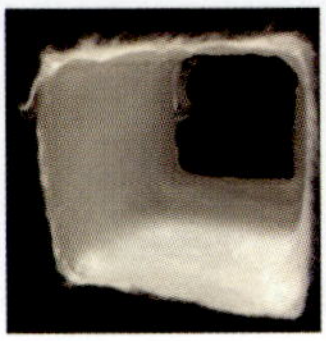	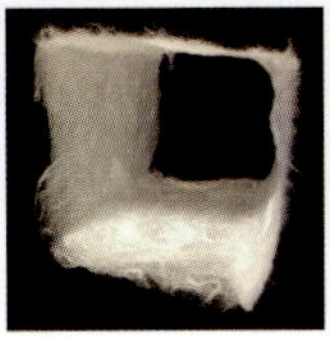	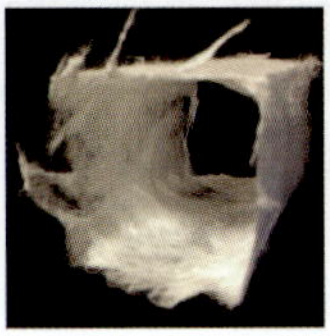	
結果	×	○	△	×	×
	Aの試料液は一般的な手漉き和紙を製作する場合に用いられる割合であるが、回転成形をした場合は繊維が型枠に定着する前に水が落ちてしまった。	Aの試料液に比べて粘剤の割合が増えたため、水の落ちる速度が遅くなったことで回転を加えた場合にも楮繊維が十分に絡み合い、均一な厚みになった。	A・Bの試料液の場合と比べて、水が落ちる速度が遅くなったが、遅すぎるために時間がかかりすぎてしまい、Bに比べて成形にかかる時間が長かった。	粘剤の割合を増やすと更に水が落ちにくくなり、均一な成形が困難になるだけでなく、型枠の中で試料がだまになってしまう現象が起こった。	水に対する楮繊維の割合が多過ぎる場合、水分が足りなくなり、余分な楮繊維が固まってしまい回転成形をすることは出来なかった。

図1　原料の割合を変えて比較した結果

	(ア)	(イ)	(ウ)	(エ)	(オ)
型枠	円筒	立方体	平型	直方体大	直方体小
寸法 (mm)	φ 50 × 100	50 × 50 × 50	200 × 100 × 20	200 × 100 × 50	100 × 50 × 50
投入口 (赤色部分)					
乾燥後					
結果	×	×	×	△	○
	円筒型は唯一角を持たない形状であるため他の結果と比較して角の厚みが得られず、強度的に不利な点であると考えられる。	型枠の角を曲げる際に直角に曲げた事で試料液の流れが不均一になり、乾燥後の立体の角の部分と面の部分で厚みと収縮にむらが出てしまった。	一辺の寸法が他の辺に比べて短いと、回転成形を行うにしたがって繊維同士が型枠の中で接触してしまい、中空にすることが出来なかった。	型枠の角にRをつけたことで面の部分と角が一体となったスムーズな表面が得られたが試料液の量に対して型枠が大きすぎたため厚みが薄くなってしまった。	試料液の投入口として金網を内側に折り込むような穴を開けたため、回転させた場合でも試料液がこぼれにくく無駄なく使い切ることが出来た。

図2　形状と試料液投入口を変えて比較した結果

2章 製作

2.1 原料の混合

型枠を回転させることで楮の繊維の立体を成形するために最適な原料の割合を得るために、水・楮繊維（註7）・粘剤の分量の異なる5種類の試料液と製作した回転装置を用いて回転成形を行なった（註8）。試料液作成の手順は、以下の通りである。

①水に楮繊維を加え攪拌（十分な攪拌を行なうために実験では電動のエッグビーターを使用）。

②十分に繊維が水にほぐれたら粘剤を加え、さらにに攪拌。繊維が十分に水中に分散したところで、計量スプーンを用いて15mlずつ混合した試料液を金網で製作した型枠（50mm×50mm×100mm）に入れ回転させた（図1）。

2.2 型枠

2.2.1 金網の選定

型枠内の試料液中の水を回転させながら次第に分離させるため、金網で型枠を製作する。その際に回転しても繊維が定着しやすい金網を選定するために3パターンの金網を5種類用意して回転成形を行なった。

2.1で得られた試料液Bを用いて、金網で製作した型枠で回転成形を行なったところ、平織金網やエキスパンドメタルの方が表面に凹凸があるため繊維が付着しやすく、回転しても付着した繊維が落ちにくいという結果を得ることができた。また、加工性や精度を考慮し、平織金網（2mm×2mm）が型枠の最適な材料であると判断した。

2.2.2 形状

回転成形においては製作できる形状が回転体だけに限られないのが特徴である。そこで以下の5種類のそれぞれ異なる形状と試料液の投入口を持った型枠を2.2.1で選定した金網を用いて製作し、2.1で得られた試料液Bを用いて回転成形を行なった（図2）。

2.3 試作結果

2.1, 2.2の結果の主な点として以下が挙げられる。

〈試料液について〉

・よく繊維を攪拌した後から粘剤を加える必要がある。一度に水に楮と粘剤を一度に加えると繊維が均一に拡散せず、繊維の塊が残ってしまった。

・試料液はBの粘剤と水の混合の割合を1:5程度にした場合に、回転する型枠の中で試料を均一に漉くことができた。

〈型枠について〉

・金網は平織金網（2mm×2mm）を用いた場合に表面に凹凸があるため楮繊維が付着しやすく、回転しても落ちにくい事が分かった。

・型枠の角は（エ）の型枠の角にRをつけた場合に、面の部分と角の部分がスムーズに一体となった表面を得ることができた。

・試料液の投入口は（オ）の型枠の一面の中心部分の金網を内側に折り込むように開けた場合に、回転を加えた際に試料液が投入口から落ちてくることを防ぎ、無駄なく試料液を使い切ることができた。

・型枠は取り外しを考えて、金網同士を針金等で結んで後から簡単に切って外せるようにした。

〈乾燥について〉

・完全に乾燥させてから型枠を取り外す必要がある。湿った部分が残ったまま型枠を取り外すと、繊維の収縮や表面の皺が完全に乾燥させた場合に比べて大きくなった。

以上の結果を踏まえた上で（オ）の形状を元に型枠を製作し、最終的に得られた立体漉き和紙と共に示し

図3　試作結果を元に作成した型枠と最終的に得られた立体漉き和紙

た(図3)。

2.4 小結

得られた立体漉き和紙の断面の形状は、隅ほど厚みが増していることが分かる(註9)。

従来の立体漉き和紙による照明の形状は球状のみであるのに対して、回転成形による立体漉き和紙は角をもった形状が可能である。

また、角の厚みが生まれることは強度的にも有利であり、従来の立体漉き和紙製品との大きな違いであるといえる(図4)。

3章 和紙・洋紙との比較

本章では一般的な和紙・洋紙と比較することで、立体漉き和紙の物的特性を明らかにする(註10)。 3.1～3.3の比較を行なった試験体は以下の3種類である。

3.1 繊維表面

光学顕微鏡を用いてそれぞれの繊維の表面の拡大写真を撮影した。和紙の特徴である繊維同士の隙間が大きさが白い部分の多さから確認できるが、立体漉き和紙では和紙・洋紙と比べて白く透けている部分が少なく、繊維が密に絡み合っていることが分かった。

3.2 比散乱係数・透過率

色彩色差計を用いて計測した紙の反射率係数をKubelka-Munk式(註12)に当てはめて比散乱係数・透過率を算出したところ図5の結果が得られた。立体漉き和紙の透過率は和紙・洋紙に比べて約1/5、比散乱係数は約6.5倍であった。これは、和紙ブロックの方が光を透過しにくいという特徴を示唆している。

3.3 湿度変化

アクリル製の箱の一面をそれぞれを用いて塞いだ場合の箱の内外の湿度変化について計測した。最初の1時間の湿度変化の割合からは立体漉き和紙のほうが和紙・洋紙に比べて約2倍湿った空気を遮断できるという結果を得た(図6)。

3.4 小結

一般的な和紙・洋紙と比較した場合に、空気を遮断する性能が高いという結果を得られた。これは生産するプロセスにおいて厚みをもたせているため繊維の密度が高まったからであると考えられる。また、透過率は和紙・洋紙と比較すると低いものの、約1/5程度は保たれているため、明障子において和紙が用いられてきたように空気を遮りながら光を透過させるスクリーンとしての役割が期待できるといえる。

4章 ケーススタディ

本章では、接着剤等を用いずに連結できるブロックの形状を採用することで、立体漉き和紙の建築における利用可能性を示す。

4.1 オープン教室型小学校の間仕切り

近年、教育のカリキュラムとともに教育施設のあり方に関する議論が活発であり、特に教室と廊下の間の壁をなくしたオープン型の教室配置は多様化する学習形態に対応するために実際に小学校などで採用されている。

しかし一方で、冷暖房のランニングコストや、騒音の発生等の問題点も指摘されており、場面に応じて自由に室内を仕切ることが必要とされている。

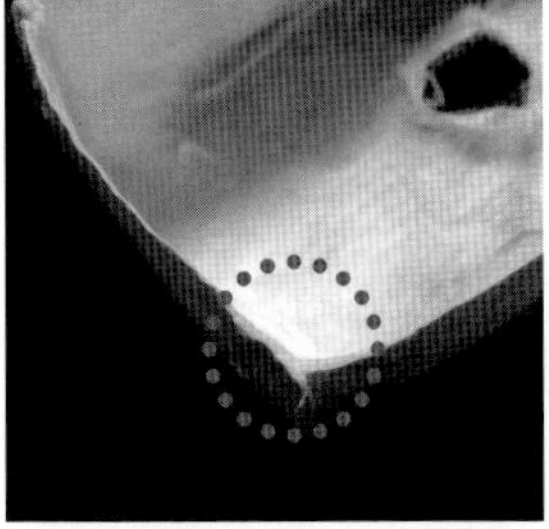

図4　試作結果を元に得られた立体漉き和紙の断面

	立体漉き和紙	和紙	洋紙
原料	楮(四国産黒皮)	楮(新潟県産白皮)	パルプ
製法	回転成形	手漉き	機械漉き
坪量[11]	約 200g/m^2	30g/m^2	30g/m^2
顕微鏡写真	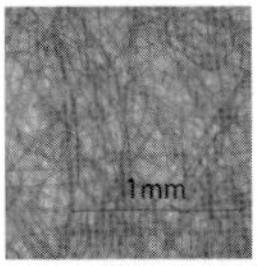		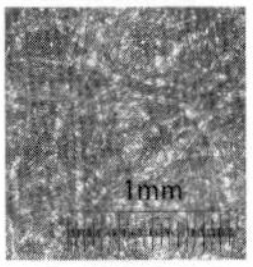
比散乱係数	12.5	1.90	1.72
透過率	6.9	33.8	36.5

図5　繊維の顕微鏡写真と比散乱係数・透過率の結果比較

そこで図のような形状とした場合に、単純な立方体に比べて角を増やすことで2.4で得られたブロックの強度の向上が期待でき、こどもたちが持てる大きさとすることで学習形態の変化に応じて様々にブロックの積み方を変え、フレキシブルに教室内外を区切ることが可能となる。

また、こどもたちが直接触れることは和紙の伝統文化の理解を深めるきっかけとなり、オープン教室型小学校に限らずその他の教育施設においても用いることは有効であるといえる(図7)。

4.2 病院の多床室における間仕切り

多床室では複数の患者が生活するため、採光や衛生的な状態を常に保つこととプライバシーの確保の両立が求められる。そこで、各病床の間仕切りとして立体漉き和紙ブロックを利用することで、患者同士の視線の干渉を防ぎながら採光も得ることができ、接着剤を用いないことで患者への化学物質の影響を抑えることが可能となる。

また、ブロック単位(註13)で構成されているため汚れ等が付着してしまった場合でも一部分のみの取替えが可能であり、楮繊維からつくられているため廃棄も容易である(図8)。

5章 結

5.1 結論

本研究では回転成形を適用することで従来の型枠と和紙の関係を逆転させ、型枠が抱える制約を解消した立体漉き和紙のファブリケーションを考案した。

実際に製作を行なった上で製法の体系化を行ない、従来の立体漉き和紙及び和紙・洋紙と比較することで、物的特性を明らかにすることができた。また、接着剤等を用いずにジョイントが可能なブロック形状として提案することで、今後立体漉き和紙の建築における利用の可能性を示すことができた。

5.2 展望

5.2.1 材料の多層化とインサート成形

回転成形において複数回に分けて異なる質の材料を投入することが可能であり、例えば発泡層を内側に成形することでプラスチック製品の場合だと従来より剛性度が約30%向上できる(註14)。発泡層が内側に成形されることで強度だけでなく断熱性の向上も可能であり、5.2.1で挙げたようなより積極的な立体漉き和紙ブロックの利用が期待できる。

また、成形技術においてネジ類や補強パーツを組み込んで行なうインサート成形が可能である(同註14)。

5.2.2 インサート成形を用いたパビリオンなどの仮設構築物への応用

図9に示したのは連結金具を組み込んだ三角形の形状とした場合に可能となるドームの提案である。

立体漉き和紙ブロックは1つの型枠から大量に単一部材を生産でき、他素材に比べて軽量であるため容易に運搬・組立・解体できることが求められるパビリオン等の仮設構築物の部材として適しているといえる。

5.2.3 成形技術との融合による和紙文化の継承

最後に、日本の手漉き和紙はアート作品や文化財の修復において世界的にその価値が認められている一

恒温器の温度を25℃に保ったまま湿度を40%から90%まで変化させて湿度変化を記録。

アクリル製箱(200*200*300)

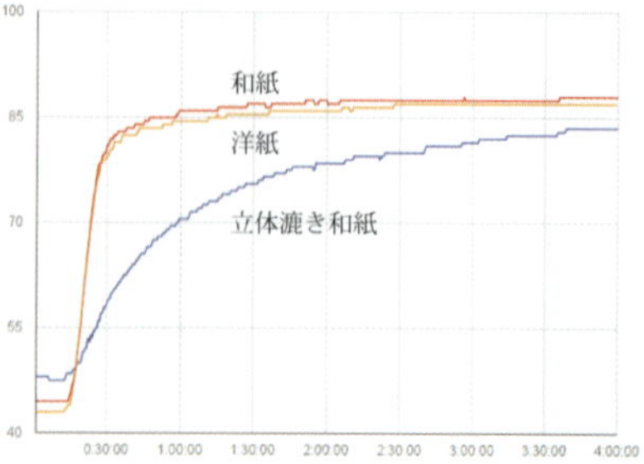

図6　計測方法と箱の内側の湿度変化を比較したグラフ

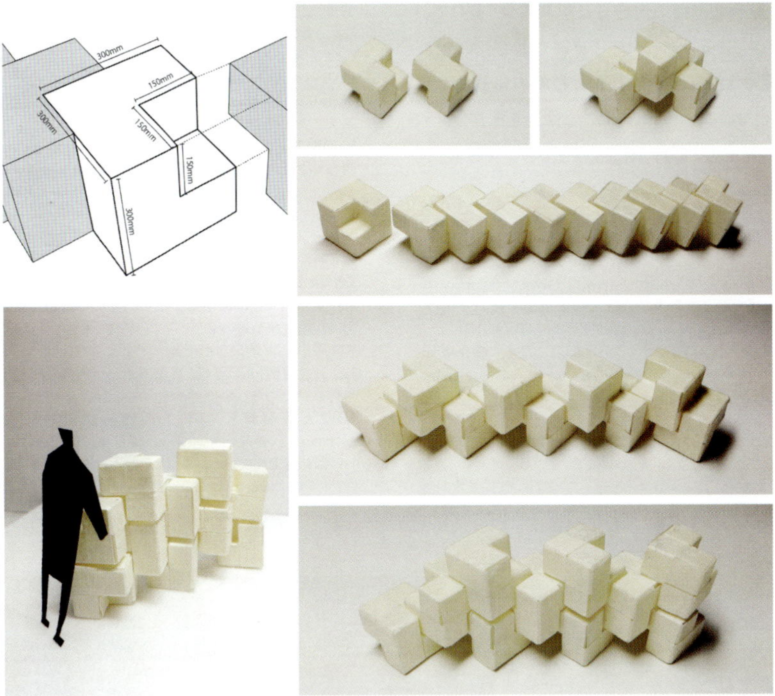

図7　学習形態に応じてこどもたちが自由に積み方を変えることが可能

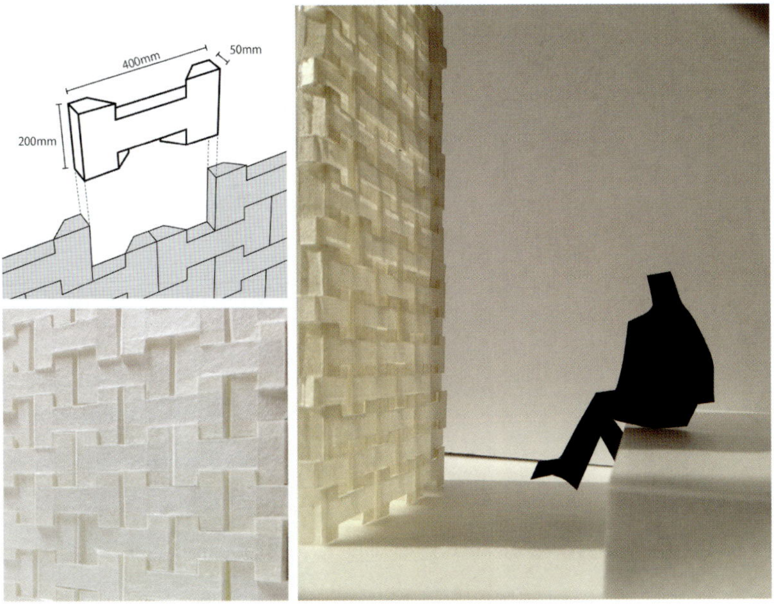

図8　ブロック単位の取替えと廃棄が可能なため衛生的な環境を保てる

方で、生産戸数や楮の生産量は年々減少し続けているのが現状である。

本研究では回転成形の技術と和紙の伝統的な製法を融合させることで和紙の新たな用途を提案し、和紙文化の発展とその継承に寄与するものであると位置づけられる。

[註]

1) 谷口和紙のウェブサイト(http://www.aoyawashi.co.jp/)より。

2)「紙成形体の製造装置及び紙成形体の製造装置」(http://patent.astamuse.com/ja/granted/JP/No/4654619)

3) 大石不二夫『図解プラスチックのはなし』(日本実業出版社、1997)

4) 五十嵐敏郎『回転成形—古くて新しい成形技術』(プラスチックス・エージ、2008)

5) 小林康生氏(越後門出和紙)の工房を2012年11月10日に見学。

6) 一般的な手漉き和紙では「ネリ(トロロアオイの根)」を用いるが本研究では、粘剤(ポリエチレンオキサイド、アクリルアミド)を水1Lに対して約0.2g混合した水溶液を使用し、原料の水に対して加えた割合(%)で示した。粘剤を加えることで楮繊維が均一に水中に分散し、分量の増減によって水が型枠から落ちる時間の長さを調整することが可能である。

7) 原料の混合にあたってはアワガミファクトリーのウェブサイト(http://www.awagami.or.jp/)を参考にした。楮繊維と粘剤の購入は同サイトより行なった。

8) 回転装置の考え方には主に一軸回転+揺動運動もしくは二軸回転の2つの方式がある。本研究ではinstructables (http://www.instructables.com/) などのDIYサイトを参考にし、二軸回転装置を自作した。

9) プラスチックを原料とした場合の回転成形製品の特徴は成形時に原料の滞留時間が長い箇所(コーナーや稜線部分)が肉厚になることである。

10) 筑波大学生命環境系生物材料工学分野環境材料科学研究室の江前敏晴教授の協力を得て、計測と実験を行なった。

11) 図5の「坪量」とは1m^{2}あたりの紙の重さ(g)を表している。

12) 江前敏晴「紙の特性と評価方法及び規格の動向」(『日本画像学会誌』150号、2004)より。

13)「合体型積みブロックの連結構造」(http://patent.astamuse.com/ja/published/JP/No/2008261205/)

14) 回転成形によるポリタンクなどの製造・販売を行なうスイコーのウェブサイト(http://www.e-suiko.co.jp/)より。

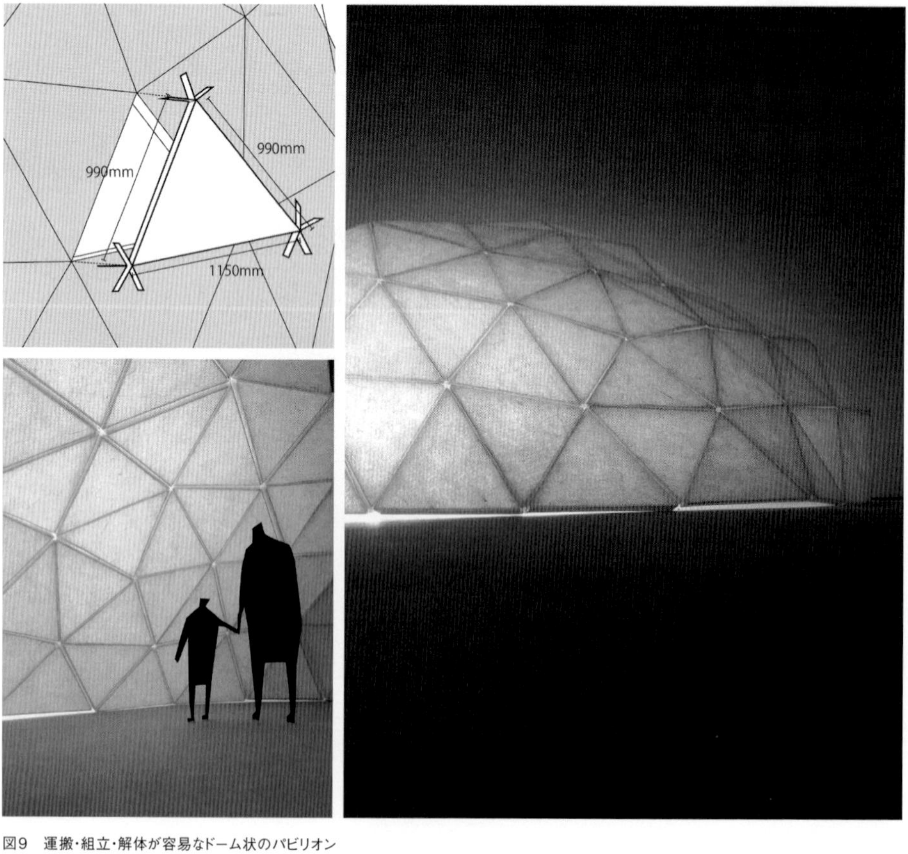

図9 運搬・組立・解体が容易なドーム状のパビリオン

コメンテーター・コメント@公開討論会

陣内：和紙は海外でも評価されていますよね。イタリアのアマルフィはヨーロッパで紙漉き文化が最初に伝わった場所なのですが、美濃和紙で有名な岐阜県美濃市との間で文化的な交流が生まれています。美濃の和紙でつくった照明の作品がアマルフィで評価されていますし、これから、和紙には様々な可能性があると思います。

この論文では、学校や病院の間仕切りに使うなどの利用例をスタディしていますが、建築のいろんな分野で応用するための実践的な可能性についてはどのように見ていますか?

坂根：私の論文の範囲では、和紙ブロックのような形で、人が手で持てる大きさのものを提案しているのですが、今後、回転成形という方法を用いれば、発展の可能性があると思います。回転成形を使えば、巨大な水タンクをつくるように巨大化が可能で、回転させる機械も大きいものがあります。そういうものが応用できれば、例えば、ユニットバス程度の大きさで、中に人が入れるくらいに巨大化することもできると個人的には考えています。

佐藤：和紙の材料の中に「粘剤」というものを混ぜていますが、これは具体的にどういう材料なんですか?

坂根：従来の手漉き和紙では、トロロアオイという植物の根を用いて、水の落ちる時間を調整することで紙の厚みなどを調整できるのですが、今回はトロロアオイの根を使うことはできなかったので、化学物質の糊のようなものを使って、水の落ちる速度を落として実験しました。

佐藤：糊のようなものということですが、具体的な材料名を教えてください。自然素材ではないのですか?

坂根：自然素材ではなく、ポリエチレンオキサイド、アクリルアミドを水1ℓに対して、0.2g溶かし、それを何%混ぜたかを表示しました。

佐藤：分かりました。ありがとうございます。

立体的に紙を漉くのはすごく難しかったと思うんですよ。以前、講義の課題で、パルプモールドを使って大きな構造物をつくるのを出したことがあります。大きいといっても1.5mくらいなのですが、学生たちは非常に苦労していました。ですから、坂根さんがつくったこういう小さなブロックでも、つくるのは相当苦労したと思うんですね。ここでは苦労についてはあまり触れていないので、そのプロセスで何が起きたのかをもっと細かく語ったほうがいいのではないかと思いました。

また、製作過程のところで、いくつかパラメータを設定して試行錯誤をしていますが、形態を提案するところで、何となくイメージ的に強そうだからデコボコさせていたり、このような形にしているようなところがありますよね。そこまで提案しようとするなら、小さなものでもいいから、強度試験をやってみてもよかったのではないか。そういうスタディまで意識が及ぶとよかったと思いました。

ただ、論文全体としては、最終的に建築の提案まで行なっていて、非常に好感がもてました。

ダイレクトゲインと潜熱蓄熱を用いた太陽熱暖房住宅の設計法の提案

Name:
川島宏起
Hiroki Kawashima
University:
東京大学大学院
工学系研究科　建築学専攻
前真之研究室

Q 修士論文を通して得たこと

全国にあるエコハウスの性能検証と潜熱蓄熱材を使った太陽熱暖房の基礎研究に打ち込みました。共通して感じたのは、地域によって大きく変わる日本の自然環境に、上手く適応する建物のデザインの難しさです。

Q 修士修了後の進路と10年後の展望

修士課程で得た環境工学の知識と、全国各地の様々な環境を肌で感じてきた経験を活かし、意匠設計者として人と自然のより良い関係のデザインを目指します。

背景と目的

1992年国連地球サミット発行のAgenda21において「持続可能な発展」を担う要素として住宅の省エネルギー化が大きな課題とされて以降、住宅の躯体性能基準の制定や、エネルギー消費削減のための技術開発が、国内外において広く行なわれてきた。冬期の日射量に恵まれた地域の多い日本においては、暖房エネルギー消費を削減する技術として、窓を透過して室内に入射する日射（以降、ダイレクトゲイン）で暖房を行なう設計が多いが、ダイレクトゲインで快適な温熱環境を得るには、日射による熱取得、躯体からの熱損失、蓄熱量、蓄熱体の吸放熱面積のバランス（図1）を取る必要がある。適切なバランスの取り方を財布のお金の出入りに例えれば、熱取得と熱損失（収入と支出）のバランスが第一であるが、太陽による熱取得（収入）は変動が激しいため、常に快適な環境を得るには適切な蓄熱（財布）の設計が肝要である。しかし省エネルギー化を意図しダイレクトゲインを採用した住宅において、この4要素が適切に設計されず快適性が損なわれることが多い。本研究では快適温度帯での高い室温安定性が期待される潜熱蓄熱材の室内導入方法の検討を行なうとともに、国内外の住宅の躯体性能基準との整合性を踏まえたダイレクトゲインを用いた太陽熱暖房住宅の設計法の開発を行なう。

ダイレクトゲインと潜熱蓄熱を用いた太陽熱暖房システムの開発

本研究で提案する暖房システムの概念図を図2に示す。床壁天井に快適温度帯である17～28℃で大きな蓄熱容量をもつ潜熱蓄熱材（Phase Change Material、以下PCM）を広く敷設し、窓面にブラインドを設けて直達日射を蓄熱部位に広く分散させることによって、安定した蓄放熱が可能となるシステムである。本研究ではPCMの蓄放熱による室温安定性を向上させる仕上げ材、敷設位置、ブラインドの検討を行なった。

模型箱・人工太陽を用いた蓄放熱性状の把握では、同等の熱容量のPCMを異なる面積で箱内に敷設したもの、PCMを敷設しないものの3種の蓄熱方

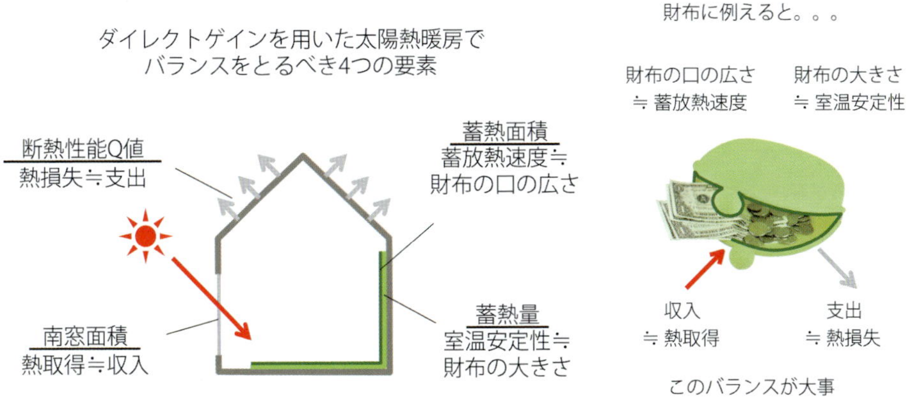

図1　研究コンセプトダイアグラム

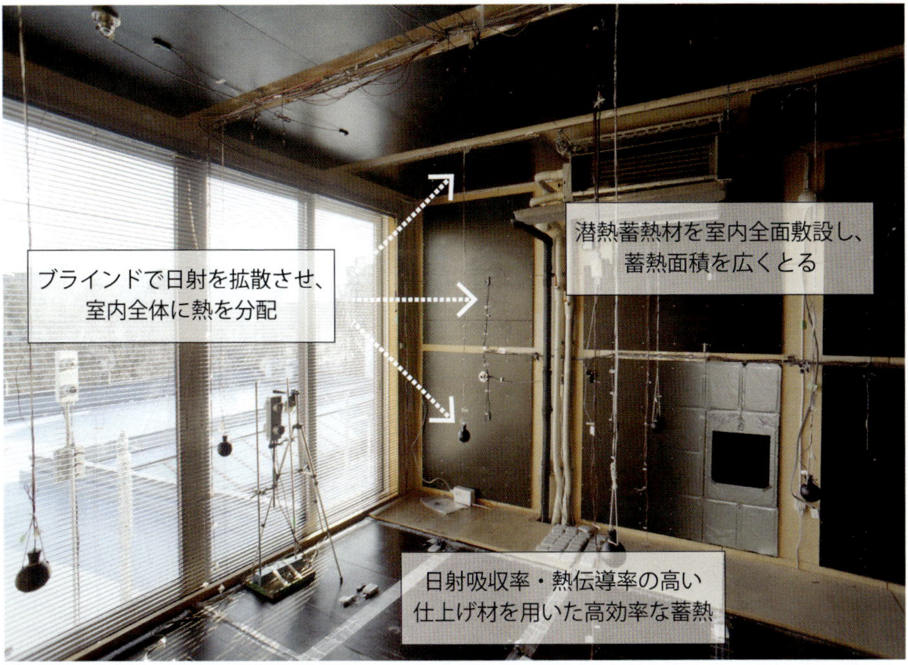

図2　ダイレクトゲインと潜熱蓄熱を用いた太陽熱暖房のシステムコンセプト

式ごとに、日射吸収率・熱伝導率の異なる仕上げ材3種と組み合わせて計9種の実験を行ない、敷設面積や仕上げ材によって異なるPCMの蓄放熱性状を比較した。結果として、熱伝導率と日射吸収率が高い仕上げ材で、PCMが厚く敷設された面ほど室温平準化性能が高いことが分かった。また、同等の蓄熱容量を箱内に敷設した場合、蓄熱面積が広いほど熱が早く出入りするため、室温平準化性能が高いことが分かった。

次に、実大実験棟を用いた蓄熱放熱性状の把握では、実験1の結果を受け、床面積が16.4m^2、高さ2.4mで、南に面して6.15m^{2}の窓面積をもつ屋上建屋に、黒色に塗装したフレキシブルボードを仕上げ材としてPCMを床壁天井に敷設し蓄放熱性状の把握する実験を行なった。図3にはPCMを敷設する前後の窓からの取得日射、PCMの蓄放熱流、温度変動の違いを示す。PCMがない場合は窓からの日射取得量のすべてが室温上昇に寄与してしまうが、PCMの敷設がある場合は日射取得量の62%が日中に蓄熱、夜間に放熱されることにより、日中の最高気温に至る温度上昇幅が7.9℃低減、翌朝日の出の時刻に至る温度下降幅が13.3℃低減し、室温安定化効果が高まっていることが分かった。また、実験はPCM敷設とともにブラインドを設置し、窓面から入る日射を拡散させた場合についても行なった。ブラインドなしの場合に日射が集中する床面のPCM温度が潜熱量を使いきっ

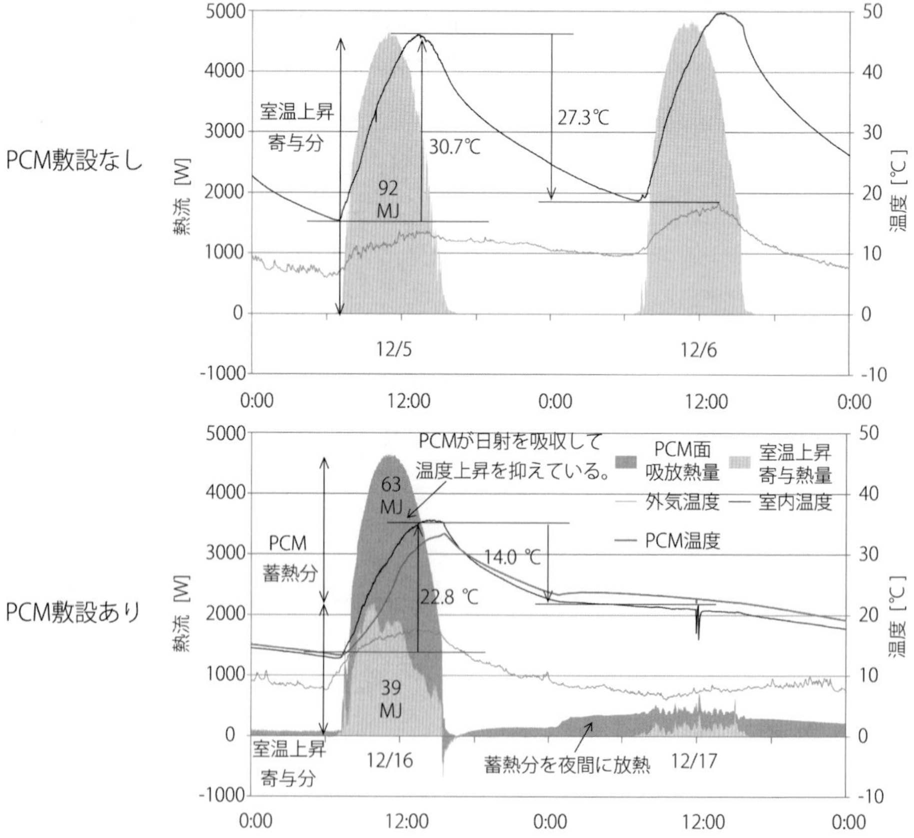

図3　実大実験棟における潜熱蓄熱材の敷設効果

てしまったことで50℃に急上昇し、蓄熱流が低下しているのに比べ、白遮熱ブラインドをスラット角水平として設置した場合は、窓面から入る日射量が36%低減されるものの、日射が室全体に均等に配分されることによって、一つの部位のPCMの温度が急上昇することはなく、床壁天井面のPCM内部温度が同様の変動をし、室温安定性が高まることが分かった。

次に、屋上建屋における実験では蓄熱量・蓄熱面積のバランスの検証パターンが限られるため、非定常1次熱回路網計算プログラムを用い、建屋の熱回路網計算モデルを作成した。躯体の数値モデルは室の大きさ、部材の断面構成・性能を実物と同様にし、特殊な比熱曲線をもつPCMは蓄熱過程と放熱過程に分けて数値モデルを作成した。するとPCM敷設ありなしの両方の場合において、日射量、気温変動の異なる3日間で、計算値と実測値が精度良く一致した。

この数値モデルを使い、拡張アメダス気象データを入力条件として、冬期の12/1〜3/31までのすべての期間でシミュレーションを行なった。PCMの蓄放熱性状に影響を与える要素について、実仕様と変えて計算した結果は以下の通りである。仕上げ材の熱伝導率を低下させることによる室温安定性の低下、蓄熱面積を大きくすることによる室温上昇抑制効果の低下、小さくすることによる室温低下抑制効果の低下、蓄熱量を増加することによる室温安定性の向上が認められた。最後に、蓄熱面積・量のバランスの取り方で変わる室温安定性の把握を行なうため、蓄熱面積3種（蓄熱面積/床面積1-3）と蓄熱量4種（0.15, 0.3, 0,6, 1.2MJ/m^2K）の計12ケースで計算を行なった。すると、蓄熱面積が小さいほど蓄熱量を増やすことによる室温安定性向上が見込めないこと、屋上建屋の仕様（0.29MJ/m^2K、蓄熱面積/床面積1.99）では蓄熱面積の違いで室温安定性が変わらないこと、蓄熱量を2倍にすることで日較差が半減し、室温安定性が向上することが分かった。

以上の検証によってPCMの適切な室内導入手法に関する多くの知見が得られたが、多様な気象条件・断熱性能・窓面積の住宅に対して、それぞれに適切な蓄熱量・面積の提言についての考察は次章の課題とした。

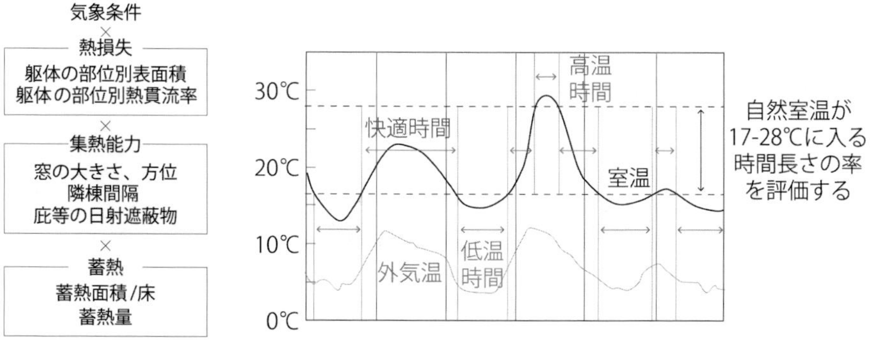

設計法で考慮する要素技術　　物件評価に用いる快適時間率について

$$A_{swin} = P_{swin} \cdot \frac{Q - (A_{W+win} \cdot K_{wall} + A_R \cdot K_R + A_F \cdot K_F)\text{-}0.4}{K_{win-}K_W}$$

図4　設計法の構成の概要

ダイレクトゲインを用いた太陽熱暖房住宅の設計法の提案

省エネルギー住宅の設計についての論文として、一つの物件について複数の要素技術の消費エネルギーに対する感度分析を行なった研究は多いが、温熱快適性を高める複数の要素技術の組み合わせ方について述べた、一般性の高い設計法を提案したものはない。本研究では設計対象物件の温熱快適性を設計者が予測するためのデータベースの作成と、それを利用することによるダイレクトゲインを用いた太陽熱暖房住宅の設計法を提案する。

設計法の概要は図4に示す。温熱快適性の評価指標として、12～3月の自然室温が17～28℃にある時間長さを全時間長さで除した快適時間率を用い、太陽熱暖房住宅の設計要素のうち、日射による熱取得に影響を与える要素は床面積あたりの南窓面積（以降、南窓/床）に換算、躯体の断熱性能による熱損失に影響を与える要素はQ値に換算することとした。2章で精度が確認された非定常1次元熱回路網計算プログラムを用い、南窓/床5,10～90%の10種、Q値0.5～5.0の10種、計100ケースの組み合わせの計算を行ない、この2つを軸とした快適時間率の等高線図（以降、快適線図）を様々な気象条件について作成した。図5左には東京の気象条件に対して作成したものを示す。複数の気象条件で作成された快適線図を比較すると、快適時間率30%以上の設計が可能なQ値と南窓/床の組み合わせの範囲は、日射量が低い旭川では線図の0.5%、山形では線図の4.3%の狭い範囲で、日射量が高い東京では36.4%、日射量・平均気温の高い宮崎で46.2%の広い範囲であることが分かった。つまり、日射量が少ない寒冷地では室内快適性を向上させるためには、躯体設計の自由度が限られるが、日射量が多い温暖地においては、室内快適性を担保しながらも躯体設計の自由度の高い設計が可能であるということである。

次に、南方位以外の窓による日射取得を考慮するため、方位別、障害物別の期間積算窓面透過日射量を南に向いた障害物のない窓の日射量で除した値を算出し、この値を換算前の窓面積に乗ずることで、南窓面積への加算を行なうという手法を考案した。換算前の窓をもつ条件と南窓に換算した条件で計算を行なうと、快適時間率の誤差は5%以内にとどまったため、この手法の妥当性が確認された。

最後に、蓄熱を考慮するため、土壁、PCMにつ

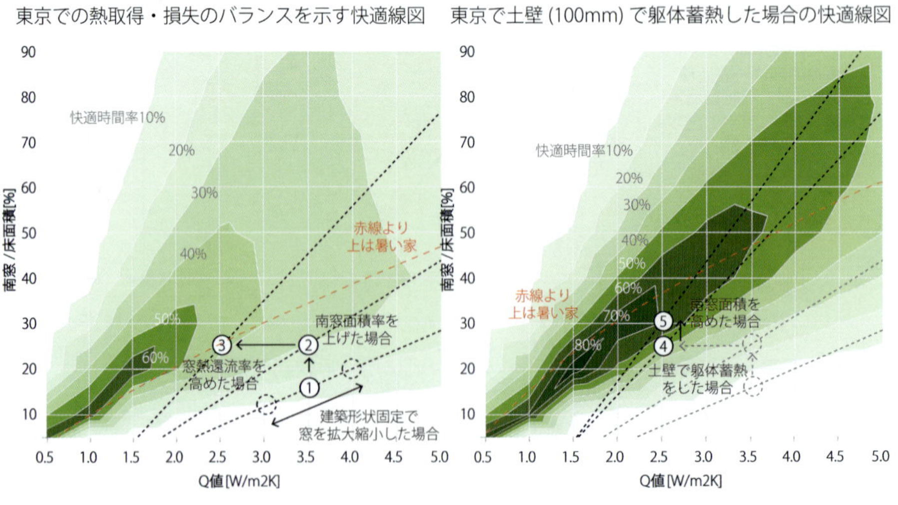

図5　快適線図と、それを用いた設計法の概要

いて床面積あたりの蓄熱面積3種（0.5,1,2）と蓄熱量2種（0.625,0.25 MJ/m^{2}K）、計6ケースの計算を行ない、快適時間率の等高線図を作成した。東京の気象条件で100mmの土壁で躯体蓄熱（蓄熱面積2,蓄熱量0.25MJ/m^{2}K）をした場合の結果を図5右に示す。すると、蓄熱なしの状態に比べて快適時間率が高い南窓/床、Q値の組み合わせの範囲が広がり、蓄熱を適切に行なうことでダイレクトゲインを用いた太陽熱暖房住宅の躯体設計の自由度を広げられることが分かった。

以上により設計法で考慮するすべてのパラメータについての分析ができたので、ここからは図4に示す直線式とそれを構成する11個のパラメータを調整しながら、実現室温のシミュレーションを行なう設計法を提案する。設計法の最初のステップとしては、設計対象の住宅の部位別の面積と熱貫流率の計算を行なった上で、同じ気候区分の都市で作成された線図を選ぶ。次にすべての窓を障害物のない南窓面積へと換算を行なえば、直線式を用いて線図上に直線を引くことができる。この直線上の快適時間率を読み取れば、躯体設計を固定した条件（窓の方位や障害物、床壁天井の部位別の層構成を固定した条件）で、窓面積

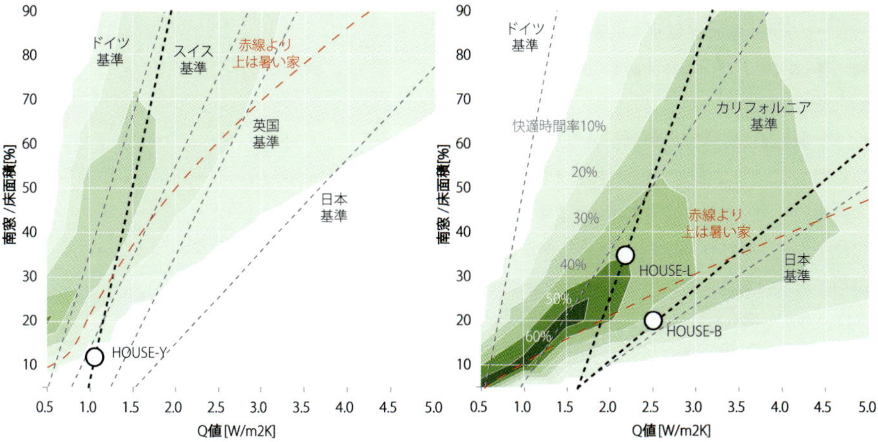

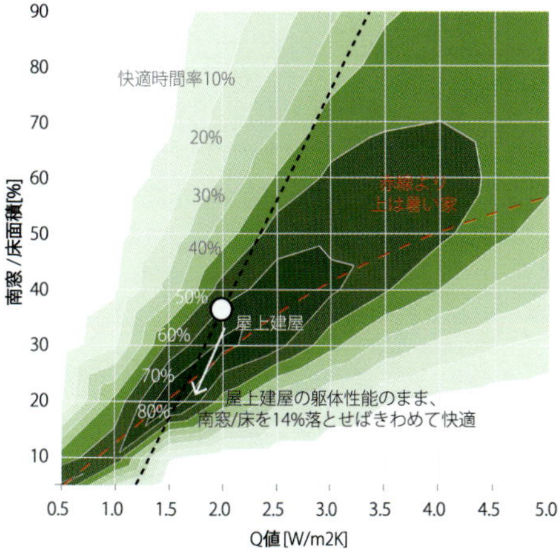

各物件の性能

HOUSE-Y	面積[m2]	熱貫流率[W/m2K]	面積/床面積
壁	238.2	0.32	1.65
天井	104.1	0.15	0.72
床	95.5	0.15	0.66
窓	37.4	0.7	0.26
換算南窓[m2]			
北	1.0	南	12.6
東	2.1	西	2.2
床面積[m2]	144.1	換算南窓/窓	0.30
Q値	1.02	換算南窓/床	0.08

HOUSE-L	面積[m2]	熱貫流率[W/m2K]	面積/床面積
壁	176.8	0.49	1.15
天井	118.1	0.21	0.77
床	76.0	0.325	0.49
窓	106.9	1.35	0.69
換算南窓[m2]			
北	3.0	南	57.5
東	5.9	西	5.7
床面積[m2]	153.8	換算南窓/窓	0.51
Q値	2.22	換算南窓/床	0.35

HOUSE_B	面積[m2]	熱貫流率[W/m2K]	面積/床面積
壁	101.9	0.43	1.00
天井	48.0	0.41	0.47
床	48.0	0.41	0.47
窓	36.7	3.5	0.36
換算南窓[m2]			
北	0.5	南	18.1
東	0.1	西	0.1
床面積[m2]	101.9	換算南窓/窓	0.51
Q値	2.48	換算南窓/床	0.18

屋上建屋	面積[m2]	熱貫流率[W/m2K]	面積/床面積
壁	32.3	0.29	1.97
天井	16.4	0.28	1.00
床	16.4	0.1	1.00
窓	6.1	2.8	0.37
換算南窓[m2]			
北	0.0	南	6.1
東	0.0	西	0.0
床面積[m2]	16.4	換算南窓/窓	1.00
Q値	2.00	換算南窓/床	0.37

図6　快適線図を用いた省エネルギー基準・実物件の評価

のみを拡大縮小することで変わる快適性の違いを把握することができる。

具体例として、ある設計対象物件の位置づけが図5左の①であった場合、別の方位を向いていた窓を南向きに移動して南窓面積率を上げた場合は②に位置づけが移動し、さらに窓の熱貫流率を向上させると直線の傾きはさらに急になり③に位置づけが移動する。ここで、図に示した赤線は室温が28℃以上になる時間長さの全時間帯に対する比率である高温時間率10%のラインであるが、現在③の位置づけでは少々暑い家になる恐れがある。そこで土壁100mmで躯体蓄熱を行ない、室温安定性を高めると、快適線図を該当のものに入れ替えることとなり、位置づけは④となる。最後に、さらに南窓面積率を高めると⑤の位置づけとなり、快適時間率が冬の全期間70%弱で過剰に暑くなることが少ない太陽熱暖房住宅が設計されたこととなる。

また、この線図は実物件の評価、性能基準の検証への応用することができる。国内外の省エネルギー住宅の基準の位置づけを、躯体形状は省エネルギー基準の標準住宅、躯体性能はそれぞれの基準値を用い、山形・東京の気候に対して作成された快適線図上にプロットした（図6右、左上）。直線が快適時間率の高い領域を通る場合は、躯体性能基準のその気候での適合性が高いと言え、寒冷地においてはドイツの、温暖地においてはカリフォルニアの基準が該当する。日本の基準は窓の断熱性能が低く、双方の地域において建物形状の工夫による快適時間率の向上が見込めない。

また、過去に研究室で実測を行なった省エネルギー住宅等も同様に線図にのせると、気候への適合性の確認や設計変更の提案が可能になる。図の例で言えば、HOUDE-Lは南窓/床が大きすぎるので、窓面積を50%低減すると快適な家になることが分かる。最後に、前章で実験による検討を行なった屋上建屋の場合を同等のPCM蓄熱量、面積である図6左下にプロットすると、快適時間率が70%以上なものの、それ以外の時間帯は高温な位置づけにあることが分かる。それと同時に、屋上建屋の場合では南窓/床を37%から25%に落とすと、高温時間率も低く、快適時間率も80%以上の快適な状態になるということが分かった。

このように、本研究で作成した快適線図とそれを利用した設計法は、省エネルギー住宅の相対的な評価に有効なものである。今後の課題として、より多くの居住者の温冷感やライフスタイル加味したものへの改善や、暖房負荷やの評価・放射環境も加味した快適性の評価が挙げられる。

コメンテーター・コメント@公開討論会

佐藤：この論文では図5や図6の快適線図が重要だと思うのですが、私は分野が違うので図の意味が読み取りにくい部分があります。まず、横軸のQ値について説明していただけますか?

川島：Q値というのは、床面積あたりの熱損失量を表す値です。Q値が大きい家だと断熱性能が低く、それだけ熱が自然に外に出て行ってしまいます。

佐藤：つまり、Q値は小さい方が断熱的に優れているということですよね。では、縦軸が南窓／床面積となっていますが、これも小さい方が良いというのはなぜですか?

川島：これは、床面積当たりの南窓面積の割合を表したもので、南窓面積としてあり得る範囲は大体40%以下になります。日本のハウスメーカーの住宅は10〜15%くらいです。

佐藤：このグラフを見ると、冬のためでも窓は小さい方が良いということですか?

川島：例えば、Q値が1.5で、南窓／床面積が60%くらいところの快適時間率が0くらいになっているのは、暑くなりすぎているということです。これでは28度以上になってしまって、快適時間率が低くなってしまいます。

佐藤：縦軸の下の部分が切れていますが、0%付近も白くなるんですか?

川島：そうなります。0%付近は逆に寒くなりすぎて快適時間率が低くなります。

佐藤：分かりました。

門脇：僕は、LCCM住宅の設計に関わったのですが、LCCM住宅は暑くて寒い家と紹介されていて、そういう解釈もあり得るのかと思いました(笑)。

　図4に設計法を表す数式がありますが、この式の理論的な意味について教えて下さい。

川島：それぞれの部位の面積と、その部位の熱貫流率をかけあわせて、足し算したものがQ値で、その式をこの線図に縦軸と横軸が合うように展開したものがこの式になっています。

門脇：つまり、Q値の数式を展開したものだということですね。この式は、快適な住宅の姿を示すものだと思いますが、これが線形式になっているということは、「快適な住宅」のイメージは、ある特定のものに収束してしまうのではないでしょうか。あるいは「快適な住宅」にはいろんな方向性がありうるのか。そのあたりについて教えて下さい。

川島：僕が提案しているのは、この線図は快適さを表すマップだということです。快適時間率が20%くらいの住宅を設計すれば良いというのであれば、このマップを見てその辺を狙えば良いという立場で考えています。これを見れば、南窓を増やしたり、熱貫流率が良くなっていくと快適性の高いところに近づいていくということが理解できます。基本的には設計者とエンジニアがコミニュケーションをとるときに、こうすれば、こう良くなりますよということが相対的に分かるようなものとしてつくりました。

門脇：設計時に、意匠設計者や設備設計者など、様々な立場の設計者が共通して使える、ある種のものさしをつくったということですね?

川島：そうです。

門脇：分かりました。こうしたものさしの導入が、「快適な住宅」についての総合的な議論の第一歩になるということだと理解しました。

Hyper den-City Study I Densification Model
立地論を基にした超高密度都市の形成

Name:
荘司昭人
Akito Shoji

University:
芝浦工業大学大学院
理工学研究科　建設工学専攻
八束はじめ研究室

Q 修士論文を通して得たこと
都市とは何か、建築が都市化する状況の中で都市は建築にどこまで影響を及ぼすのか。八束教授の仮説概念「Hyper den-City」の研究を通して、密度による都市と建築の関係の在り方への可能性を感じています。

Q 修士修了後の進路と10年後の展望
修了後はUG都市建築に就職します。研究室で培った多角的な物事の捉え方を考えながら、都市にも関連する建築設計を行なっていきたいと考えています。

0.0.0 序論

Hyper den-Cityの形成を思考することが本研究の目的である。Hyper den-Cityは仮説概念である。基本的に量がある臨界量を超えると質的変換をもたらすという考えがある。量の増加は高密度化であり、density（密度）のsをcに変換して呼んでいる。そこでは従来内陸の都市で培われてきた建築的概念や手法は意味をなくす。そのため単純に高い密度をもつだけのHigh den-CityではなくHyper den-Cityとしている。

なぜ仮説概念であるHyper den-Cityを目的に掲げるのか。そこには2つの意義がある。一つは現社会では「集中＝悪、分散＝善」という一様な認識を形成されている事に対する反論である。この一様な認識をつくり出し、これを是とした観測者と計画者の思惑とは裏腹に現在も都市に人口は集中し続けている。都市への人口流入という現象は日本だけに限らず世界的な現象である。都市への人口集中が止まらないのであれば、「集中＝悪、分散＝善」と論じようと、人口が集中することを前提とした人口集積を許容するための、さらなる高々度立体利用される空間をもち得る都市へのアプローチが必要とされる。もう一つは都市をどのように捉えるのかという都市に対する本質的な問いである。高密度化とは一つの決められた圏域の中の量の増加であり、圏域が拡大してはならない。圏域を設定することは都市の定義の根幹をなす一つである。これを捉えるには高密度化が起る都市のシステムをどのように捉えるのかに起因し、都市とはそもそも何であるのかを定義する必要がある（図1）。

1.0.0 高密度化の都市ネットワーク

「都市とはどのようなもので、そこでは何が起こっているのか」。これを捉えるにあたって1.0.0では都市の動きや圏域を通じて都市の定義を行なっている。都市は「都（みやこ）」に「市（いちば）」が加わってつくられた言葉である。「都」はその都市のシンボルとしての意味合いをもち、「市」はそれらのシンボルに付随する動きを示す。市場はその都市の在り方を左右し都市の将来性に関わり、都市は生存又は発展するために内在する魅力を自己表出する。

Hyper den-City イメージ

Hyper den-City へのアプローチにもそれに至る順序があり、過程が必要となる。都市は変容し高密度化する。その変容は都市を捉えることから始められる。

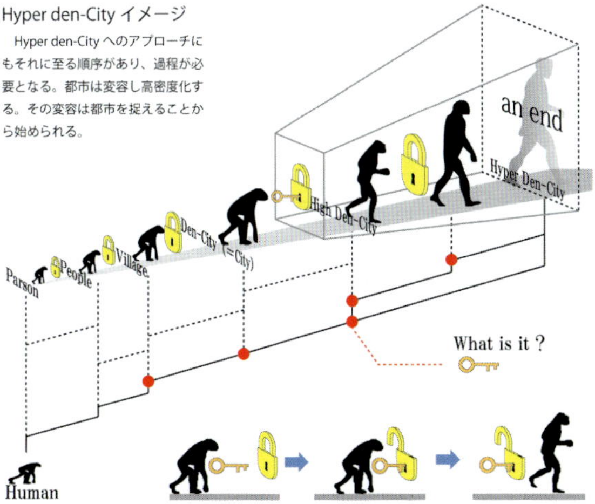

図1　Hyper den-Cityイメージ

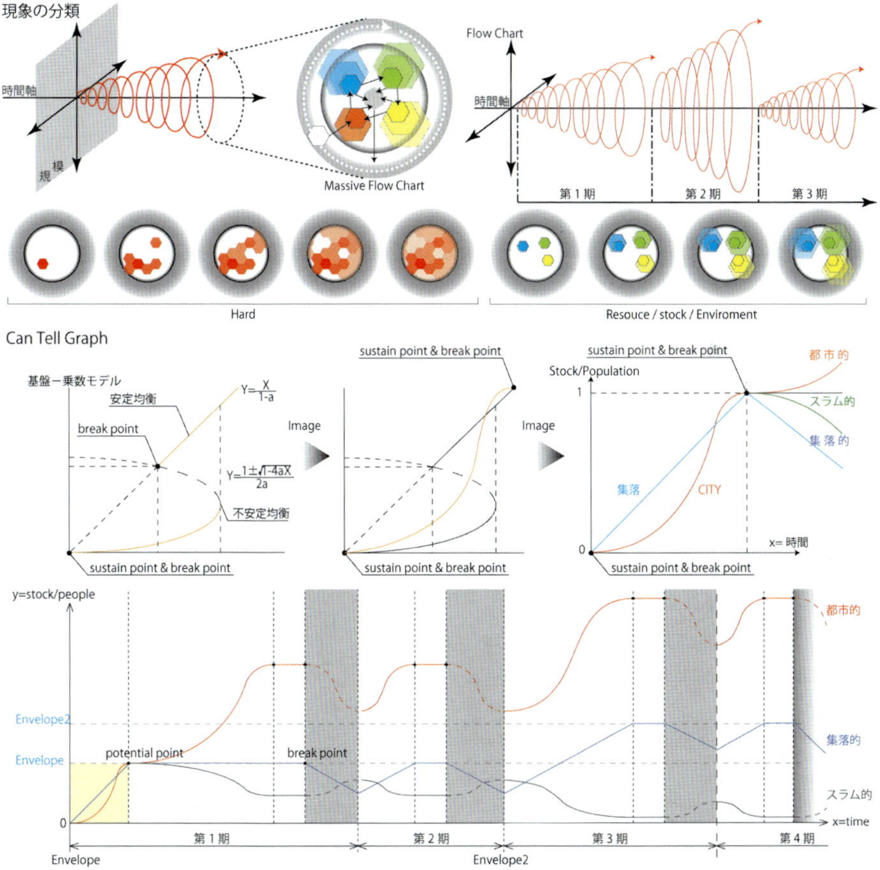

図2　Massive Flow Chartの概略図とCan Tell Graph

この動きを知るためにMassive Flow Chartを用いる。これは都市で起こり得る現象を限りなく少ない概念で包括し、観察された圏域がどのようなものであるのかを判定するモデルである。本論文ではモデルより圏域内部を都市とスラムと集落の大きく三つの動きとして捉える。また、動きの規模を捉えるために経済学の基盤乗数モデルを基礎としたCan Tell Graphを作成して概念的に用いた。これらは作成したモデルであるため九龍城砦、軍艦島、ソウル、社会工学研究所のSystem Dynamicsを対象にこのFlow Chartが働くことを示している(図2)。

次に都市を「Physical」と「Mental」の2つの層の構成と捉える。私たちの五感で感じられる都市は都市の表層であるPhysicalな層とし、それら都市の表層をつくり出している裏側にある五感では感じ取ることのできない層をMentalな層と定義する。都市の多様性や魅力といったものはこのMentalな層の動きに起因している。都市が発展するには人口を集約するための魅力を保ち続けることが必要であり、魅力を留め続けることによって都市は発展し続ける。Mentalな層の動きとして本論文で注目したものは都市の自己組織化である。

自己組織化を捉えるにあたって、都市で活動する人々の総体として働く意思をトップダウンとボトムアップとそれらを包括したものの3つに分類した。これまで論じられてきた都市論はトップダウンとボトムアップの2つの関わり合いであることが多く挙げられるが、本論では都市と定義されるものにどのような働きかけを行なえば、それらを包括したものを用いて都市は高密度化するのか。これに対して立地論を用いる。立地論は過去の集積を基に組み立てられ、現在の状態をサンプリングし立地論が構成されている。そのため、ボトムアップとトップダウンの両方の概念を包括した動きを捉えており、これを都市のシステムとして高密度化を提案する(図3)。

2.0.0 立地論の展開

立地論は地理学的な立場と経済学的な立場の2つが入り混じっている。地理学的な立場と経済学的な立場の2つの変遷より、どのような理論を基礎理論として論じることで高密度化し都市と関連性をもった理論となりえるのかを考察している。地理学は都市のPhysicalでありMentalな動きまでは捉えきれないが、これまでの都市学と密接な関係をもつようになってきている。経済学はMentalな層を捉え続けているが、空間経済学や都市経済学であったとしても一次元上の理論としてでしかそれらを用いられておらず、都市学が扱う三次元としての空間に至らない。地理学と経済学の特徴や立地論に関する理論同士の比較より、地理学と経済学を包括し自己組織化を有している理論としてWalter Christallerの中心地理論を基礎理論とした。

次に中心地理論に関する既存研究よりその意義を挙げた。スケールに囚われず圏域内を包括しきることのできる都市観測手法、中心地理論から発展した都市の階層性の法則として見られるジップの法則、Paul Robin Krugmanと藤田昌久のエッジ・シティ・モデルを挙げている。また、自己組織化において経済的な動きにおける集積と分散を捉えると同時に自己組織化において平均適応度の動きの注意点を挙げている。これは単に圏域を設定するだけでは量を単純に量として扱えないことを示唆する。

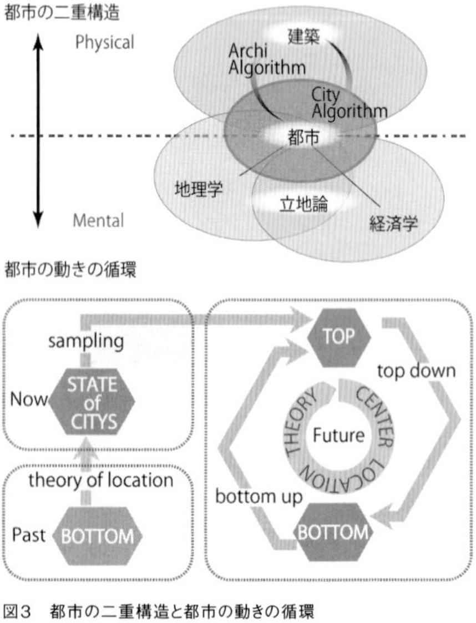

図3　都市の二重構造と都市の動きの循環

3.0.0 思考実験
@Densification Model

2.0.0で述べた理論を基にDensification Modelを構成している。Densificationとは「何らかの密度の増加」を示す言葉である。都市が集積を起こすのは、そこに人を集める魅力があるためであり人が集まる場所には魅力があるといえる。そのため、人口が示す密度や量より都市を分析し、中心地理論に「多核心モデル」「エッジ・シティ・モデル」の理論を加え構成したDensification Modelを提示する。Densification Modelは都市の魅力を保ち続けるために中心地理論を基に都市の魅力のある中心を見つけ、都市が分散する時にどのようにその魅力を留められるのかを中心地点を見い出すことで魅力を留めるモデルである。

数値を扱うモデルは研究成果として数理的な理論に落とし込むことが必要とされる。しかし本論では高密度化を論じる理念的なモデルに留め、モデルを論じるにあたっての都市分析における指標を提示する。

これまでの統計における人口の規模と密度では関連性をもっているが違う指標として都市が分析されている。特に経済学では密度の観点による分析はほとんどされていない。また、人口は規模として扱われるため分析の基準が恣意的に設定される。これら2つの違いを踏まえた上で簡易的な式より次の指標を提示する。

圏域と定めた内部におけるすべての地点を相対化するため、以下の式を用いて規模の合計をゼロサムゲームとした密度が反映される指標として中心となる値を中心値と呼称した。

[中心値＝n地点人口－n地点面積×圏域内における平均密度]

これを用いて構成した理論の実証である4.0.0にて行なう立体モデルを扱うにあたり東京23区を対象に分析を行なっている。分析ではActive Contourを用いている。統計を経済学としての観点より一次元上のデータへと変換し、地理学としてのマッピングを行なっている。データの関係上、都市の魅力として保持される地点を見い出すためのデータが十分ではないが、現時点において分析できる限りを用いている(図4)。

また、分析したものの動きとして現在の都市で観測し得るいくつかの立地動態によって見られる動きを例として挙げる。立地が働き得る事例として魅力が増加している地点である東京駅、大阪駅、城中村を挙げる。また、立地が働いていない事例として魅力のある地点

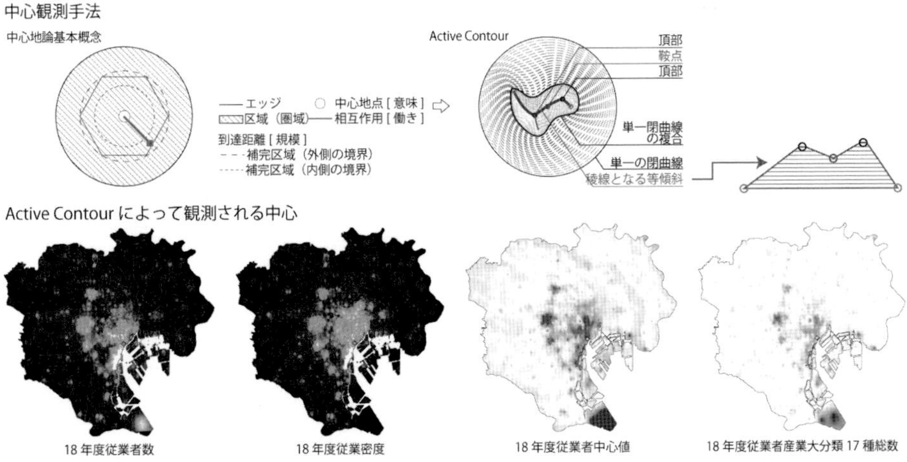

図4　観測手法としての中心とActive Contour

として減退または消失している新宿の空室率、九龍城砦、軍艦島を挙げた。

4.0.0 Hyper den-City Study

これまでの1.0.0～3.0.0にかけて高密度化の理論を論じたのは、超高密度は高密度化なしには生じないためである。しかし、高密度化の理論のみではHyper den-Cityではなく既存の都市の手法と変わらずHigh den-Cityに留まるだろう。ではどのようにHyper den-Cityとなり得るのか。本論においては次のように定義を行なう。

Hyper den-Cityは「都市的な動きを発展させる形へ現状を超えて変容した空間」と定義する。「都市的な動き」は1.0.0で論じた定義であり、「発展させる」は2.0.0の自己組織化を踏まえた3.0.0の高密度化である。「形への変容」は空間として現れる形を指す。4.0.0では本論における前述のHyper den-Cityの定義を1.0.0で挙げた九龍城砦、軍艦島、Hyper den-Cityの可能態として計画されたTOKYO PLAN 2010などを対象にしながらHyper den-City Studyを論じている。また、都市を1.0.0を踏まえた上で「都」と「市」の分解を「都市」で行なっている。MentalとPhysicalの2つに分解し、それらにそれぞれCan Tell GraphとMassive Flow Chartを用いて2分類を「都市」「スラム」「集落」の3分類にし、それらを合わせた「スラム的都市、都市的都市、都市的集落」などの9分類に分けて考察している(図5)。

Hyper den-Cityは密度を伴っている。密度は数字によって客観的視点をもち得るが、Hyper den-Cityは数値としての密度のみで表記されるものではなくなっている。密度が伴うということは都市の表層に密度が現れたモデルとしてStudyする必要がある。九龍城砦がHyper den-Cityのリサーチの対象となったのは九龍城砦内部における個々の現象によって引き起こされたカオスと評することのできるその表象であっ

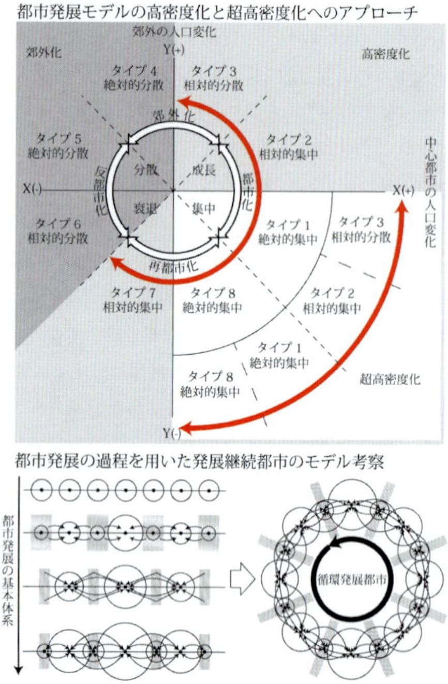

図6　都市発展モデルの超高密度化へのアプローチと都市モデル

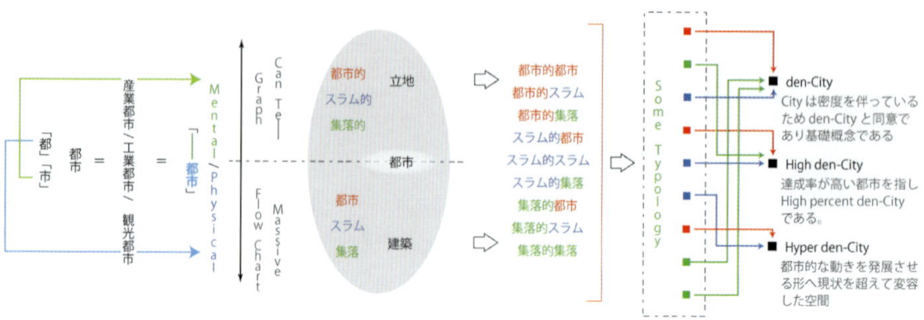

図5　都市の分類の再考察

た。個々の現象を捉えなければ説明し得るものではなかった。すなわち密度がVolumeとして伴ったStudyをするだけではHyper den-Cityとして質的変換が起こっていると言えない。これを踏まえ、モデルとして3.0.0で用いた東京23区を対象に行なう。

3.0.0の高密度化の理論に都市の集積と分散の動きの循環を用いる。中心を留め、反復する際にそれを意図的に中心へとなり得る環境を整備して再集積を起こさせる。都市の循環として見られるクラッセンが定義した都市化、郊外化、反都市化、再都市化の一連の連動した動きをもって、圏域外の動きを包括して高密度化するモデルを構築した（図6）。そして、その表象がどのような意味合いとなるのかをいくつかのAnimationにて描かれた都市像を理論と合わせることでボリュームとイメージを可能態として提案している。これは現状を超えて変容する空間としてのHyper den-Cityである限りHyper den-Cityは思考実験によってのみ考え得る都市モデルであり、その過程と可能態として思考し続ける意義を常にもち合わせている（図7）。

5.0.0 終章

昨年度に出版された「Hyper den-City TOKYO METABOLISM 2」の冒頭の「反時代的都市論ノート」。それにはHyper den-Cityという都市のタイポロジカルが掲載された。本論は「反実像的都市論ノート」

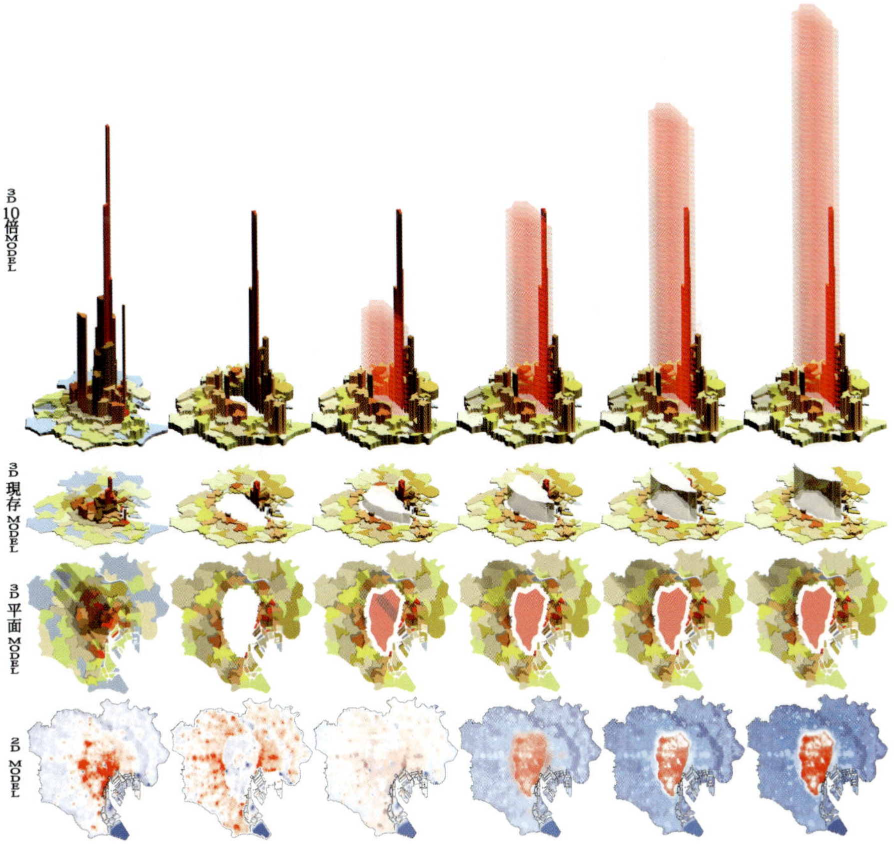

図7　Tokyo　Hyper den-City　2D&3Dモデル（左より現存モデルから中心の移動モデルまで）

である。都市のタイポロジカルな面の裏側として構成している。反時代的な都市像とリンクさせる反実像的な都市像。それは空想的で虚数的であり、不可視で無自覚なものである。しかし、都市とは五感だけでは捉えられないことに本質があるのではないだろうか。生活している都市でありながら身に触れないもの。それを全体の100 から取り出した1 を100 に操作する思考過程そのものにあり得る形「可能態」を模索する。

Hyper den-Cityは極端な都市である。その可能態としての提案に新しい都市理論を特に用いているわけではない。「Hyper den-City：都市的な動きを発展させる形へ現状を超えて変容した空間」と「Study：思考の収束と拡散の連続、極限的な可能性への思考」によって善悪を基準としない都市のあり得る形「可能態」を模索する思考実験である。結果は常にイメージの連続体として問題を示し、そこに至るアプローチは都市の在り方と本質を問い続ける。思考されるプロセスが都市を多角的に捉えることの意義としてこのHyper den-Cityという思考実験が一石を投じられれば幸いである。

コメンテーター・コメント@公開討論会

陣内：都市・スラム・集落という分類を行ない、ケーススタディのモデルとして九龍城や軍艦島を取り上げていますが、それが結論にどう反映しているのですか?

荘司：本論ではあまり結論というものを出してはいないのですが、超高密度のハイパー・デンシティというものに対して、どのようにアプローチをしていくのかということ自体が本論の成果です。九龍城や軍艦島については、想像を絶するような環境が生じていています。特に、九龍城は建築的な設計を行なうプロセスというものではなくて、そこに住んでいる人々が勝手に行なった自然発生的な建築だったことから、最初のスタディとして挙げました。そこから現状を超えて変容した空間が都市構造として考えられるのではないか。都市とスラムと集落の3つの分類というのは、九龍城を考えていたことから波状的にできた分類です。

陣内：イメージの中に九龍城みたいな都市ができあがっていくメカニズムを評価する視点があると。

荘司：はい。

陣内：そうすると、いま東京の都心で起こっている高層化や再開発も密度が上がっているとは思うのですが、その現象はあなたの視点からすると、評価できますか。それとも、九龍城的発想の対極へと向かっているのか、どちらですか。

荘司：九龍城は200×150mという極小な範囲で、東京とは大きさが全然違いますので、一概には言えないと思いますが、それでも山手線上に集積がおこっているのは、意外と九龍城砦と同じような現象で規模が拡大する形で自己組織化して東京ができているのではないかと思っています。

陣内：九龍城が面白いのは、いろんな機能が入り込んで同居した共存状態のエネルギーがあることですが、東京で今進んでいる方向はもっと機能純化して、ゾーニングがさらに強化されるようにも思えるのですが。

荘司：そうなったとしても、ある程度の都市スケールの中では、産業ごとに特化して一極集中が見られると思います。

大野：2050年には、日本の人口が1億人を割り、世界の人口は90億人になると言われていますよね。その状況でこれから東京を中心としたこういう都市にはならないような気がするんです。そういうことを不動産屋は考えないし、建築家も考えないだろうと思います。

東京に経済が集中しているわけですけども、その一方で、地方の時代とも言われていて、なるべく分散しましょうとなってきていますよね。新幹線で大阪まで40分で行けるようになると、なにも東京にいる必要はないと思うんです。移動のスピードが上がり、さらにインターネットがある時代に、なぜみんな一緒に住まなきゃならないのか。その辺の考えを聞かせてください。

荘司：この研究の前提に、八束研究室で行なっていた「東京計画2010」というプロジェクトがあるのですが、そちらの方では2050年の日本の人口を対象としています。日本の人口の減少に対して、世界の人口は爆発的に増加しますが、日本の人口が減るということは、日本の経済力が低下するということなので、それを踏まえた上で、爆発的に人口が増加するブラジルあたりの移民を受け入れて、東京一極集中の形の都市モデルを提案しました。ただ、自分でやっておきながらなんですが、こういう都市にはあまり住みたくないんです(笑)。でも、都市というもののあり方だけを見るならば、こういうふうになっていくことを考えなければならないと思ってます。

剛体折りの可搬建築物への適用可能性の研究

木質パネルを用いた仮設シェルターの事例を通して

Name:
魚住英司
Eiji Uozumi
University:
九州大学大学院
人間環境学府　空間システム専攻
末廣香織研究室

Q 修士論文を通して得たこと

コンセプトを一貫してものをつくり上げる経験になりました。企画の段階から設計、施工というプロセスを踏むことで、実施にあたっての様々な制限や、ディテールの検討など、多くのことを学ぶことができました。

Q 修士修了後の進路と10年後の展望

修士で培った、全体をデザインする力を活かして、建築にとどまらず様々な分野でブランディング、商品の開発に携わっていければと考えています。

1. 研究の背景と目的

近年、東日本大震災をはじめ自然災害が多発し、建築家らによって多くの応急仮設住宅が提案されてきた。それに伴い、建築のあり方としての“仮設”、“可搬”建築物が注目を集めている。一方、日本の伝統文化として親しまれてきた折紙は、平面から立体、立体から平面へと状態が変化する特性、一枚の連続面で構成される性質、折りによって生まれる陰影など、工

図1　架構内観

学デザインにおける新しい手段として着目されている。

そこで、剛体折紙を利用した幾何学的に柔らかな形態とすることで、平面から容易に展開可能なアーチ形状の構造体、剛体折り木質パネル架構(以下、本架構)を開発した(図1〜3)。本架構の特徴としては以下の点が挙げられる。

1)剛体折りを用いた折板形状である。

2)展開・折り畳みが可能である。

3)分解し、2tロングトラックで運搬可能である。

4)特殊な技術を要さず、人力のみで施工可能である。

5)仕上げ材として膜材を用いている。

なお本架構は、2012年11月開催の九州大学学園祭へ、建築学科が出展する展示フォリーとして考案されたものである。

2. 剛体折りの特徴

剛体折りは、折紙の展開・折り畳みにおけるすべての変形が、折り線上の回転によってのみ起きている折りの幾何学的モデルである。折紙が柔軟に変形するメカニズムには、構成する素材自体の柔軟性を利用したものと、幾何学的な柔軟性を利用したものの2種類に分けることができるが、後者のみを利用した変形が剛体折りの変形メカニズムである。

剛体折りの動的性質を利用して、変形能力をもたせた可搬建築物に適用する際に留意しなければならない項目は以下の3点である。

1) 構成する面

材質が紙では、厚みのない平面の集合として扱うことができる。しかし建築に適用する際は、構成材料は剛性をもった面として扱うために、ある程度の厚みと体積が必要である。そのため厚みをもった面でも変形を可能とするために、折り曲げられた面同士が干渉することなく変形する必要がある。

2) 稜線

幾何学的なモデルにおける稜線は、可動するヒンジとして再現しなければならない。建具などに用いられてきたような蝶番、もしくは自由に変形できる布やゴムといった柔らかい素材などが考えられる。蝶番もしくはそれに類する機構を用いた場合、可動部分に必ず隙間が生じるため、その隙間を塞ぎ、防水を行なわなければならない。一方、柔軟な素材を用いた場合、稜線の部分において曲げや圧縮といった力を伝えることができず、平板を折ることによってある種のシェル形状をつくり出す、折板構造として構造解析するのではなく、違った構造的なアプローチが必要となる。

3) 形態拘束

剛体折りは折り変形の過程全体に渡り、ひずみや応力が発生しない。ゆえに、形態を拘束しなければ小さな力で変形してしまう不安定な構造である。剛体変形における自由度(並進3+回転3)に加えて、モデル自体がもつ変形自由度を考慮する必要がある。

3. 実施架構概要

本研究では、剛体折りの基本パターンである吉村パターンを応用した架構を扱う。吉村パターンは薄肉の円筒に上下方向から強い荷重をかけたとき、ダイヤモンド形の連続したシワ構造が生じる。この形は円筒の破壊の理論を研究した吉村慶丸(当時東京大学教授)に因んで、吉村パターンと呼ばれている。このダイヤモンド構造の連続した円筒(擬似円筒)は、横方向からの破壊力に強く抵抗することが知られている。同一のプロポーションの部材で構成され、左右対称性を有すると同時に、二方向への折り畳みが可能である。よって、構造・構法の両観点から優位と考えられる。また、三角形のメッシュで構成されるため、3点でピン固定することで形状が安定することが知られている。これらの特徴を踏まえ、蝶番を用いて稜線を再現した上部架構に、下部架構を接合し、足元を拘束することで形態を安定させる架構とした。

図2　架構見上げ

上部架構の使用部材は、一般に流通する45mm角の杉材、4mm厚の耐水合板、70×102×1.5mmの蝶番、102×102×2mmの蝶番とする。2tロングトラックで運搬可能なように、対象箇所に軸芯の抜き差しが可能な平儀星蝶番を用いた。また水勾配を取るため1ユニット12パネルとし、左右非対称の立面とした。本架構は、2種類に折りたたみ可能であることが確認された。本架構の概要を図4に示す。本架構では、2次元平面である剛体折りを3次元立体に適用するため、パネル同士を蝶番で接合した。パネルの厚みにより山折箇所、谷折箇所で蝶番軸線がずれるため、架構展開時の平面を2層にすることで架構の変形を成立させた。

上部架構は足元を固定することで安定する架構であるため、下部架構で足元を固定した。足元部分の課題として、運搬可能性保持のために分解可能であること、大引きの長さが一般に流通する4,000mmを超えないこと、架構足元部分の平面が直交グリッド上にないことの3点が挙げられた。本架構では、105mm角の大引きを、上下の2層に配置することで、使用材を4,000mm以下とした。また、両端には上部架構に合わせた大引きを角度をつけて敷くことで、足元接合部の形状を架構平面に適合させた。上部架構および、上下の大引間をボルトで接合することで、可搬性を保持した。

パネル間を複数の蝶番で接合したため、上部架構展開時に隙間が生じ、防水の問題が発生する。そこで防水を確保し、軽量性・施工性を高めるため、膜を仕上材として用いた。上部架構は展開すると1枚の平面となる特徴があるため、1ユニットを1枚の膜で覆うことが可能である。膜材と架構の接合には溶着可能な面ファスナーを用い、運搬時など取り外しが可能なものとし、施工性を向上させた。また、ユニット間の連結には止水ファスナーを用い、各ユニット建上完了後に止水ファスナーを閉じることで膜材が一体させることで防水を確保した(図5)。

図3　架構外観

4. 加力試験

本架構において、以下の3通りの試験を行なった。

①架構最上部の鉛直加力試験　②梁方向の水平加力試験　③桁方向の水平加力試験

加力試験では、本架構における2連ユニットのうち、1ユニットに対して行なった。支持条件は、足元部分を除いて本架構と同一である。試験結果をもとに、上部架構の強度と剛性を検討する。また、上記の①→②→③の順に試験を行なった。

鉛直加力試験は架構上部の水平面に105×105mmの角材を渡し、その中央から加力を行なった。反力は、RC柱にシャコ万力で設置されたH型鋼から取った。変位計は巻き取り式を用いた。梁方向水平加力試験では、パネルb1,b2に、アイボルトを各2本取り付け、水平荷重を4点集中荷重とした。また桁方向水平加力試験では、パネルd2に、アイボルトを2本取り付け、桁方向水平荷重を2点集中荷重とした。水平変位計は、加力方向に取り付けた。

鉛直荷重については、肉眼で変形を確認することができなかった。左右が非対称の形状であることからパネルf側の剛性が比較的低い。変形状況と結果を表したグラフの傾きにより、本架構は、鉛直方向、梁方向、桁方向の順に剛性が高いことが判断できた。

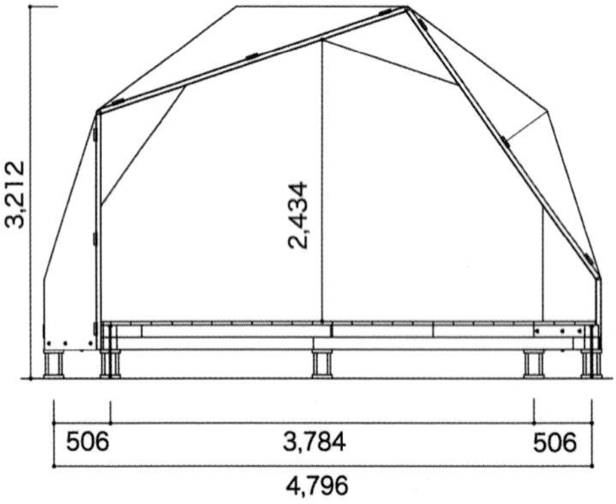

▲架構断面図

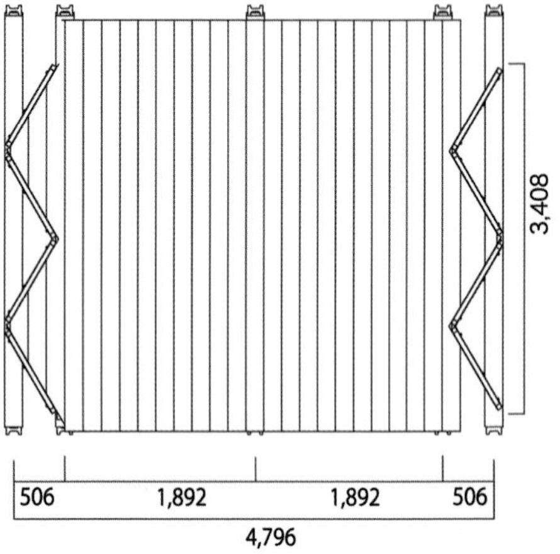

▲架構立面図

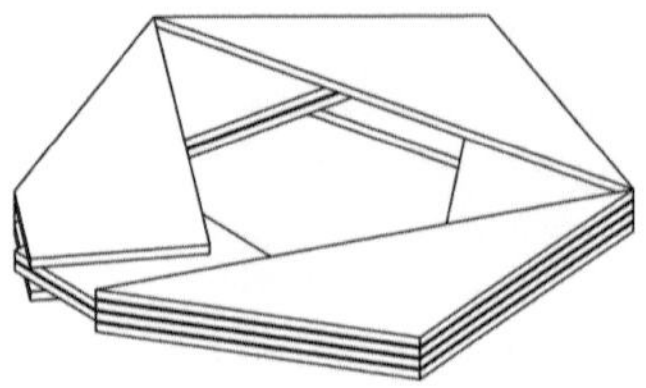

▲架構折り畳み図

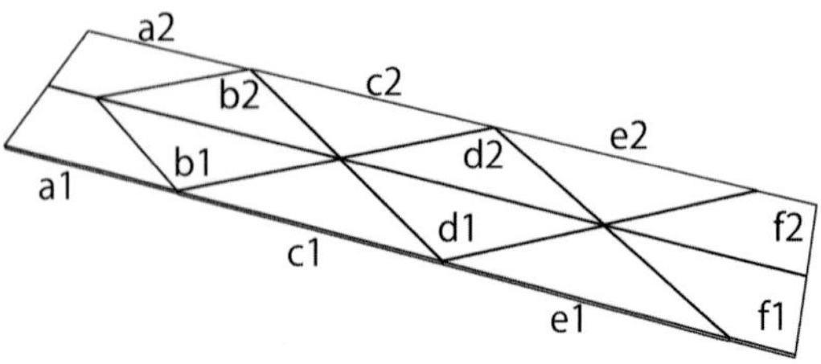

▲架構展開図

図4　架構図面

5. 試行建設

本架構の構法の検討と施工性の検証をするため、実大スケールで試行建設を行なった。作業員は主に6〜7人で、建ち上げ時など必要に応じて最大10名動員した。建設期間は平成24年11月22日〜25日（4日間）である。工場制作は九州大学箱崎キャンパス実験棟で行ない、現場建方は九州大学伊都キャンパスにて行なった。上部架構は建方と解体を2度ずつ行ない、可搬建築物として繰り返し利用されることを想定し、試行建設を行なった。

工場での作業工程は、製材の加工とアーチユニットの制作である。下部架構の設計寸法長に木材を切断し、接合部のボルト穴を開ける。パネルのを構成する部材は精度を必要とするためプレカット加工したものを用い、アーチユニットを制作する。

現場建方は、特殊な工具や重機を使用することなくすべて人力で行なった。下部架構は下側の大引から順に、微調整を行ないながら基礎と緊結した。上部架構は架構の足元を固定しない状態では、蝶番が自由に変形するため形状が安定しない。そこで、施工性を考慮してa1-a2、c1-c2、e1-e2パネル間、3カ所に対して長ネジとパイプで開きを矯正することで拘束した。a1、a2パネルには蝶番が接合できないことから、木材で制作したパネルで開きを拘束した。上部架構の施工手順を図6に示す。

また建ち上げ・上部、下部架構の接合を行ないやすくするために、上部架構の足元部分に持ち手を取り付け、架構の接合完了後取り外した。膜材の設置はアーチユニット展開後に取り付け、建ち上げ完了後にユニット間を止水ファスナーによって接合した。

試行建設はおおむね支障なく完了することができた。工場での部材制作により、大部分をプレファブ化することで、現場での工期を短縮することができた。しかし上部架構展開後、拘束部材と補強として架構内部から蝶番を取り付けたため時間を要した。施工性の向上が必要であると考えられる。今回は現場建方をすべて人力で行なったが、移動式クレーンで補助することで、より簡単で安全に行なうことができるであろう。下部架構は部材を通しボルト1本で接合しているため、回転を許容する。接合時に角度の固定ができれば速やかに建方が進むであろう。また面ファスナーで膜材と架構を接合したため、架構の形状に沿うよう微調整が可能であった。ユニットの接合部は、ファスナーの持ち手が架構外側であったため内側からは可動しにくかった。

解体完了後、蝶番を確認したところ、コースレッドの破損や、蝶番の歪みが見られた。これは繰り返し、建方・解体を行なう中で、蝶番で接合している部分に

図5　面ファスナー（左）、止水ファスナー（右）

架構のねじれなど、施工中に発生する応力が集中したことによるものだと考えられる。

6. まとめ

本架構は剛体折紙を応用し、平面から展開後、足元を拘束することで安定する架構である。平面に折り畳むことが可能で、仕上げに膜材を用いる点は、可搬建築物の折り畳みの可能性や施工性の向上に寄与すると考えられる。実建築の適用に際しては、繰り返しの施工にも耐えうる高強度のヒンジの開発、窓や出入り口のデザイン等の検討が必要である。

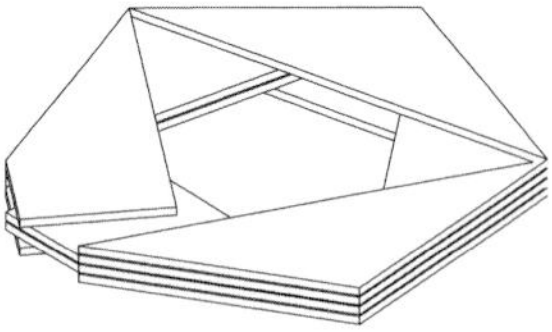

1. 畳んだ状態
あらかじめ架構に面ファス ナーを取り付けておく

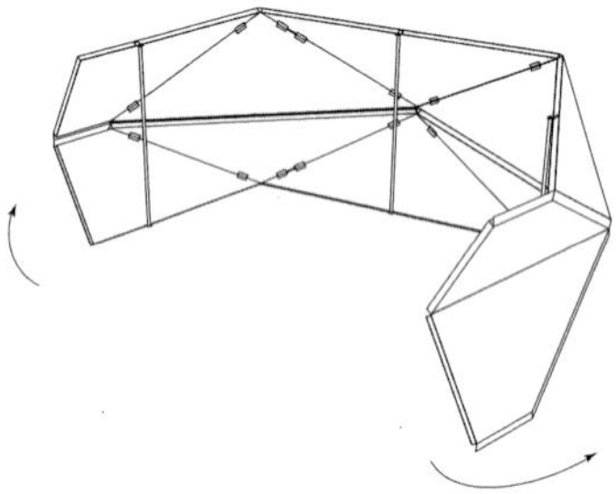

2. 寝かせたまま展開し、拘束部材を取り付け安定させる

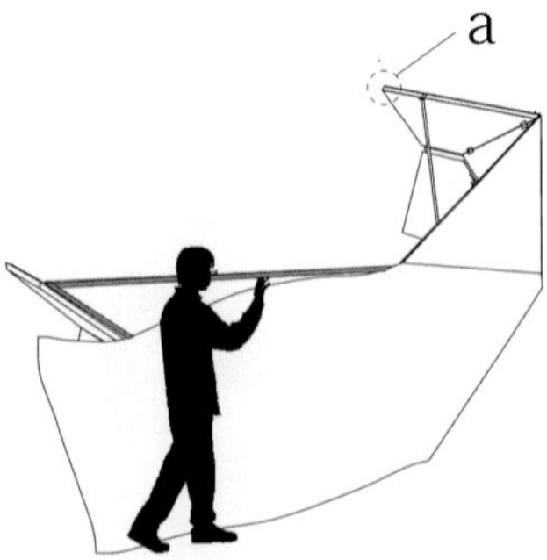

3. aの部分を始点にし、膜材を合わせ、取り付ける

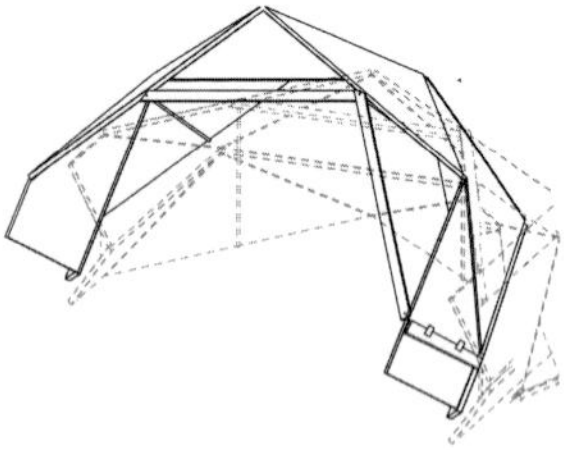

4. 架構の足元部分の膜はまくり上げ架構を起こす

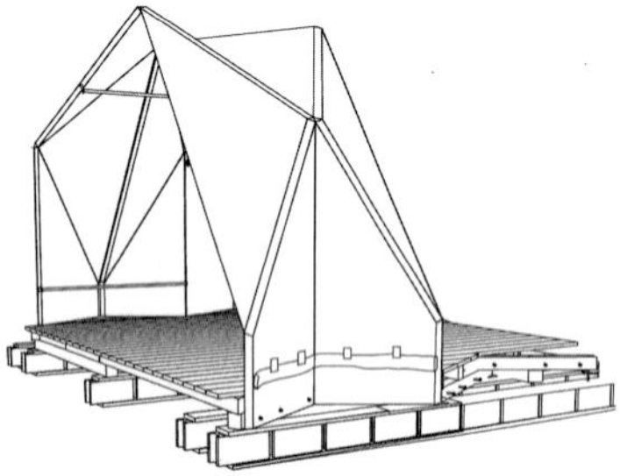

5. 架構を大引きへ取付け、まくり上げていた膜を下ろす

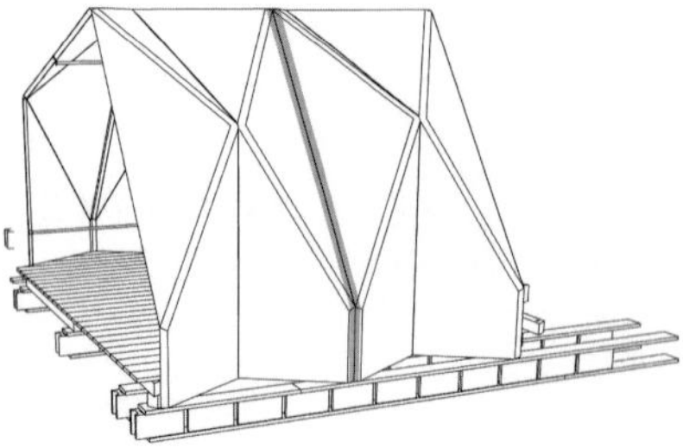

6. ユニットごとの膜の取付後、ファスナーでユニット間をつないでいく

図6　施工手順

篠原：大きさは八畳間ぐらいのイメージなんですよね。仮設住宅などに使うというような提案ですが、その大きさはどうやって決めたのですか?

　また、きれいな架構なのに、膜材を掛けてしまうとそれが見えなくなってしまいますよね。確かに、折れ目部分の止水はどうするのかなと思っていましたが、こんなふうにしないで、接合部のところだけ止水するとか、塗装をしたものを折っていけばいいのではないかと思うのですが、あれは絶対にかぶせなければいけないのでしょうか?

魚住：まず、大きさについてですが、そもそも、この研究は学部生が自分たちでシェルターをつくるというところからスタートしていて、学祭に出店するフォリーとして使う物だったんです。作業場と学祭の展示場所が離れていたので、可搬性を考えて、2tトラックに全部物を収める必要がありました。トラックの荷台に収まるプロポーションで三角形を構成して、その中で室内空間がどれぐらいとれるかというところから複合的に考えて、この形状と大きさに設定しています。

　次に、膜材に関してですが、今回そういった経緯がありまして、短期間で防水をしっかりする必要がありました。可搬的で、かつ仮設的なものとして、膜材はとても軽い素材で防水性があるので、一気に覆ってしまうことができます。安直と言えば安直かもしれないのですが、全体を覆うことで簡単に防水できるというところからこれを掛けています。今回は外側から木が見られない状況になっていますが、稜線のヒンジを工夫すれば、その部分も対応できるようなものが開発できると考えています。

佐藤：今回はテーマを絞って工法的な提案にとどめていて、強度試験は多少行なっているようですが、幾何学的な分析や構造的な分析についてはあまりされていませんよね。例えば、この部材を使うとこれぐらいの規模の大きさのものができるというような分析があると良かったと思います。

　あと、多面体がちゃんと折りたためる機構というのは、折れ線の延長線が一点で交わらないといけないというルールがありますよね。折りたたみのルールというのは比較的簡単なのですが、実際に厚みをもったパネルがぶつからずに重なり合ってちゃんと折りたためるということを解明するのは結構難しいんです。そのあたりに触れてほしかったなと思いました。

聖地・ラーメーシュワラム（南インド）の都市構造と居住空間の変容に関する研究

祭礼を手がかりとして

Name:
櫻井 藍
Ai Sakurai

University:
滋賀県立大学大学院
環境科学研究科　環境計画学専攻
布野修司研究室

Q 修士論文を通して得たこと

「モノ」だけを見ていてはいけないということ。祭礼は宗教儀礼であり、人々のアイデンティティでもある。都市における文化活動を継承することは「生きている都市」を継承することであると思う。

Q 修士修了後の進路と10年後の展望

吉川の鯰にて大工見習い。自分が本当に正しいと思える建築や地域のあり方を追求し続け、地域の中で頼られる存在でありたい。

序章

0-1 研究の目的と背景

本研究はインド南東部、タミル・ナードゥ州のラーメーシュワラム島に位置するヒンドゥー教の聖地・ラーメーシュワラムを対象とし、ヒンドゥー教のコスモロジーを体現する巡行祭礼を手がかりに、コスモロジーが現在の都市空間に及ぼした影響とその特質を明らかにすることを目的とする。

0-1-1 南インドにおける寺院都市

インドのタミル・ナードゥ州周辺には、大規模なヒンドゥー寺院を中心とする同心方格囲帯状の構造を有する寺院都市が複数存在する。これらの都市では卓越した宗教的重要性をもつ寺院が、都市の中核あるいは都市形成の主要な契機となっている。その代表例であるマドゥライでは、ミーナークシ寺院を中心に矩形の街路が四重に取り囲み、中心部を最聖の領域とする求心的階層性のコスモロジーが都市に投影されている。その形態に着目すると、マドゥライのような明快な都市構造を有する寺院都市は少なく、多くは門前町レベルである。ラーメーシュワラムも後者の寺院

図1-1　『ラーマーヤナ』に登場する都市

都市群のひとつであり、上述したコスモロジーと都市との関連が予想される。

0-1-2 インドにおけるヒンドゥー教の聖地

インドには数多くのヒンドゥー教の聖地が存在し、それらの都市は伝説や神話を媒介として観念的に接続されている。古代インドの叙事詩『ラーマーヤナ』は、「ラーマの行程ないしは行法」を意味し、ラーマ王子の生涯を語り記したものである。その舞台となるのは実在するインドの諸都市であり、ラーメーシュワラムは『ラーマーヤナ』第Ⅴ編 美麗の巻、第Ⅵ編 戦闘の巻に登場している。第Ⅲ編 森林の巻に登場するチトラクートでは、主要宗教施設の配置は3つの二等辺三角形によって構成され、その三角形の軸はチトラクートの夏至の日の出と日の入の角度を示すと指摘されている。つまり、ここでは月や太陽のマクロコスモス、自然の地形のメソコスモス、都市や住居や身体のミクロコスモスが結びつけられていると言われている。(図1-1)

第1章 ラーメーシュワラムの都市構造と祭礼

1-1 都市形成

街路体系はその規模と機能から3つのレベルに分けて考えることができる。第一のレベルはラーマナータスワーミ寺院を囲む道路、寺院から東西に延びる道路、そこから南北に延びる主要道路である。島の他の村とつながり、ラーメーシュワラムを訪れる巡礼者、観光客の主要動線となっている。寺院から東西に延びるミドルストリートには、寺院を囲む東西方向のカーストリートの距離が応用されていることが予想される。第二の

図1-2 街路体系(上)と、ティルカルヤナにおける特別儀礼の際の山車の巡行路(下)

レベルは第一のレベルの道路から分岐し、市街地を街区へと細分化する街路で、住民の生活の主要動線となっている。第一の道路とは対照的に、若干の蛇行があり、幅員にも差があるのが特徴である。街区の形成過程の考察によって、第一の道路と第二の街路の形成時期は異なると予想される。第三のレベルは街区を背割りする路地、もしくは袋小路で、建物最奥の裏庭とつながっている(図1-2上)。

1-2 ラーマナータスワーミ寺院と祭礼

ティルカルヤナは年間に行なわれる祭礼の中で最も重要な祭礼の一つであり、インド全土から人々が訪れる。その内容はラーマナータスワーミ寺院の本尊であるシヴァとパールヴァティの結婚祭礼である。この伝統的な祭礼の巡行路は古くから存在していたことが予想され、都市に関する研究蓄積のないラーメーシュワラムの都市構造、都市形成を考察する上で、巡行祭礼はその手掛かりとして有効であると考えられる。

　ティルカルヤナでは都市の中でシヴァとパールヴァティの婚礼が体現される特別儀礼とそれに伴う巡行が行なわれている。その巡行の開始地点はいずれも寺院の東門で、山車の行く先はアグニティールタム(海に存在する沐浴場)、ラーマティールタム(人口の沐浴場)、ガンガマダナ・パルヴァターム(ガンガマダナ山に存在する寺院)の3カ所で、すべて『ラーマーヤナ』に関連した場所である。巡行路となるのは第一のレベルの道路であり、ラーマナータスワーミ寺院の祭礼において巡行路となる第一のレベルの道路が初期に計画されたことが予想される(図1-2下)。

第2章 ラーメーシュワラムの都市構成と祭礼

2-1 都市構成

ラーメーシュワラムの集住形態は通りを軸とした両側町の地縁的近隣居住地区を形成している。また、インドの伝統的都市では宗教種、カースト別の居住単位が都市空間構成の特徴となっており、ラーメーシュワラムにおいても上述の地縁的近隣居住地区における宗教種、カースト別の住み分けが見られた。バラモンは主に第一のレベルの道路沿いに居住しているが、巡礼都市の商業的観光地化の影響により、バラモンの住居は減少しその住み分けの解体が進行している。また、バラモンには「パンダ」と呼ばれる者が存在し、特にマハーラーシュトラ州出身の者が多い。これはかつて『ラーマーヤナ』によって関係づけられた都市の間で人の移動が行なわれていたことが要因である。

2-2 住民コミュニティと祭礼

マリーアンマン祭は住民コミュニティにより催される、タミル・ナードゥ州の村々で古くから行なわれてきたヒンドゥー教の伝統的な祭礼で、その内容はマリーアンマンに降雨による穀物の豊穣と人々の健康を願うというものである。マリーアンマン祭の概要は、20から30ほどの祭礼集団が7〜9月の三カ月の間、順々に各祭礼集団の祭礼空間において1週間の祭礼を行なうというもので、祭礼は住民による寄付金を資金として行なわれる(図2)。

　マリーアンマン祭が行なわれることが確認できた祭礼空間は19カ所で、うち17カ所が第二のレベルの街路沿いに分布している。祭礼空間はマリーアンマンが祀られる寺院もしくは祠とニームの木で構成され、街路脇に立地するのが一般的である。

図2　土着の女神・マリーアンマンに降雨による穀物の豊穣と人々の健康を願う

祭礼を執り行なう祭礼集団は、地縁的近隣居住地区における住民コミュニティが基本となり構成される。また、この祭礼集団の居住領域はバラモンの居住地区、つまり初期に計画されたことが予想される第一のレベルの道路と重複しない。これは、本来マリーアンマン祭が村々で行なわれる祭礼であることが要因であろう。

祭礼の最終日には各祭礼空間からアグニティールタムまでの巡行が行なわれる。巡行の途中で儀礼のために止まる儀礼地点は、祭礼空間と同様に土着の神であるマリーアンマンを祀る祠やニームの木を含んでおり、後者は住民によって神聖的空間として重要視されていると考えられる(図3)。

第3章 ラーメーシュワラムの都市空間構成

3-1 施設分布

現在のラーメーシュワラムの都市は、大まかに第一のレベルの道路沿いに宿泊施設、商業施設、宗教施設、公共施設が、第二のレベルの街路沿いに住居が分布している。伝統的な巡礼宿はほとんどが第一のレベルの道路沿いに分布し、過去から現在にかけて形態や機能を変えながらも巡礼都市的空間を有していると言える(図4)。

第4章 ラーメーシュワラムの居住空間構成とその変容

4-2 居住空間構成の類型

ラーメーシュワラムの宅地は基本的に短冊形で、建

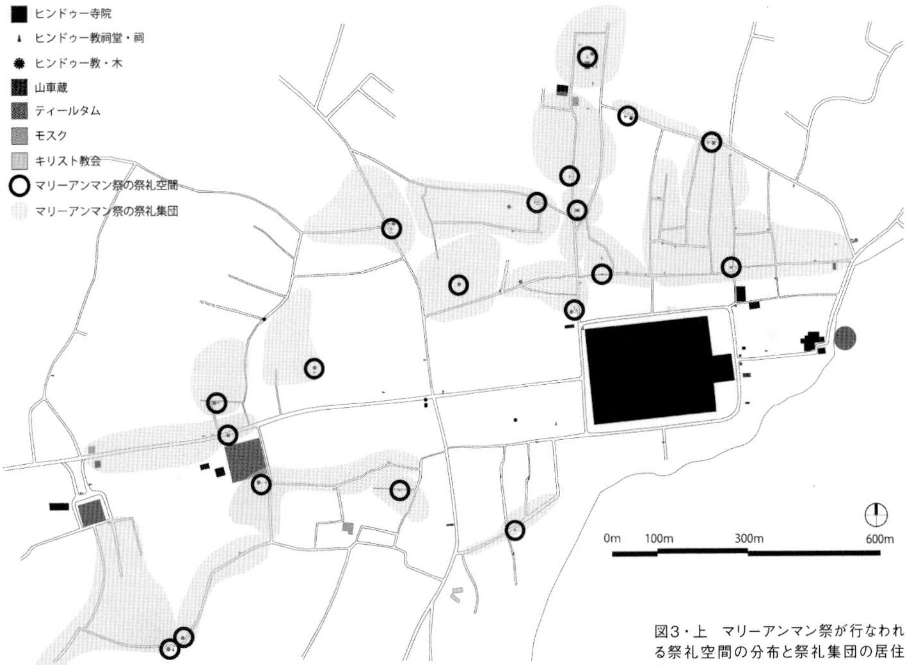

① ② ③

図3・上 マリーアンマン祭が行なわれる祭礼空間の分布と祭礼集団の居住領域
図3・下 ①マリーアンマン祭の初日に行なわれるもやしの種蒔き。もやしはマリーアンマンの髪を象徴すると言われ、一週間で約50cm成長する。②マリーアンマン祭の最終日に行なわれる巡行の際、儀礼の地点となるマリーアンマンが祀られるニームの木。③巡行の終了地点となるアグニティールタムにてマリーアンマンの神像ともやしを海に流す。

物は宅地の間口いっぱいに建つ。ラーメーシュワラムの居住空間構成の一般型の基本構成は、1階建てで入り口からティナイ(玄関)—アライ(居室)—クーダム(居間)—サムヤルアライ(台所)—コーライ(裏庭)とつながるものである。この基本構成から宅地や世帯数、収入等によって、クーダムの前後にアライが増えるという形で一般型の空間構成は変化する(図5)。

4-3 居住空間構成の変容

奥行き方向への室のつながり方、室の増減と吹き抜け、中庭に着目して、一般型からの居住空間構成の変容パターンを考察した。変容の内容は、宅地や世帯数、収入等が要因となるアライの増減を除くと、以下の4つの内容が存在する。(あ)クーダムの吹き抜けが消失。→一般型よりも奥行きが短く、吹き抜けが不必要となる。(い)クーダムが増加。サムヤルアライに中庭が付加。→バラモンの住居であり、1つ目のクーダムは巡礼者に対するプジャーのためのプジャーホールとして、2つ目のクーダムは住人の居間空間として使われる。その結果、奥行きが長く、中庭が必要となる。(う)サムヤルアライが消失。→ダラマサラであり、コーライで食事をつくるためである。(え)サムヤルアライが消失。クーダムの吹き抜けが中庭に変化。→この住居の場合、食事はクーダムでつくっており、生活スタイルと居住空間の変化の過程で、中庭が屋内化され吹き抜けとなり、外部に面したサムヤルアライがつくられた可能性が指摘できる。つまり、クーダムは本来コートヤードであり、現在のクーダムに見られる吹き抜けとハイサイドライトは中庭の名残であると考えることができる(図6)。

結章

ラーメーシュワラムにおける「ヒンドゥー教のコスモロジーが現代の都市空間に及ぼした影響とその特質」をあぶり出すため、寺院都市の特質をもつマドゥライの都市と比較しながら考察していく。

　まず、ラーメーシュワラムにおけるコスモロジーと都市構造の関係は何か。ラーマナータスワーミ寺院によって執り行なわれる巡行祭礼において、山車が寺

図4　施設分布

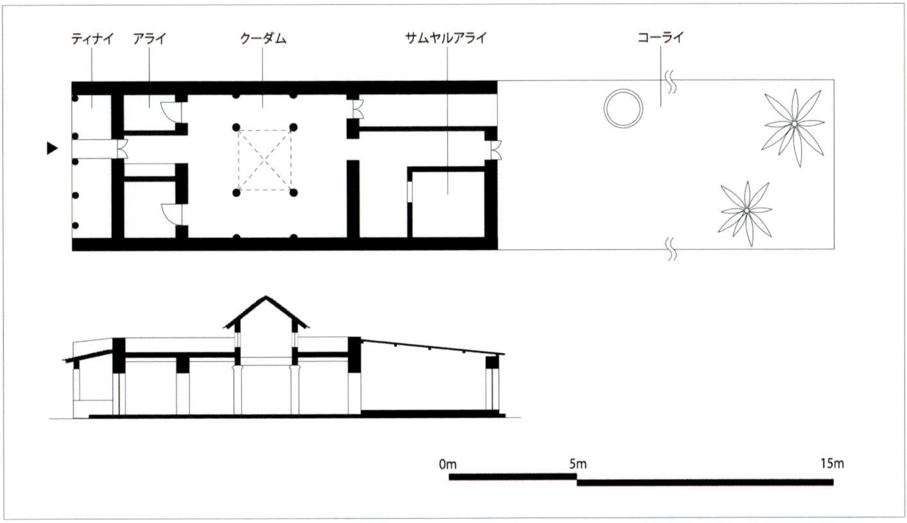

①

②

③

図5・上　居住空間構成の一般型
図5・下　①ティナイ:住居の前面に街路に面して設けられた半屋外のヴェランダ空間で、接客・団欒の場となる。②クーダム:住居の中心となる居間空間で、天井の中心部が矩形に並ぶ柱によって支えられ、柱に囲まれた部分は吹き抜けとなり、採光・換気用のハイサイド窓が設けられる場合が多い。③コーライ:住居の最奥部に設けられる裏庭。トイレ、バスルーム、井戸(キナル)が設置される。

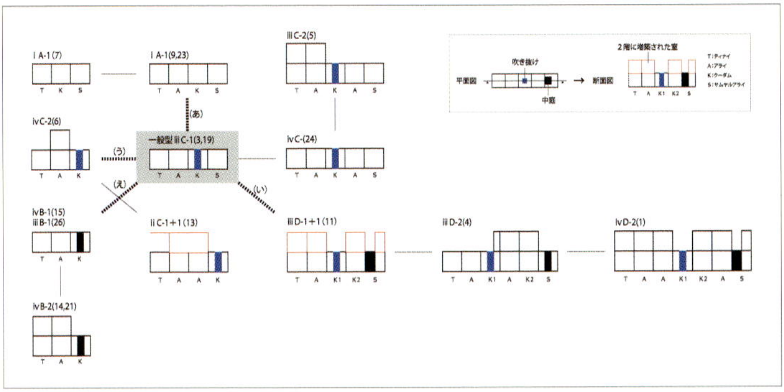

図6　居住空間構成の一般型からの変容パターン(左)と、クーダムの中庭と吹き抜け(右)

院の周囲のカーストリートを出て向かう先がすべて『ラーマーヤナ』に関連する宗教施設であったことから、『ラーマーヤナ』に登場する都市・チトラクートの主要宗教施設の配置の原理を参考に考察を行なう。『ラーマーヤナ』に関連する宗教施設であるアグニティールタム、ラーマティールタム、ガンガマダナ・パルヴァターム、ハヌマーンティールタム、シータティールタム、ラクシュマナティールタムの位置関係を見ると、海に位置するアグニティールタムと山に位置するガンガマダナ・パルヴァタームを結ぶ軸線上にハヌマーンティールタムが配置され、アグニティールタム、ラーマナータスワーミ寺院、シータティールタム、ラクシュマナティールタム、ラーマティールタムはアグニティールタムにおける夏至の日の出の角度を軸としてその近辺に集中している。ラーメーシュワラムの都市に『ラーマーヤナ』を媒体としたコスモロジーが投影された可能性が指摘できる。つまり、マドゥライがミーナークシ寺院を中心とした面的な計画が行なわれたのに対し、ラーメーシュワラムは『ラーマーヤナ』を媒体とした線的な計画が行なわれたと考えられる。

上述の差異は、その集住形態に大きく影響したと考えられる。マドゥライおいて街路によって区切られた同心方格囲帯状のカースト毎の住み分け理念があったとされるのに対し、ラーメーシュワラムでは集住形態は街路によって区切られるのではなく、街路を軸とした両側町が形成されている。また、マドゥライは中心部にバラモン、その外側に一般住民、その外側に異教徒が居住するといった求心的階層性をもつ。しかし、ラーメーシュワラムでは、バラモンが第一のレベルの道路沿いに居住しているため、ラーマナータスワーミ寺院から西側のバラモンの居住地区まで、ムスリムの居住地区まではほぼ同距離であり、寺院を中心とした住み分けのゾーニングをもたないと言える。これは上述のコスモロジーが都市構造に投影された結果によるものであり、双方の都市においてコスモロジー、都市構造、住み分けの密接な関連が見られる。

現在のラーメーシュワラムの都市は、施設分布や居住空間構成の類型の分布等から、第一のレベルの道路沿いと第二のレベルの街路沿いの居住地区でその特性が異なっていることが分かった。それぞれの居住地区に起こる宅地や建物の変容は対称的で、第一のレベルの道路沿いにおいては、巡礼都市における商業的観光地化の影響により建物は拡大している一方、第二のレベルの街路沿いでは現在も空地の宅地化が行なわれている。この都市空間構成の特質は第一のレベルの道路が初期に計画されたこと、すなわち上述のコスモロジーが都市構造に投影されたことによると考えられる。

以上より、ラーメーシュワラムの都市において『ラーマーヤナ』を媒体としたコスモロジーが投影された可能性が指摘でき、コスモロジーの投影は現在の都市の住み分けや居住地区の空間構成に強く影響をおよぼした。それによる都市の特質は「インドの聖地」と「住むための都市」という側面を明確にもつという点である。このフィジカルな側面はラーマナータスワーミ寺院の祭礼と住民コミュニティの祭礼によって体現化され、それらの都市における文化活動は人々のアイデンティティとなり継続して行なわれている(図7)。

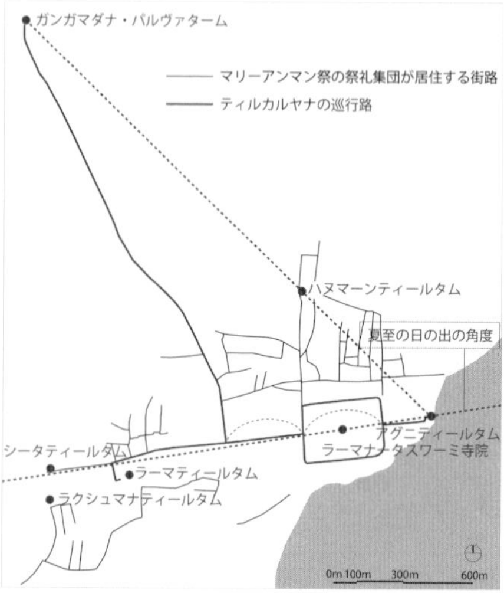

図7　都市の二面性が対称的な2つの祭礼によって表わされる

コメンテーター・コメント@公開討論会

陣内：マドゥライとラーメーシュワラムを比較して、マドゥライの方は求心的で単純な都市構造であるのに対して、ラーメーシュワラムはローカルコミュニティの第二の街路が発達していったということですが、論文の中で住宅の調査もしているんですよね。大きな都市にコスモロジーが投影されているという図式だけではなくて、ローカルコミュニティや、住宅の中にもコスモロジーと関係した構造があるのですか?

櫻井：今回、住居についてはあまり発表できなかったのですが、住居内部の祭祀室における神像の向く方角が東向きという結果はヒンドゥー教の方位観によるものです。マドゥライとラーメーシュワラムの住居の差異としては、ラーメーシュワラムの方が宅地の規模が大きく巡礼都市的要素も強いので、バラモンの住居は多数の巡礼者を招き入れることのできる平面を持っているということが言えますが、この差異は両都市におけるコスモロジーの投影のされ方の差異とは直接的には関係がありません。住み分けのレイアウトやそれに伴う居住空間構成の型のレイアウトはコスモロジーが投影されてできたであろう都市構造と関連し合っていますが、居住空間構成と『ラーマーヤナ』を媒体としたコスモロジーの直接的な関連は見られませんでした。

陣内：歴史的なアプローチがずいぶん流行っていて、人類学や民俗学の分野でも祭礼や宗教の研究はよくやりますが、祭礼やコスモロジーと建築や都市の関係を分析して、場の論理や空間の構成、住居から都市の構造までをおさえて論文を書くのは建築の人しかいないんですよね。このテーマを建築や都市にもっていった時点で非常にオリジナリティのある論文になっています。自身の体験も全部生かされて蓄積されている。

ただ、いずれどこかで役に立つとは思うのですが、問題が大きすぎて今日の発表ではその真意が伝わらなかった。やはり色んなレベルのものを扱っているから、それらが論文の中でコスモロジーとどうつながってるのか、やっぱりちょっと読みづらかったんですね。もうちょっとうまくやるとすごく良い論文になると思うので、また発表してもらいたいですね。

こうした研究は日本の大学教育の中で非常に重要だと思うんです。ゼミや研究室で先輩、後輩、先生、アシスタントがみんな一緒になってフィールドワークに行く。非常に知的なこともやりながら構築していく研究というのは日本のお家芸なんですね。僕らもずっとやっているのですが、考えてみると日本の中だけにしかないんですよ。韓国や中国にもないらしいです。もちろん欧米にもない。

そうした研究をどうやって見返して、研ぎ澄まして、面白い成果を上げていくか。いずれ役に立つはずなんです。そういうことをもっと自覚的にみんなやったらいいんじゃないかなと思います。

篠原：祭礼とコミュニティの関係には私も興味があります。観光地化されているような祭礼ではなくて、地元の生活に密着している祭礼というものがコミュニティにとって非常に重要で、小さな拠点みたいなものが祭礼を支えているわけですよね。そういうコミュニティに密着した祭礼と、都市の構造を通して見ているところに非常に共感を覚えて、いいなって思いました。

「風の道」創造に向けた街路樹の植樹デザインに関するシミュレーション

滋賀県大津市駅前通りにおける風環境の検証を通じて

Name:
木原己人
Tatsuto Kihara

University:
滋賀県立大学大学院
環境科学研究科　環境計画学専攻
環境意匠研究部門　高柳英明研究室

Q 修士論文を通して得たこと

街路樹を吹く風環境の検証をテーマとし、非定常的で不可視な自然風をどのように捉え、可視化するかを考えました。その中で、生じた問題について五感を常に働かせ試行錯誤を繰り返すことのおもしろさを知りました。

Q 修士修了後の進路と10年後の展望

博士課程に進学し、風環境共生型の都市・建築を目指した、都市内緑地に吹く自然風の環境評価・検討における最適手法について探究していきたいです。

第1章 序章

1.1 研究背景

昨今の地球温暖化対策や環境負荷軽減に加え、東日本大震災をはじめとする天災発生下での異常時・非常時における省エネルギー消費を目指した技術的取り組みが様々な分野にて行なわれている。省エネルギー社会の実現に対して、夏季の日中における電力消費量の低減が須要的かつ効果的な課題であり、市民の都市生活レベルでは困難な巨視的かつ面的な対策において地理的特性・自然資本を利活用した環境共生型の都市・建築計画が求められている。

1.2 研究目的

上記のような背景を踏まえ本研究では、滋賀県大津市都心地域を対象とした既知データの詳細な分析および風洞実験により風況データを適切に捉えた上で、対象地域の都市街区と多岐に渡る街路樹の植樹デザインについて、流体力学演算プラットフォームを用いた風環境におけるシミレーションモデルを構築する。その風環境シミュレーションモデルの試行結果から、夏季の日中において利風効果を有する「風の道」創造に向けた街路樹の植樹デザインにおける風環境の検証を行なうことを目的とする。

1.3 既往研究

これまでの風環境の検証についての既往研究では、都市街区に対する風環境の検証に関して、都市における建物配置やボリュームに言及した単純ブロックの配列による都市模型を用いた風洞実験による実測や数値解析に基づいた研究がなされており、また、樹木に関しては、単純樹木モデルについて、風速低減および気流操作の検証に関しての先行研究が行なわれている。

1.4 研究意義

既往研究を踏まえ、本研究では流体力学演算プラットフォームを用い、都市街区に街路樹を合わせた複合的な風環境シミュレーションにより、風洞実験の実測では困難な、多岐に渡る街路樹の植樹デザインや経年変化などに応じた様々な状況における風環境の検証を行なうことができる。また、本研究によって得られた知見は、デジタルデータとしての書き出しが可能であることから、今後、その蓄積・更新により、特定地

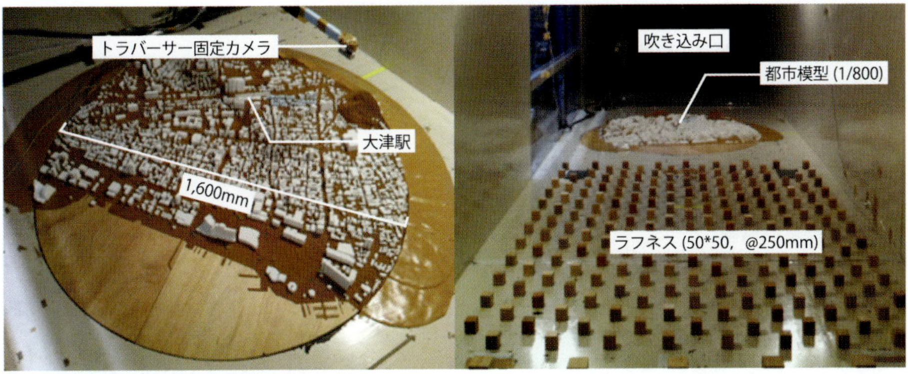

図1　都市街区模型および風洞実験の様子

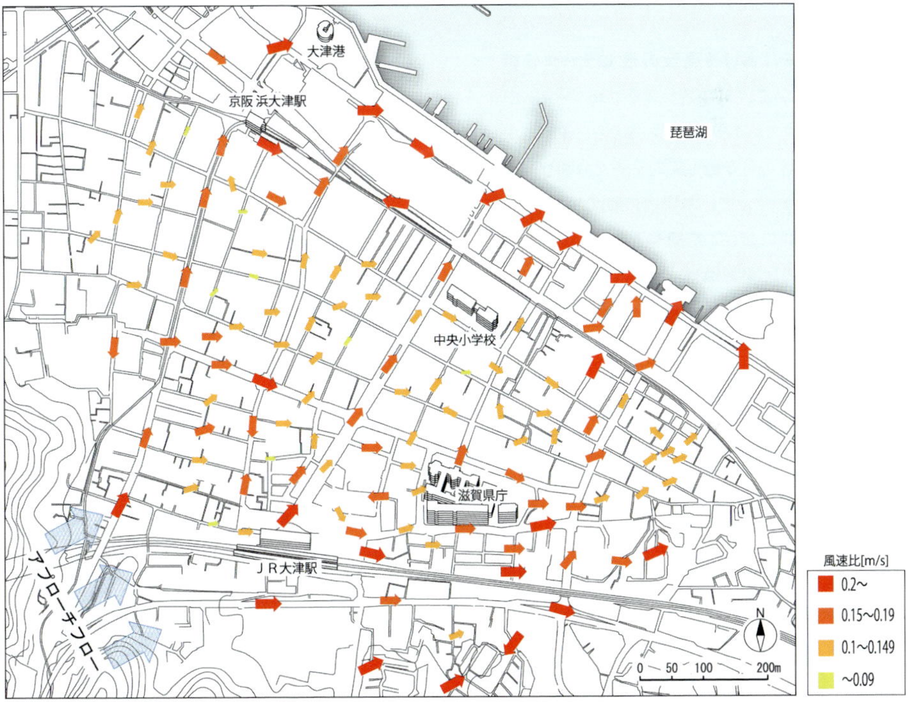

図2　風況マップ

域に留まらない中長期的な都市・建築計画に広くフィードバックできる風環境の評価・検討ツールとしての展開が期待できる。

第2章 初期与件としての風環境の調査・分析

2.1 対象地域の概要

本研究において対象とする滋賀県大津市駅前通りを中心とする直径約1300m圏内では、琵琶湖湖岸に向けての緩斜面を擁する地理的特性、そこを吹く湖陸風と呼ばれる特異な微弱風・季節風を有していることから、これらの自然環境を利活用した環境共生型の都市の実現に向けた、風環境の検証に適した地域である。

2.2 対象地域における風況の既知データ分析

対象地域において、気象庁による1981～2000年間の拡張アメダスによる既知データから、夏期における平均的な風速の日変動と風向分布を分析し、風環境の把握を行なうことで、本研究における検証およびシミュレーションに対して初期与件として扱う。また、本研究における対象地域は、地平面祖度分布より中層市街地に分類されるため、べき指数α＝0.28(1/35)、基準風速VR＝10m/s、基準高さZR＝960mと設定した上で、以下の（式1）を基に鉛直方向における風速分布の算出を行なう。

VZ/VR＝(Z/ZR)^α　(式1)

(VZ:風速, VR:基準風速, Z:高さ, ZR:基準高さ, α:べき指数)

2.3 風洞実験の実施

対象地域において都市模型を用いた風洞実験により、本研究において実空間を想定した初期与件としての風況データを実測するにあたって、対象地域における都市計画図、白地図等より抽出したコンタおよび都市街区データを基に、縮尺1/800（直径1.6m）の詳細な円型都市模型を作成する(図1)。この作成した都市模型について、ゲッチンゲン式低速汎用風洞を用い、先に算出した鉛直方向の平均風速分布に基づいたアプローチフローを発生させた風洞実験から風況データを実測する。風況データについては、主要道路、路地、高層建物周辺等の128カ所の測定ポイントにおいて多点風速計を用いて地上4m付近を想定した30秒間の評価時間における平均風速の測定を行なう。また、同時に140カ所についてスチレンペーパーと針を用いた独自の風向計を用いた風向の

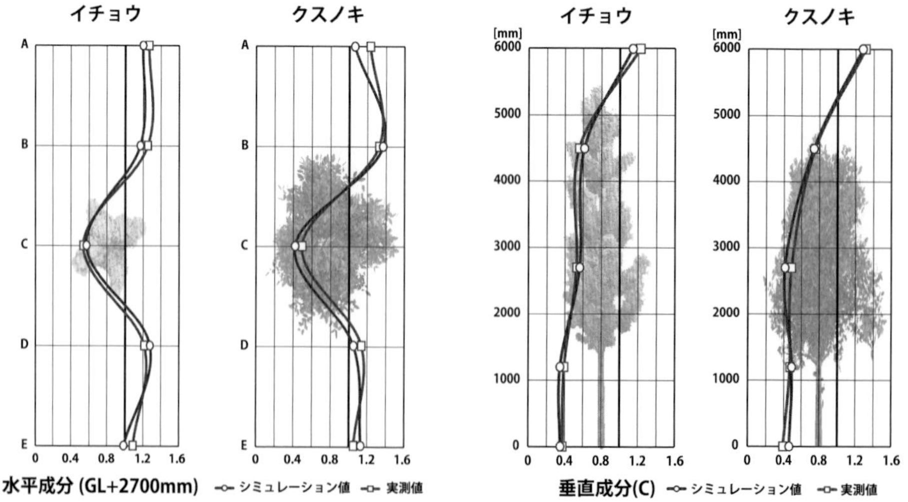

図3　街路樹モデルにおける再現精度検証

観測を行なった。この風洞実験を基に、実測結果から得られた風況データ(風速・風向)について、前述で分析を行なった風向分布に基づく風配図と重ね合わせることで風速比を算出し、この風速比のマッピングにより風況マップの作成を行ない、より現実に近い風環境の把握を行なう(図2)。

第3章 シミュレーションモデルの構築

3.1 都市街区モデル

作成した風況マップを基に、風の流れ、街路樹の有無等を考慮し、滋賀県大津市駅前通りをシミュレーションにおける風環境の検証を行なう上での対象街区として選定する。この対象街区について、都市計画図や国土地理院発行の白地図等から詳細なコンタデータの抽出を行ない、それを基に3D-CAADを用いた都市街区の3次元モデル化を行なう。3次元モデル化を行なう上で、シミュレーション時の演算処理における負荷軽減を考慮し、各建物に関して屋根形状や開口部などにおける複雑な形状については簡略化を行なった。さらに、この都市街区モデルにおける、風環境の検証を行なうにあたって、詳細な風環境シミュレーションを行なうことを目的とし、特徴的な3タイプの都市街区についてシミュレーションを行なう範囲を設定し、それぞれに対し現状の街路樹の植樹デザインを考慮したサンプルシーンを構築する。

3.2 街路樹モデル

現実空間に近いシミュレーションモデルの構築に向けた、街路樹の3次元モデル化にあたって、対象街区におけるフィールドワークを通じた、街路樹の詳細な樹木パラメータの測定および、植樹デザインについての調査を行なう。この街路樹の調査によるパラメータに基づき、対象街区において最も一般的に植樹されているイチョウ、クスノキの2つの樹種について樹木モデリングソフト「Tree[d]」を用いた街路樹モデルの

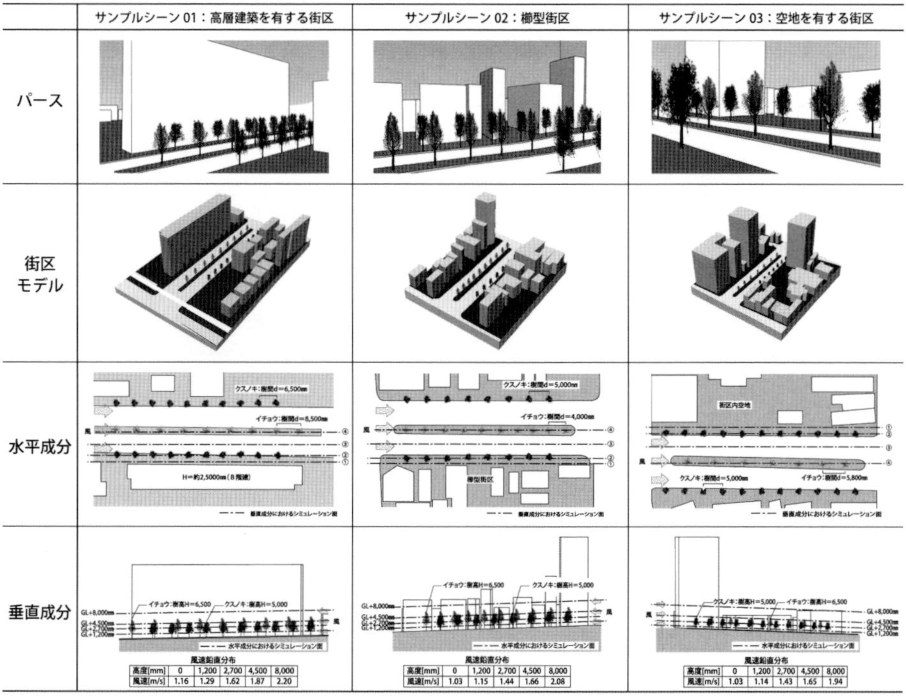

図4 各サンプルシーンにおけるシミュレーションモデル

構築を行なう。また、このイチョウ、クスノキの2種類の樹木について、それぞれの一般的な形状を模して作成した1/30スケールの樹木模型に対する風洞実験から、一定風速時における樹木の有無による風速変化を実測し、樹木における風の透過率および風速変化の比率分布から樹木単体における風環境への影響についての検証を行なう。さらに、作成した街路樹モデルについて、風洞実験空間と同条件に再現したCG仮想空間における風環境シミュレーションを用いて、透過率および風速比率の分布について流体力学演算によりシミュレーション値を算出し、風洞実験による実測値との比較から街路樹モデルの再現性について検証する。この検証を基に作成した水平成分・垂直成分に関する風速比率の分布図では、風洞実験における実測値と街路樹モデルとの間で風速比率の推移が近似傾向をとっていることから街路樹モデルにおける再現性の精度に関して有用性が確認できた(図3)。

第4章 風環境シミュレーションの試行

4.1 シミュレーションの概要

第3章により作成した都市街区モデル街路樹モデルを用いてシミュレーション範囲として設定した3カ所のサンプルシーンについてシミュレーションモデルの構築を行なう（図4）。このシミュレーションモデルに対し、流体力学演算プラットフォームAutodesk Maya上のFluid effectによる、シミュレーションの試行から風環境の検証を行なう。なお、乱流関数モデルにはNavier-Stokes関数を用いて、十分に安定した状態における風環境の検証を行なうこととし、評価時間を1,000フレーム(約40秒)に設定した。また、本研究では、水平成分、垂直成分に分け、それぞれのシミュレーション面についてベース解像度を500ボクセルとした格子状のパーセル流体として解析を行なうことにより流体力学数値積分における演算負荷軽減を目指した。また、シミュレーション結果について、ベクトル矢印と風を想定した流体の密度比の2通りの可視化方法により、風環境のビジュアルデータとしての出力

<table>
<tr><th></th><th>ベクトル矢印による可視化</th><th>密度比による可視化</th></tr>
<tr><td>可視化イメージ</td><td>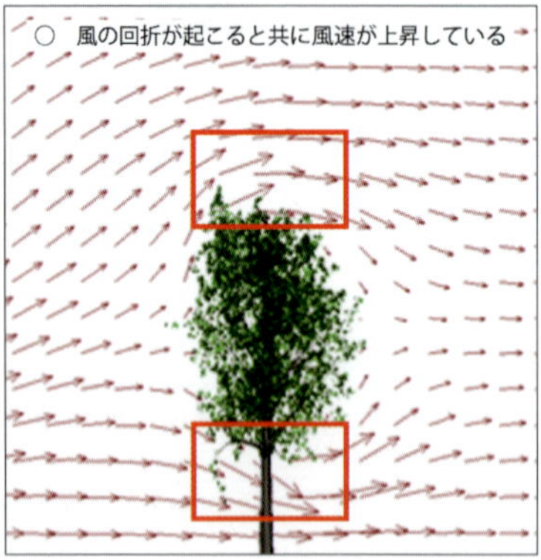
</td><td>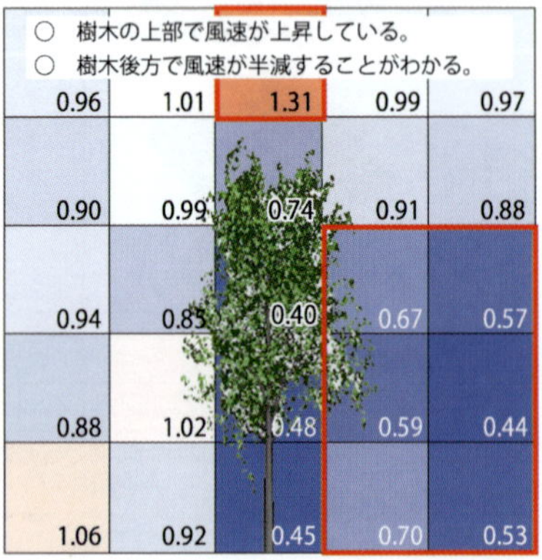
</td></tr>
<tr><td>概要</td><td>シミュレーションの試行結果を、ベクトル矢印（風速＝長さ、風向を＝向き）で表すことにより可視化を行い、風の挙動について検証する。</td><td>風を再現した流体の密度について、基準の密度に対する比率ごとにボクセルを塗り分け可視化を行い、密度比の分布および変化率について検証する。</td></tr>
</table>

図5　シミュレーション結果の可視化手法

を行なった上で、街路樹の植樹デザインが風環境に及ぼす影響について比較検証を行なう(図5)。

4.2 風環境の検証

○検証1:街路樹の有無

各サンプルシーンにおいて、街区のみの場合と現状の街路樹を含めたシミュレーションモデルについて試行を行なった上で、以降の検証について基準となる現状の街路樹の植樹デザインに対して、風環境に及ぼす影響について検証する。この検証から、街路樹の周辺において生じる風の回折により剥離風やダウンドラフトといった特徴的な風の移流の発生がみられる。また、街路内では街路樹により風が誘導されスムーズに流れているが、街路樹前方で密度比が高い箇所があり風の滞流が発生していることが分かる。

○検証2:街路樹の配列

各サンプルシーンについて、街路樹における配列パターン変化させることによる風環境への影響について検証する。この検証からは、街区内および街路樹間における風の流入における変化が見られ、特に街路樹間隔を2倍にした際に街区内および街路樹間への風の流入が最も顕著であり、冷却効果が期待できると考えられる。

○検証3:街路樹の固有値

街路樹について、固有値(樹高、樹冠)をそれぞれ変化させた場合における風環境の変化について検証する。この検証では、主に垂直成分ついて、街路樹の前方にて生じるダウンドラフトや風の滞留、また上方移流の発生における変化がみられた。その中でも、街路樹における固有値を交互に1.5倍にした場合が最も特徴的であり、樹間は狭まるものの、ダウンドラフトの発生による街路樹間への風の流入が顕著にみられ、これは緑陰を広く確保しながらも、地表面へ風を引き込むことで冷却効果が期待できる植樹デザインであると考えられる(図6)。

4.3 シミュレーションの試行結果・検証

以上から各サンプルシーンについて、様々な街路樹の植樹デザイン想定したシミュレーションの試行を行なった結果、これらの植樹デザインの操作における風

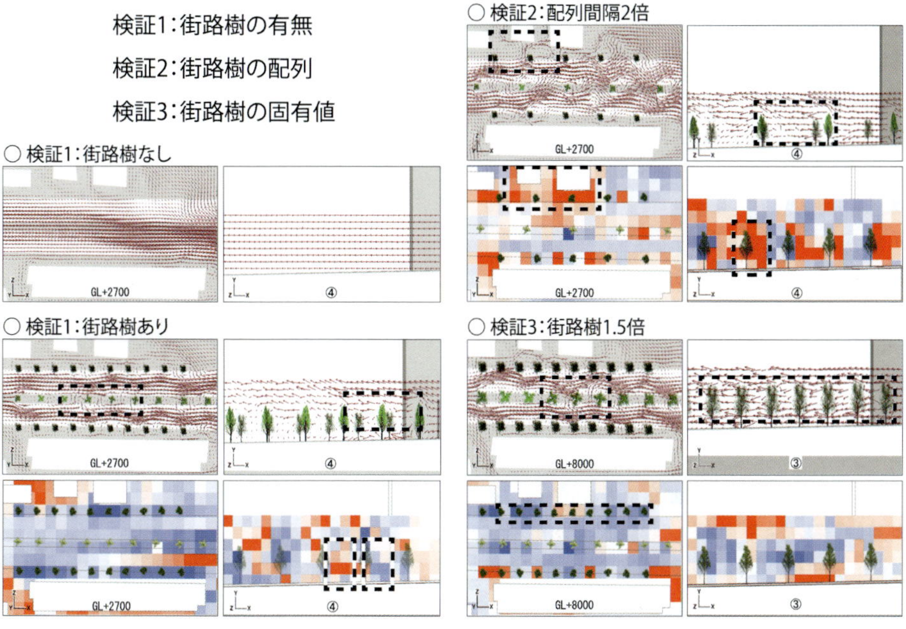

図6 シミュレーションの試行による風環境の検証

環境への影響については、ほぼ同様の傾向がみられた。また、同様の街路樹の植樹デザインであってもサンプルシーンごとに、街区内への風の流入や、街路へ流れ込む風速および密度比等といった各条件において街区形状に基づく異なった特徴がみられた。

第5章 まとめ

5.1 本研究における成果と考察

本研究の成果として、対象地域に関する詳細な風環境の把握に基づいた、「風の道」創造に向けた街路樹の植樹デザインに関するシミュレーションモデルの構築および、その試行における風環境の検証を行なうことができた。その結果、当該地域において街路樹の植樹デザインが風環境へ与える効果は、主に、風速・密度および気流の操作であることが分かり、特に風の回折による、気流の乱れや、剥離風、ダウンドラフトの発生による街区内および街路樹間への風の流入が顕著であることが分かった。また、本研究では、対象地域における詳細な風環境の検証に基づき、風環境シミュレーションモデルを構築することにより、現状の都市街区に様々な街路樹の植樹デザインを反映させた、より現実に近い複合的な都市空間について再現することができた。また、本研究における風環境シミュレーションでは、様々な街路樹の植樹デザインが風環境に与える影響について可視化するで、風の挙動および密度比分布の変化について検証が行なえた。さらに、シミュレーションモデル上では、街路樹の植樹デザインを任意に変更・作成できるため、今後の都市計画や経年変化による樹木の成長を考慮した、街路樹の植樹デザインの変化に応じた風環境の評価・検討ツールとしての基礎的なシミュレーションモデルとなり得たと考える。

5.2 今後の展望

本研究は、滋賀県大津市駅前通りにおける夏季の日中を想定した限定的な条件の下、ケーススタディ的に行なったものであり、様々な街区や街路樹形状、季節等を考慮した条件下において研究の余地を多く残している。今後、このような多岐に渡る条件下での街路樹の植樹デザインについても、同様にシミュレーションモデルの構築および、試行による検証を重ねることで、特定の条件に限らない、都市街区における街路樹の植樹デザインによる風環境の評価・分析が可能であると考える。その上で、本研究におけるシミュレーションモデルや街路樹の植樹デザイン、可視化データにおいては、ビジュアルデータとして書き出しが可能であることから、その蓄積・更新を目的とした知識データベースの構築を行なうことにより、今後の中長期的な都市計画整備等へのフィードバックが可能な風環境の評価・検討ツールとしての展開を目指す。

コメンテーター・コメント@公開討論会

大野：場所が滋賀県大津市なので、琵琶湖の風をどのようにうまく利用するのかという話なのかと思っていたのですが、結局あまり木を植えない方がいいという結論ですよね。密モデルと疎モデルがあって、木をたくさん植えると風が通らないから、ある程度疎の方がいいと。道路幅との関係などもあると思うのですが、どの辺が最適なのですか?

木原：本研究では、街路樹の間隔を2倍と1/2にしてみたのですが、2倍に間隔を広げた際に、全域に風が流れることから、現状よりは2倍にした方が風の流れを有効的に使えるのではないかというところに考えが至っています。一般的に、街路樹は風の影響をあまり考慮していなくて、緑陰を多く取るために、密に植えられてるケースが多く見られるのですが、そういった場合、風が歩道まで降りてこなかったり、樹木間に流れないという点で、あまり最適ではないという結論に至りました。

大野：都会の中では樹木が少ないのでもっと植えましょうということになっていて、緑を増やすために手っ取り早いのが街路樹を増やすことなんですよね。温暖化の問題などもありますし、都市環境を考えた場合、緑が増えた方がいいですよね。風も大事だと思うのですが、当然風だけの問題ではないので、熱的な効果の話などはこの話とどのように結びつくのでしょうか?

木原：本研究では主に風を扱っているのですが、今後、この研究の先で様々なシミュレーションを行なって、その地域に合った樹木間隔や樹種の最適解を求めていきたいという展望を抱いています。

佐藤：私、大津市出身なんですよ。それで、大津駅前の道路をよく知ってるのですが、残念ながら特に魅力ある道路や街並ではないですよね。どうしてここを選ばれたんですか?

木原：風洞実験で調査した上で風の流れがある程度同じ方向に流れているということが分かったことと、道路の幅員が広くて、街路樹が中央分離帯と両脇と両方に植えられているため、研究する上で街路樹の操作がしやすいという点で今回ここを選びました。

佐藤：琵琶湖に直交して、ほぼまっすぐ延びていますよね。

木原：はい。醍醐山地から琵琶湖にかけて緩やかに傾斜した道路になっていて、ここの通りだけ一方向にズバッと風が通っているので、そういう面でも風の利活用がしやすいのではないかと捉えました。

佐藤：そういう場所を選んだのであれば、実測はできると思うんですよ。風洞実験はしているけれど、実際の場所でどういう風が吹いているのか実測してみると分かりやすかったのではないかと思うのですが……。

木原：この研究は足掛け4年で取り組んでいまして、学部の3回生、4回生の時に、この場所で実測調査を行ないました。今回、実測値と風洞実験の値がほぼリンクしていたということで、本研究では風洞実験の値を使っています。

佐藤：そうですか。それはすごくいいスタディだと思います。あと、解析の方で樹木を通過する風については反映されるんですか。離散化の精度によると思うのですが、枝葉をどのぐらいモデルに反映できるかとか、そのあたりはどうですか?

木原：今回の街路樹モデルに関しては風の通過も考えて、枝のモデリングに葉っぱ一枚一枚を付けていくという手法で行ないましたので、ある程度透過は見られるのですが、実際のものと比べると、やはり枝のしなりや葉の回転などによる透過はもうちょっと増加するのではないかと思っています。

佐藤：結論はやや物足りない気もするのですが、研究をこれから進めていくにあたって、手法の提案という意味では、今後の発展が期待できそうかなと思いました。

住宅への愛着形成過程に関する研究

住み継がれてきた木造住宅を事例として

Name:
安福賢太郎
Kentarou Yasufuku

University:
京都大学大学院
工学研究科　建築学専攻
高田光雄研究室

Q 修士論文を通して得たこと

住宅とは「人の歴史」そのものであり、そこに含まれる様々な記憶を、丁寧に、微細に、そして前向きに突き詰めていくことがテーマでした。これからの自分と建築との関わり方への一つの道標を得ることが叶いました。

Q 修士修了後の進路と10年後の展望

建築設計に携わります。今後は建築と関わる様々な人間のことを知り、あらゆる建築に触れ、自らが信じる建築をつくりあげていきたいです。

第1章 序論

1-1. 研究の背景

これまで十分な住宅性能さえ備えれば居住者は満足すると考えられ、それにより現在まで居住水準が格段に向上したことも事実である。しかし近年、十分な住宅性能を備えても、必ずしも居住者の満足度は高くならない状況も指摘される。居住者の満足度に寄与する価値には、手段的価値と非手段的価値が考えられる。住宅の価値を、手段的価値である住宅性能などだけで捉えるのは不十分であり、指標化できない非手段的価値で捉えることも不可欠である。住宅への愛着は非手段的価値の1つであり、住み継ぎという観点から見ても重要なことが指摘される。しかし、愛着という概念は極めて曖昧かつ不安定であり、様々な視点からの精緻な考察が必要である。現在、筆者らが京都市内で調査中の多くの木造住宅は、古くから住み継がれ現在も住まわれている。それらは新しい住宅にくらべ、必ずしも住宅性能が高いわけではないが、手間やお金をかけて受け継がれ、深い住宅への愛着があるのではと考える。

1-2. 研究の目的

本研究では、住み継がれてきた木造住宅を事例として、住宅への愛着形成過程を明らかにすることを目的とする。

1-3. 既往研究と本研究の位置づけ

愛着に関する研究として、地理学者イーフー・トゥアンや環境心理学者Altman&Lowによる「場所」への愛着の研究が、建築分野では愛着の効果や視覚的要因等の研究がみられる。愛着を扱う研究の多くが抱える課題として、①質的研究が少ないこと、②心理学分野とのかい離、という2点を挙げることができる。前提条件が不明瞭な住宅への愛着形成過程に関する研究に必要なのは、居住者の個人史を深く記録する質的調査による実証的分析を行なうことと、愛着という不確定な概念に対し研究が進む他分野の概念を積極的に取り入れることである。

1-4. 研究の方法と構成

第2章で心理学・社会学分野の概念をもとに理論的検討を行ない仮説的モデル図を導く。第3章で居住者3人へのヒアリングによる質的調査を行ない、第4

章で実証的分析を行なう。このように理論的検討と実証的分析の2段階のアプローチにより、質的研究の一般性と客観性を高めることに焦点を当てる。

ヒアリング調査については、愛着という居住者のプライベートに関わる難しいテーマを扱う中で信頼できる情報を得るために、居住者との信頼関係を築いた上での精密な調査を行なった。居住者に対して記憶の喚起を行なうためにヒアリング調査以外に対象住宅に幾度か足を運び、図面や写真などの住宅に関する記録を作成し、誤解がないか居住者自身が確認・修正を行ない、回答の精度を高めている。そのような住宅と個人史に関する精緻な調査を行なうために、調査対象を3件という少ない数に絞る。

第2章 住宅への愛着形成過程に関する理論的検討

2-1. 愛着に関する概念の整理

2-1-1. アタッチメント

アタッチメントはボウルビィが提唱した本能的行動システムに基づく母子の絆に関する概念で、エインスワースは母を安全基地として利用する行動システムと定義した。アタッチメントは生涯持続する性質をもち、愛着パターンに類型化される。

2-1-2. アイデンティティ

アイデンティティの提唱者エリクソンはアイデンティティを「自らの空間的斉一性と時間的連続性についての自他承認の感覚」とし、自我・集団アイデンティティの2つに分類した。

2-1-3. アタッチメントとアイデンティティの関係

2つの概念の関係は関係性におけるアイデンティティ形成という形で研究されている。これらを通して、人間の本質であるアイデンティティの一部にアタッチメントが深く関わることが分かる(図1)。

2-1-4.「愛着」と心理学概念

本研究での「愛着」とは「アタッチメント」の日本語訳として用いる。本研究で用いる住宅へのアタッチメントとは、従来の母子関係の絆を、実験的に住宅と居住者の絆に拡大的に解釈するもので、様々な要因を含めアイデンティティ確立と関わり合い、最終的にできる「肯定的な絆」と考える。

2-1-5. 様々な対象への愛着

ここでは様々な対象への「愛着」に関して、各分野で

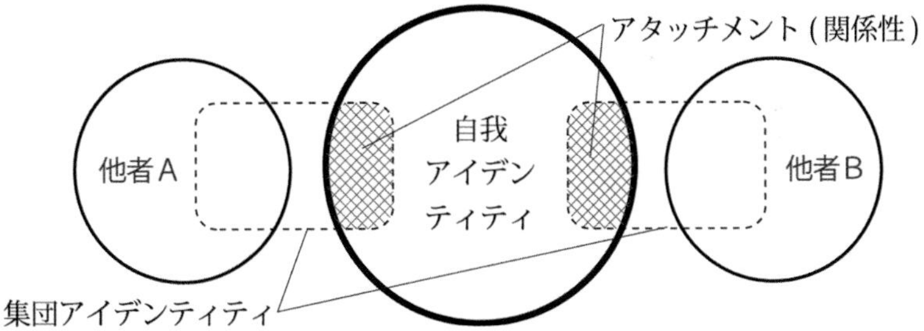

図1　心理学概念の整理

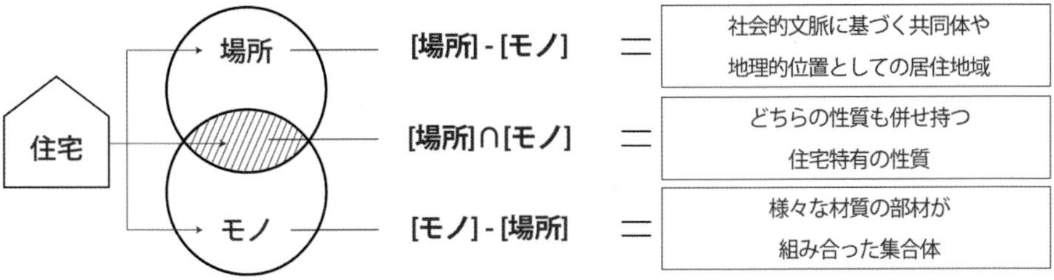

図2　愛着対象としての住宅の性質

研究されている概念を概観する。

2-2. 住宅への愛着形成過程に関する概念の適用可能性

2-2-1. 愛着行動の視点から見た住宅への愛着

母子関係を扱ったアタッチメントでは、「危機的状況」と「平常時」の対象の安全基地としての利用方法と「将来」への関係継続希望で、愛着の有無を判断する。「愛着」の有無や強さを分析する上で、「平常時」「危機的状況」「将来」という3つの視点が考えられる。

2-2-2. 愛着対象としての住宅がもつ性質

(1)「場所」と「モノ」の性質

愛着対象として住宅がもつ性質を考えた時、住宅とは壁や屋根など様々な材質の部材で構成された「モノ」であると同時に、安らぐことができる親密な空間であり地域に建つ建物でもあるという「場所」の性質をもつ。「場所」とは、無限にある空間から切りとられた安全性をもつ特定の「内部空間」、地理的位置という「地域」、居住者の拠り所とする「社会的文脈」としての共同体など、既往研究を通し、大まかに3つの意味に分類できる。住宅には部材としての「モノ」と空間としての「場所」の両方の性質を併せもった「住宅特有の性質」も存在する。以上より、愛着対象としての住宅には、様々な材質の部材が組み合わさった集合体としての[モノ]-[場所]の性質、社会的文脈に基づく共同体や地理的位置としての居住地域などの[場所]-[モノ]の性質、どちらの性質もあわせもつ「住宅特有の性質」である[場所]∩[モノ]の性質、の3つがあると考えられる(図2)。

(2)住宅の手段的価値

手段的価値とは環境性能・耐震性能・利便性・安全性など指標化できる価値のことである。つまり個人の属性によらず、客観的に数値化できる住宅「性能」である。

(3)住宅の非手段的価値【記憶】

非手段的価値とは指標化しがたい価値で、人間心理・感性に基づく個人の主観的な価値である。既往研究を通し、居住者の記憶が重要な位置を占めると考えられる。本研究では特に「住宅特有の性質」に関連した記憶を扱う。記憶の分類としては、居住者自身が直接経験し、かつ主体的に意思決定を行なった「自己に関する記憶」の他に、居住者自身が直接経験したが親しい他者が意思決定を行なった「他者に関する記憶」、親しい他者と共に意思決定をした「自他に関する記憶」、自分が直接経験も意思決定もしていない「歴史に関する記憶」が存在する。

(4)住宅の非手段的価値【感性的価値】

住宅に対する居住者の感性による個人的好みは重要である。住宅は人間の生存基盤を提供するだけでなく、精神的な感性の悦びを与えるという点で「感性的価値」をもつ。

(5)住宅の非手段的価値【文化的価値】

住宅は人間の文化、美意識や気候によってつくり出された物である。そこには人間の集団的アイデンティティがつくりだしたともいえる「文化的価値」が備わる。

2-2-3. 居住者がもつ性質

居住者がもつ性質として、前節の心理学分野によればアイデンティティ形成は大まかにI期(乳幼児期・児童期・思春期)、II期(青年期・成人初期)、III期(中年期・高齢期)の時期に分けることができる。

2-2-4. 理論的検討を通した愛着形成過程のモデル化

以上の理論的検討を通した、住宅への愛着形成過程のモデル図を示す。

第3章 住み継がれてきた木造住宅における愛着の実態

3-1. ヒアリング調査方法および概要

ヒアリングによる質的調査で、住み継がれてきた木造住宅における愛着の実態を明らかにする。ヒアリングはこれまでの「出来事」を伺う前半と、現在の愛着に関わる「想い」の再構成を行なう後半で成り立つ。『質的研究法入門』の3つの理論的立場に従い、前半・後半ヒアリングに最適な理論的立場を検討し、手順を明確にした。調査対象は現在京都市内の木造住宅に住む3名の居住者である。居住者の共通点と住宅の特徴を示す。特に先代から土地・住宅を住み継いでいることは、この研究で不可欠な条件である。O家住宅の平面図を示す(図3)。ここではO家住宅のみに焦点を当て分析を行なう。

3-2. O家住宅における居住者の愛着

O家住宅でのヒアリング調査の結果、記憶に関して

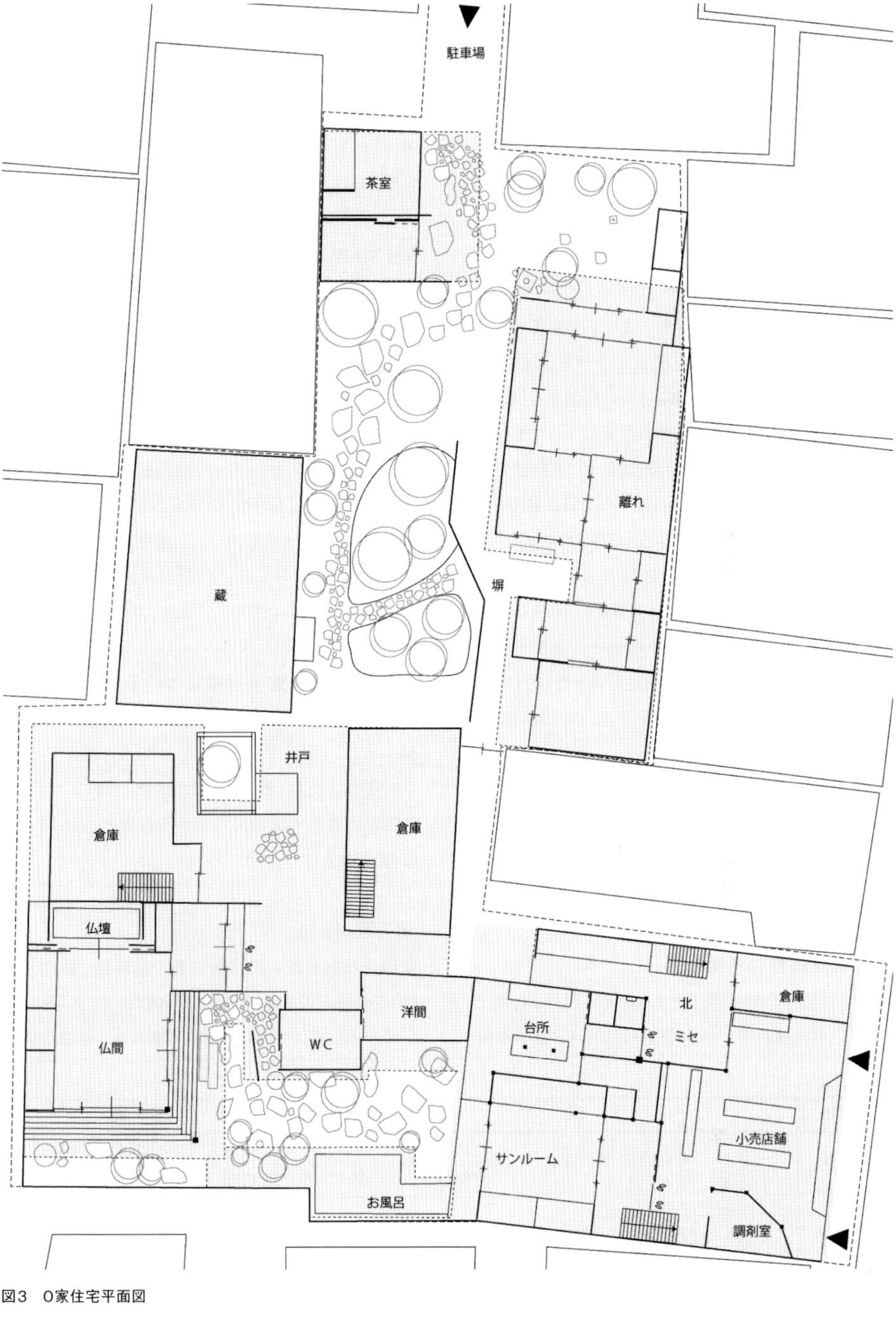

図3　O家住宅平面図

主に【父親】【仏間】【薬局】【マンション工事】に関する回答が、その他【木材】や毎日の維持管理についての回答が得られた。またヒアリングを通して筆者が抽出した愛着と関係があるキーワードを各分類にまとめ、この中から特に重要な語句を居住者に選んでもらった。

第4章 住み継がれてきた木造住宅を通した愛着形成過程の実証的分析

4-1.「愛着のきっかけ」

3件のヒアリングを通し、「愛着のきっかけ」と呼べる重要な出来事をきっかけとして愛着に気付き深まることが分かった。それらの出来事を4つに分類する。住宅への愛着を論じる上で居住者の性質について考えた時、心理学のアイデンティティ形成に基づくIⅡⅢ期の区分ではなく、「愛着のきっかけ」との関係に基づく居住者の性質の変化に着目することが相応しい。

「愛着のきっかけ」以前の居住者は住宅を単なる「使い手」の立場で住んでいたのに対し、以後は居住者自身が住宅に関する維持管理や意志決定を主体的に行なう「作り手」の立場と生活行為を行なう「使い手」の立場の両方をもち合わせるようになる(図4)。

4-2. ヒアリング結果を用いた愛着形成過程の分析

O家住宅における愛着形成過程のモデル図を示す(図5)。これはO家住宅のヒアリング内容を分解し、理論的検討の図に適用したものである。

4-3. 3人の居住者に見られる愛着形成過程の特徴

居住者が選んだキーワードおよびモデル図から判断でき得る、O家住宅の愛着形成過程における重要事項を示す(図6)。

4-3-1. 愛着に特に重要な事項

記憶に関する事項では「他者に関する記憶」と、「作り手」としての「自己に関する記憶」である「愛着のきっかけ」が大きな役割を果たすこと、【木材】の質感、美しさが部材として「感性的価値」と結びつくこと、古くからの木造住宅だからこそ得られる風通しや寒暖など「性能」面の特徴を重視すること、「社会的文脈」において知人の存在が重要であること、などが分かった。愛着形成過程において手段的価値と非手段的価値は相補完的な価値としてどちらも重要であると分かる。

4-3-2. 居住者の性質

居住者のアイデンティティ形成過程について、「使い手」の立場から「作り手」の立場も兼ねるような段階に変化していくことが分かった。居住者の性質について、①「木材への愛着」、②「時代背景」、③「愛着のきっかけ」、④「住宅への嫌悪」の4つにまとめることができる。

4-3-3. 現在の愛着行動について

居住者に見られる現在の愛着行動について、「平常時」には、掃除やお参りなどの生活行為が見られ、「危機的状況」における丁寧な改修、「将来」に対する保存の意思や建物保存制度の利用が「作り手」の立場で見られた。

第5章 結論

理論的検討を通し、①「居住者の性質」と「愛着対象としての住宅の性質」に分類し両者間のアタッチメントが精神的恒常や愛着行動として表れる、②住宅の性

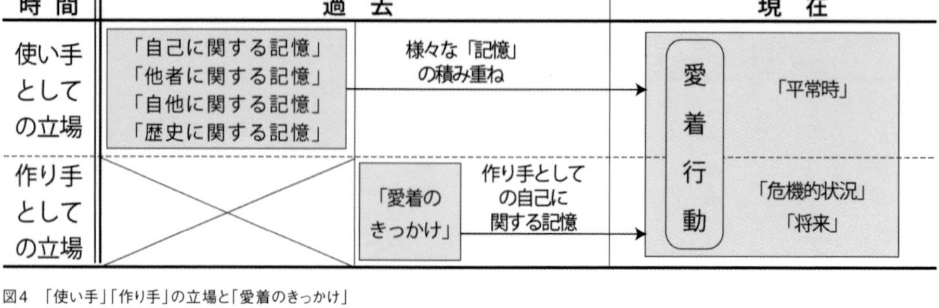

図4 「使い手」「作り手」の立場と「愛着のきっかけ」

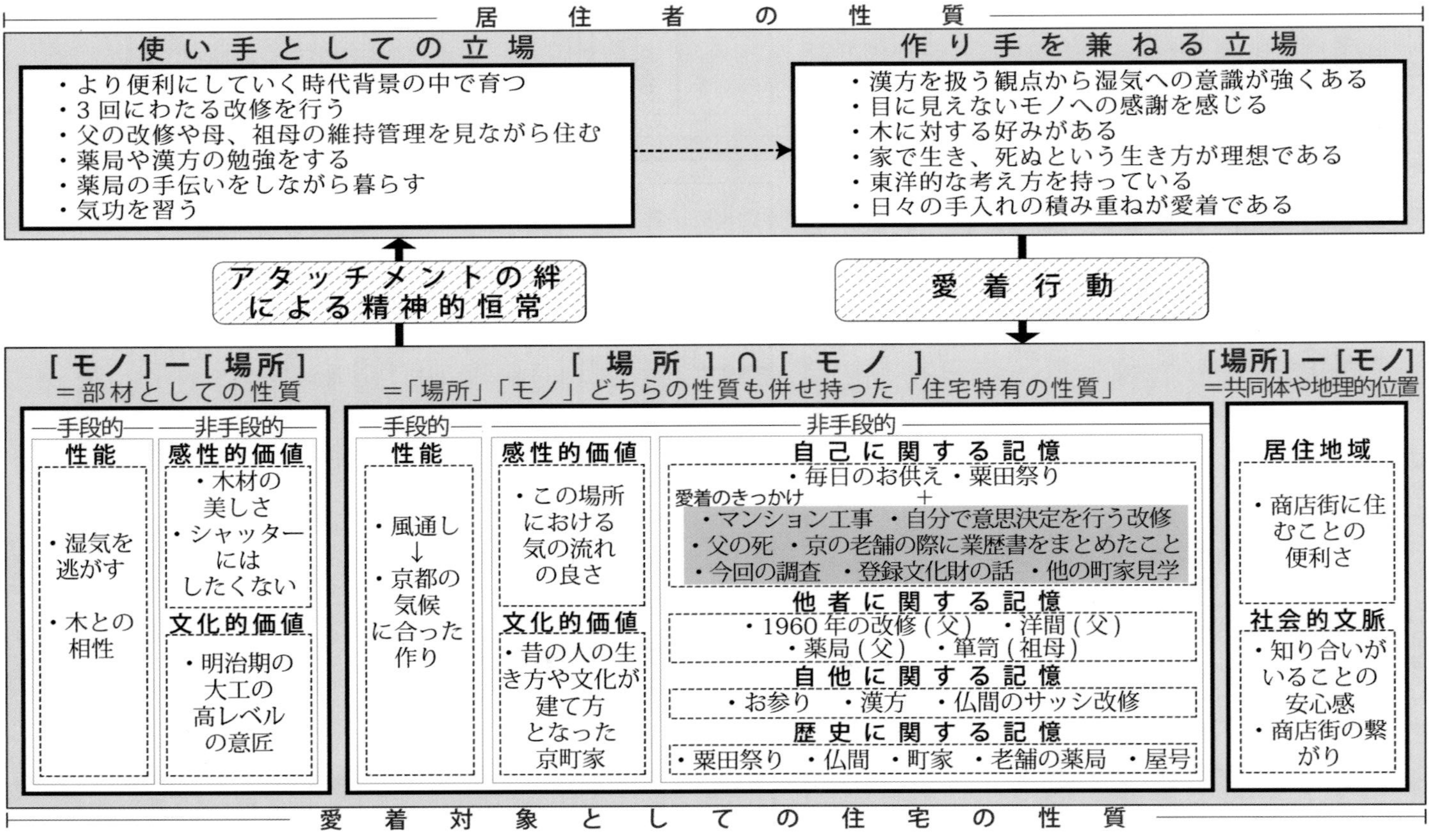
居住者の性質
使い手としての立場
・より便利にしていく時代背景の中で育つ
・3回にわたる改修を行う
・父の改修や母、祖母の維持管理を見ながら住む
・薬局や漢方の勉強をする
・薬局の手伝いをしながら暮らす
・気功を習う
作り手を兼ねる立場
・漢方を扱う観点から湿気への意識が強くある
・目に見えないモノへの感謝を感じる
・木に対する好みがある
・家で生き、死ぬという生き方が理想である
・東洋的な考え方を持っている
・日々の手入れの積み重ねが愛着である
アタッチメントの絆による精神的恒常
愛着行動
[モノ]－[場所]
＝部材としての性質
手段的
性能
・湿気を逃がす
・木との相性
非手段的
感性的価値
・木材の美しさ
・シャッターにはしたくない
文化的価値
・明治期の大工の高レベルの意匠
[場所]∩[モノ]
＝「場所」「モノ」どちらの性質も併せ持った「住宅特有の性質」
手段的
性能
・風通し
↓
・京都の気候に合った作り
感性的価値
・この場所における気の流れの良さ
文化的価値
・昔の人の生き方や文化が建て方となった京町家
非手段的
自己に関する記憶
・毎日のお供え ・粟田祭り
＋
愛着のきっかけ
・マンション工事 ・自分で意思決定を行う改修
・父の死 ・京の老舗の際に業歴書をまとめたこと
・今回の調査 ・登録文化財の話 ・他の町家見学
他者に関する記憶
・1960年の改修（父） ・洋間（父）
・薬局（父） ・箪笥（祖母）
自他に関する記憶
・お参り ・漢方 ・仏間のサッシ改修
歴史に関する記憶
・粟田祭り ・仏間 ・町家 ・老舗の薬局 ・屋号
[場所]－[モノ]
＝共同体や地理的位置
居住地域
・商店街に住むことの便利さ
社会的文脈
・知り合いがいることの安心感
・商店街の繋がり
愛着対象としての住宅の性質
図5　O家住宅における愛着形成過程のモデル図

質を「場所」「モノ」を重ね合わせ3つに分類できる、③意思決定主体と直接経験の有無により記憶を4つに分類できる、の3点を明らかにした。さらにヒアリング対象に適用することで、④「愛着のきっかけ」と呼べる出来事の前後で居住者の性質が「使い手」の立場から「作り手」も兼ねる立場へと移り変わることが明らかになった。これらを通じ、住み継がれてきた3件の木造住宅における居住者それぞれの愛着形成過程を明らかにすることができた。

次に本研究の実証的分析を通じ、下記を示した。①愛着対象としての3つの性質や手段的・非手段的価値を含めた事項が相補完的に愛着形成に関わる、②「作り手」の立場になる以前の「他者に関する記憶」・「作り手」としての立場における「自己に関する記憶」・【木材】の「感性的価値」・「居住地域」「社会的文脈」が愛着に特に重要な事項である、③居住者の性質における「木材への愛着」「時代背景」「愛着のきっかけ」による影響がある、④「使い手」「作り手」の2つの立場が現在の愛着行動にも表れている、の4点を提示することができた。

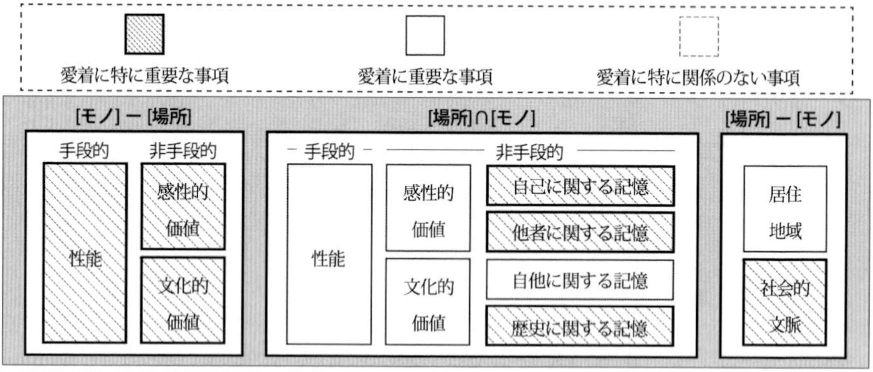

性能	『漢方を学んだので、健康面での湿気という観点から住む環境を見ている』 『湿気の観点から、木材はとても素晴らしい素材で、生きている素材である』
感性的価値	『「私」は美しさが大切だと思っている』『美しさを崩すことへの抵抗がある』
文化的価値	『今ではつくれないようなもの』『とても感心する』 『細かな意匠を見ていると、当時の作り手の大工さんの想いが見て取れる』
自己に関する記憶	『マンション工事での土地売買や地上げ屋との交渉など、とても大変だった』 『ショックだった』『軒や瓦を守り切れなかった想い』『家を大切に思う気持ち』
他者に関する記憶	『父がほぼ一人で考えていた昭和35年の改修が一番今も意識できる』 『父親は家のことを大事に思っていた』『父は熟考をする人で家族も信用していた』 『父は、もし傷んだところに気づいたらすぐに直していた』
歴史に関する記憶	『O家にとって仏間は昔からとても大切だった』『家の中で唯一屋号が書いてある』 『「京の老舗」を取得してから先祖を意識するようになった』 『祭りの際にお酒を振舞う接待をずっと昔から行っていた』
社会的文脈	『薬局をしてたからこそ広がる人間関係がある』 『知り合いがいることで安心感があり、惣菜屋さんに夜ご飯を頼んだりと便利である』 『ここでないと生きていけない』

図6　O家住宅の愛着形成過程における重要事項

陣内：非常に面白いアプローチだと思いました。使い手と作り手というキーワードが出てきて、作り手の方は住宅の物理的な性能などと関係するのに対して、使い手の方は父の死など、家族や家という問題と絡んでくるわけですよね。場所ということを考えると、敷地や建物の中だけではなくて、近隣との関係などもあるわけですが、そうした場合に、住宅という言葉だけでまとめてしまっていいのかなと思ったんですね。何かほかの言葉を組み合わせながらやってみると、もっと面白いんじゃないかな。つまり、住宅と言ってしまうと郊外の木造住宅みたいなものもイメージしてしまう。ただ、ここで扱ってる京都の3つの住宅は、結構古いコンテクストの中に建っているものですよね。庭があったり、町家だったり。だから、京都独特のものをあぶり出すためには、住宅という言葉だけではなく、家とか、何かもう少し違うボキャブラリーを入れていった方が、面白くなるんじゃないかな。

安福：都市との関わりについては、社会的文脈や居住地域に歴史的な記憶がある場所なので、場所の定義に社会的共同体や地域というものも含めていました。そこまでヒアリング調査を行なった上で、住宅についてのヒアリングを行ないました。実際にそういう点が居住者の方にとってすごく大事だというのは、ヒアリングを通して最後の方に分かったことです。もし今後、研究を続けるとしたらそういう視点があると思います。

篠原：いまのお話にもつながるのですが、この調査対象はどういう基準で選定したのか、ということが1つ。もう1つは、住み継がれてきた木造住宅ということなのだけれど、住み継がれてきたことが重要なのか、木造であることが重要なのか。生活者として器との関わり方というのは、木造なりの何かがあるという気もしたので、その2点についてお聞きしたいです。

安福：まず、1つ目ですが、3人の居住者の特徴としては先代からの土地・住宅を受け継いでいること、そして今後残したいと願っていることです。あと、みなさん女性だったのですが、それは後で明らかになったことです。また、それに対して3つの住宅の特徴としては、木造住宅であること、明治・大正期の建築であること、京都市内に位置することです。その中で、研究室の中で調査を行なっていないもので、いろんな団体を通じて紹介してもらった住宅を取り上げました。特に、1軒目のO住宅に関しては、むしろ向こうからヒアリングをしてくださいというオファーがあり、ちょうどこちらも調査をさせていただきたいということでマッチングしたという経緯があります。

2つ目の質問の、木造と住み継ぎに関してですが、僕の最初の着想としては、住み継ぎということが、まず最初にありました。記憶というものが大事なのではないかということが僕の着想の原点であります。特に、愛着対象としての住宅では、自分以外の親しい他者に関する記憶が重要なのではないかと考えています。それに対して、木造については、調査対象の共通点として、木造をみなさんすごく愛していて、木造じゃないと嫌だと言ったり、木造でもどういう種類の木がいいとか、どういう細工がいいとか、木造住宅に対するプライドのようなものが見られましたので、後付けではありますが、これは共通点として挙げるべきだと思い、入れさせていただきました。

建築設計における創発的プロセスとしてのメタファーの研究

Name:
酒谷粋将
Suisho Sakatani
University:
京都大学大学院
工学研究科　建築学専攻
門内輝行研究室

Q 修士論文を通して得たこと
研究テーマは建築設計における創造的な設計方法やそのプロセスについてです。研究室ではその他の活動を通して多くの知的刺激を受け、幅広く豊かな知識を持つことの大切さを身にしみて感じることができました。

Q 修士修了後の進路と10年後の展望
博士後期課程に進学し、他の領域の研究にも挑戦して研究の幅を広げたいと思います。さらに将来は設計と研究の統合的な活動をしたいと考えています。

1. はじめに

20世紀の大量生産・大量消費の時代が終わり、設計問題は複雑化し、不安定で不確かなものが多くなってきた。そういった問題に立ち向かうべく、既成の概念を打ち破る設計者の創造性が求められるようになってきている。設計方法研究の動向を見ても、複数の人間で新しいアイデアを創出するための発想支援技法や専門や立場の異なる人々のコラボレーションによるデザインなど、創造性に関する様々な研究が行なわれている。こうした研究の中で“メタファー”や“アナロジー”の概念が注目されてきた。その一方でメタファーやアナロジーの仕組みについても近年、認知科学や人工知能等の諸分野で関心がもたれ、研究が大いに進んでいる。特に1980年頃に認知言語学の分野でG.レイコフとM.ジョンソンによって画期的な研究が展開された。本研究はこうした理論的研究の蓄積を背景として、建築設計ではどのくらいメタファーが利用されているのか、あるいはどのような種類のメタファーがあるのか、そしてそれはいかなる知識構造をもち、どのように我々の設計思考を支えているのか、といった具体的な内容を明らかにすることを目的とする。

2. メタファーの概念

G.レイコフとM.ジョンソンはメタファーを「ある事柄を他の事柄を通して理解し、経験すること」と定義した。我々は未知のものに出会ったとき、今までの知識や経験を基にそれを理解しようとする。つまり、人々の思考のプロセスは本質的に隠喩的なのである。レイコフらは、メタファーとは2つの意味領域間の写像であると言い、写像する側を素材領域、写像される側を目標領域とした。そして素材領域を構成する各要素が目標領域に写像されることで生まれる、2つの領域の構造の対応関係を「概念メタファー」によってとらえた。概念メタファーとは、各要素の写像をつかさどる具体的なメタファーを束ねる上位レベルのメタファーを意味する。

You're wasting my time.（君は僕の時間を浪費している）

You need to budget your time.（時間を配分する必要がある）

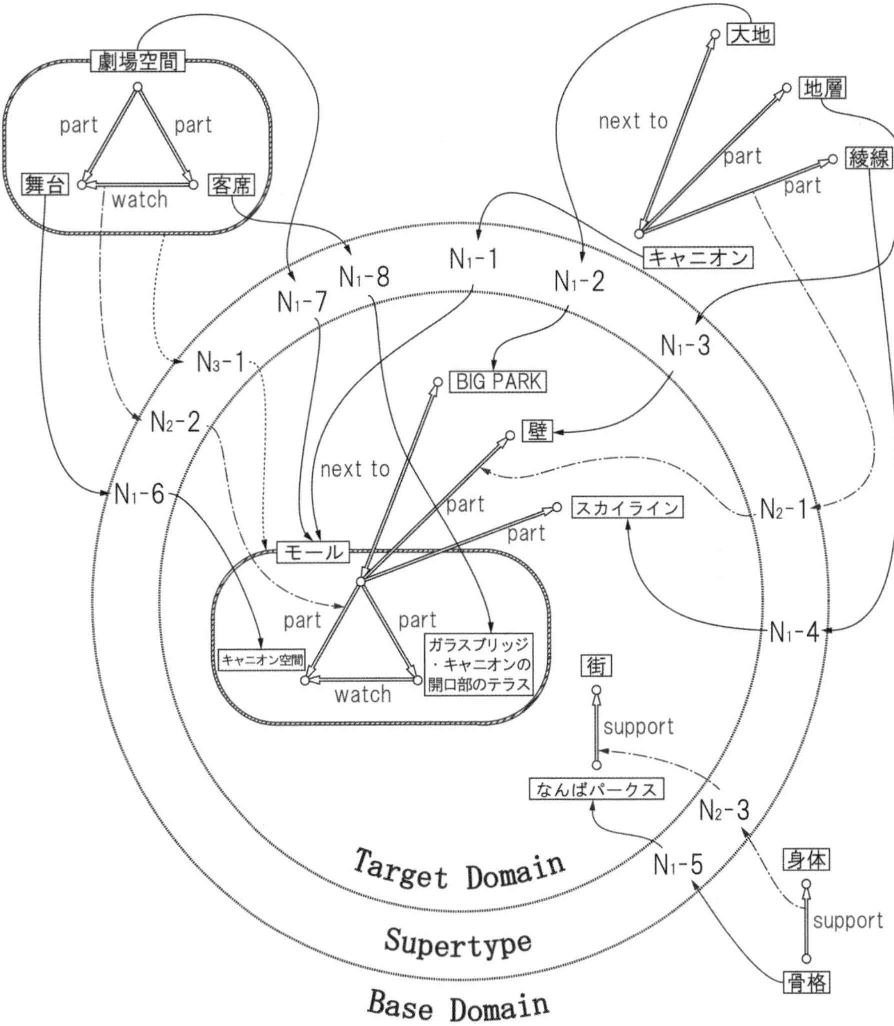

N_1-1	浸食されてできた・ゆるやかに蛇行
N_1-2	大規模なスケールを持った空間
N_1-3	アースカラー・上部への誘惑感
N_1-4	上部への誘惑感
N_1-5	変わることのない
N_1-6	（客席から）見られる（場所）
N_1-7	「見る」「見られる」の関係
N_1-8	（舞台を）見る（場所）

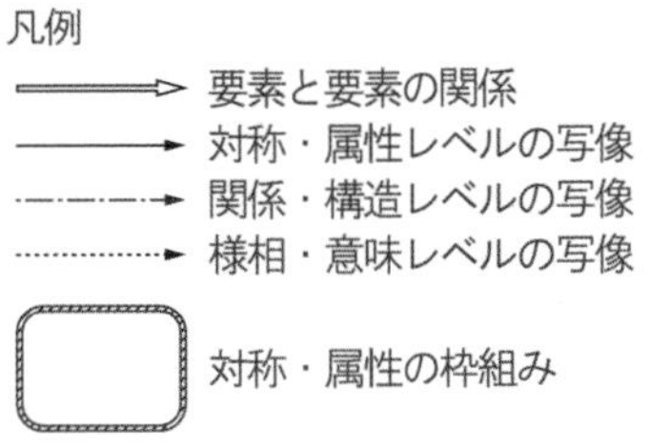

図1　「なんばパークス」のメタファーモデル

例えば、上記のような表現では、お金の＜浪費するもの＞や＜配分する＞という要素が「時間」の概念に写像されていることが分かる。つまりこれらの表現は「Time is money.」という概念メタファーによって支えられている表現なのである。本論では、喩えるものをベースドメイン、喩えられるものをターゲットドメインとしたうえで、D.ゲントナーが提唱する構造写像理論を参考に、メタファーをアナロジーモデルで理解することを試みる。アナロジーが「知っている事柄を良く知らない事柄に当てはめて推論を行なうこと」であるとすれば、レイコフとジョンソンのメタファー理論に合致するからである。

3. 建築作品にみるメタファーの解読

建築設計において具体的にどのようなメタファーが用いられているかを調べるべく、「新建築」誌を対象としてメタファーのデータベースを作成した。まずすべてのメタファーをターゲットドメインの種類によって分類し、これを年度別にみていくことで、時代ごとの流行や設計者の趣向の変化を読み取ることができた。また、ベースドメインからターゲットドメインへ写像される情報について、(a)対象・属性、(b)関係・構造、(c)様相・意味の3つのレベルを定義する。この分類によってデータベースを分析すると、対象・属性レベルの写像が頻繁に行なわれているのは、樹木、岩、風、空など、関係・構造レベルの写像が頻繁に行なわれているのは機械や道具など、様相・意味レベルの写像が頻繁に行なわれているのは、都市や家などのメタファーであることが分かった。また、人工知能分野の理論を参考にしながら、「なんばパークス」と「サレジオ学園」について、そこで使用されたメタファーのモデル化を行なった(図1)。その結果、メタファーが多層的に写像されることで、建築作品に新たな意味構造が生まれていることがみてとれた。

4. 設計思考の展開とメタファー

実際の設計行為の中でどのようにメタファーが使用されているのかを調べるために京都大学の建築系学生を対象とした設計実験を実施した。そこから得られたデータを分析の対象として、まず各被験者の設計プロセスの記述を行なう。ここではパースの記号論を参考にして、記号過程として設計プロセスを記述した。パースの記号モデルにおいて、解釈項とは記号が誰かに話しかけ、その人の心の中につくり出す「同等の記号、あるいはさらに発展した記号」である。解釈項も記号であり、それがまた新たな記号である解釈項を生成し、思考ないし意識は連続的に展開していく。つまりパースの記号の定義には図2に示すような無限の記号過程が含まれているのである。ここでSは設計者が思考しているスケッチや概念などを、Oは思考やスケッチが対象とするものを、IはSから連想される事柄や新しく生まれた解釈を表す。

図3の記述をもとにして考察を加えていく。例えば設計プロセスの中ではターゲットドメインとベースドメイ

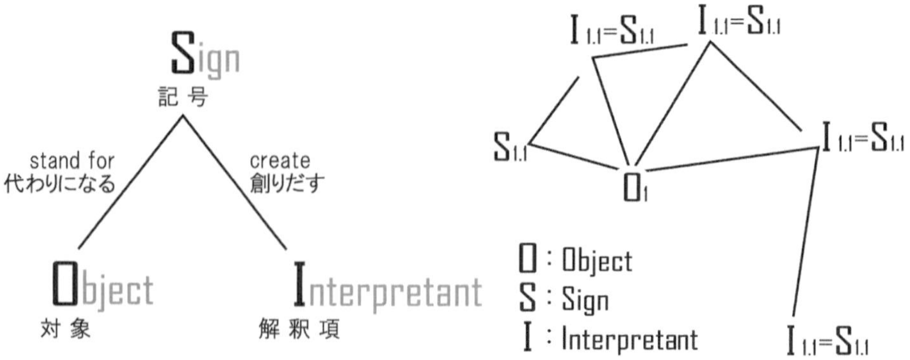

図2　記号の三項関係と無限の記号過程

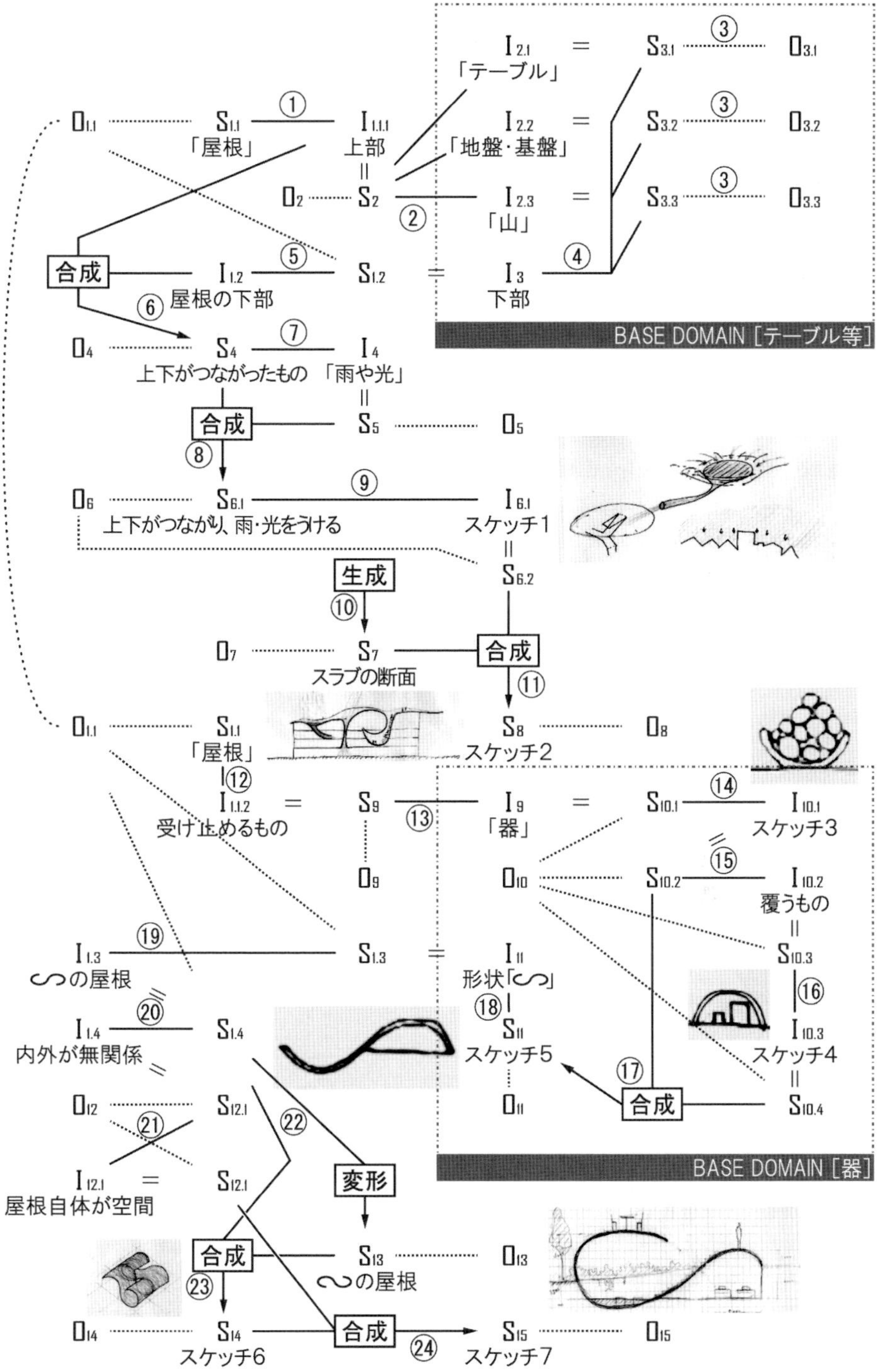

図3　記号過程としての設計プロセスの記述

ンが一対一に対応してベースからターゲットへの写像がおこるという単純なメタファーだけではなく、ひとつのターゲットに対して二重にメタファーが用いられる場合や、ターゲットドメインとベースドメインが互いに意味の変化を起こすといった複雑でダイナミックな働きをするメタファーがみられた。また、マクロな視点から見ると、「～のようになってほしい」というような設計目標としてのメタファーの働きも見られた。

5. 設計中の発話から捉えるメタファー

ここで改めて別の設計実験を実施した。実験はteamA～teamDの計4チームで各チーム二人一組となって、それぞれ1つの設計課題に取り組んでもらった。ここでは、設計プロセスを視覚的に表現し、その生産力を測ることを目的としてGoldschmidtが提唱したLinkographyの手法を適用する。この手法を用いる際の手順としてはまず、最終的に成果物として目に見える設計対象に直接的な関係の有無に関わらず、設計プロセスの中ではっきりと出されたアイデアや提案のことを“design move”と定義する。一般にこの定義には、発話プロトコルから抽出された言葉に加え、設計中に描かれたスケッチも含む。次にこれらの“design move”同士が“関係（link）があるかどうか”を判断するのであるが、これをすべての“design move”の組に対して行ない、それをもとにLinkographを描画する（図4）。このグラフ中の一つひとつの点がdesign move同士のlinkが存在することを示す。したがってグラフの濃度が濃くなっている部分は、被験者らの対話が頻繁に展開していることを表す。また、linkを表す点の高さは2つのdesign moveの時間的距離を表しており、高ければ高いほどそれぞれの時刻は離れている。以上のような各linkが示す指標を読み取ることで、設計思考の展開の様子を捉えることができる。

このグラフをもとに分析を行なっていくと、メタファーが設計中の発話を活性化し、思考が一気に展開するという場面がいくつか見られた。例えばteamA事例では「つる草」のメタファーが設計中に目立っていたが、そこでは話題が「つる草」に関するものに移った途端にその思考が一気に展開されていた。このような傾向は、一般に未知のものは考えにくく思考の展開も鈍りやすいが、それをより分かりやすい、既知のものに置き換えて考えれば思考は活性化され展開しやすくなるということの表れであると考えられる。

6. 名詞ネットワークからみるメタファー

次にすべてのdesign moveから単語を取り出し、そ

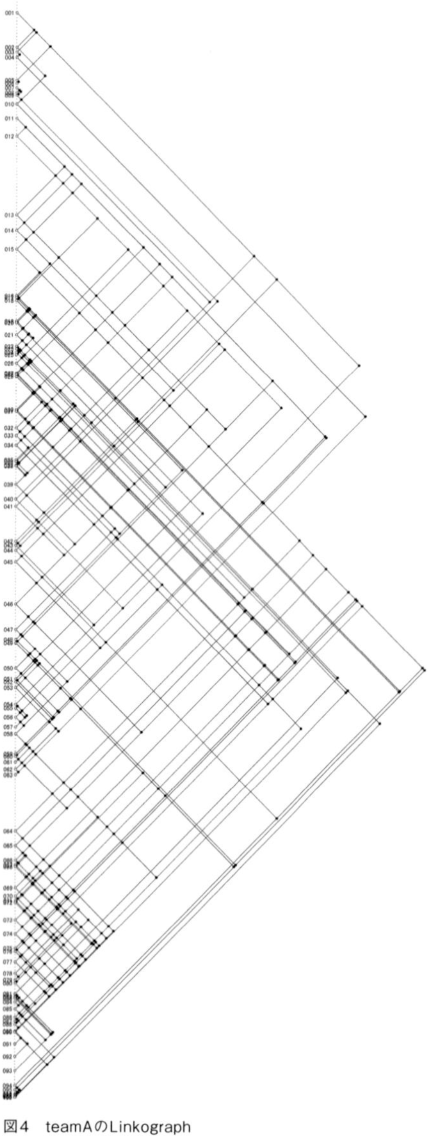

図4　teamAのLinkograph

れらの共起ネットワークを考える。今回は名詞の単語を対象とした。またその際、「共起」の範囲を定義する必要があるが、ここではひとつのdesign moveに加え、Linkographで結ばれた他のdesign moveもあわせたdesign moveの組を共起の範囲とした。

描画したネットワーク（図5、6）の分析を行なう基準として、各ノードからでるエッジの本数（次数）やエッジの太さ（共起回数）を含めたグラフのエッジの濃度に加え、「切断点」の存在に注目して分析を行なう。切断点とはグラフ内の2つの部分グラフを結ぶ唯一のノードである。従ってその点の存在無しには2つの部分グラフは関係しえない。今回の名詞ネットワークの場合、切断点となっている名詞は、思考の展開構造の結節点となっている。特にここではエッジの重み（共起回数）が小さいものから消去していき、複数の名詞ネットワークの描画を繰り返すことで切断点となる名詞が様々に移り変わっていく。ここでネットワークの切断点の個数の変化を調べると、すべての切断点の数に対するメタファーの切断点の数の比率は、すべてのノード数に対するメタファーのノード数の比率と比較すると大きく上回っていることが分かる。つまりメタファーが切断点によりなりやすいという傾向が見られた。このことから、メタファーが設計の本筋から少し離れたところへ思考を導き、思考の対象の幅をひろげる働きがあることが分かる。

また、各名詞のネットワークにおける中心性を計算すると、その設計の中で特徴的な名詞の値が大きく出る。例えばteamAであれば大きな中心性をもつノードは「人」「部屋」「場所」「ライフスタイル」などであるが、これらにteamAで中心的に扱われていたメタファーである「つる草」のノードからエッジが接続されていた。このようにメタファーが設計プロセスに表れる主要な概念と関係し、それらを構造化して案全体をまとめていく、いわば設計プロセスを牽引する働きをもつ

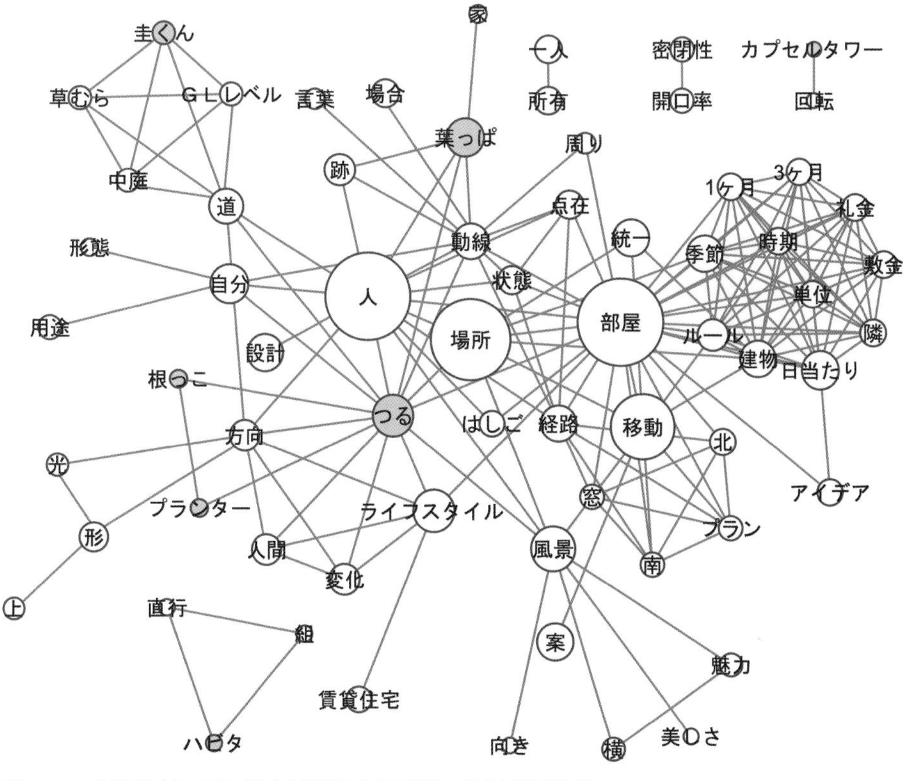

図5　teamAの名詞ネットワーク（ノードの大きさはグラフにおける固有ベクトル中心性を表す）

場合があることが分かった。ただし、すべてのメタファーがそのような働きをするわけでもなければ、メタファーだけがこのように設計プロセスの骨格となって全体をまとめていくようなものであるというわけではないことに注意しなければならない。teamCやteamDでは明白なメタファーの働きは確認できない。ここではある一定の条件が揃ったメタファーが設計の概念を構造化し、誘導するような働きをする“可能性がある”と考えるにとどめておく。

7. 結論と今後の課題

以上のように、本研究では設計プロセスにおけるメタファーを使った思考が通常の思考とは異なった特色を見せることが様々な側面からの分析によって明らかにすることができた。ただしここで注意すべきなのは、すべてのメタファーが設計プロセスに優位に働くわけでもなければ、すべての“良い”設計、つまり本研究で言うところの創造的な設計にメタファーが関係しているとも限らない。

しかし、本論で見てきたメタファーを含め、その他創造性に関係するあらゆる思考方法や、思考を支える概念に着目してみると、それらが通常の思考とは異なる特殊な諸相を示すことも確かである。従って、今回の研究同様に、そういった諸相を捉え、それらを研究の蓄積としていくことで、少しずつ「創造性」の全体像をとらえていくことが本研究の究極の目的でもある。

その意味でも、今回の研究はあくまで「創造的であること」のための必要条件に“なり得る”性質をメタファーによる思考に備えられているということが分かったに過ぎない。今後の課題として、さらなるメタファーによる思考の様相を把握することと同時に、創造性の概念そのものについても確立していく必要がある。

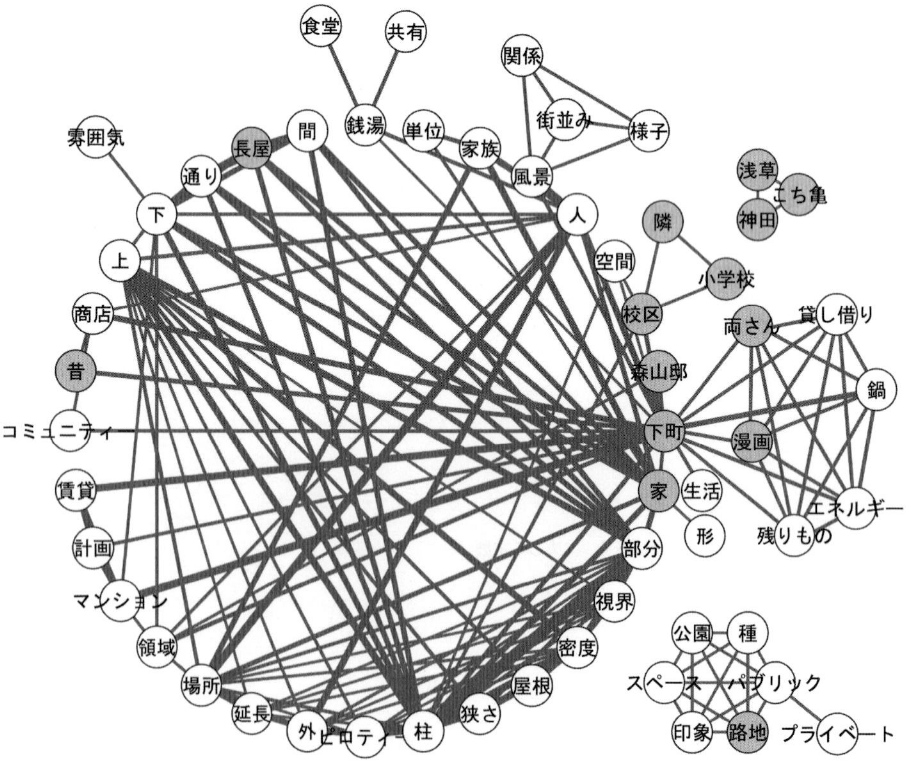

図6　teamBの名詞ネットワーク（共起回数下限値＝11）

コメンテーター・コメント@公開討論会

石川：メタファーが異なるクラスタ同士をつなぐ言葉になっていることを発見したプロセスについてもう一度説明してもらえますか。非常に面白い過程で見えてきたような気がするのですが、ちょっと分からなかった部分があるので。

酒谷：発話の中で共起した単語をエッジで結んで、1つの発話で共起をすれば共起1というふうにするのですが、発話がたくさんあって、例えば共起を20回ずつするような場合があり、共起の回数が1個のものに対して、すべてエッジを引いてしまうと大量の数が出てきてしまって、重要度の高いエッジが薄れてしまうので、共起の回数に下限値を定めて、共起が1回以上、2回以上、3回以上、というふうに重要度の低いエッジからどんどん切っていって……。

石川：足切りをしていったと。

酒谷：はい、そうです。

門脇：グラフ理論的に考えると、設計の過程では様々な検討が独立した事象のように起こっていて、しかしメタファーが、それら独立した事象を接続しているということですよね。これは「名詞ネットワーク」と名付けられたグラフにおいて、メタファーにより記述されるノードが、ある特殊な性質をもつことを表しているのだと思います。簡単に言ってしまえば、メタファーは節操なくいろんなノードに接続する性質をもっている。設計とは、非常に大量かつ複雑なデータを統合する過程であるとも捉えられるわけですが、メタファーがいろんなノードとくっつきやすいとするならば、メタファーが「統合」に際して重要な役割を担っていることをこのグラフは示唆しているのだと思います。設計実験でそのような感触や観察結果などがありましたか?

酒谷：まず、メタファー自身からエッジがたくさん出ているということはなかったんです。むしろ、メタファーには、エッジがたくさん出ている中心性が高い別の単語と、多くの単語とをつなげる役割をしていました。

実際、実験では全部の被験者でメタファーについてこのような傾向が見られたわけではないのですが、例えば、「下町」というメタファーが出てくる被験者と、「つる草」というメタファーが出てくる被験者については、同じような傾向が見られました。例えば、「下町」という単語が出た場合、話の中で完全に設計の話がストップして、下町ってこんなんだよね、という話から、漫画の「こち亀」の中で主人公がどんなふうな生活してるよね、というふうな発話に会話が移っていったりするんですね。そんな発話の枝分かれが起こっているんです。僕の体感として、そういうことがありました。

門脇：それはやっぱり、いろんなコンテクストを読み込むときに、メタファーというものが糊として非常に重要に機能してくることを意味しているのかもしれないですね。この話からは、メタファーの性質をうまく使った設計の方法論を展開できる可能性も感じるので、非常に面白いなと思いました。

アルゴリズムを用いた環境設計プロセスの可能性

Name:
遠藤えりか
Erika Endo
University:
早稲田大学理工学術院
創造理工学研究科　建築学専攻
田邉新一研究室

Q 修士論文を通して得たこと
環境エンジニアと建築設計者の間で時折生じる温度差に対して抱いていたある種の葛藤は完全には消えないまでも、そこに何らかの糸口を見い出せたと思う。卒業後の生涯のテーマにつながることを期待している。

Q 修士修了後の進路と10年後の展望
春より、NASCAに勤務します。建築設計を通して、建築と環境の未来を考えていきたいです。また、学生時代に培った交友の環を大事にし、楽しく暮らしたい。

0 概要　Summary

風のゆらぎや光のゆらめきなど、自然環境に表出する豊かな表情の一コマを、建築形態で切り取れないかと考えた。そこで、建築形態の環境要素への適応を実現させる手法の獲得を研究の主題とし、臨海地域に建つ室内運動場を対象としたケーススタディを通し、不可視かつ動的な環境要素のうち、とりわけ把握困難である風に着目して、まずCFD解析を実行した。次にアルゴリズム生成ソフトを用いて建物周辺風速の緩和を目的とした形態生成プログラムを作成し、解析より得た複雑な風の挙動を形態生成に反映させる設計プロセスを展開した。

本研究を通して、アルゴリズムと環境シミュレーションを連成することによって、周辺環境への適応を行ないながら自然環境のうつろいを建築化することができた。これは一種の環境的合理性から発したアルゴリズミック・デザインと言える。さらに本研究は、今まで細分化されてきた意匠設計者と環境技術者の専門業務と両者の関係性が、デジタル化・統合化によってどう変容していくのかといった議論への投げかけとなる。

1 序論　Introduction

1.1 研究背景　the Background

昨今のデジタル技術の発展により、従来は実現が困難であった複雑な形態を実際のデザインに反映することが可能になりつつある。そうした技術のひとつとして、建築分野では欧米を中心にアルゴリズミック・デザインの活用が進められている。アルゴリズミック・デザインとは、諸条件からつくられた規則のもとで解析を行ない、形態を生成する手法であり、アルゴリズムを設計プロセスに用いることで、設計者の初期構想を超えた新しい建築の可能性が切り開かれ始めている。こうしたアルゴリズミック・デザインは、構造的側面からの解決として建築家と構造エンジニアの協働プロジェクトの場でも活用され始めた。一方で環境的合理性から発したアルゴリズミック・デザインに関しては、そもそも環境要素に多くのパラメータがあり、それらが動的かつ不可視で“扱いにくい”ためか、適用事例が少なく、活用方法が確立していない。

そこで本研究では、アルゴリズムを用いて建築形態の周辺環境要素への適応を実現させる設計プロセスの可能性を探索するため、予測し難い環境要素である風に着目してケーススタディを行なった。設定した対象地においてCFD（Computational Fluid Dynamics）解析シミュレーションを実行し、それにより得た複雑な風の挙動を、アルゴリズムを用いて建築設計に反映させることで、建築形態の環境的要求を充足させていく実践的なデザイン手法を試行した。実際の諸条件をコンピュータ処理する技術としてアルゴリズミック・デザインの可能性を見い出すとともに、種々の環境要素への適応、周縁の自然法則の形態への介入を、コンピュータ技術によって実現させる手法を獲得することを目的とする。

1.2 研究の意義　the Significance

本研究は、通常困難とされる周辺環境要素を形態に反映させる手段としてアルゴリズムと環境シミュレーションを相互に行なうことによって、新しい建物形態の可能性を思索するきっかけとなる。同時に、建築分野におけるデジタル化・統合化によって、今まで細分化されてきた意匠設計者と環境技術者の専門業務と両者の関係性がどう変容していくのかといった議論への投げかけともなる。

1.3 展開方法
the Method of Development

本研究の展開方法は以下である。本プロセスは大きく分けて三段階構成となっている（図1）。実務における役割分担として、通常意匠設計者が担当する工程をA、設備設計技術者が担当する工程をEと表す。まず、Phase 1-Aでは建物用途・プログラムと対象地を設定した。Phase 1-E では、設定した対象地において現状の環境分析（気象・風・日影）を行なった。Phase 2-Aでは建物の初期形状を与えた。Phase 2-Eで、初期形状に対してCFD解析を実行し、それらの結果をふまえて設計目標の設定を行なった。Phase 3-Aでは、初期形状に対するCFD解析結果を、アルゴリズムを用いることで形態に反映させ

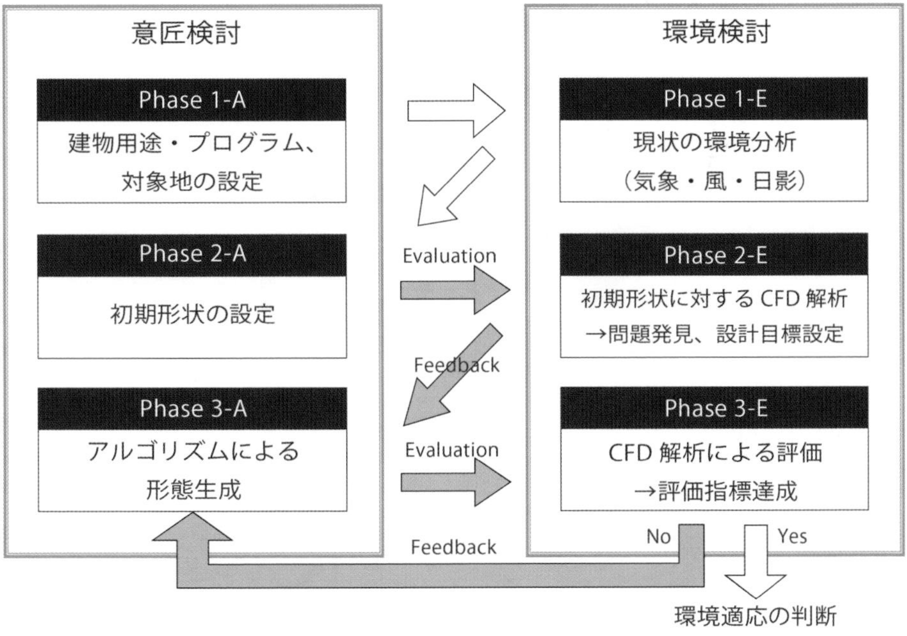

図1　設計プロセスの展開方法

た。できあがった形態に対して、Phase 3-Eでは再度CFD解析を実行した。このように、解析結果が設計目標を達成するまで、形態生成とCFD解析を相互に行ない、多種多様な形態の優良解を探索した。

本書では、Phase-2以降を取り扱う。

2 Phase 2:初期形状の決定、CFD解析と評価目標の設定

2.1 Phase 2-A:建物初期形状の決定

本研究では、対象地として東京都江東区豊洲3丁目4番地の一角を設定した。この地域は商業・業務・住宅が混合しており、対象エリアでは両隣に超高層建物、北側に公園、南側に小中規模の建物が立ち並んでいる。また本研究では内外の境界となる建物外皮形状の変化に特化し、建物用途として大規模な一室空間を有する室内運動場を選定した。その上で、従来の体育館施設を参照し、初期形状として65×65×12.5mの直方体を抽出した。

2.2 Phase 2-E:CFD解析と評価目標の設定

対象エリアに初期形状を配置した状態においてCFD解析を行なった(註1)。解析種類は非圧縮性・乱流解析(標準k-εモデル)、定常とした。気象条件は、中間期を想定して外気温20℃、投入風速5[m/s]、投入風向は主風向である南東風に加え、北西風、南西風、北東風の4条件とした。流れ境界は投入風向境界面のみべき乗則境界、その他の面を表面圧力境界と設定した。

解析結果より、地面高1.1mにおける初期形状に対する気流分布南側鳥瞰図を参照すると、投入風向により気流性状が大きく異なることが判明した。評価指標の設定には、主風向である南東風5[m/s]条件による解析結果に着目して考察を行なう(図4左参照)。まず、対象建物敷地内風上部において風速10[m/s]以上の強風域が発生していた。さらに、北東側近隣高層建物のはく離流の範囲が、空地状態では弱風域であった北側小学校校庭まで拡がっており、風速5[m/s]以上となる部分がみられた。

以上の解析結果を踏まえ、本研究では、建築形態の周辺環境への適応判断基準として「投入外部風速5[m/s]に対し、地面高さ1.1mにおける風速分布が、風上の対象建物南東部において風速5[m/s]以下、かつ風下の対象建物北側にある小学校校庭において風速3[m/s]を下回る」ことを評価指標に設定した。

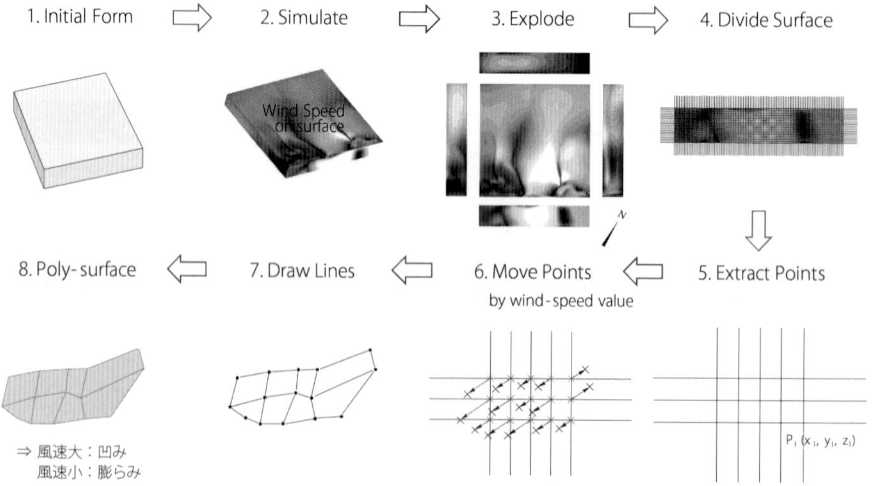

図2　形態生成プログラム　概要

3 Phase 3:アルゴリズムによる形態生成と評価

3.1 Phase 3-A:生成形態1ー起伏　Drape

ビル風対策のひとつに、壁面の凸凹が挙げられる。壁面が建物から突出した構造物などの凹凸を持つ場合、壁面に当たった気流が乱され、壁面が滑らかな場合に比べて建物側面を横切る流れが減少し、結果として風速が低減することが示唆されている。そこで、初期形状における表面風速分布解析結果をもとに、風速が大きいほど各壁面・屋根面の凹凸で気流が乱されて周辺風速が弱まる形状を生成した（図2）。本研究ではアルゴリズム解析ソフトとしてGrasshopper(註2)を用いた。

風が吹いてカーテンが揺れる様子を思い浮かべた。このとき、静止状態にあったカーテンは風に押されてドレープ状に形づくられる。当たる風が大きい時にはカーテンは大きく揺られ、小さい時にはわずかに揺れる。その一瞬一瞬の形状を、建物外皮で表現できないかと考えた。風が吹いた際に元々あった形の状態を保っているよりも、当たった風に対して素直な形状に変容することで、周辺環境に拡がる風速も和らぐと予測した。

そこで外皮表面上各点の風速値に応じて、風速が大きい箇所ほど外皮が内部側に凹み、風速が小さい箇所ほど外皮が外部側に膨らむ形状を再現した(図3)。

3.2 Phase 3-E:CFD解析による評価

生成した形状モデルに対してCFD解析を実行した。解析条件はPhase 2-Eと同様とした。以降、日中の主方向である南東風を風向条件として設定した。評価指標における該当エリア内に着目し、初期形状・南東風の風速分布との比較を行なった。以降、地面高さ1.1mにおける風速分布に着目して評価を行なう。

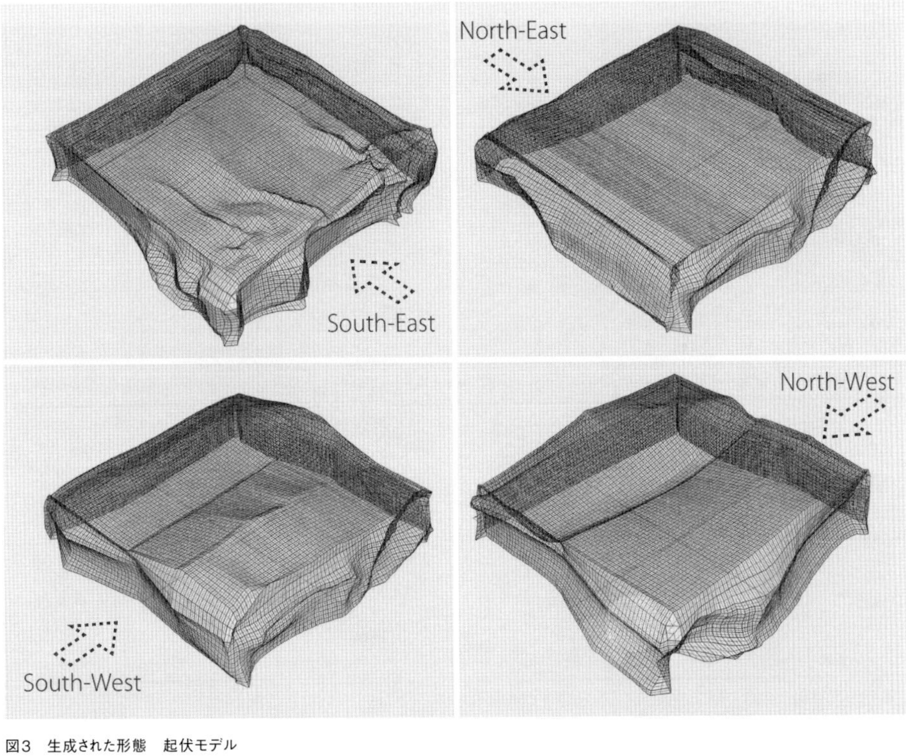

図3　生成された形態　起伏モデル

解析結果より、地面高1.1mにおける起伏形状モデルの気流分布結果を参照した（図4）。風上の南東面に関して、対象建物近傍での強風部分が初期形状の解析結果に比べて大幅に低減した。一方で中心部の風速が一部5[m/s]以上のままであった。風下の北西面に関しては、北東側近隣高層建物のはく離流の範囲が大きく狭まり、小学校校庭内での風速が3[m/s]以内となった。近隣高層建物との間ではく離流が発生する北東面において、外皮が初期形状表面風速を反映した凹凸形状であることで、対象建物近傍における風速がムラなく均一化したためと考えられる。以上より、起伏形状モデルが評価指標を達

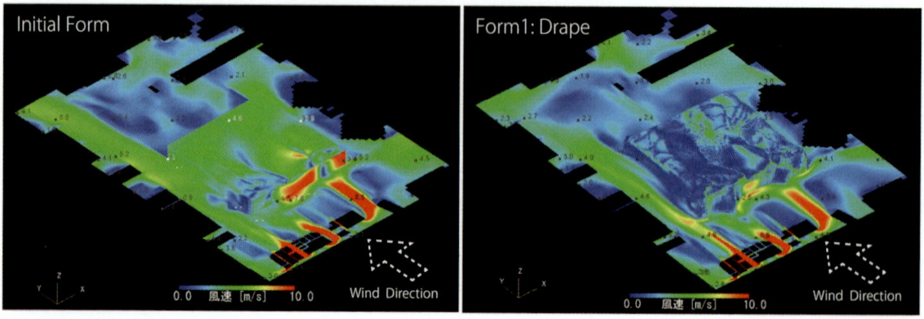

図4　CFD解析による生成モデル評価

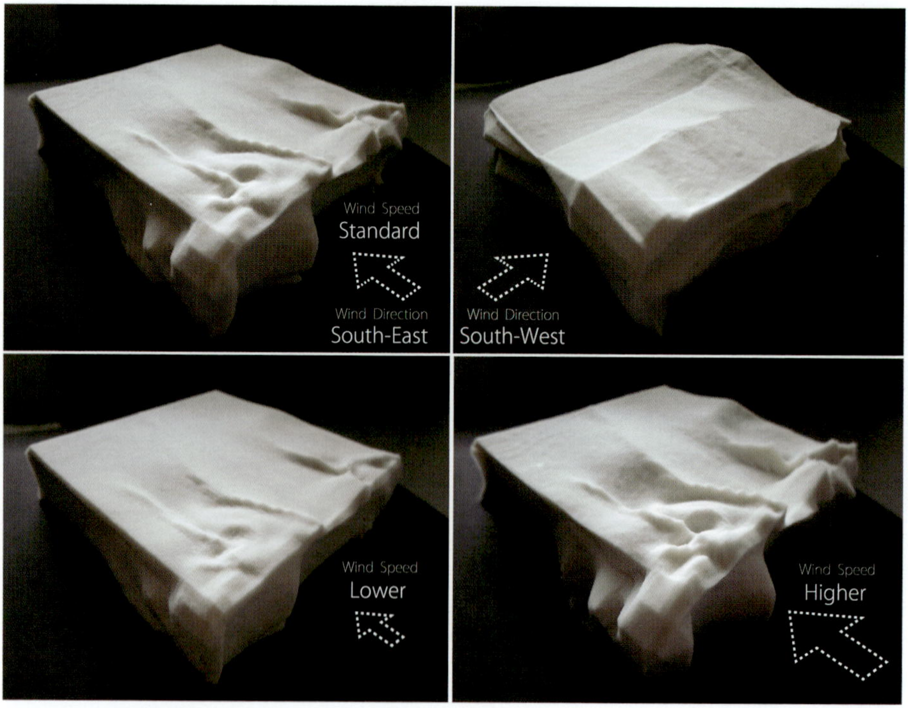

図5　投入風向・投入風速による表情の変化

成するには、風上の南東面中心付近における改善が必要である。

3.3 Phase 3'-A:フィードバックモデルの生成

起伏形状モデルの解析結果より強風部分の風速分布を抽出し、前述の形態生成手順と同様にプログラムを組み、外皮をさらに凹ませることで形態へのフィードバックを行なった。

3.4 Phase 3'-E:CFD解析による評価

フィードバック後のモデルに対し、再度CFD解析を実行した。解析条件はPhase 2-Eと同様とした。

解析結果より、起伏形状改善モデルの気流分布結果を参照すると、変更前に強風であった南東面中心付近の風速は、フィードバックによって風速5[m/s]以下となった。よって改善モデルは評価指標を達成した。

本ケーススタディでは、風に着目してシミュレーションを行ないその挙動を建築化した(図5)。これは同様に光などといった他の環境要素にも応用できると考えられる(図6)。

4 まとめ

本研究の目的は、自然環境に表出する豊かな表情の一コマを建築形態で切り取ることで、建築形態の環境要素への適応を実現させる手法の獲得である。臨海地域に建つ室内運動場を対象としたケーススタディを通し、予測しがたい風の挙動をCFD解析によって把握し、それにより得た複雑な結果を、アルゴリズムを用いて形態生成に反映させる設計プロセスを展開した。

1) Phase 2では、建物の初期形状として直方体を設定し、初期形状を対象エリアに配置した状態についてCFD解析を行なった。さらに、解析結果を踏まえて評価指標を設定した。

2) Phase 3では、Grasshopperを用いて形態生成プログラムを作成した。周辺風速の緩和を目的として、Phase 2で検証した初期形状の表面風速分布結果を、作成したプログラムにより建物外皮の凹凸に反映させた。さらに、できあがった形態に対してCFD解析を実行し、地面高さ1.1mにおける評価エリア内の風速分布を検証した。評価指標を下回った部分に対しては、風速分布結果を起伏形状モデルに反映させ、フィードバックモデルに対し再度CFD解析を行なった。これらの手順を繰り返すことにより、起伏形状モデルの評価指標達成を確認した。

本研究では、風という目に見えず動的な環境要素を建築形態によって可視化する手法を提案した。これは一種の環境的合理性から発したアルゴリズミック・デザインと言える。また、以上のプロセスを通して、ア

図6 光解析による照度分布の把握

ルゴリズムと環境シミュレーションを連成することによって、建築形態の周辺環境への適応を行なう設計プロセスの可能性を見出すことができた(図7、8)。

[註]

1) 本研究ではCFD STREAM V9 (Software Cradle Co., Ltd.)を使用。

2) Grasshopper：Rhinoceros (Robert McNeel&Associates)のプラグイン。入力条件を格納したコンポーネント同士をつなぐことで視覚的にアルゴリズムを組み、様々な形を生成するGAE(Graphical Algorithm Editor) の一種。プロセス内に媒介変数を用いることでパラメトリックに形状を変化できる。形そのものというより、プロセスがデザインの対象となる。

[参考文献]

1) 風工学研究所編「ビル風の知識」(鹿島出版会、1984)

2) ノイズ・アーキテクツ「Rhinoceros +Grasshopper建築デザイン実践ハンドブック」(彰国社、2011)

図7　生成形態1　起伏モデル 外観

図8　生成形態1　起伏モデル 内観

コメンテーター・コメント@公開討論会

佐藤：形態解析の手法は非常に良かったと思います。風圧の大きいところをへこませて、小さいところをふくらませるという手法で形態解析してみると、実際に後ろの方の風速を減らせることができるという結果を得られたのはいい成果だと思います。

　ただ、一方で流体や空気抵抗に基づく形状というものはすごく多様な解をもっていると思うんですよ。例えば、新幹線のノーズが顕著だと思うのですが、世代が変わるごとに全然違う形になっていますよね。新幹線のノーズの形状の変遷は、流体解析の難しさを物語っているわけです。そういう意味で、初期形状や解析の条件をちょっと変えると全然違う形に行き着くということがあると思うのですが、そういうスタディは何かしていますか?

遠藤：初期形状は簡単な直方体なのですが、ドレープ状の形態については、ひとつのケーススタディから出てきたもので、投入風速や風向の条件を変えることで形が変わっていくということを、模型のパターンで示しています。それ以外にも違う評価指標として周りの風速の緩和、周辺環境を良くすることも設定しています。その指標に基づいて、例えば、両面に市松模様の開口部をあけて、風が大きいところでは中に風が入りやすくなるような形にして、それをまた解析して風速の緩和を行なっています。

佐藤：分かりました。すると模型は成長過程を表わしていて、パラメータの違いによって、こんなに違うものが生まれるということを示していると。

遠藤：はい。

佐藤：それは大変いいと思います。ただ、認識しておいたほうがよいのは、すべて既成のソフトを使ってやっているということですね。流体解析にしても、グラスホッパーを使っていますよね。既成のソフトを使うということは、他の人が開発したものを使うわけですから、本当は自分なりの解析手法などをもっと盛り込まなければならないと思うのです。構造の分野でも今まさにそうなんですよ。構造解析を既成のソフトでやってしまうという研究が非常に多いので、私はそのことに少し疑問を抱いているのですが、工学的な研究として、その辺を認識して使用するべきだろうなと思いました。

　でも、最後に効果的な形を見せるところまでやれていることはすごく好感がもてます。非常に良いテーマですし、これからやらなければいけないことはたくさんあると思いますので、どんどん追求していってほしいと思います。

遠藤：ありがとうございます。

大野：最近、CFDがはやっていて、学生の論文でも多く使われていますよね。以前は、環境系で風の問題といえば、超高層を設計するときに、周辺にはく離流が起きるということがあって、大変な問題でした。それに関連して、この研究が面白いなと思ったのは、建物の角が出っ張っていることです。おそらく、この出っ張りによって周辺にはく離流を起こさないのでしょう。今までの四角い建物の形態の論理からいうと、角を斜めに切ることによって、大きなはく離流をつくらないという、建築環境上の風の常識みたいなものがあったのですが、これは逆に出っ張りがあって、必ずしも角を切る必要はないということを示している。こういうやり方もあるのかと。そういう意味でも次なる展開に期待しています。

遠藤：ありがとうございます。

昭和三陸津波の罹災地復興と産業組合

農山漁村経済更生運動を中心とした1930年代社会政策の進展に着目して

Name:
森山敦子
Atsuko Moriyama

University:
明治大学大学院
理工学研究科　建築学専攻
青井哲人研究室

Q 修士論文を通して得たこと

都市組織(urban tissue)から都市や集落の空間を作り上げているシステムを解明しようと研究を進め、結果として、80年も前に確立された中央と地方の関係が現在にまで影響していることを発見しました。

Q 修士修了後の進路と10年後の展望

組織設計事務所でコンサルティング業務に就きます。10年後、多角的な視点をもって建築を提案できるようになっていたいと考えています。

はじめに

3.11以降、数十年ごとに津波に襲われ甚大な被害を受けている三陸沿岸部に注目が集まるようになった。中でも1933（昭和8）年に発生した昭和三陸津波時の復興計画が特徴的である。内務省都市計画課の報告書には集落規模の大小に関わらず、40枚の図面が掲載され、その内30枚が岩手県の罹災地のために描かれている。本研究では41もの集落で高台移転を行なった岩手県の復興を対象とした。昭和三陸津波時の復興計画に関する研究は複数あるが、いずれも「高台移転」と「原地復帰」の問題に主眼が置かれている。しかし昭和三陸津波時の復興計画を純然たる被害の復旧もしくは都市・集落の物理的な復興と考えると表層的にしか理解できない。なぜなら、昭和三陸津波発生の前年1932（昭和7）年は日本の社会政策の大きな転換点であり、この社会政策の思想や政策ツールが津波罹災地の復興に深く刻み込まれることになったからである。

本研究では、当時の関係資料を調査し、産業組合が復興計画の中で割り振られた役割を整理することで、現在まで引きずっている中央と地方の関係の原点を明らかにする。

1 農山漁村「自力更正」——1930年代の社会政策の動向

1910年代に資本主義経済が確立され、地域間格差が拡大した。さらに世界恐慌のあおりを受け農山漁村民が経済不況に苦しむ中、冷害による凶作が確定した1932（昭和7）年、政府は時局匡救予算を計上し、土木事業による現金収入の機会を与えると同時に「農山漁村経済更生運動」と「産業組合拡充運動」を始動する。中央政府は農山漁村経済の問題点として無計画・無秩序・無統制な産業経営を挙げ、産業組合を設立し、全生産者を加入させ、産業経営から消費生活、冠婚葬祭等の習俗にいたるまで管理下に置こうとした。指定された町村は「農山漁村経済更正計画樹立方針」に則って調査を行ない、産業経営の合理化を計画し、指導督励を受けながら経済更正を図った。1932（昭和7）年の「産業組合法」改正によって、増産政策から価格政策への移行に伴い、それまで信用事業を中心としていた産業組合の販売・購買・利用事業を強化することで、産業組合が経営主体となって、合理的産業経営をなし、自力で経済更正することを企図した。産業組合拡充計画は最終的に全生産者の参加を目標にしているが、組合の設立や加入を強制はしていない。小作争議や労働運動のような反発を増長する一方的な手段は控え、不況にあえぐ小生産者や労働者に対して新しい目標や理念を与え、不満を昇華させたというのが一般的な見解である。1933（昭和8）年に発生した三陸津波時の復興はこの社会政策の進展に少なからず影響を与えたであろう。全国の農山漁村が困窮していた時期であり、それ以上の困窮状態に陥った三陸漁村の姿は、他の農山漁村民の反発心を抑え、自力更生・隣保共助の精神を奮起させただろう。

2 昭和三陸津波罹災地に対する復旧・復興計画

1933（昭和8）年3月3日午前2時31分、岩手県釜石の東方沖約200㎞を震源とする強震が発生し、その数十分後に大津波が三陸海岸を襲った。特に岩手県が受けた被害が大きく、死者1,400人、行方不明者1,200人を超え、中には壊滅状態となった集落もあった。県は36,000を超える罹災民に対し、応

		社会	産業組合	経済更生	漁業法	東北振興
1881	明治14				漁業団体の設立方針が示される	
1884	明治17				「同業組合準則」制定	
1886	明治19				「漁業組合準則」制定	
1896	明治29	明治三陸津波				
1900	明治33		「産業組合法」制定			
1901	明治34				「漁業法」制定（「旧漁業法」）	
1902	明治35					東北地方冷害
1905	明治38					東北地方冷害
1910	明治43				「旧漁業法」第一次改正	
1911	明治44	関税自主権の完全回復				
1913	大正2					東北地方冷害、 「東北振興会」発足
1919	大正8	「都市計画法」制定				
1921	大正10	「住宅組合法」公布	「産業組合法」第4次改正			
1923	大正12	関東大震災				
1927	昭和2					第二次東北振興会発足
1929	昭和4	ニューヨーク株式市場大暴落、世界大恐慌				
1930	昭和5	昭和恐慌				
1931	昭和6	農村窮乏・娘の身売りが社会問題化				東北地方凶作
1932	昭和7	第36臨時議会（「救農会議」）、「時局匡救」決議	「産業組合法」改正 《経営体機能強化》 「産業組合拡充5ヶ年計画」発表	経済更正課設置、「農山漁村経済更生運動」開始		
1933	昭和8	昭和三陸津波 「都市計画法」改正	「農村負債整理組合法」制定		「旧漁業法」第二次改正 《漁業組合の協同組合化》	
1934	昭和9				漁業組合規約例改正 《漁業組合の産業組合化》	東北地方大冷害、 東北振興調査会設置、 「東北更新会」設立
1935	昭和10					東北振興事務局設置
1936	昭和11			「農山漁村経済更生助成規則」制定		「東北興行株式会社法」公布
1937	昭和12		「産業組合拡充3ヶ年計画」発表			
1938	昭和13	「国家総動員法」公布			「旧漁業法」第三次改正 《金融面強化》	
1939	昭和14	第二次世界大戦 国民精神総動員強化				
1940	昭和15					
1941	昭和16			経済更生部廃止、 経済更生運動打ち切り		『東北地方農山漁村住宅改善調査報告書』発行
1942	昭和17					
1943	昭和18					
1944	昭和19					
1945	昭和20					

表1　年表

急対策として、食糧や毛布、衣服の配給の他に建築材料の配給を行ない、自力建設した者と下閉伊支庁の配給分を合わせて約2,000戸の假小屋が建設された。

復興政策の枠組みは図1の通りである。中央政府が作成した各種事業資金借入申込等の雛型が各町村に配布され、町村は各々必要な事業を選択、申請し、資金融通を受け次第その標準に則って事業を実施した。資金に関しても、県が助成金や県債によって得た財源を各事業主に転貸する形を取っており、「中央政府—県—町村」または「産業組合中央会—県支会—各産業組合」のトップダウンで復興計画を実行する体制が整備された。規模の大きい集落では区画整理、市区改正、防潮堤建設等の事業が、小規模な集落では住宅適地造成事業が、内務省管轄下で行なわれた。住宅復旧事業は公営住宅・住宅組合・産業組合の3通りで、大半が農林省管轄の産業組合によるものであった。産業の復旧・復興は農林省管轄下で産業組合の事業を最大限活用して行なわれた。

罹災地への応急対応が落ち着き次第、県は復興局を設置し、腹案をもって県議会議員や知事が上京した。まず代議士らと打ち合わせの席を設け、上京か

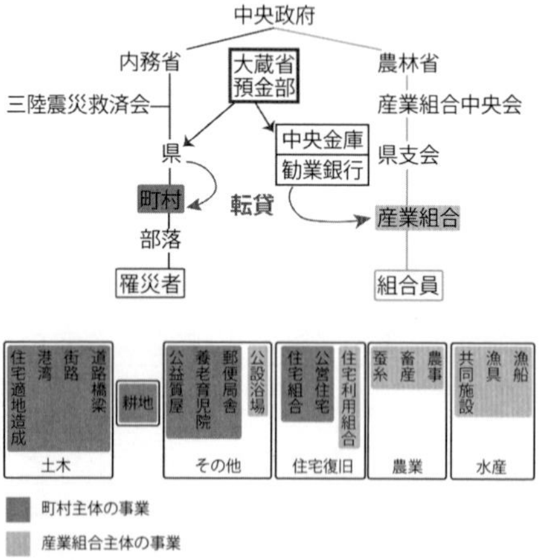

図1　岩手県下の昭和三陸津波罹災地に対する復興政策の枠組
内務省管轄下の町村主体の事業と、農林省管轄下の産業組合主体の事業に分けられ、資金は大蔵省預金部から県や産業組合中央金庫および勧業銀行に貸し付けられ、それが事業主体の町村や産業組合に「転貸」された。多くの小集落で実行されたのは町村による「住宅適地造成事業」、産業組合による「水産業復旧事業」、「住宅復旧事業」の3つである。

ら一週間ほど後に政府に原案を提出している。県議会には産業組合を復興事業主体として活用する発想はなく、経済更生計画及び産業組合拡充計画が、復興計画と並行して行なわれるという考えに留まっていたようである。フィジカルな震災復興とは直接関係ないと思われた産業組合が復興事業を実施する機関として定められたのは中央政府の意向であり、中央は復興計画を農山漁村の経済更生を図る社会政策の一部もしくはその拡大の実験台として見ていたからだと考えられる。

3 町村による復旧・復興事業

罹災地復旧で最も急がれたのは道路等の土木工事である。津波発生の2日後には時局匡救土木事業資金を罹災地復旧のために増額することが決定した。防浪対策として、数十年後に発生する津波に備えて住宅は津波の届かない高台に構えることが最良策とされ、18町村41部落で「住宅適地造成事業」が行なわれた。適地の選定・設計・監督は県が行ない、事業主体は町村であり、資金は大蔵省預金部より町村に直接貸し付けられた。

1919（大正8）年より低利資金による住宅建設が全国各地で行なわれていたが、昭和8年度は岩手・宮城両県の実績がその年の総数の7割以上を占めており、罹災地域を優先したと考えられる。4町村で公営住宅および住宅組合によって合計617戸が建設された（表2）。「住宅組合法施行規則」では住宅の坪数を50坪以下に制限しており、昭和三陸津波時に造成された宅地も50坪を基準としていたことから、住宅政策の中で考えられた枠組みが災害時の住宅復旧に活用されたことが確認できる（図2）。また、町村営である郵便局は田老、越喜来、平井、廣田、細浦、八木、綾里の7カ所で建て替えられた。また、学

町村名	区分	建設予定戸数	竣工戸数	資金融通額	罹災戸数に対する割合
吉濱村	公営	15	7	3500	10割
山田町	〃	160	74	66500	5割
田老村	〃	236	23	85000	5割
釜石町	住宅組合	206	83	103000	4割
計		617	187	258000	

表2　公営住宅および住宅組合による住宅復旧（昭和9年3月時点）

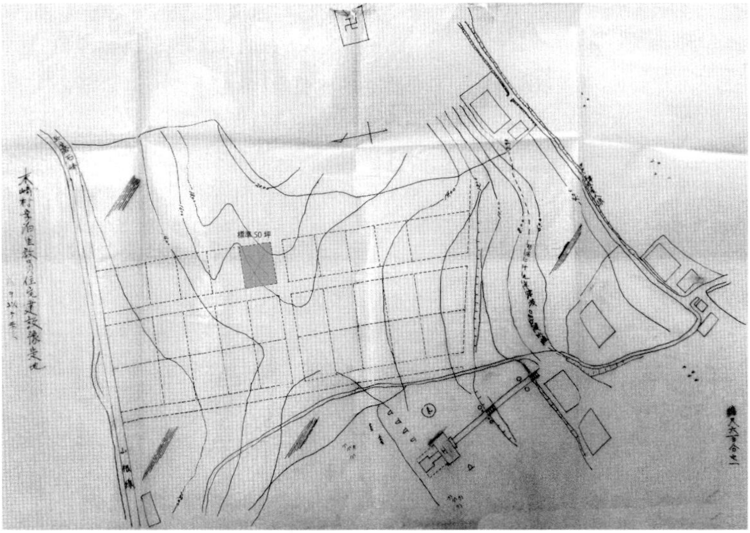

図2　末崎村泊里教員住宅建設予定地

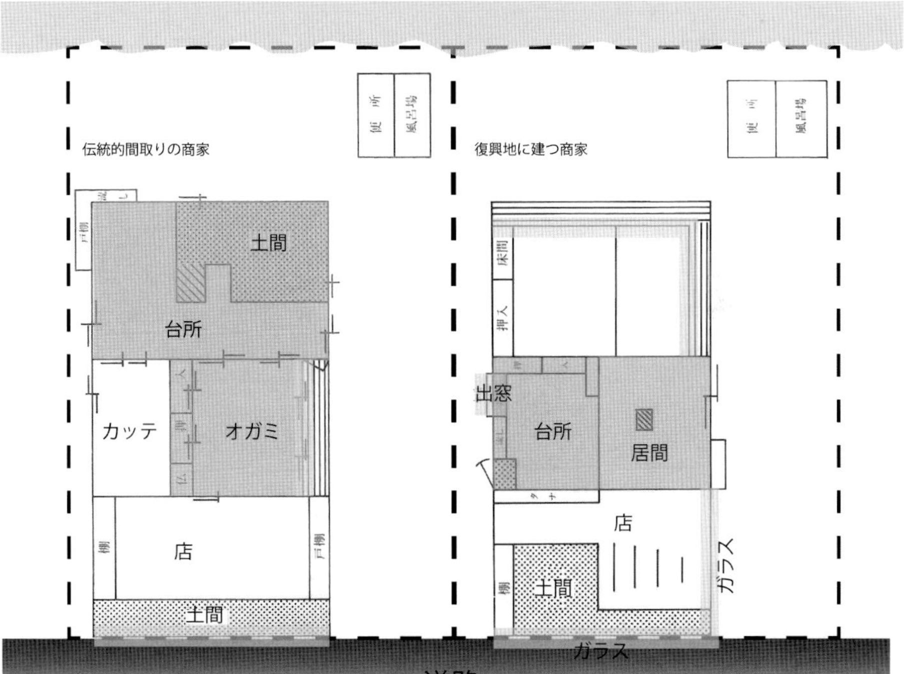

図3　三陸町綾里に建つ商家の間取り図比較
三陸町綾里の湊では街村型の復興地を形成した。左が伝統的配置を残す商家の間取り図、右が復興地に建つ商家の間取り図で、一家団欒の場でもある中心的な部屋が「オガミ」と呼ばれていたのに対し、復興地に建つ商家の間取り図には「居間」という表現が見られる。伝統的家屋では台所はプランの端、宅地の奥に配置されるが、復興地の住宅ではプランの中央に配置され、流しの前に出窓が設けられている。店部分にも違いが見られ、復興地の住宅では2面がガラスで、全体的に採光のための窓が多く設けられている。

校の教員は「教員住宅」と呼ばれる公営住宅に居住するか、下宿や間借りして小漁村に赴任していた。昭和三陸津波時に文部省より64,000円の融資を受け、24町村で79戸の教員住宅が建設された。

4 産業組合による復旧・復興対策

産業組合による復旧・復興事業に必要な資金は産業組合中央金庫を経由して産業組合に貸し付けられ、返済は産業組合の販売事業によって得た収入から行なうよう規定された。中央政府にとって、全組合員が平等に権利と責任をもつ産業組合の組織体制は、資金の受け皿として好都合であった。復興計画を実行する組織として必要だったため、三陸沿岸の罹災部落では産業組合の新設・改組によって短期間で整備された。昭和7年度末時点での岩手県内の産業組合員の内水産業従事者は1,453人だったが、昭和8年度末時点の統計では7,473人に増加していた。他の職業の組合員数は1.2～1.3倍の増加率であるのに対して5倍以上増加していることからも、罹災地の水産業者達が一気に加入したことが確認できる。

昭和三陸津波からの復興計画が、産業組合を実行組織とした農山漁村経済更生計画を応用したもの

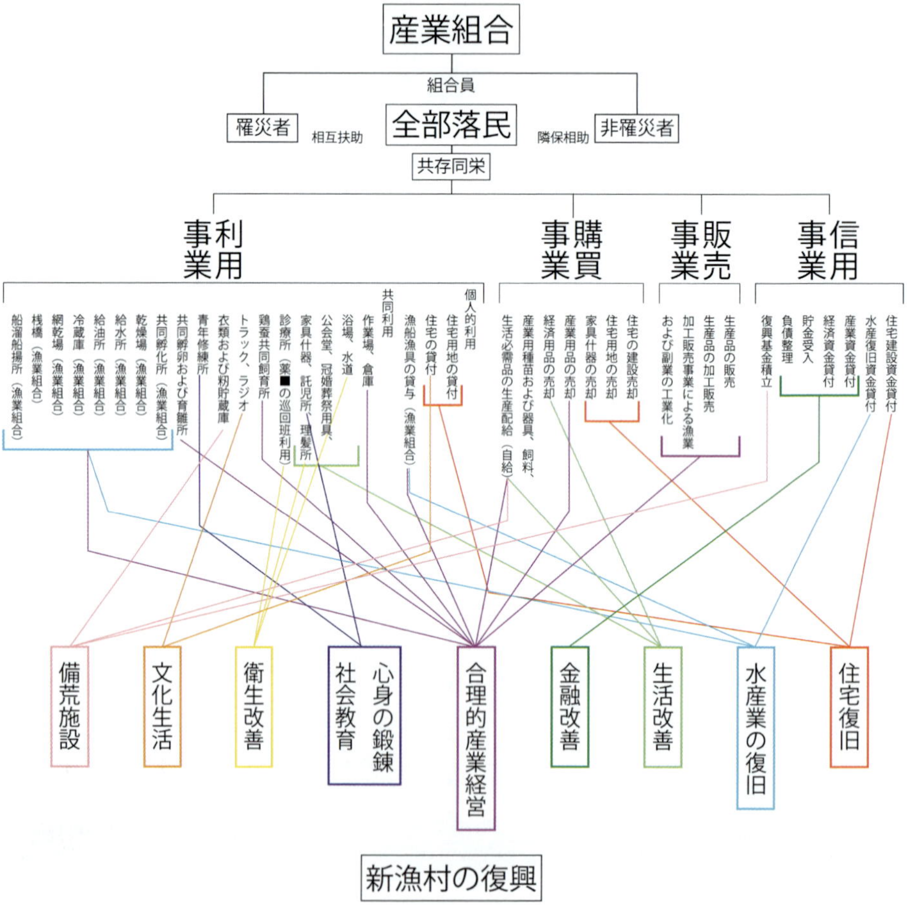

図4 『新漁村計画』
農山漁村経済更生計画の樹立方針に酷似した内容であり、産業組合の「信用・販売・購買・利用」事業によって災害からの復旧・復興をそれぞれが自力で組織的に行なうことを理想としている。産業組合が各部落の産業から消費生活まで運営するという思想をもとに、復旧・復興事業の枠組みがつくられたと考えられる。※■は史料の文字判別できず。

であることがよく分かるのが「新漁村計画」(図4)である。全罹災民が相互扶助・隣保相助の精神で産業組合の信用・販売・購買・利用事業を通して「共存同栄」を目指し、漁村を自力で経営する。住宅復旧に関する項目以外は『農山漁村経済更生計画樹立方針』(1932年公布)の内容と酷似している。

罹災者の多くが漁業従事者であるため水産業関係の復旧が最も求められ、漁船の復旧資金は国からの補助5割、低利資金5割で、その他の水産業関係の復旧の多くが補助率5割で、残りを低利資金で賄った。

住宅の復旧は主に産業組合の信用事業、購買事業、利用事業によって計画され、727,000円の低利資金の転貸を受け、10町村55部落で1,965戸(1934年3月時点)が建設された。住宅復旧事業を実施した24組合の内13の既設産業組合はできるだけ保証責任4種兼営に改組され、未設の集落では11が新設された。その際、水産業のための産業組合ではなく住宅関係の事業に限った組合を新設したものもあり、各集落の事情に合わせた組織であったと推測される。震災復旧資金によって住宅の建設の他に、共同作業場、集会所、浴場、水道敷設などが行なわれた(表3)。

町村名	貸付先	金額	用途別内訳
気仙町	気仙町信用販売購買利用組合(4種兼営)	15,000	63戸建設
廣田村	廣田信用組合	12,000	89戸建設
末崎村	末崎信用購買販売利用組合(4種兼営)	25,000	61戸建設、共同作業場2棟、浴場1棟、家具什器2部落分
赤崎村	赤崎村信用購買販売利用組合(4種兼営)	35,000	138戸建設、共同作業場兼集会所、家具什器
綾里村	綾里信用販売購買利用組合(4種兼営)	70,000	198戸建設、3部落に水道布設、浴場1棟、家具什器
越喜来村	越喜来信用販売購買利用組合(4種兼営)	35,000	86戸建設、共同作業場兼集会所
唐丹村	唐丹信用販売購買利用組合(4種兼営)	92,000	250戸建設、共同作業場兼集会所1棟、浴場2棟、共同倉庫1棟、水道、家具什器2部落分
釜石町	釜石信用販売購買利用組合(4種兼営)	28,000	67戸建設、共同倉庫1棟、浴場1棟
鵜住居	両石信用販売購買利用組合(4種兼営)	37,000	88戸建設、共同倉庫1棟、共同作業場1棟
	室浜水産信用販売購買利用組合(4種兼営)	7,000	40戸建設
	片岸住宅信用販売購買利用組合(4種兼営)	7,000	
大槌町	吉里吉里住宅信用購買利用組合(3種兼営)	50,000	100戸建設、共同作業場兼集会所1棟、浴場1棟、水道、家具什器
	大槌水産信用販売購買利用組合(4種兼営)	58,000	136戸建設、浴場1棟、水道2箇所、家具什器2部落分
船越村	船越村水産信用販売購買利用組合(4種兼営)	81,000	200戸建設、浴場3棟、水道2箇所、共同倉庫1棟
大澤村	大澤村信用販売購買利用組合(4種兼営)	34,000	89戸建設、共同作業場兼集会所1棟、家具什器
小本村	小本村信用販売購買利用組合(4種兼営)	35,580	71戸建設、共同作業場兼集会所1棟、共同倉庫4棟、家具什器
田野畑村	平井賀住宅信用販売購買利用組合(4種兼営)	25,550	50戸建設、共同作業場兼集会所1棟、浴場1棟、水道、家具什器
	島越住宅信用販売購買利用組合(4種兼営)	10,000	46戸建設
普代村	大田名部住宅信用販売購買利用組合(4種兼営)	28,000	52戸建設、共同作業場兼集会所1棟、浴場1棟、水道、共同倉庫2棟、家具什器
	普代村信用販売購買利用組合(4種兼営)	8,000	23戸建設
種市村	種市信用販売購買利用組合(4種兼営)	12,000	37戸建設
米崎村	米崎信用販売購買組合(3種兼営)	6,870	19戸建設、倉庫1棟
山田町	山田信用組合	10,000	45戸建設
重茂村	千鶏信用購買販売組合(3種兼営)	5,000	17戸建設

※■は新設組合

表3　産業組合による住宅復旧低利資金727,000円によって住宅1965戸、水道7箇所、共同作業場兼集会所11棟、共同倉庫12棟、浴場12棟が建設された。表02、03から分かるように住宅復旧事業による全建設戸数の8割が産業組合によるもので、この事業のために11組合が新設され、13の既設組合は改組され、その大部分が4種経営になっていた。

5 国家総動員法にいたるまで
──農山漁村掌握

昭和三陸津波発生の20年程前より、東北地方の発展の遅れを指摘し、国を挙げて開発するべきだと主張していた東北振興会の働きかけによって東北の後進性が社会問題化し、1936（昭和11）年東北振興事業が始まり、東北更新会がその実施機関として設置された。東北更新会は同潤会に東北調査を命じ、農山漁村住宅の改善要旨を作成し、大工への講習会を行なった。同年、東北6県が資本金の半分を負担し、残りを民間より公募し東北興行株式会社が設立された。

農山漁村経済更正運動の指定町村の中には資金が足りず計画目標を達成できない町村が多く、1936（昭和11）年に「農山漁村経済更正助成規則」を制定し、経済更正部が廃止される1941（昭和16）年まで指定町村に資金助成を行ない、経済更正計画の実行を促した。また、1937（昭和12）年に「産業組合拡充3ヶ年計画」を発表し、「産業組合拡充5ヶ年計画」終了の翌年から3年間での産業組合のさらなる拡大を図った。

1930年代の社会政策は第二次世界大戦下の戦時体制の準備段階であったとも解釈できる。漁業組合も統制経済体制に組み込まれ、物資の統制により、漁業組合は漁村における生活諸物資と漁業用資材の配給機関として機能する。1937（昭和12）年、岩手県漁業組合連合会が設立され全県下の漁業組合が傘下に入り、同年に全国漁業組合連合会が発足し、漁業組合は全国的な系統組織下に置かれることになる。

結

昭和三陸津波罹災地への復興計画はその内容、目的、計画樹立から実行までの枠組み、スローガンに至るまで当時の社会政策である「農山漁村経済更生計画」を応用したものであり、政策ツールであった産業組合を実行組織とすると同時に、投じた低利資金の回収を保証する受け皿として利用したことを明らかにした。復興計画の事業主体を産業組合にすることで、全罹災者は各々の思想が産業組合の理念に一致しているか否かにかかわらず、復興事業を必要としているという目的の一致によって産業組合に加入せざるを得ない状況であり、全罹災者をすべて負担や責任が等しい対等の組合員として扱い、罹災以前の関係性を介入させる余地をつくらないような方法を取ったため、家同士の関係や社会構造と無関係に集団移転が可能となったと考えられる。

また、雛形を応用して決められた資金内で事業を行なうシステムは現在の地域開発にも通ずるものであり、昭和三陸津波時の復興計画がその先駆けであったと言える。資金融通される代わりに中央政府が作成した標準に則った事業を実行する他なく、それがその地域の住民の生活にとって本当に必要であったかは疑わしいこともある。開発の目的が何であるか見極める必要がある。開発や都市計画、まちづくり等に関わる上で、1930年代に確立されたシステムを現在まで引きずっていることを自覚し、資金融通の利点に惑わされずに正確なニーズを掴んでよりよい地域環境を考えていくべきである。

残された課題

昭和三陸津波罹災地に対する復旧・復興計画の枠組を整理し、社会政策との関係を明らかにしたが、罹三陸沿岸の各集落について、昭和三陸津波以前の社会構造がどのようなものであったのか、復興計画実行後にどのような変化があったのか、特に集落移転後に原地復帰してしまった集落で土地所有はどうなっていたのか等、集落個別の検証が必要である。何らかの形で三陸津波常習地に対する研究が引き継がれ、研究の蓄積が小集落で生きる人々にとってよりよい集落環境をつくっていくための力になっていくことを強く願う。

コメンテーター・コメント@公開討論会

陣内：大変重要なテーマをしっかりと研究されていると思います。高台移転などに関しては研究されていますが、それ以外のあまり研究されていない部分を調べて、文献史料に基づいて、産業、経済、社会、地域がどのように復興したのかを研究したわけですよね。昭和三陸津波の前からすでに日本は近代化の動きが進んでいて、国家の論理によって、漁村の活動を産業組合のような形にしていったので、ある意味では早く効果的に復興できた、と。

今の状況と比べるとずいぶん違うということを感じさせてくれる発表だったと思います。しかし、一番重要なことは、そうやって国家の中に組み込まれていったことによって、地域の自立性やローカルなポテンシャルを育てる方向には進まなかったということで、論文にはそういう批判がこめられているようにも読めたのですが、自分自身が勉強した立場から、その辺の評価はどうなのかについて聞かせてください。

森山：もちろん、そういった批判の目をもった上で研究を進めてきました。当時、産業組合を通して、早く短い時間で一気に復興できたのは、このシステムができたばかりで国や県の力が強かったからだと思うんです。でも、実は現在もまだ1930年代に確立された中央と地方の関係をひきずっています。このシステムは都市計画やまちづくりにおいて顕著に見られますが、3.11後の復興に関しても、このときにつくられたシステムでがんじがらめになってしまい、いろいろ合意形成をしなければならず、それがうまくいかなくなって復興が進んでいないケースがたくさんありました。

篠原：とても面白い研究だなと思って読ませていただきました。当時は産業組合が瞬時に形成されていろんなものを取り込んでいったわけですよね。いろいろと問題はあったにせよ、早い復興を可能にしたのは、もともとある地域のコミュニティやある種のヒエラルキーをそのまま移行したような形で産業組合が構成されたからということはないのでしょうか。今、同じ仕組みでやろうとしてもかえってうまくいかないのは、地域そのものの構造があの当時と今とで違うのかなとも思ったのですが、いかがでしょうか。

森山：論文の今後の課題として、その各集落ごとの社会構造がどうだったのか、この産業組合が導入されてどう変わったのかということの検討が今後必要になると書きました。昭和8年の津波の直前にはそれぞれの集落に違いがあったはずなのですが、それが一気に変わったわけです。当時は、漁業で生計を立てている人が多かったという共通点がこれを可能にしたのではないかと考えています。現在の3.11後の復興では、集落の中で漁業を主にやってる人の割合がこのころと比べて格段に減っていて、車を使って遠くの集落や大きな都心部の方に仕事に行っている人もいます。産業が複合化して、集落の中で漁業だけじゃなくなってきていることが、さらに合意形成を難しくしてしまっています。

災害体験の昇華が生み出す建物の価値観

江戸町人の建物に関する表現を通して

Name:
岡田紋香
Ayaka Okada

University:
早稲田大学理工学術院
創造理工学研究科　建築学専攻
中川武研究室

Q 修士論文を通して得たこと

社会全体の問題に対して、ただ漠然と考えるのではなく、建築史を学ぶものとしてどのように捉えるべきか、どのような問題に着目すべきなのかなど、自身の役割をより強く意識するようになった。

Q 修士修了後の進路と10年後の展望

設計事務所勤務。今後もあらゆる社会問題に接する機会が多々あると思われるが、それぞれの場面で、建築に携わるものがどのような役割を担えるか精一杯考えていきたい。

研究目的

江戸は頻発する災害によって、いつ何時生活が一変するかわからない場所であった。その中で、人々はどのような可能性や条件を考えて建築を建てたのか。災害を軸に江戸町人と建物との関係をみることで、当時の江戸町人の建物に対する経験と、そこから生じる価値観がどのように形成されていたかを明らかにする。同時に現在の建物に対する価値観と災害の関係を比較することで、現在における災害対策の問題点を明らかにする。

研究方法

災害にかかわる江戸町人の建物に関する考え方を反映した史料として、江戸時代の出版物を中心に扱う。その中で建築に関する部分を主に読解し、これを出発点として江戸町人の建物に対する価値観を論じる。

1. 災害に関わる江戸町人の建物に対する価値観を、知恵・情報・表現に分類する

①知恵：江戸で共有されていた知識
②情報：江戸の人々の実体験
③表現：江戸の人々の印象

　災害を軸として江戸町人と建物の関係を考えると「災害前に知恵としてもっていた知識が、災害後実体験をもとにした情報となり、またそこで受けた印象から様々な表現が生まれる」という流れが想定される。つまり、災害に関わる江戸町人の建物に関する価値観は、知恵・情報・表現から形成されるものと考えた。この分類は相対的に性格づけられる2つの軸によって構成した。

〈横軸：災害前ー災害後〉

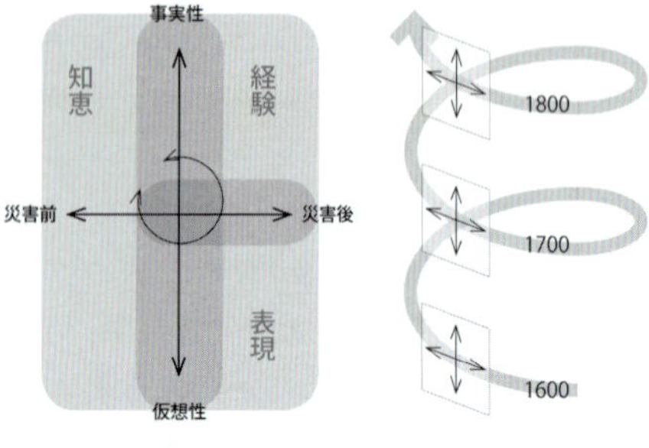

図1　知恵・情報・表現の関係および更新される3点の関係

今回扱う知恵・経験・表現の関係は災害を契機に生まれるものであり、必然的に前後の関係も生まれる。

〈縦軸:事実性ー仮想性〉

経験が表現へ変換される場合、事実に人々の印象や想像力が加えられ、仮想性が強くなる傾向がある。

実際、知恵・経験・表現はそれぞれ独立のものではなく、互いに影響し合い、変化する(図1)。よって、上記の分類は厳密なものではなく、読み取るべき要素の扱い方を提示するものである。

2. 書かれた目的に沿って史料を分類・読解する

①指示書(手引き、家伝書、御触書、教育書等)

②記録物(日記、絵巻物、瓦版等)

③創作物(浮世草子、滑稽本、落語、錦絵、双六等)

知恵・経験・表現の分類基準は、史料において以下の通りに置き換える事ができる。

〈災害対策ー災害復旧・復興〉←〈災害前ー災害後〉

災害「前」の知識は、当然ながらそれに備えた対策が中心となる。また災害「後」は必然的に復興・復旧が中心となる。

〈実録的ー物語・仮想的〉←〈事実性ー仮想性〉

実録的な史料は、当時の人々の実体験や直接的な体験談がもとであり、事実性が高い。一方、物語・仮想的な史料は、事実にもとづいて何らかの意図が込められており、仮想性が高くなる。

ところで、知恵・経験・表現と同様、指示書・記録書・創作物にも厳密な分類は困難である。以上より、上記の分類は厳密なものではなく、本論文における各史料の主な扱い方を提示するものである。

3. 読解した史料から以下をそれぞれ考察する

①建物に期待した災害対策としての性能

②災害に関わる建物の機能および人々の行動

③災害後の建物に対する共通認識

4. 以上を現在と比較・考察し、結論とする

第1章 建物の災害対策と町人の階層

〈研究史料・方法〉

・各史料における指示の背景となる状況の範囲

・性能に関する記述の抜粋

・災害対策としての性能の根拠の抜粋

・内容の類似した史料の江戸と京都との比較

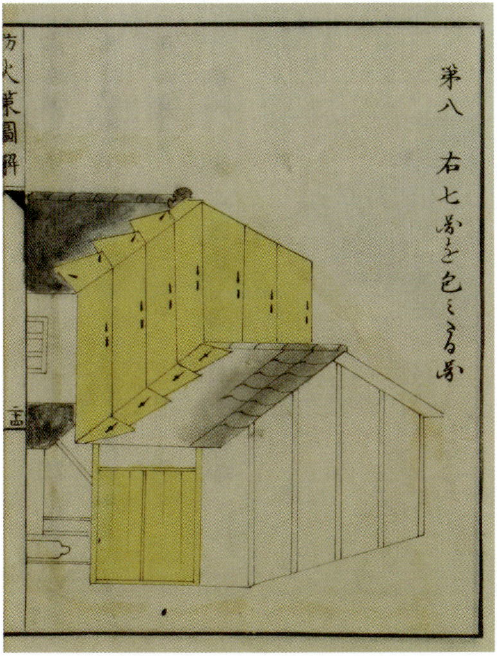

図2 指示書例『防火策図解』一部(早稲田大学図書館所蔵)
上図は家を「防火幕」で覆い、火災から守る様子を描いたものである。つまり、土蔵・穴蔵のみでなく、家も災害に耐えうるという考え方が読み取られる。このような建物に対する考え方の転換は江戸後期から徐々に強くなるものと思われる。

各史料には、家、土蔵、穴蔵についての記述が見られた。

土蔵・穴蔵に関する記述からは、時代を経るにつれて、災害対策としての性能が信頼され、知恵は徐々に事実性を高める方向へ更新されてきたことが指摘される。

一方で、家に関しては災害に関する知恵が進化した形跡はなく、家が災害に耐えられることはないと考えられていたことが伺われる。江戸後期には、そういった考え方を変えるため、災害に耐えうる建物を提案するものも登場した(図2)。

ところで、建物に対する価値観は、所有(使用)しているか否かによって左右される。江戸町人の人口構成を考えると、土蔵・穴蔵を所有している富裕層はわずかであり、大半が店借や地借といった使用している建物が家のみという庶民層である。つまり、江戸のほとんどの人々が建物に対して、災害には耐えられないと感じていたのである。

第2章 建物に表れる災害の経験

経験により生まれた江戸の特徴

〈研究史料・方法〉

・『守貞謾稿』による京都との比較

『守貞謾稿』により江戸建築の特徴として読み取られる部分や使い方は、災害発生時の対策をより円滑に進めるための工夫であり、それは火災を幾度も経験したことで得られた情報の蓄積があってこそ生まれたものである(図3)。

一方、家に関しては「焼家」という言葉が江戸町人の考え方を象徴している。「土蔵造りおよび塗屋でな

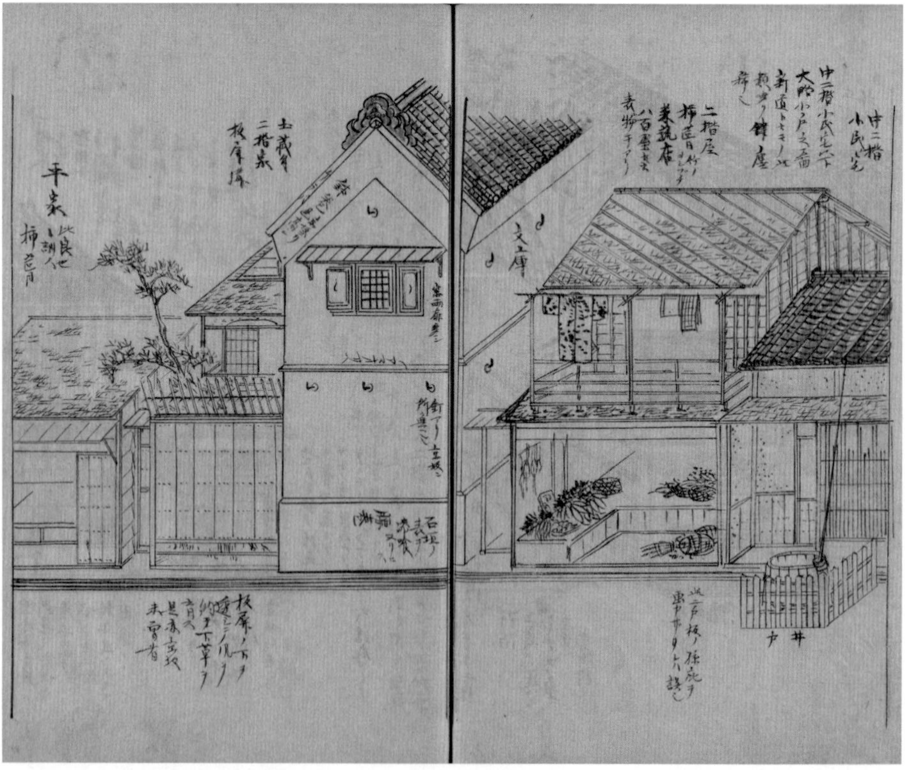

図3　江戸の土蔵(『守貞謾稿』国立国会図書館デジタル化資料より)
図中の「鉢巻」「釘」「石垣の漆喰」は火災対策として生まれた江戸建築の特徴といえる。

いものを焼家という。火災で必ず焼失するからである」という意味で、火災による被害を抑制するなどの意志は全く感じられない。

災害の経験値によりうまれる建物との関わり方の相違

〈研究史料・方法〉

・『江戸失火消防ノ景』と『江戸大地震之図』の比較

・火災後の対応の詳細：「斎藤月岑日記」「守貞謾稿」より抜粋

・地震後の対応の詳細：「安政見聞録」より抜粋

火災に関しては、指示や記録から災害対策の様子を確認できたが、他の災害に関してはどのような対策・対応をしていたのか。

まず、地震に関する対策は建設時に集中しており、どんな建物においても発生時以降に可能な対策はなかった。

では、発生以降、どのような行動をとっていたのか。火災と比較したところ、沈静後の建物との関わり方に相違点が見られた。これは災害の頻度と原因の理解度の差による。火災のように頻度が多ければ、それに比例して得られる情報も多く、そこから発生の原因や影響する要因が解明され、より効果的な対策や対応を見い出せる。そして、沈静後すぐに建物の復旧にかかれる。

逆に、大地震に関しては頻度が極端に少なく、当然発生時の対応は想定できず、発生の原因や影響する要因についても不明であった。よって沈静後も建物の安全性に対する不信感はぬぐえず、関わることを極力避けていた。

つまり、火災・地震ともに発生時には延焼や崩壊など、建物は危険な存在であったにも関わらず、その後の関わり方に相違が生まれるのは、経験値および情報量に大きな差があるためといえる。

第3章 建物に象徴された観念

火災による江戸町人の建物に対する印象

〈研究史料・方法〉

・火災に関する建物が題材になっている物語や落語

土蔵や穴蔵といった一部の富裕層のみが持ち得た火災対策の建物が題材となっている作品の多くは、そのような建物を所有していない人の視点として楽しむものが多い。つまり、庶民層が富裕層を笑う作品の中で、建物は富裕層を表現する象徴となっている。よって、建物を題材とした作品は、逆にそのような建物を所有していない庶民層のための娯楽といえる。

地震による江戸町人の建物に対する印象

〈研究史料・方法〉

・地震との関連がみられる建物を題材とした作品

火災に比べ、情報や知恵が極端に少ない地震においては、どのような建物でも発生以降の対策は不可能であり、地震後は、建物に対して、身分関係なく皆同じ印象をもっていた。そのような状況で、信仰の場など、江戸町人皆のための建物が立派な様子で描かれたとあれば、それは建物が復興の象徴として用いられたことは容易に想像できる（下谷広小路『名所江戸百景』より）。

ところで、地震経験後の、江戸町人の建物に対する印象を考えるにあたり、建物を消費する側か生産する側かという違いは考慮する必要がある。地震後、江戸中の人々が建物を失ったと同時に、大工など建物の生産に関わる仕事は需要が急増した。この状況を皮肉った「鯰絵」は江戸中で大流行した（図4）。

つまり、災害後、建物やそれに関連した人々を題材とした作品は、逆に建物による恩恵を享受していない層による表現といえる。

災害による宗教建築の使われ方の違い

〈研究史料・方法〉

・災害に関する効能をもった信仰

災害にまつわる宗教建築も、災害による表現の一つと捉えられるが、ここにも事実性を求めるようになった傾向がみられる。

火災対策としては、もともと秋葉神社と愛宕神社が有名であったが、加えて三峰信仰も流行り出した。江戸の火事を広げる要因の一つである風向きを考えた場合、三峰山はちょうどその方角と一致する。このような事実に基づいて流行した信仰がある一方、同じく火除として信仰されていた稲荷は、効能の根拠も実感も薄かったことから、人々の信仰は徐々に衰えていった。

では、原因がわからない地震に関してどのように事

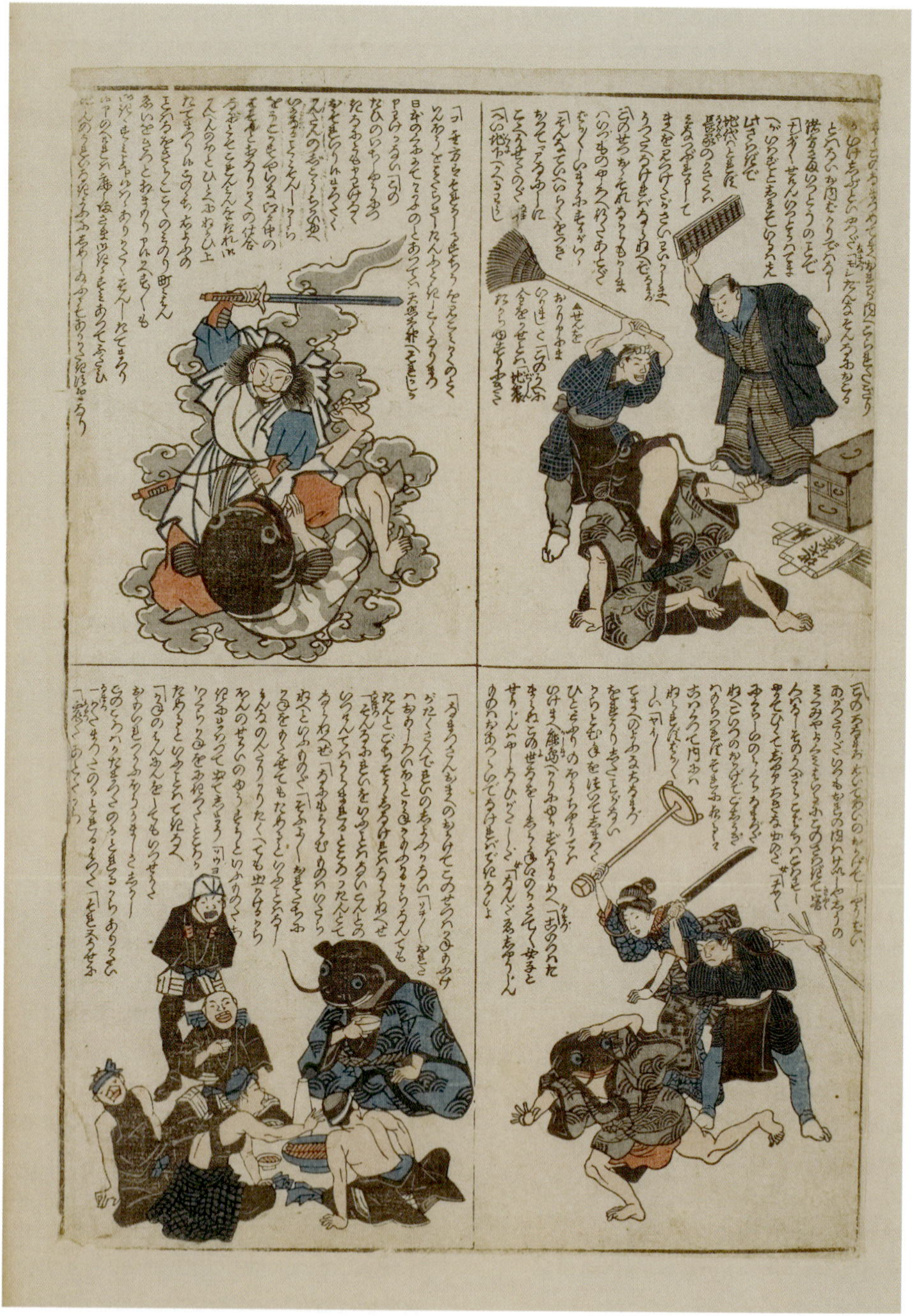

図4　鯰絵『地震小咄（仮）／金貸しと鯰・鹿島大明神と鯰・芸人と鯰・職人と鯰』（東京大学総合図書館所蔵資料）
地震により多大な被害を受けた長屋の大家（右上）と遊郭の主人（右下）は鯰に対して怒っているが、職人は仕事が増え、鯰に金儲けできたことを感謝している。

実性を求めたのというと、原因を目にみえるものである鯰へ、さらにそれにまつわるものとして鹿島神宮や要石という見える形へと変換させたことが事実性を求めた行為としてあてはめられる。

第4章 災害を通してみる 江戸町人の建物に対する価値観

第1章から第3章まで読解した史料のうち、各建物に関する記述を2つの軸〈災害対策－災害復興〉〈実録的－物語・仮想的〉上に位置づける。ところで、史料の分類における〈災害対策－災害復興〉〈実録的－物語・仮想的〉の2軸が、江戸町人の〈災害前－災害後〉〈事実性－仮想性〉に対応していることより、記述内容の分布は江戸町人の建物に対する価値観を表すこととなる(図5、6)。

江戸町人は建物による対策を様々な形に分散させ行なっていたわけだが、建物の所有事情、つまり経済的な条件によってその分散の方向に違いが見られたといえる。ただし、どちらにしても原因や影響する事象などが明確になるにつれて、より事実性の高い対策を求めるようになった。ただし、決して極端なものにはならず、どのような町人においても事実性と仮想性双方のバランスを保っていた。

ところで、江戸町人の人口構成だが、これは、家さえ自分の財産として所有してない人々が圧倒的に多い。つまり、建物に関する価値観も〈家のみ＝庶民層〉が大方を占めていたといえる。この人口比と、災害の頻発が相まって、江戸町人に建物に対する不安や不満を娯楽などの創作に変換させる力を身に付けさせたものと考えられる。この変換こそが江戸町人の建物に関する価値観の特徴といえる。

第5章 現在の建物に関する 価値観と災害の関係

現在の災害対策は、徹底的に防災性能の科学的な強度を求めた研究者や技術者により高度な技術が開発され、日々様々な場面で活かされている。また、一方で災害など大規模な被害を受けた後、復興の象徴として祈念碑が様々なかたちで建てられてきたが、近年疑問視する声も増えてきた。建物に対する価値観と災害の関係を、現在と江戸とで比較すると、3点大きな違いが見られる。

・対策や復興活動の効果はより実証性を追求するようになり、仮想的な活動に重点をおく人々が減少した
・対策を行なう主体が災害に対して第三者であることが多い
・それぞれの策が独立しており、影響し合う関係にない

江戸町人は、建物に期待できなかった部分や建物により対応することがかなわない事態から生まれた不安や不満を、表現へ変換させることによって解消していたが、一方で、現在はそのようなすべをもっていない人が大半である。現在の災害対策を生んだ価値観と、災害復旧・復興の方法を支える価値観が全く別の分野として存在しており、補い合うことができないからである。

結論

災害対策の可能な範囲、災害後の生活は所有している建物や職業によって差がみられた。ただし、どの層の町人にも共通していえることは、建物に期待できなかった部分や、建物により対応することがかなわない事態から生まれた不安や不満を、建物を使った表現へ変換させる力をもっていたということである。

現在、私達の日常は非常に高度な性能をもった防災設備により守られていると共に、その高度な技術に絶対の信頼をおいていた。しかし、一昨年の東日本大震災でその信頼は破綻し、信じ難い程の大規模な被害を受けた。疑うことのなかった策が破られたことで、もはや絶望的な状況と感じた人も少なくないだろう。

ただし、江戸町人が何度も災害から復興し、日常を取り戻してきたように、例え、従来の方法で解決しきれない状況に遭遇したとしても、人々の想像力や表現力は十分にそういった状況から立ち直る手段となり得ると認識することが、今後復興を考える上で、大切な心得になると思われる。

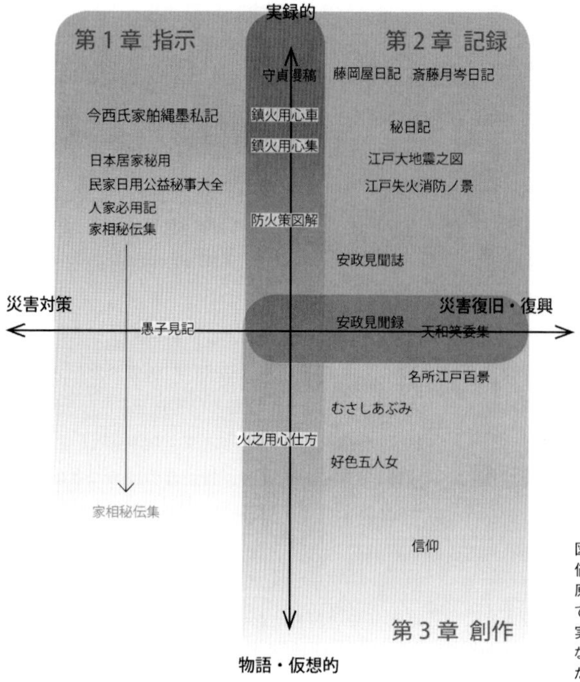

図5 〈土蔵穴蔵持ち＝富裕層の建物に対する価値観〉
原因や解決策が徐々に明らかとなってきた火災に関しては、知恵と情報を相互に影響させ、より知恵の事実性を強めていき、物理的な効果を期待するようになった。ただし、地震に関してはそれが不可能であったため、信仰心で建物および身の安全をはかった。

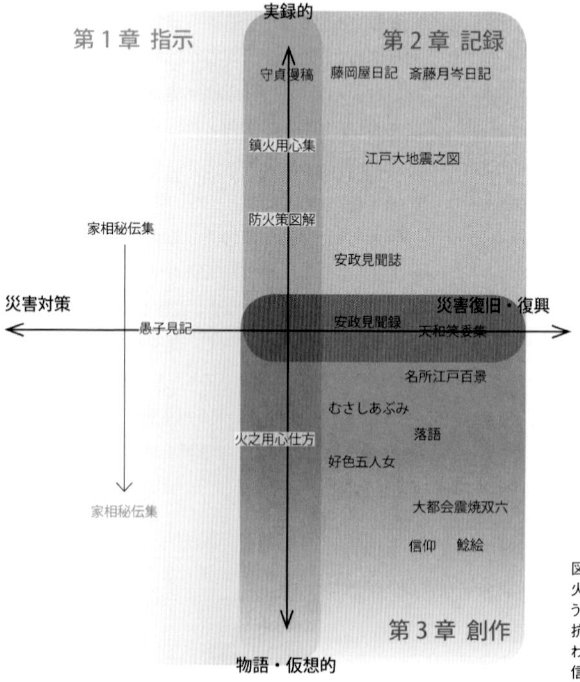

図6 〈家のみ＝庶民層の建物に対する価値観〉
火災を予防する対策は行なっていたが、「焼家」という言葉に象徴されるように、発生した火災に対して抵抗できるとは考えていなかった。それを受け入れる代わりに、土蔵や穴蔵を題材とした娯楽や、より強い信仰活動を発達せざるを得なかった。

コメンテーター・コメント@公開討論会

陣内：問題設定が非常に興味深いですね。日本の社会が抱えてきた災害という宿命に対して、民衆がたくましく生きてきたことの論証だと思います。歴史家の小木新造さんが言っていたのですが、明治時代に日本に来た外国人が不思議そうに「火災が起きたとき、日本人はみんな火事場に集まってうれしそうな顔をしている」というようなことを日記に書いているそうです。この論文では、大工が鯰に感謝していると言っていましたよね?

岡田：地震によって建物がたくさん壊れて、大工が……。

陣内：感謝していると。

岡田：はい。

陣内：そういうことは本当に不思議な状況で、大変興味深いですよね。大工は地震が起きると自分たちの利益になるので、不謹慎だけど待ち望んでいたわけですよね。そういう思いをもっている人がずいぶんいたのかなと思います。これに類する史料や裏付けるものはありますか?

岡田：また鯰絵の話になりますが、地震が起きると、大工だけではなく、職人も小銭を稼ぐ機会が増えるので、鯰に感謝しています。その一方で、鯰を食べることで地震に対する不安を解消したという話もあります。そういうことを本研究では主に注目して扱いました。

陣内：ありがとうございます。中川研でもこういう研究をするんですね。もちろん江戸の研究は中川先生の研究の1つの柱だけれども、非常にユニークな研究でびっくりしました。建築史の分野でもこういうオリジナリティのある研究をどんどんやってほしいですね。センスよく探して、いろいろな体験をしながら、知的なアプローチで取り組むと、まだ扱われていない領域は無尽蔵にあるような気がします。日本建築史は、古い時代はもうほとんど研究されてしまって、やる人が少なくなっているのですが、センスよくやれば、本当はあるんじゃないかと思います。そういう意味で、この研究は、様々な既往研究の蓄積がある江戸時代の建築や都市の領域に、まったく違う角度から光を当てたわけですよね。

日本人が災害をどう受け止めてきたかというのは、やはり今非常に重要なテーマで、建築や都市の分野でもやらなければならないわけです。この論文はそこに真正面から取り組んでいます。災害史の研究はたくさんありますし、江戸時代の木造建築と火事の関係をテーマにした社会的、経済的な研究はいろいろありますが、この研究はもっと踏み込んで、日本人が災害の中でどう生きてきて、どうイメージして、どう対処してきたかを明らかにしています。絵や落語などの表象文化にそれがどう表れていたかを研究するというテーマ設定が非常におもしろい。

実は最初に梗概を見た時に、上手にまとめているけれども本当に内容があるのかなとちょっと疑っていました。でも、実際に論文を読んでみると、史料をしっかりおさえているし、まとまりがあって、表現力もある。新しい領域に取り組んで、これだけきちんとまとめているのは見事だと思います。

社会的企業を核とする共奏型地域マネジメントに関する研究

日本・イタリアにおける社会的企業の創造的事業展開に着目して

Name:
新津 瞬
Shun Niitsu

University:
早稲田大学理工学術院
創造理工学研究科　建築学専攻
佐藤滋研究室

Q 修士論文を通して得たこと

国や背景が違えど、地域マネジメント、ひいては豊かな生を営むということは、基本的な共通項があるということ。そして、それを実践する現場で活動する人々に出会い、議論したことは、自分の思考の礎ともなった。

Q 修士修了後の進路と10年後の展望

設計事務所勤務。将来はその経験を活かして、具体的な空間再編を伴うまちづくりに携わっていきたい。一方で、イタリアに再度留学して本研究を深めていくことも、楽しそう!

第1章 研究の目的と方法

1-1. 研究の背景・目的

近年、まちづくりや地域再生の主体として「社会的企業」が注目され始め(註1)、既存の枠組みでのまちづくりの体制や政策では解決できなかった課題を解決し、新しい価値を創出するという、新たな地域マネジメントの形が見えてきている。本研究では、その地域マネジメントを「共奏型地域マネジメント」と定義する(以下、「地域マネジメント」とする)。

「地域マネジメント」は、資源・課題を発掘し、それを多様なネットワークを通じて他の資源と組み合わせることによって、その資源を再価値化し課題を解決する①「社会的企業の創造的事業展開」が実践され、そこから生み出されたネットワークや参加の場と、従来型のプラットフォームである協議会などが重層し、地域としての役割分担の中で社会的企業の活動を支えていく仕組みとしての②「共奏プラットフォームの形成」がなされ、これらの動きから中間支援やノウハウ波及を行なうことで、新たな社会的企業の創造的活動を生み出す種を撒き育てていく③「波及循環構造の構築」を進めていくことで組み立てられる。

一方で、社会的企業はその活動を展開する上で資金・ノウハウ・人材不足等の課題を抱えていること、また、個々の地域で展開される活動は極めて多様かつ流動的であるため、それらを構造的に捉える枠組みの設定が容易ではなく、活動を支援する制度の確立が難しいということも挙げられる。つまり多彩な「地域マネジメント」を今後推進・拡充していくためには、これまでの成果の顕在化と積み重ねによってそのモデルを構築する必要がある。

そこで本研究では、日本およびイタリアの各都市において展開されている「地域マネジメント」を研究対象とし、上記の3つの視点から分析を行なうことで、「地域マネジメント」のモデルを提示することを目的とする。

1-2. 研究の方法と論文の構成

まず、対象地域において「地域マネジメント」の核となる社会的企業、および、行政、関連組織、コンソーシアムに対してヒアリングを行なう。その後、データの整理および新たなキーワードを導くために、コーディング(註2)を行なった後、各対象地域での「地域マネジメント」の構造を前述の3つの視点から把握する。また、日本とイタリアにおける相違点を探る（2章）。それを基に「地域マネジメント」の要件を抽出し、そのモデルを提示する（3章）。

1-3. 研究対象（図1）

本研究では、①10年以上活動を継続している社会的企業が存在し、②その核となる社会的企業から波及して生まれた組織や中間支援を受けた組織が活動を行ない、③それらの活動が行政区を超えた都市・地域圏での拡がりのある展開を図っている、という3つの条件を設定し、それらを満たす山梨県北杜市、愛知県名古屋市、岩手県花巻市土沢地区、レッジョ・エミリア県コッレッジョ、フェッラーラ県フェッラーラ、ミラノ県ミラノにおける「地域マネジメント」を研究対象として選定した。

イタリアでは、近年建築系協同組合を核として、社会的協同組合と協働しながら「地域マネジメント」を展開している動きが見られるため（註3）、その動きの解明から日本への知見を得ることが目的である。

第2章 日本・イタリアにおける共奏型地域マネジメントの構造

本章では、上述の3つの視点を構成する各要素から研究対象となる「地域マネジメント」の分析を行ない、その構造図を作成し組み立て方を明らかにする。

①社会的企業の創造的事業展開：「体制・態勢づくり」（註4）、「活動領域の設定」、「テーマの重層化」、「地域資源の発掘」、「組織運営」

②共奏プラットフォームの形成：「社会的テリトリー」（創造的事業展開によるイベント・物的な地域拠点、人的ネットワークなど）、「事業開拓・推進テリトリー」（ある種の契約関係に基づき事業化等を進めていく従来型のプラットフォーム）

③「波及循環構造の構築」：「ノウハウの波及」、「インキュベーション」、「インターミディエーション」

2-1. 資源連結拡大重層型：山梨県北杜市（図2）

山梨県北杜市は、「NPO法人えがおつなげて」（以下「えがお」）を核とする拡大重層型である。事業展開に合わせて物理的なテリトリーを拡大し、共奏プラットフォームとも併せて重層していくという構造をとる。

自然豊かな北杜市に位置する限界集落とも言える須玉地区増冨地域を拠点に、元銀行コンサルタントであった理事長を核として「えがお」は活動を展開する。拠点地域との関係を築きながら、北杜市・山梨県・関東・全国に存在する、行政・大学・企業・NPOなど多様な主体とパートナーシップを形成し、都市農村交流によって人を呼び込むことで遊休農地の再生を図り、農業を基盤とした新たな社会構造の構築に向けて事業を展開している。例えば「えがお」は農村と首都圏の企業との仲介を行ない、「えがお」が農地を農家から借りて、それを企業に貸し出す事業スキームを実践し、相互にメリットを生み出しながら遊休農地を再生している。現在はそれぞれの物理的テリトリーで開発したノウハウを全国へ展開、さらには育成した人

	北杜市	名古屋市周辺	花巻市土沢	コッレッジョ	フェッラーラ	ミラノ
核となる社会的企業	**NPO法人 えがおつなげて** 理事長 2009/10/01, 2012/12/25 東京事務所 2009/08/07	**南医療生活協同組合** 専務，地域ささえあいセンター 2012/12/15	**LLC 土澤長屋暮らし** 代表 2012/12/11 **株式会社土澤まちづくり会社** 事務局 2012/12/11	**住民協同組合 ANDRIA** 建築家・元代表 2011/12/12, 12/21 2012/11/06	**企画技術・販売・融資サービス協同組合 SEFIM** 代表，技術部門 2012/02/20 **混合型社会的協同組合 Camelot** 職員 2012/03/05	**A型社会的協同組合 ABCittà** 代表 2012/11/02 **有限会社 Avanzi** 職員 2012/10/30
行政	**北杜市** 産業観光部 観光課 2009/09/17	**東海市** 東海市市民福祉部 健康福祉課 2012/12/17	**花巻市** 東和総合支所 市民サービス課 2012/12/10	**コッレッジョ コムーネ** 地域部門代表 2012/11/06	**フェッラーラ コムーネ** 都市計画部門 Roberta Fusari 2012/11/09	**ミラノ コムーネ** La Fabbrica del Vapore 代表 2012/10/31
関係組織	**NPO法人 南アルプスファームフィールドトリップ** 代表 2009/09/14	**森の里荘自治会** 自治会長 2012/12/19	**東和町商工会** 元事務局長 2012/12/10 **専門家** 早稲田大学都市・地域研究所 2012/12/12	**A型社会的協同組合 Argento Vivo** 代表 2011/12/14 **B型社会的協同組合 BUCANEVE** 職員 2011/12/21		**アソシエーション Impossible Living** 職員 2012/10/30
				コンソーシアム ABN	企画・発展部門 2012/02/29, 03/01, 03/02, 11/08	

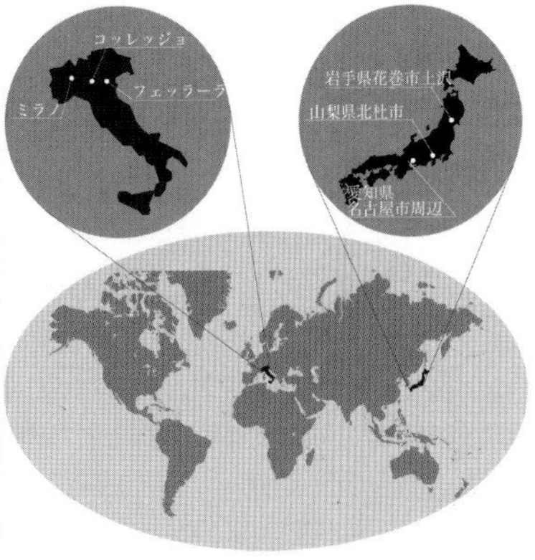

図1　研究対象地域・ヒアリング対象組織一覧

材を同じ課題を抱える農村地域へ配置していくことで、波及循環構造の構築へと拡がっており、それが共奏プラットフォームの拡充にもつながっている。また「えがお」が行政も含めてコーディネートを行ない、行政はそれを支援していくという体制がとられている。

2-2. 小自律体統合型愛知県名古屋市（図3）

南医療生活協同組合は、1959年の伊勢湾台風をきっかけに、「みんな違ってみんないい、ひとりひとりの命かがやくまちづくり」をテーマに、地域医療を通じた地域づくりを実践している。設立50年という歴史・信頼の蓄積により組合員・支部・ブロックを増殖させていき、現在は組合員約7万人を抱え、班会の組合員活動や診療所・グループホームの事業所設立などを、組合の組織部に依存することなく、それぞれのブロックで資金・人材集めを行なうことによって、組合員・ブロックが自律した活動を実現している。組合員が運営する「十万人会議」によって住民・行政・医療福祉系組織が一同に介し、各地域の活動報告やビジョンなどを共有する場を通して、また、組織部が人材育成・資金管理・監査などを行なうことで全体をコーディネートし、それぞれの地域との密接な関係を保ちながら組織・活動全体の統合を図っている。専務が交代した10年程前からは、行政を始め外部の各団体とネットワークを築き始めている段階である。

2-3. 態勢変容型：岩手県花巻市土沢（図4）

宮沢賢治の詩「春と修羅（第一集）」の中にある「冬と銀河ステーション」でにぎやかな市日の舞台として登場した土澤商店街がある花巻市土沢地区では、2002年に行政と住民が半額ずつ出資し、商店街の活性化と住み続けられるまちづくりを目的として設立された第三セクターとしての株式会社土沢まちづくり会社と、その役員を中心として、まちづくり事業主体として設立された「LLC 土澤長屋暮らし」が核となり、キーパーソンやイベントなどを媒介としながら、状況に応じて態勢を変容し支えあうことで「地域マネジメント」を展開している。住民発意の共同建て替え事業である「こっぽら土澤」を建設し、「街かど美術館」などのアートの活動や高齢者福祉活動も並行して進めている。また、中心市街地だけではなく、「おしかけ商店街」（土沢地区の商店街の店主たちが周辺の集落に出向き、移動商店街を行なうことで、買い物難民対策を行なうとともに、顧客とのつながりを築いている。）などを通じて、周辺地域との関係性の構築を試みている。キーパーソンが兼業のため活動に従事できる人材が不足しているという課題があるが、周辺地域への活動展開を図り、近隣三町で広域連携組織を作る構想もあることから、今後さらに態勢を変容させ共奏プラットフォームを拡充して活動を展開していく可能性をもつ。

2-4. 地域社会統合型：レッジョ・エミリア県コッレッジョ（図5）

人口2万5千人ほどの小さなまちで活動する住民協同組合ANDRIA（組合員約6千人）は、子供のための住宅「Coriandoline」や、若夫婦を対象として家族の増加と共に増築可能な住宅を作る「Casa per gio.co（若夫婦のための家）」、移民のための住宅を建設する「Cas' o mai」など、今まで建築の対象とはされにくかった分野に関する社会住宅・街区建設を展開している。近年は社会的協同組合とグループを組み、幼稚園運営などの社会的サービスの供給も行なうことでさらなる事業展開を行なうとともに、地域の社会的協同組合に対し、事務所の建設を行なうことやANDRIAの冊子などを作成する仕事を優先的に提供することで、中間支援を実践し雇用創出を生み出すなど、地域の共益を生み出している。これは地域内で波及循環構造の構築を図り、地域社会の統合を実践していることを示している。現在、モデナ県、レッジョ・エミリア県の協同組合と協力して、構想されている県の合併に伴い、一つの地域社会協同組合の設立を計画しており、イタリアにおける新たな協同組合の世界を開こうとしている。

2-5. 中間支援拡充型：フェッラーラ県フェッラーラ（図6）

ポー川と共にその歴史的中心市街地が世界遺産に登録されているフェッラーラでは、住宅共同組合SEFIMが核となり住宅建設に関わる事業展開を行なってきたが、近年の経済危機によりグループ内の建設会社が経営破綻しその勢いは衰えつつある。一方でコムーネや州のレガコープの中間支援が拡充しており、今後はその支援を受けて若く勢いのある組織（移民や障害者支援を中心に行なう「混合型社会的協同

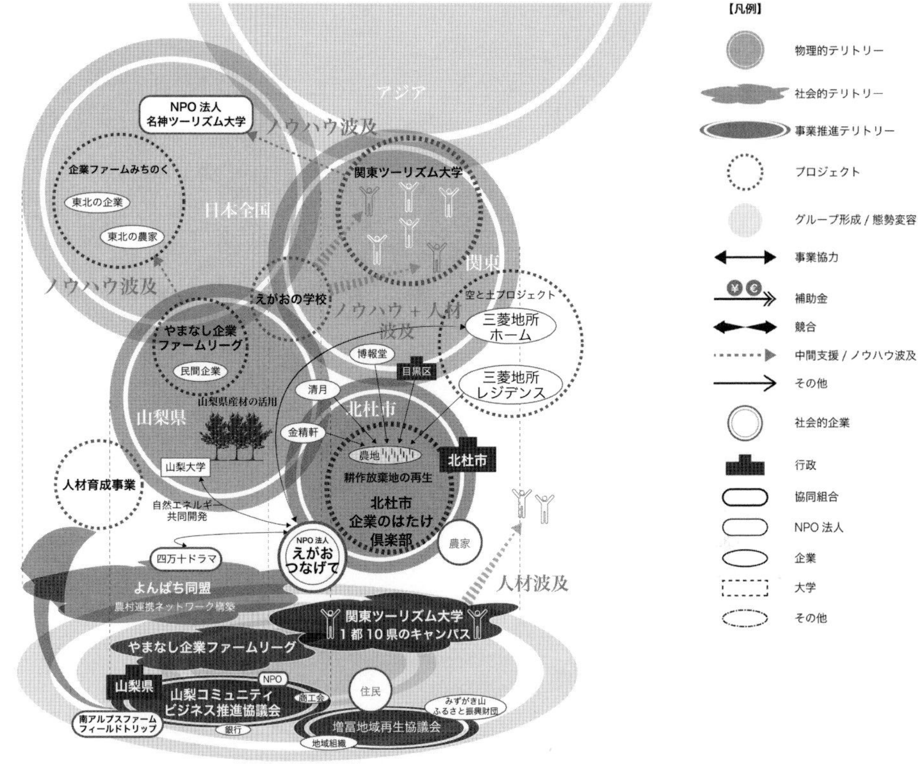

図2　拡大重層型（山梨県北杜市）

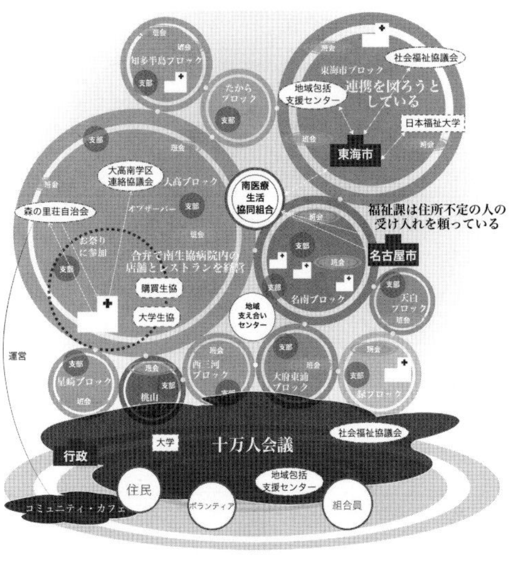

図3　小自律体統合型（愛知県名古屋市）

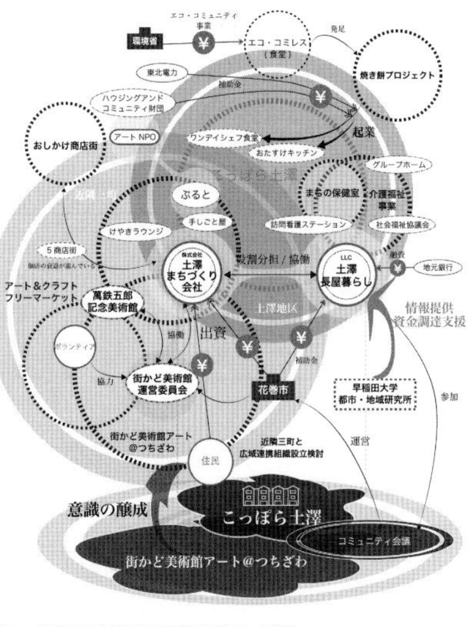

図4　態勢変容型（岩手県花巻市土沢）

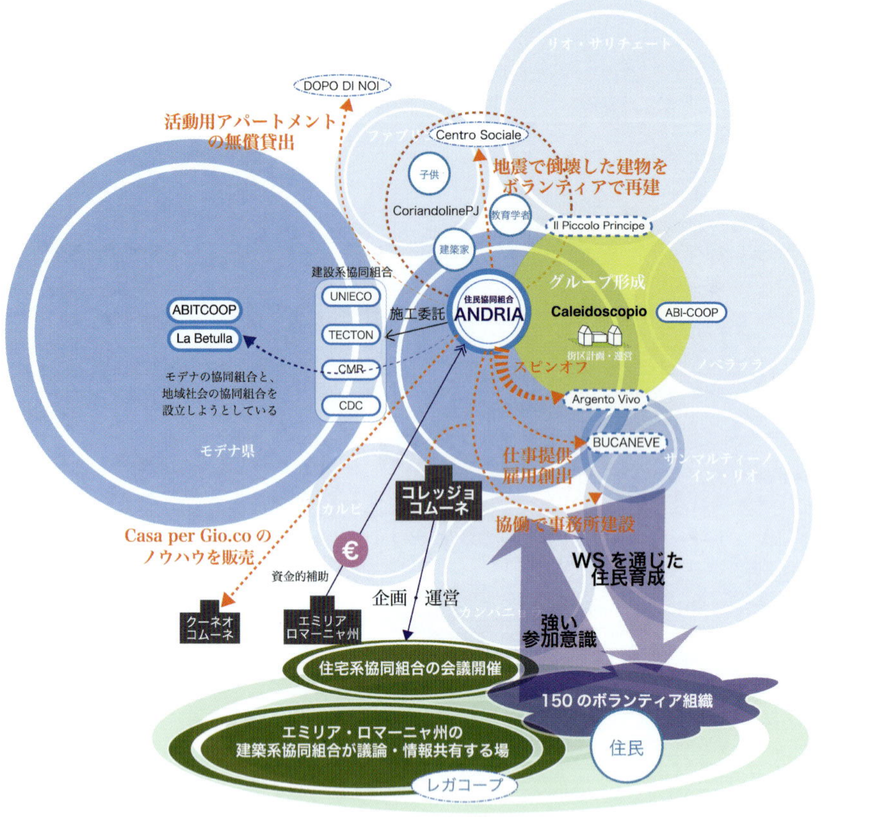

図5　地域社会統合型（レッジョ・エミリア県コッレッジョ）

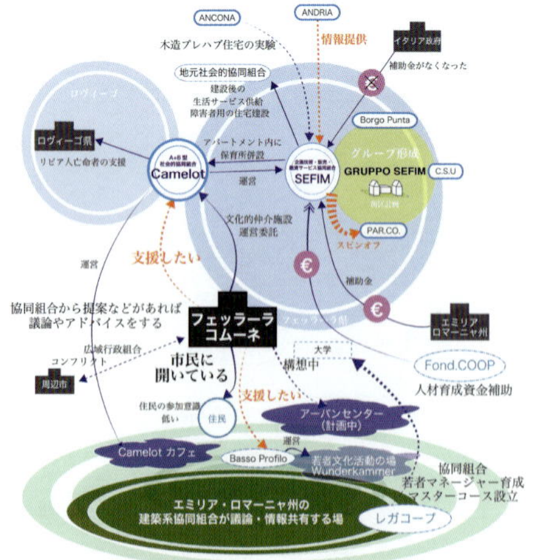

図6　中間支援拡充型（フェッラーラ県フェッラーラ）

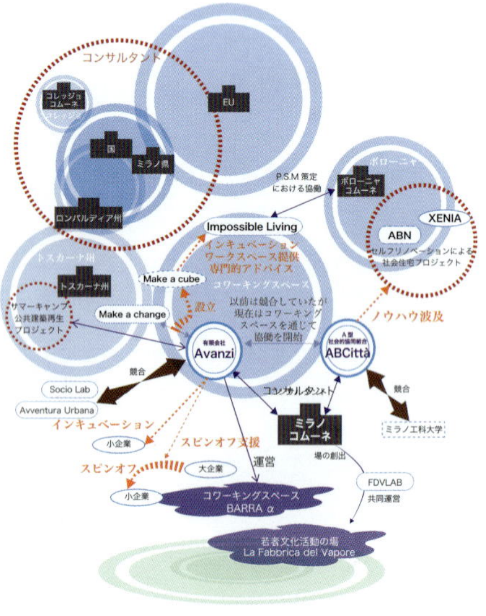

図7　波及創造型（ミラノ県ミラノ）

組合Camelot」や、フェッラーラの豊かなオープンスペースを地域に向けて活用しようと取り組んでいる、フェッラーラ大学の建築学部学生とその卒業生を中心として組織される「Basso Profilo」など）がどのように活動展開していくかということが重要となる。

2-6. 波及創造型：ミラノ県ミラノ（図7）

人口約130万人というイタリア一大都市であるミラノでは多くの活動がうごめいているが、ここではまちなかのコワーキングスペースを中心として展開されるマネジメントの動きに着目する。多くの人や組織、資源が行き交うミラノでは、ネットワークの活性化に対する取り組みが活発であり、そのネットワーク構造を全国、ヨーロッパを含め広範で形成している。基本的にイタリアの社会的企業は地域の人々で構成されることが多いが、そこで核となっている、子供・社会的結束と大人・文化と教育というテーマで活動する「A型社会的協同組合ABCittà」やサステナビリティテーマとして企業や行政のコンサルタントを行なう「有限会社 Avanti」は、多様な地域の人々で構成されている。それが場所にとらわれることのない自由度の高い活動による波及循環構造を連続的に生み出していると言える。

2-7. 日本とイタリアの相違点

Ⅰ：行政の対応

日本では社会的企業が行政をコーディネートする役割をもち、行政は資金支援および協議会などの運営を行なうことが主な役割である。イタリアでは経済危機のためコムーネからの直接的な資金支援はないが、社会的企業の活動に対して支援を行なっていく土台・意識は存在し、協働して州や政府の補助金へ申請を行なうこともある。

Ⅱ：縄張り意識と広域連携

イタリアは協同組合がそれぞれのコムーネ・地域圏における縄張りをもっているため、ミラノなどの大都市を除き、地域間を超えた協働はなかなか見られない。そ

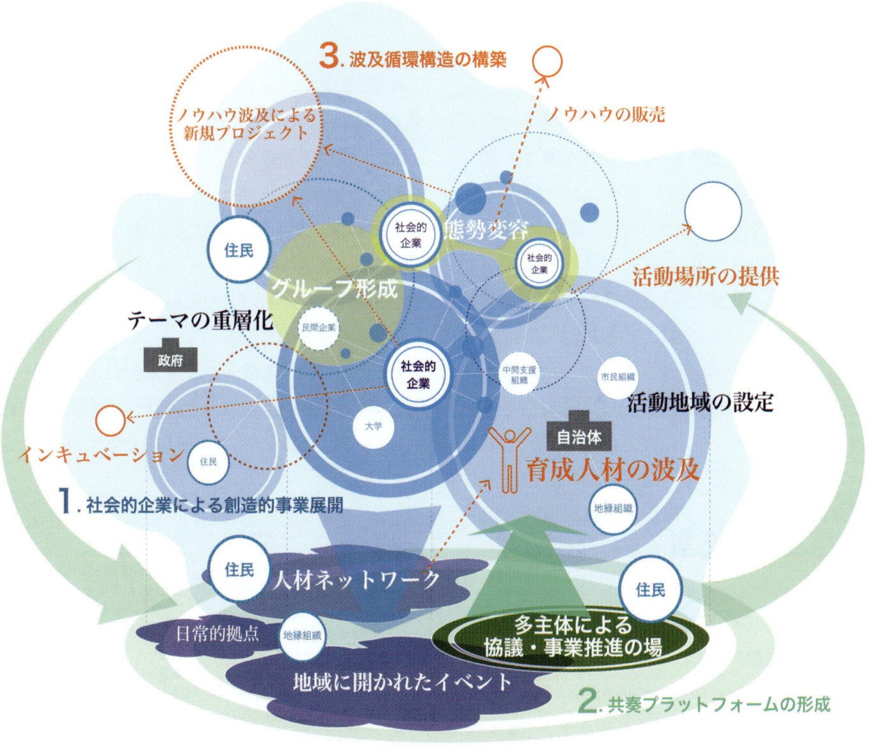

図8　共奏型地域マネジメントモデル

のため、広域圏でのまとめ役となるレガコープなどのナショナルセンターが重要な役割を担っている。日本では、特に組織間の縄張り意識などは見られなかった。

第3章 共奏型地域マネジメントモデルとその拡充に向けて

3-1. 共奏型地域マネジメントのモデル(図8)

まず、社会的企業の創造的事業展開として、グループ形成・組織分化等の態勢変容・テーマの重層化が必要である。次に、その事業展開を通じて創出される人材ネットワーク・日常的拠点・地域に開かれたイベントと、多主体による協議・事業推進の場が重層することで、その地域圏の活動を支援する共奏プラットフォームが形成される。そしてそれらから、ノウハウ波及による新規プロジェクトの展開・育成人材の波及・インキュベーション等が展開され、それがまた新たな核を生み出す、波及循環構造の構築が進む。これらが連鎖し拡充されることによって、「地域マネジメント」が展開されていく。

3-2. 共奏型地域マネジメントの推進・拡充に向けた要件

i.事業展開を推進する連合体の形成

グループや法的に位置づけられた明確な連合体の形成によって、新たな価値を付与する、またはある特定の能力を高めるなど、社会的企業の活動を次のフェーズに進めるための推進力となっている。

ii.行政区を超えた支援を担う場の構築

イタリアのレガコープが運営しているような、情報共有や新しいつながりを生み出すプラットフォームとしての場や、各種調査、人材育成、それに伴う資金支援などを行なっていくこと、そしてそれを行政区にとらわれることのない視点で行なっていく必要があり、それをどの組織体が担うのかということは大きな検討項目である。

iii.共奏型地域マネジメントの障壁を取り除く制度・システム設計

共奏型地域マネジメントは、各地域固有の特性に起因する土壌の上で展開されているため、多種多様な展開を見せるが、そのような固有の特性を超えた制度・システムを構築することによって、社会的企業の活動を促進し、資源が限られた地域への波及も可能となる。

iv.ビジョンの共有と自分意識醸成の仕組みづくり

組織全体として統一したビジョンを共有していく地盤をつくり、活動に関わる人々が、組織・まちを自分のことと同様に考えることができる仕組みをつくっていくことで、個人の責任感をもち合わせた自発的・積極的な活動を促し、それが組織の活動推進へとつながっていく。

3-3. 課題

・人材育成:日本・イタリア共にほとんどの社会的企業は、人材育成に関する課題を抱えている。組織の高齢化が進んでいるため、代表も含め世代交代のための人材育成を進めていく必要があるが、なかなか育っていない現状があること、さらにイタリアでは経済危機によって新たに職員を雇うことも難しい状況にある。

・事業評価手法:日本では、社会的企業を中心とする活動を評価する手法が確立されていない。まちづくりや地域再生は、経済や人口構成変化など、目に見える指標だけで評価を行なうことは非常に難しい。可視化の難しい指標も含めて評価する手法を探していく必要がある。

4章 まとめ

本論では、日本・イタリア6都市の「共奏型地域マネジメント」の取り組みを、「社会的企業の創造的事業展開」、「共奏プラットフォームの形成」、「波及循環構造の構築」という3つの視点から解明し、そのモデルを提示した。

　地域再生に関わる取り組みには、多くの人や組織の思い・戦略がうごめいている。それぞれの思いは豊かな生を模索する個人の欲求であり、それが社会的企業を核とする動きによって実現への道筋が示され始めている。本研究が、その取組を推進する一助となることを期待している。

[註]

1) 国内における代表的な事例として、山形県鶴岡市での中心市街地まちづくりや、静岡県三島市でのNPO法人グラウンドワーク三島の取り組みが挙げられる。

2) 佐藤郁哉 『質的データ分析法　原理・方法・実践』(新曜社、2008、p.117-118)
複数のデータを相互に比較しながら概念的コードを作成し、データの内容と概念的コード、概念的コード同士の比較を行なうことで、概念モデル構築の際の手掛かりとする。

3) 佐藤滋ほか『まちづくり市民事業』(学芸出版社、2011、p.22-23)

4) 同上(p191-198)

コメンテーター・コメント@公開討論会

大野：なぜ、日本とイタリアだけを調査したのですか?

新津：社会的企業に関して、イギリス、韓国、アメリカ、イタリアで先進的な研究が進んでいて、その中でもイタリアでは社会的協同組合が制度化されています。その社会的協同組合が、単独ではなく建築系の協同組合やまちづくりと連帯しながら地域をマネジメントしていくという動きがあって、そういうものが連鎖的に出てきていることと既往研究がなかったこともあり、社会背景が全く違うイタリアと日本を比較して、地域マネジメントの構造を多角的に捉えるために、今回は日本とイタリアを研究することにしました。

大野：地域マネジメントということを考えると、ここで扱っている建築系の活動以外にも、もっと様々な産業があって、それらにかかわる人々の声も重要だと思うのですが、どのようにまとめる体制ができれば、より発展すると考えていますか?

新津：論文のタイトルに、「共奏型地域マネジメントモデル」と書いているのですが、研究を進めてきた上で一番重要なことは、ビジョンを共有することなんじゃないかということを考えました。「共奏」というのは、「共に創る」ではなく、「共に奏でる」と書きます。社会学者の田中夏子さんの言葉を借りれば、「豊かな生を模索し構築する」ことが社会的企業の活動の根底にあって、これからの組織・マネジメントとしてその「豊かな生の構築」というビジョンをどういうふうに共有していくのかということが、建築的活動だけでなく、社会的活動も含めて、全部を統合していくための基礎となると考えています。それが今回一番重要だと思ったので、共奏型という名前をつけました。

大野：山梨で実際に活動をされているのですか?

新津：いえ、活動はしていないです。卒業論文の時に調査をしていまして、3〜4年の間、定期的に行っていました。

大野：分かりました。我々の仕事もどんどん広がっていくのですごくいい研究だと思いました。

新津：ありがとうございます。

陣内：僕もイタリアと日本を比較することが多いので、興味深く聞いていました。イタリアは協同組合が発達しているというような違いはわかるのですが、いろいろ掘り下げていった結果、日本にとって一番ヒントになるようなことは何かありましたか?

新津：2つあります。1つ目は、イタリアの協同組合は、異なる分野とグループを形成したり、同じ分野でも専門性を高めるようなグループを形成することが推進力になっています。日本では単独が多く、グループをつくる一歩手前のパートナーシップ程度で事業展開を行っているんですけれども、イタリアではグループ形成が一番強い推進力になっているわけです。

2つ目は、イタリアではナショナルセンターが県や州単位で、その行政府にとらわれない範囲で支援を行なっているということです。今回、社会的企業の選定条件の1つとして、ある一定の都市圏を超える広がりのある活動をしている地域ということを位置づけているのですが、それは創造的事業展開に必要だと考えています。そのためには、イタリアのように、まとめ役となるナショナルセンターのような存在が非常に重要であると考えています。

全国修士論文展
公開討論会

コメンテーター:

石川 初／大野二郎／佐藤 淳／篠原聡子／陣内秀信／門脇耕三（コーディネーター）

参加者:

金森麻紀（東京工業大学大学院）p.170 ／坂根知世（東京大学大学院）p.178 ／川島宏起（東京大学大学院）p.186 ／荘司昭人（芝浦工業大学大学院）p.194 ／魚住英司（九州大学大学院）p.202 ／櫻井 藍（滋賀県立大学大学院）p.210 ／木原己人（滋賀県立大学大学院）p.218 ／安福賢太郎（京都大学大学院）p.226 ／酒谷粋将（京都大学大学院）p.234 ／遠藤えりか（早稲田大学理工学術院）p.242 ／森山敦子（明治大学大学院）p.250 ／岡田紋香（早稲田大学理工学術院）p.258 ／新津 瞬（早稲田大学理工学術院）p.266

修士論文の私性と社会性

門脇：最近、修士課程の意味合いは相当変化しつつあります。今までは博士課程に進む前の研究者養成コースのように位置づけられていましたが、大学院への進学率が上がり、研究者としてのスキルを学ぶというよりは、実社会において役立つ専門的スキルを学ぶ場という意味合いが強くなってきました。また、大学自体の意味合いも変化してきています。大学は、短期的な利益には必ずしもならないようなことに、地道に取り組むことが最大の存在意義だったわけです。しかし、日本の社会が縮小するにしたがって、大学が社会に役立つボランタリーな組織として機能することも求められるようになりました。そういう状況の中ではおそらく、研究や論文の意味合いも変化してくると思います。現在、論文には明確な評価の仕方があって、まず研究が客観性をもつことの証として、査読付き論文誌に投稿するというプロセスがあり、それを経て、他の論文にたくさん引用されたものが良い論文であるということになっています。しかし、そうした論文の評価のされ方自体も変わっていく必要があるのかもしれません。そういう意味で、従来とは違った評価軸を求めようとするこの会は、非常に有意義だと思います。

これからの研究とその評価がどうあるべきか。今回の討論会では、そのあたりを議論できればと思っています。議論をはじめるにあたって、それぞれの先生方から、今日の発表についてコメントをいただけますか。

石川：今日は非常に楽しく拝聴いたしました。最初は、必要に迫られて書いた論文が多いのかなと思っていましたが、実際に見てみるとそうでもなくて、一見何の役に立つのか分からないものにもエネルギーをそそいでいるものもあって、ある知見に達していたのは、見ていて楽しかったですね。

大野：私は設計をやってきた人間で、この10～20年くらいは、地球温暖化などの環境問題を考えてきたのですが、そういう問題には、今までの縦割りの論文ではだめなんです。もっと社会をどうやって動かすかを考える必要がある。ただ、社会に出た後は、ある意味、社会の歯車にならないと世の中というのは、なかなか回らない。そうしないと自分も給料をもらえないわけです。でも、そうやって働いていると、考えていたことをすっかり忘れてしまうんですね。みなさんは今の気持ちを20年後も忘れないでほしいと思います。今日はすごく良い刺激になりました。

佐藤：今回提出された論文は、非常に活気があって良いと思いました。3年前に大学に就任した時、自分が大学院生だったころとは研究や論文に対する意識がだいぶ変わっていると感じました。というのも、研究や論文のテーマたり得るのかということについて慎重になりすぎているんです。昔はそんなに気張らずテーマを選んでいて、多少ビジョンがなくても、まぁやってみようじゃないか、みたいな雰囲気がありました。もちろんいい加減ではいけませんが、その方が何か良かったような気がするんです。そういう意味でも、今回は、大学での評価とは違った発見ができるといいのではないかと感じています。ちょっと寂しかったのは、構造の論文が非常に少なかったことです。もっとこてこての構造の論文が出てきてほしかったのですが、それは今後に期待したいと思います。

篠原：分野横断的なテーマが1つのテーブルに並んでいるのは、かなり驚異的なことだと思います。話も非常に多角的で面白かったです。博士課程で研究を進めても、なかなか修士論文を超えられないということを研究者から聞いたことがあります。おそらく、博士論文になると査読を通さなければならないので、もう少し客観的で、慎重な道筋になるのでしょうが、修士論文では直感的にやっている部分と、学部から積み

上げてきたもののバランスが良くて、やや直感が勝りながら、少し理論に裏付けられていくみずみずしさみたいなものがあるんだろうなと思います。それが非常に面白くて、ちょっと感動しました。

陣内：全体的にみなさんのびのびと自分らしいテーマに出会ってやっているのが、非常に良かったですね。それぞれの研究室の先生方と個人的にも面識があるので、様々な思いをもって聞いていました。例えば、京都の家の記憶の問題を研究した安福さんは、京都大学の高田光雄先生の研究室ですね。建築論の増田友也先生の系譜で意味論や場所論をちゃんと吸収して、高田先生の研究室ならではの論文に見事にまとめ上げられたなと思って、感心して聞いていました。それから、昭和三陸津波の復興計画について研究した森山さんは明治大学の青井哲人先生の研究室ですよね。最近、青井研の活動はすごいですよね。「驚異の青井研」と言われているくらいです。現地にどんどん入っていって、地道で素晴らしい研究をまとめられたのは本当にびっくりしています。

門脇：石川さんがおっしゃっていた、知的好奇心に裏打ちされている論文と、社会的に要請されている論文、どちらが多いのか僕なりに分類してみました。その結果、知的好奇心の方が強いなと思った論文は5つ。そのほかの8つは社会的要請に応えたいという姿勢が強い論文でした。面白かったのは、歴史研の森山さんと岡田さんが、社会的意義を強く意識して研究をされていたことです。数年前に、日本建築学会の『建築雑誌』で、「建築史は社会に何ができるのか?」という特集が組まれた時に、藤森照信さんは「何もできません」とおっしゃった。つまり、建築史は純粋に知的好奇心を追求するものであると言ったわけです。ところが、森山さんと岡田さんは、災害をテーマに扱って、自身の興味に裏打ちされながら、きちんと社会的に意義のあることをされている。感心しました。

研究に取り組んだ動機

門脇：では、どんな気持ちで研究に取り組まれたのかを学生のみなさんに聞いてみたいと思います。

金森：学部の時に今回と同じような手法で、ガイドブックから東京の都市イメージを明らかにしました。その直後に行った海外旅行で、ロンドンを歩きまわっているときに感じた領域のつながりみたいなものと、ガイドブックの地図の表現が直感的にかなりリンクすることに気づき、それを明らかにして、他の都市でどうなっているのかもっと見てみたいということから、研究テーマに選びました。

坂根：将来、建築設計に関わっていくに当たって、

優しさや柔らかさをもった空間や材料を扱いたいと思っています。和紙というのは日本独特の文化で、和紙の美しさは論理的に分析することはできないのですが、こういう実験を通して開発することで、フィジカルに柔らかい和紙の素材としての特性を活かして、フィジカルだけでなく空間全体としても柔らかさとか優しさをもった建築をつくりたいと思って、和紙をテーマに選びました。

川島：在学中は旭川から宮古島まで全国各地のエコハウスの調査に行って、各地の環境を体験し、設計者に対して改善提案などを行なってきました。でも、どの設計者と話しても、これでいいから変えなくて良い、と言われて全然話にならないんです。調査で得た知見が設計に全く結びついていかない。それでは、未来につながっていかないと感じました。だから、なるべく未来の住宅を良くするような研究をして、みんなに使ってもらえるようなものをつくりたいと思って、この設計法に取り組みました。

荘司：都市という言葉について実際に調べてみると、それがどういったものであるか全然分からなくて、都市って何だろうというところから研究を始めました。八束はじめ先生がHyper den-cityという言葉を使っていて、その言葉の響きが魅力的に感じたということと、八束先生は何をぶつけても様々な答えを返してくれる先生でしたので、都市について多角的に研究することができると考えて、このテーマを選びました。

魚住：今回、仮設シェルターに取り組んだのですが、学部の頃から主に木材を使って実大スケールでものをつくるということをやっていて、研究でもそういうことができないかなと考えていました。ものをデザインするときに、ある種の合理性みたいなものが、どこから出てくるのか。デザインのプロセスのなかで、その合理性について考えながら設計し、全体を構築することを考えて研究を始めました。

櫻井：学部生の時から宗教と建築というテーマで研究をしていて、インドを旅したときに都市が激しく

更新されているのを見て、宗教の力が強いインドの都市や人が今後どう変わっていくのかという漠然とした疑問をもっていました。ラーメーシュワラムは巡礼都市ですが、現代では巡礼のあり方も変わり、かなり商業的観光地化が進んでいます。その中で、都市は何を継承したら生きていけるのかというのがこの研究で一番明らかにしたかったことでした。

木原：琵琶湖から吹く風を使って大津市の街を冷やせないかということに興味をもっていて、まちづくりやプロジェクトの中で、市民の方々にそういう話をしたのですが、目に見えない環境に対してどう理解を示したらいいか分からないという感じでした。今回のようなシミュレーションを用いて可視化することで、だれにでも分かりやすく、見て分かってもらうことができないかというところから発想し、研究として取り組みました。

安福：僕はフィールドと建築をつなげられないかということをずっと考えていました。アタッチメントという概念はその時から考えていて、それで研究に取り組めないかということでフィールドに出てみたのですが、フィールドワーク自体初めてだったので、全然うまくいきませんでした。そのような中で、研究対象住宅の居住者の方と出会って、とにかくたくさん話をすることで僕の研究ができたようなものです。先日、居住者の方に研究成果を説明しに行ったのですが、アタッチメント理論について納得してくださって、すごくうれしかったです。

酒谷：僕は学部の1回生から4回生まで設計のことしか考えず、ひたすら建築をつくることを考えてい

ました。でもある時、どれだけ自分が素晴らしい建築をつくっても、何もこの日本は変わらないんじゃないかと思ったんです。もし、より素晴らしい建築をつくる一般的な方法みたいなものがつくれたら、それだけでこの日本を変えられるんじゃないか、さらにはそれを世界に発信できないかと思ったことが、この研究に興味をもった動機です。

遠藤：環境と設計のコラボレーションに興味がありまして、研究室のプロジェクトで、シミュレーションや実測を行ない、その結果を基に、エンジニアの立場として設計者に対して、「ここの窓はこういうふうに開けたほうがいいですよ」というような提案をしてきました。その中で、もう少し設備や環境の分野でできる範囲をふくらませていけないか、イニシアチブをもって環境技術者の人間がデザインを提案できるようなことはできないかと考えたときに、今回のテーマにたどり着きました。

森山：3.11の直後に、過去の津波の記録をまとめたサイトを研究室でつくったのですが、現地に行って40以上の集落を直接見て、その空間構成がどうなっているかを体感したときに、三陸沿岸の集落の特殊性に驚いたことがこの研究を始めた一番の大きなきっかけです。歴史研究ではあるんですけれども、もっと大きな範囲で建築をやっていく上で社会政策や制度を含めた大きな視野で関わっていくべきだと考えながらこの研究を進めていきました。

岡田：3.11の後、様々な分野の研究者が色々な提案をしている中で、建築史からは何ができるのかということを強く意識しました。先ほど門脇先生がおっしゃっていた『建築雑誌』の特集を私も読んだのですが、藤森さんの「建築史は役に立たない」という言葉がすごく衝撃的でした。それに対して何かやってやろうと思って、自分なりにやってみたつもりです。また、学問の域を出ない閉じられた論文ではなく、より今の社会に言及できるようなことを結論として出したいと思って論文を書きました。

新津：僕は山梨県出身なのですが、卒論のときに社会的企業の活動に触れて、地方都市の問題を考えるきっかけになりました。高校生のころは、遊ぶ場所もない山梨が嫌いだったのですが、社会的企業の活動が魅力的で素晴らしいと思って研究を始め、今では山梨が大好きです。大学院でまちづくりの活動を行なってきたのですが、うまくいかないことがほとんどだったので、今回の修士論文では、活動が上手くいく体制や仕組みづくりがどうやったらできるのかということを求めて研究の目的にしました。

門脇：ありがとうございます。みなさんのお話を聞くまでは、内的な欲求と社会的な要求を二項対立的に捉えていたんですけれども、みなさんは自分の中でその2つをきちんと調停し、しなやかに統合していると感じました。素晴らしいですね。

社会の役に立つのか？

門脇：今回のコメンテーターは、実務家としての側面をもっている方もいらっしゃいますので、そのような視点から、みなさんの研究についてコメントをいただければと思います。

石川：仕事にすぐ使えそうなのは、木原さんの風の道のシミュレーションですよね。今やっている物件の模型をつくってもち込みたいぐらいです。ただし、落葉するかもしれないし、樹形も色々あるし、これはまだまだ可能性がありますね。それから、川島さんの太陽熱暖房住宅の設計法で自分の家を解析してもらいたいですね。我が家は非常に劣悪な結果が出そうな予感がします（笑）。いずれも設計者、クライアントも含めて、そこにコミットして、視覚的に結果を共有して、どういうふうに改善していったらよりやろうとすることに近づいていけるかを共有できるようなツールを目指しているところにすごく共感しました。

大野：我々が設計するとき、特に建築の形をつくるときに、本当に正しいのかどうか、エンジニアリング面でちゃんと評価したいんです。こういう形にしたほうがより環境的に快適で効率的だということを客観的に知りたいと思っています。そういう視点で今回の論文を見ると、いくつか役立てていけそうなものもありますので、実際に使ってみたいですね。

佐藤：建物を設計していて、新たな構造を考えるときに、それが建つと言えるために何を証明する必要があるのかという思考プロセスと、研究者が研究する思考プロセスとはかなり違うと感じています。でも、我々がやっているような思考方法も論文としてあっていいんじゃないかと思うんです。何か研究を進めたら、それを基に試設計するところまで研究に含める。私の研究室の学生にはそういう論文の書き方を提案しています。

篠原：実務的な設計と違って、こういう研究は本当に好奇心に突き動かされる面白さがあって、そういう冗長な部分がすごく私は魅力的だなと思います。中でも、森山さんの研究は、政治的な視点から復興がどういうふうに行なわれていったのかを研究して

いて、着眼点に非常に感心しました。

陣内：建築史が社会の役に立つのかという問題についてですが、すぐに役に立つことだけではなくて、じわじわと役に立つこともありますよね。結局、役に立つかどうかよりも、もっと多様な思考プロセスをつなぐようなことを大学はもっとやらなければならないのではないかと思うんです。今、修士設計を選ぶ人と修士論文を選ぶ人の思考が分かれすぎていると感じます。その間をつなぐような、もっと柔らかいテーマの設定をして、両方を橋渡しするような場を設けて、成果をちゃんと発表して評価できる仕組みが必要なんじゃないかと思うんです。

研究の未来を考えるきっかけに

門脇：それでは、最後に各個人賞を決定したいと思います。石川さんからお願いします。

石川：これだけ分野が多岐に渡っている中で、何か共通する建築的思考のようなものが浮かび上がってきたら面白いなと思って聞いていました。今日は、ダイヤグラムを描いてみたり、マッピングしてみて、そこから何かを発見していくような研究にすごく惹かれました。石川賞は、予備審査の時にほとんど心が決まっていました。今日、それが揺らぐかと思いながら話を伺っていましたが、僕の心が揺らがなかったので、金森さんの「海外旅行ガイドブックの地図にみられる都市の領域的階層性」に石川賞を差し上げようと思います。この論文に自分なりの副題をあえて付けるとしたら「『都市はツリーである』と思われている」という感じです。この論文にインスパイアされて、自分でもいろんなやり方でいろんな地図を解析したいと思わしむる論文でした。

大野：先日、被災地に行ってきたのですが、地元の行政の方に話を聞くと、いろんな大学から報告書は出ているのだけれども、じゃあ現実はどうするんだということに対しては誰もやってくれないそうです。そういうことを僕は行って初めて知ったんですよね。僕らは技術者であり、まちづくりをする側の人間なので、エネルギー問題だけではなくもっと広い意味での環境問題を含めて、そこで生きている人たちの困難な問題に対して、どう取り組んでいったらいいのかという課題を考えなければなりません。大野賞は、地域のことをちゃんと考えて、実践していける方として期待をしながら、さらには広い意味で環境のことをやっていただきたいという意味もこめて、新津さんの「社会的企業を核とする共奏型地域マネジメントに関する研究」に差し上げることにしたいと思います。

佐藤：私はやはり構造・環境的なエンジニアリング面のテーマが気になりまして、良かったものを挙げておくと、紙漉きの坂根さん、太陽熱暖房住宅の設計法を提案した川島さん、あとは剛体折りの魚住さん、風の流れのシミュレーションをした木原さん、形態解析をした遠藤さん。このあたりが、興味のあるテーマでもあり、内容も良かったと思っているところです。その中でも、比較的構造に近いテーマでもあり、こういうテーマや内容の構成が、こういう場所で取り上げておかないと論文として認識されにくいかなと思いまして、坂根さんの「回転成形を用いた立体漉き和紙ブロックのファブリケーションに関する研究」を佐藤賞に選びたいと思います。

篠原：予備審査で紙漉きの坂根さんに二重丸を付けたのですが、研究室の名前を聞いて、ちょっと入れにくなと思っていたところでした（笑）。今日お話しを伺って、良かったのは昭和三陸津波の森山さんです。おそらく、産業組合だけであれば、社会学などの分野でもアプローチする方法はあったと思うんですけれども、もう一度災害復旧やまちづくりについて再考しなければならないときに、このテーマを建築の分野からアプローチしたものはなかったと思います。質問に対しても非常に的確に答えてくれましたし、梗概に書いてある以上の深い調査があったということに非常に感動しました。篠原賞は、森山さんの「昭和三陸津波の罹災地復興と産業組合」に差し上げたいと思います。

陣内：僕も予備審査のときと、評価が同じなんですね。自分の分野にも近く、関心が共通してるもので、特に4ついいなと思った論文があります。ラーメーシュワラムの櫻井さん、京都の住宅の記憶の安福さん、昭和三陸津波の森山さん、そして、江戸時代の災害に対する人々の認識を研究した岡田さんです。で、幸いにも森山さんが篠原賞ということなので、迷わず岡田さんの「災害体験の昇華が生み出す建物の価値観」に陣内賞を差し上げたいと思います。決め手になったのは、歴史は知的好奇心だけでいいという藤森さんの言葉に反発を感じてがんばってくれたというところです。建築史の将来にとっても、実に重要な論文になるんじゃないかと思います。

門脇：では最後に門脇賞ですけれども、僕が予備審査で二重丸をつけたのはメタファーの研究をした酒谷さんです。酒谷さんはクリエイティビティの所在に非常に関心があるんだと思います。論文には、その姿勢が非常に良く表れていたと思いますし、自分は4年間設計のことしか考えてなかったと言っていたところも良かった。僕は研究をやる以上、何らかの創造性に寄与しないと、やる意味がないと思っています。酒谷さんの研究は、社会にどれだけ役に立つかは分かりませんけれども、僕にはクリエイティビティを最大化したいという思いが貫かれているように感じられました。そういうわけで、酒谷さんの「建築設計における創発的プロセスとしてのメタファーの研究」に門脇賞を差し上げたいと思います。

本日は、修士論文にみなさんがどういう思いで取り組んでいるか、あるいはどんな問題意識をもっているかが非常に良く伝わってくる会だった思います。大学や学会のシステムが今の世の中やみなさんの思いについていけていない側面があるということも強く感じました。より良い建築をつくるためにも、これからの研究はどうあるべきか、どのような研究がふさわしいのかを考えるきっかけになったことを、大変うれしく思っています。

プロジェクト展

「プロジェクト展」開催概要

「プロジェクト展」は、大学院の研究室で行なわれているプロジェクトを展示し、また実際に社会で活躍されている実務者の方々と学生が議論を行なう場です。研究室でのプロジェクトは、社会との協働によるものが多いことから、学生の活動の中で最も社会に対して対等な立場での成果であると考えています。

本企画は、こうした研究室でのプロジェクトにスポットを当てることで、議論を通し、学生と社会の相互発信という性格をもっています。

今年度は「建築の一歩先へ」という全体テーマのもと、「現実の一歩先へ」というプロジェクト展でのテーマを掲げています。プロジェクト展は設計展や論文展と比べると、非常に現実に近い視点でものごとを捉えなければなりません。そこには多くの場合、クライアントや予算、期限といった現実的な制約がつきものです。今回は、若手の審査員の方々をお招きし、社会に出て行く学生たちが「現実」とどのように向き合っていくかを、各プロジェクトの発表を通じて、議論しました。企業人や来場者との対話を通して、建築学生の将来における新たな可能性を見出す場となることを目指しました。

トウキョウ建築コレクション2013実行委員

プロジェクト展コメンテーター

アネックストーク1

速水健朗　Kenrou Hayamizu

フリーランス編集者／ライター。1973年生まれ。パソコン雑誌の編集を経て、2001年よりフリーランスとして、雑誌や書籍の企画、編集、執筆などを行なう。主な著書として、『ラーメンと愛国』(講談社)、『都市と消費とディズニーの夢 ショッピングモーライゼーションの時代』(角川書店)など。主な分野は、メディア論、20世紀消費社会研究、都市論、ポピュラー音楽。

撮影:新津保建秀

藤村龍至　Ryuji Fujimura

建築家／東洋大学専任講師。1976年生まれ。2008年東京工業大学大学院博士課程単位取得退学。主な建築作品に「BUILDING K」(2008年)、「倉庫の家」(2011年)など。主な編著書に『アーキテクト2.0』(藤村龍至／TEAM ROUNDABOUT編著、彰国社)、『コミュニケーションのアーキテクチャを設計する』(共著、彰国社)。建築や都市に関する論評、寄稿が多い。近年は、公共施設の老朽化と財政問題を背景としたプロジェクトにも取り組んでいる。

アネックストーク2

倉本 仁　Jin Kuramoto

デザイナー。1976年生まれ。金沢美術工芸大学を卒業後、家電メーカー勤務を経て、2008年JIN KURAMOTO STUDIOを設立。家具や家電製品、日用品などの製品開発を中心に国内外のクライアントにデザインを提供している。IF Design賞、Good Design賞など、多数受賞。

谷尻 誠　Makoto Tanijiri

建築家／穴吹デザイン専門学校非常勤講／広島女学院大学客員教授。1974年生まれ。本兼建築設計事務所、HAL建築工房を経て、2000年に建築設計事務所suppose design office設立。DEISGNTIDE、ミラノサローネ東芝インスタレーションなども手がけた。インテリアから複合施設までさまざまなプロジェクトが進行中。主な受賞歴として、THE INTERNATIONAL ARCHITECTURE AWARD(chicago)、モダンリビング大賞など。

アネックストーク3

川添善行　Yoshiyuki Kawazoe

川添善行・都市・建築設計研究所代表／東京大学川添研究室(建築設計学)主宰。1979年生まれ。東京大学工学部建築学科卒業。専門は、建築設計、風景論。オランダから帰国後、内藤廣に師事。代表作は、メディジン市ベレン公園図書館、白水ダム周辺整備計画鴫田駐車場・トイレ(グッドデザイン賞)、種徳院庫裡改修、佐世保の実験住宅など。主な著作は『世界のSSD100　都市持続再生のツボ』(共著、彰国社)。

広瀬 郁　Iku Hirose

株式会社トーンアンドマター代表／東北大学大学院非常勤講師／NPOピープル・デザイン・インスティテュート理事。1973年生まれ。建築学専攻後、外資系経営コンサルティングファーム、不動産企画開発会社に勤務。ホテル「CLASKA」では総合プロデュースを担当。独立後は、都市・まち・建築に関わる事業開発と空間デザインの融合を目指し、飲食店、美容サービス店などのプロデュースのほか、上海万博のパビリオンをはじめとする複数の大型商業施設のプロジェクトに参画し、企画・事業推進などを手掛ける。

DigiMokuプロジェクト

Group:
慶應義塾大学 池田靖史研究室

池田靖史研究室では、建築設計と情報技術の融合によって生まれる、これからの時代に必要とされるであろう新しい建築を研究している。

ここでいう新しい建築とは、デザインの結果である建築の形のみならず、設計に必要なコミュニケーション、設計の手法、建築を含む社会システムまでをも視野に入れたものだ。

2010年からの活動の1つとして、我々は「情報技術+木造」をテーマに「DigiMoku（デジモク）」プロジェクトを行なっている。これは新しい時代の新しい木造建築のために、建築部材の生産から組み立て、運用までを情報技術によって統合するデザイン手法の開発を目指すものである。

デジタル+木造

産業革命以後の社会構造は、資源とエネルギーの消費を前提として成り立っており、その象徴ともいえるのが「鉄」という素材だ。こうした社会構造を反映するように、20世紀には多くの「鉄」の建築が生み出されてきた。しかし資源とエネルギーに限界が訪れている21世紀では、新しい社会構造の構築が切望されており、こうした時代の建築素材として、炭素を吸収固定し、循環利用が可能な素材である木材に再び注目が集まっている。

一方で、木材には火への弱さや、劣化の速さといった素材としての難点や、生物素材ゆえの大きさ・加工方法の制限、性能のバラつきなど「鉄」の建築で培われてきた建築常識では扱いが難しい、という面がある。池田靖史研究室では、デジタルな情報技術の考え方を用いることで、こうした木材の弱点を補い、その可能性を広げることが可能だと考えている。

情報技術を用いてデザインした新木造建築「digital woods」

DigiMoku 001: digital woods

「digital woods」は、池田靖史研究室が「DigiMoku」の考え方を初めて提案したプロジェクトだ。移り変わりの速い都市の商業建築と、劣化を避けられない木材の性質を重ね合わせて考えたとき、軽量で加工が容易な木材の特性から「人の手でも部材交換やつくり替えが可能な建築」という木造の新しいサスティナブルな可能性が見えてきた。そこから、小さな木質部材で構築される7階建ての木造商業建築という「digital woods」の提案が生まれた。

小さな木質部材で大きな建築を構成する場合、必要な部材数は膨大になり、またその配置や組み合わせ方は構造や耐火性などによるさまざまな制約を受ける。「digital woods」では、こうした複雑かつ膨大な数の部材配置のデザインを情報技術が支援した。人

人の手で組み替えられる建築と情報技術によるデザイン支援。

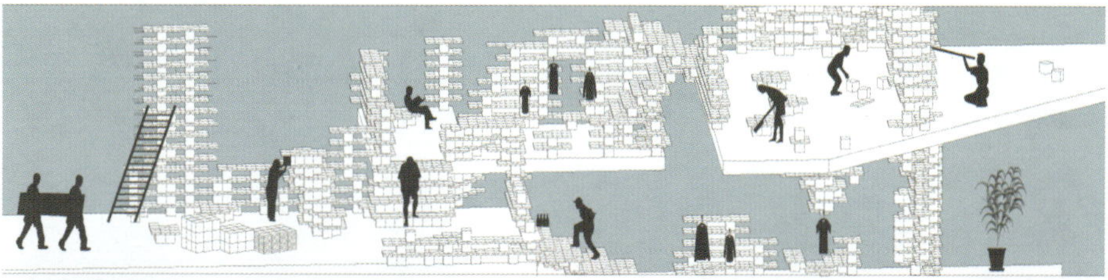

①床の高さ、配置に合わせた構造基準線（幹の線）を引く。

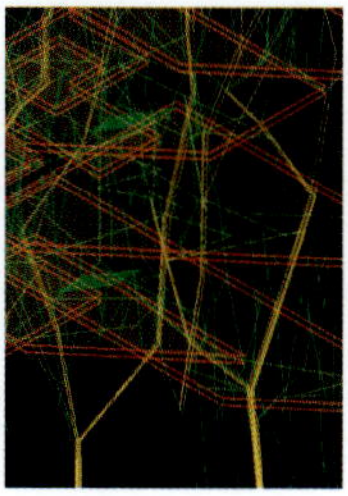

②コンピュータが自動的に構造上最適な梁や棚の基準線を算出する。

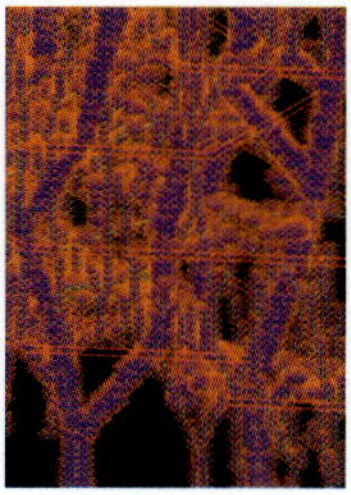

③コンピュータが基準線から棚板型ユニットとブロック型ユニットの配列を高速に求める。

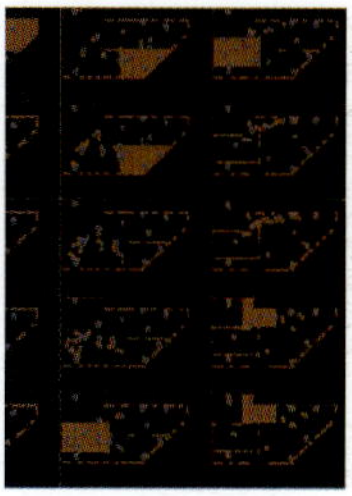

④自動生成された部材データに基づきユニットを作成、部品IDを使って組み立てを管理。

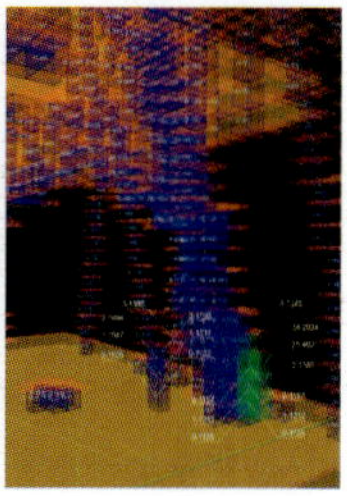

⑤組立更新の際、最適な補完・補強のための部材移動や追加をコンピュータが指示。

が建築の大まかな形状を設定すると、コンピュータはそれを実現可能な形状に修正·補完し、建築の詳細形状をビジュアライズしてくれる。また部材生産や施工においても、必要な図面を自動生成することで人の作業を支援している。将来的には、施工後の部材管理や組替過程においてもコンピュータによる支援が実現可能であると考えられる。

製作した展示ブース用仮設建築「Porous Torus」

DigiMoku 002: Porous Torus

「Porous Torus」は、「Open Research Forum 2010」に出展された展示ブース用の仮設建築である。「DigiMoku」の考え方を検証し、より深く考察することが目的で実物大の仮設建築を製作した。

「Porous Torus」は柱から壁面へと連続的につながる全体形状と多孔質な構造が特徴で、これらは展示空間の要求と制約から生まれた。この形状を、運搬·生産の効率、施工時間、構造を考慮した部材で構成するために、似た大きさ・形をしながらも、すべて形状が異なる、高精度に加工された部材が膨大な量必要になる。そこで情報技術を用いて、全体形状から部材図を自動生成し、それを機械加工によって高速に生産するシステムを構築した。高精度に加工された部材は釘やネジ、道具等を一切使用せずに接合でき、生産時に自動付加されたID番号を頼りに簡易に短時間で施工することができる。

DigiMoku 003: Sakana Arch

「Sakana Arch」プロジェクトは、東日本大震災によって遊びの機会を失ってしまった被災地の子供たちに、自らの手で仮設建築をつくる経験を提供し、遊びに通じるものづくりの楽しさと達成感、さらには震災に

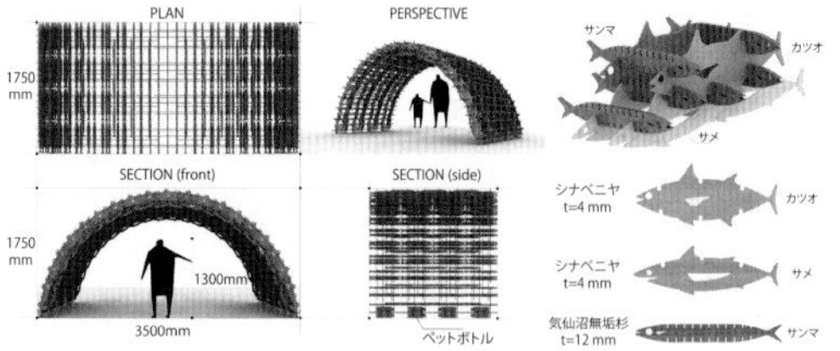

左:ワークショップのためにデザインした「Sakana Arch」キット/右:子供のための仮設建築作成ワークショップ「Sakana Arch」

よる建築への不安を取り除き、自分の居場所ができる安心感を届けるためのプロジェクトである。具体的には、震災直後の夏に開催された「港けせんぬま復活祭」にて、気仙沼の小学生と一緒に「おさかなアーチ」という仮設建築をつくるワークショップを開催した。

「DigiMoku」研究を活かすことで、子供でも簡単に組立可能な木造の仮設アーチドームを実現することができた。部材は地元港の魚を模した「かつお」「さんま」「さめ」の3種類がある。気仙沼の子供が親しみやすく、子供にも施工手順が分かりやすい仕掛けになっている。

DigiMoku 004: Glass Sphere Wall

もう1つの震災復興支援プロジェクトが、「Glass Sphere Wall」である。被災地の気仙沼では、震災以降に保管されていたり、打ち上げられてしまった漁業用のガラス浮きの処分が、復興の課題の1つになっていた。池田靖史研究室では、このガラス玉と木質部材を構造に用いたモニュメントとして「Glass Shpere Wall」を提案した。

ガラス玉は職人の手作りであるため、サイズや色がひとつひとつ微妙に異なる。これを構造として利用するためには、木材部品もガラス玉に合わせて、全て異なる形状をしている必要がある。この課題に対して、ガラス玉の計測、それにあった全体形状の生成、部品図の作成、部品生産、施工支援を情報技術によって効率化するというシステムを構築した。

震災復興支援のためのモニュメント「Glass Sphere Wall」

DigiMoku 005: Weaving Model

「WeavingModel」は、「Open Research Forum 2012」において同大学松川昌平研究室と共同で提案した、縦3.6m×横3.6m×高さ2mの展示ブース用仮設建築だ。これは過去の「Porous Torus」同様、部品生産や運搬・施工、構造、展示空間の要求を満たしつつ、部材効率の向上など新しいことに挑戦している。

編み物のように2種類の部材を2方向から上下交互に組み合わせた構造が特徴で、これにより構造を自立させながらの部材の組み替えを実現している。決まった全体形状から部材形状を生成するのではなく、部材をルールに従って施工していき、用途に応じて自由な形状を組み上げるシステムである。構造強度と施工性と両立させた部材形状を実現するため、情報技術を用いて形状の調整と生産を高速に行なえるシステムを構築し、1/1モックアップによる大量の試行錯誤を可能にした。また施工のプロセスや全体形状をコンピュータにシミュレーションさせることで、施工ルールの模索においても情報技術が支援を行なっている。

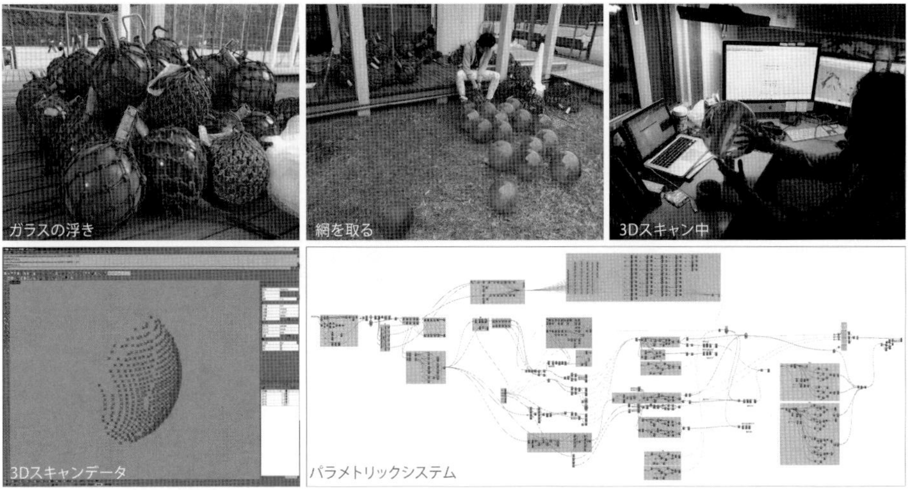

「Glass Sphere Wal作成過程。ガラス玉の計測や部材の形状生成、加工を情報技術により簡易、高速化した。

組み替えを実現した木造構造体「Weaving Model」

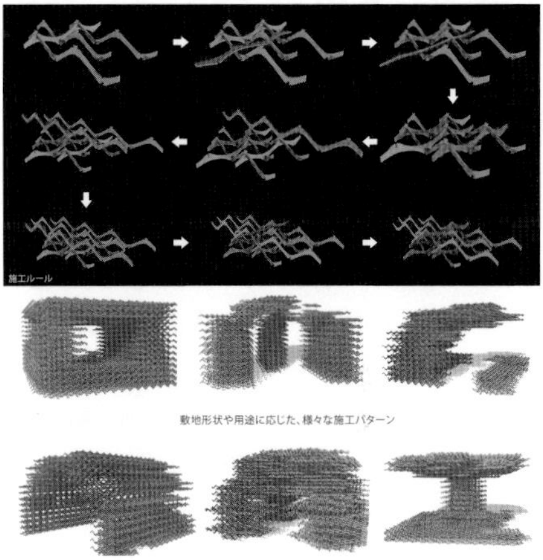

2種類の部材を編むように組合せ、自由で多様な空間を構築する。

[Project Members]
慶應義塾大学 池田研究室
萩原洋子※1、宮幸茂※1·2、青山みのり※1・2・3、阿部祐一※1·2·3·5、Kim Jung Seop※1·2、谷内垣晶彦※1·2·4·5、清水将矢※1·2·3·4·5、水上梨々子※1、澁谷年子※3·4、酒井康史※1、猪野梓※5、Ahn Suh June※5
協力:豊橋技術科学大学　松島研究室※1、慶應義塾大学　松川研究室※5

※1「digital woods」への参加
※2「Porous Torus」への参加
※3「Sakana Arch」への参加
※4「Glass Sphere Wall」への参加
※5「Weaving Model」への参加

[HP] http://ikeda-lab.sfc.keio.ac.jp
[Mail Adderss] yasushi@sfc.keio.ac.jp

GTSアート環境プロジェクト
桜橋北詰はらっぱ

Group:
東京藝術大学 乾久美子研究室（建築科）
＋丸山智巳研究室（鍛金科）

概要
「GTS」とは、平成22年度より平成24年度までの3年間にわたる計画で、東京藝術大学（G）・台東区（T）・墨田区（S）の三者共催による、隅田川両岸地域における観光の誘発を目指したアートプロジェクトである。

3年目の今回はGTSアート環境プロジェクトとして、建築科の乾久美子研究室が鍛金科の丸山智己研究室とチームを組み、共同で取り組むこととなった。

敷地
プロジェクトを開始するにあたり、まず敷地が与えられた。今回の敷地は、東京都台東区桜橋北詰の隅田川に面した空き地である。この場所は浅草駅から北東に1km、スカイツリーからは北西に1km離れたところに位置する。浅草駅からは遠いため、観光客はあまり多くなく、地域住民の姿が多く見られる。また周辺は四面道路に囲まれており、自転車に乗る人やウォーキングを楽しむ人、通学する学生たち、犬の散歩をする人なども見受けられた。

そこで私たちは、観光客向けではなく地域住民向けに、アートとしてだけではなく生活圏に自然と馴染むようなものを提案すべきだと考えた。

計画
基本的なコンセプトとして、アルド・ファン・アイクのプロジェクトのように、荒廃した場所を整えることでにぎわいを生み出すこと、場を変容させることを目指した。そこで今回、私たちは地域住民の方たちが一息つけるような公園を計画した。

役割分担
私たちは鍛金科と共に制作するにあたり、建築科と鍛金科がそれぞれ違うものをつくり最後に作品同士を合わせるのではなく、建築科が場を設計し、鍛金科がその場を工芸品によってかたちにするという方法を選択した。

そこで工芸品を日常的に身近に感じることができるような作品を用いて、場をつくることを考えた。

設計プロセス
I.流れ
公園を計画するにあたってまず、デザインを加えた遊具を設置し、場をつくることができないかと考えた。しかし遊具基準法によって1）さまざまな規準制限によって厳しい、2）ただただ遊具を置くということだけでは場をつくるとは言えない、という結論に至った。

GTS観光アートプロジェクト2012「マケット・プランニング展」に出展した模型。構想段階では様々なスタディを重ねた。

完成した「桜橋北詰はらっぱ」。隅田川の流れが休む人の心を和ませる。

私たちはまず、遊具をブランコに絞った。しかし遊具には安全領域(遊具の周辺の、ある決められた範囲には何も建ててはいけないという法律)があり、それを守ろうとすると敷地からはみ出してしまうため、デザインを加えたブランコで場をつくることは難しいと分かった。

そこでまずブランコという概念を「揺れるベンチ」と捉え直し、吊り部の高さを下げることで法規制に抵触しないようにすることを考えた。また、その吊り部を延長することで公園としてこの場所をゆるやかに囲うことを考えた。

Ⅱ.平面計画

敷地周辺の道は自転車の往来が多いため、自転車が敷地を横断することができないように遊具を配置することとした。

また立ち寄る人々が休めるよう、線形の外側にも「たまり」をつくることにした。さらに線形の中の狭い方には低木のミツマタを、広い方には中木のアメリカハナズオウを植えることにした。植栽について区から高木以外、塩害・虫害に強いもの、メンテナンスに手間がかからないもの、堤防に根が影響しないものという指定があり、その条件に従い選定した。またベンチを置く位置によっては街灯がスカイツリーの姿を隠してしまうため、スカイツリーの見えやすい位置を考慮しながら配置を決定していった。

揺れるベンチから眺めるスカイツリー。

Ⅲ.立面計画

傾斜地という特性を活かしながら、手すりを回すことで、様々なよりどころを生むことを狙った。台東区からは落下防止、ひっかかりなど安全面への配慮から高さ制限が指定され、350mm ～ 700mm、もしくは1100mm以上の高さで手すりを回すことが条件であった。こうした制約の中でスタディを重ね、最終的な高さを決定した。

Ⅳ.鍛金科によるモックアップ、実験スタディ

おおよその形状が決定したところで、鍛金科に鉄の叩き方のサンプルやモックアップを作成してもらい、鉄の叩き方や手触り、寸法、色を決定していった。

またベンチを吊った形にすることは決定したが、その揺れ方について台東区側の基準がとても厳しかったため、区の担当者も立ち会いのもと、ベンチのモックアップのスタディを行なった。

まず、図面からベンチの振れ幅の目安をつける。この時に、ベンチを2点で吊るのではく、4点で吊ることで振れ幅に制限をかける。その組み合わせからパターンを作成し、実験をしながら乗り心地や、揺れ具合等の検討を重ねた。また実際に区の担当者の方々にも体験してもらった上で、基本的な寸法が決まった。

設計内容

「桜橋のたもとに、足を止めて一息つけるような場所をつくりたい」というコンセプトで、黒くごつごつとした手すりのようなものを、高さを変えながら敷地いっぱいに広げた。訪れる人が座ったり、もたれかかったりして、東京スカイツリーの見える景色を楽しみながら自由に過ごせるようにした。また、素材に使用した鉄には鍛造という技法を用い、生きた鉄の表情や手触りを楽しめるようになっている。

施工

こうした工程を約4ヶ月間で終わらせ、2012年12月から施工が始まった。

ベンチモックアップ実験

建築科、鍛金科合同ミーティング風景

鍛造による生きた鉄の表情

施工現場風景

まず部材の叩き方を視察しに工場へ行き、それと並行して基礎工事が始まった。現場では、それぞれの基礎が正しい場所に配置されているかを監理する。また現場での上物の施工がかなり難しいと判断したため、工場で一回仮組をしてもらい、細かい部分を修正してから実際に敷地に部材を運び、組み立てていった。

組み立てが完了した後は、塗装をする。ベンチは設計通りに座ると目の前にスカイツリーがそびえ立ち、かすかな揺れを感じながら眺めを楽しむことができる。

最後に敷地内に植栽と芝を植え、基本的な工事は終わったが、区の検査、また芝の養生期間を確保するため一般公開は3月中旬となっている。

[Project Members]
東京藝術大学乾久美子研究室:宮崎侑也、野上晴香
丸山智巳研究室:丸藤皓平、三木瑛子、宮崎瑞土

[HP]
GTS　http://gts-sap.jp/index.php
東京藝術大学建築科　http://arch.geidai.ac.jp
[Blog]
乾久美子研究室　http://d.hatena.ne.jp/inui-ken/

桜橋のたもとで、地域の人々が一息つける「はらっぱ」をつくった。

萌大空間スタイリングワークショップ

Group:
明治大学 園田眞理子研究室

プロジェクトについて

明治大学大学院園田眞理子研究室では、不動産仲介業者と協働で「萌大空間スタイリングワークショップ」を立ち上げた。今後、住宅ストックの過剰は一層鮮明になる。このプロジェクトでは賃貸住宅の空き物件を、ダンボール100%で製作した1/1スケールの家具や、市販の小物を用いてスタイリングすることで、空間のイメージアップと生活イメージの提案を行ない、成約期間の短縮化を図るものである。賃貸住宅の空き物件に悩む不動産仲介業のプロからの、業界で言う“ステージング”に突破口が開けないかという要請が発端となっており、現実社会と極めて緊密に結びついたプロジェクトである。業界の“ステージング”に対して“空間スタイリング——空間を高品質なものに創り上げる”というコンセプトを設定して取り組んだ。

特徴としては、①段ボールで製作したオリジナル家具を用いるため安価、軽量で設営・撤収が容易である、②小物類（トッピング）はIKEA、ニトリ、100円ショップからのアッセンブルで、建築を学ぶ学生の

物件Jのリビング。家具の高さを低くすることで、部屋が狭くても窮屈に感じさせない工夫をしている。100円ショップで売られているような小物であっても、複数のアイテムを組み合わせて利用することでおしゃれな空間に仕上がる。

空間スタイリングの流れ

「目利き力」により付加価値を創造している、③入居者が決まるまでの仮設的なものである、といったことが挙げられる。

レディメイド型とオーダーメイド型

あらかじめ用意した家具セットとトッピングキットを使ったレディメイド型と、住戸に合わせたオーダーメイド型のスタイリングの2面展開である。

レディメイド型に用いる家具セットには、8種類の家具キット（シェルフキット、ダイニングテーブルキット等）の組み合わせにより、1K家具セット、2DK家具セットという2つの種類を用意した。またトッピングキットには物件の場所性や雰囲気に対応できるよう、男性向け、女性向け、和モダン、ナチュラルという、テイストの異なる4つの種類を用意した。レディメイド型スタイリングでは家具セットとトッピングキットから適するものを1つずつ選択して実施する。なお、家具キットの製作にあたっては、CAD図面による発注でダンボール部材を安価に切り出してくれる会社をインターネットで探し出し、ローコスト化と製作期間の短縮化を実現した。

オーダーメイド型では事前に物件を訪れ、採寸や室内空間の把握といった現地調査を実施する。これを元に、クローゼットなどの収納スペースがない、柱や梁が室内空間を分断しているなど、それぞれの物件のもつ特徴に適用させ、その物件オリジナルの

トッピングキットは専用の箱に梱包して運搬する。写真のキットは男性向け。

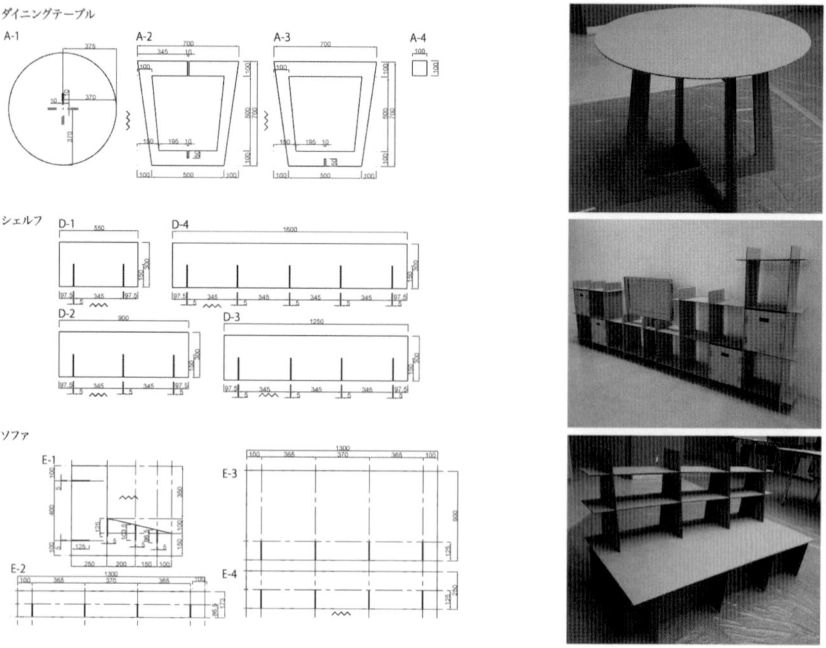

家具キット（ダイニングテーブル、シェルフ、ソファ）の図面と写真

賃貸住宅以外に応用した例。改修前のビル（上写真）で空間スタイリングを実施し、想定される利用者に対してヒアリングを行なった。

家具の製作やトッピングの選定を行なう。

いずれの場合も準備は前日までに研究室で済ませ、当日は物件への運搬・設営のみを行なう。このため物件での作業時間は2、3時間程度である。

賃貸住宅以外への応用

高齢者向けのカフェを設計するにあたり、改修前のビルで空間スタイリングを実施した。ここに高齢者を招いて空間に対するヒアリングを行なうことで、利用者の要望を把握することができた。このように、空間スタイリングは賃貸住宅以外にも応用できることがわかった。

成果とこれから

2012年6月にプロジェクトを立ち上げてから、これまで4件のレディメイド型、7件のオーダーメイド型スタイリングを実施してきた。約8カ月間空室だった物件Nは実施から2週間で、約5カ月間空室

＜展開図＞

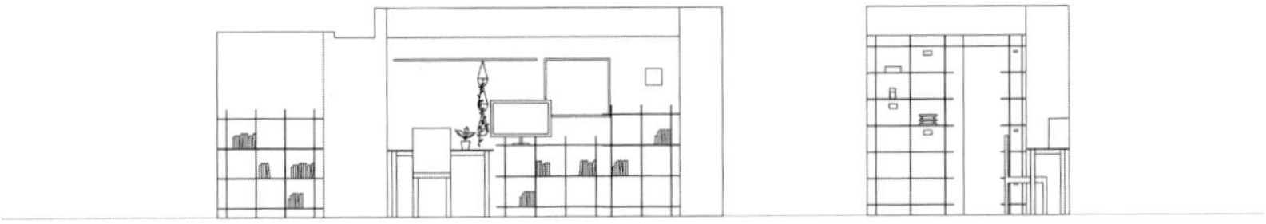

＜平面図＞

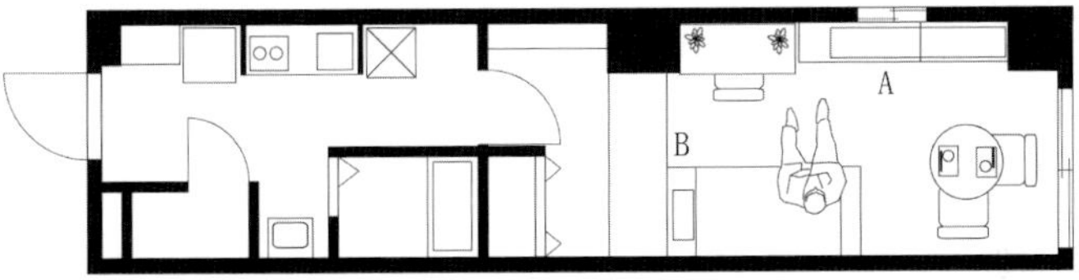

オーダーメイド型の物件P。柱や梁が部屋を中途半端に分断していたため、その部分に棚を設けてマイナスのイメージを払拭した。

だった物件Pは実施から3日で成約したように、実際に成果を挙げている。今後は建築を専門としない一般の人でも容易にスタイリングが行なえるよう、主にレディメイド型スタイリングで用いるキットの開発やテキストの作成を進め、ビジネス化する予定である。

[Project Members]
明治大学 園田眞理子研究室：園田眞理子教授、山崎 晋助教、荻野貴文、尾澤大地、崔 佳士、武村直明、新堀浩之、吉田幸將、安斎智徳、石井辰弥、小関晃裕、安達義一、大塚 馨、大塚瑶子、岡 俊宏、小木充世、韓 智銀、長瀬 優、三上真弥、山田匠哉

物件 P

費用：27,260円
実施日：2012.9.14
空室期間：159日
スタイリング後客付き期間：3日

スタイリング実施前の物件Pは約5カ月間空室だった。

スタイリング後の物件P。実施から3日で成約した。

三宅島在住
アトレウス家

Group:
日本大学 佐藤慎也研究室

アーティストとのコラボレーションによって、劇場外で行なう演劇作品を制作するプロジェクト。「アトレウス家」は、古代ギリシャの神話や演劇に登場する家族の名前である。ギリシャ悲劇というフィクションの物語をまちに重ねることで、まちの姿を浮かび上がらせる。既存の劇場における舞台と客席の関係を解体し、上演場所を再構築する試みであり、同時に演劇自体の構造を再考するものであった。これまでに、墨田区向島の民家を用いた『墨田区在住アトレウス家』(2010〜11年)、豊島区雑司が谷の公共施設を用いた『豊島区在住アトレウス家』(2011年)を上演し、『三宅島』はその第3弾となる。

佐藤慎也研究室は、演出家や俳優との共同作業の中で、上演場所のリサーチから始まり、その進行や出演に至るまで、作品制作に幅広く関わっている。劇場というハードをデザインすることなく、新たな上演空間をデザインすることを目指している。また、このプロジェクトは、東京藝術大学大学院音楽研究科音楽文化学専攻芸術環境創造において、演劇およびダンスを実践する市村作知雄研究室とのコラボレーションでもある。

[三宅島篇] 1983年まで営業されていた牧場跡地では、「家に帰って行く姿」を想わせるパフォーマンスが行なわれる。
(全ての写真撮影:冨田了平)

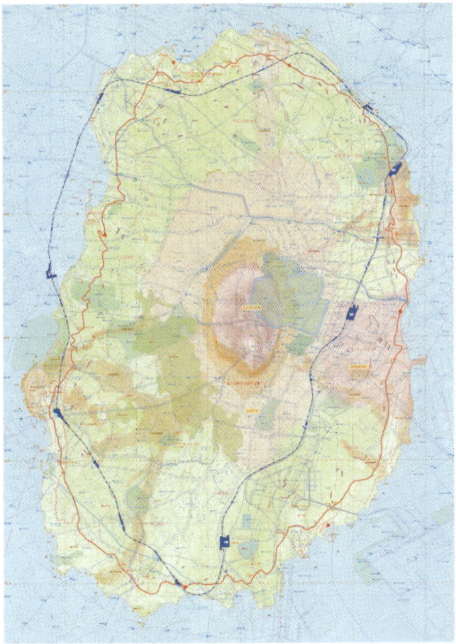

三宅島（赤）と山手線（青）の情報が重なった地図。

島をみつめる

三宅島は、竹芝桟橋から約170km（船で約7時間）に位置し、雄山という活火山を中心に持つ。雄山は20世紀に入り、おおよそ20年に1度のペースで噴火活動を行なっている。2000年の噴火では全島避難が実施され、現在でも島民の約3分の1が島に帰ってきていない。また、噴出するガスの影響でいまだに立入ることのできないエリアがあり、家主の戻らないままに傷んでしまった家も数多い。

　プロジェクトメンバーは、2012年6月から8月にかけて何度か島に足を運び、リサーチを行なった。その中で島民は、避難当時に都心で暮らしていたときの話や、今もそこで暮らす家族や友人の話をしてくれた。彼らは常に火山と共に生きており、彼らにとって避難していた都心での暮らしは身近な存在であることが分かった。

まちにフィクションを重ねる

今回はギリシャ悲劇を重ねるだけではなく、同じ「都内」にある三宅島（東京都三宅村）での暮らしをイメージし、浮かび上がらせ、伝えるために、フィクションの地図を制作した。三宅島を一周する都道212号線と山手線の一周は、どちらもおおよそ30km。離れているが同じ「都内」にある、ほとんど同じ長さの円を変形させて重ね合わせることで、島と都心、それぞれの地域内の距離感をイメージしやすくなると考えた。この地図では、いずれも立入り禁止の雄山山頂と皇居が重なり合い、渋谷は溶岩流の中に埋もれている。

上演形態を考える

《山手篇》 2012年8月27日（月）～ 30日（木）

会場：旧平櫛田中邸

三宅島の上演に先駆けて、島と都心をつなぐために都心で上演を行なった。上野桜木にある大正時代の民家兼アトリエの旧平櫛田中邸を、「島に行くことは決まっているが、いまだ旅立てずにいるギリシャ悲劇の一家の主アガメムノンが暮らす家」に見立てた。家の中には、フィクションの地図や島の暮らしに関するパフォーマンス、島への船旅を疑似体験するパフォー

［山手篇］舞台となる家の中では、パフォーマーによる三宅島の話が行なわれる。

［山手篇］パフォーマーの紛れ込んだ家の中で自由に時間を過ごし、三宅島を想像する。

[山手編]アトリエでは、島への船旅を疑似体験するパフォーマンスを鑑賞する。

[三宅島編] アガメムノンが休む家に帰って行く道に見立てた林道を、観客とパフォーマーが一緒に登っていく。

[三宅島編] 林道の途中で待っているパフォーマーにより、三宅島の話が語られる。

マンス、島で採集してきた音など、島の要素が断片的にちりばめられている。観客は自由にその家の中を移動することができ、それぞれの要素を個人の中でつなぎ合わせて、島での暮らしをイメージする。また、朝5時に三宅島に到着する船を意識した早朝、昼、夜の3つの時間帯で上演を行なった。

《三宅島篇》 2012年9月6日(木)～9日(日)
案内所:カフェ"691"(沖倉商店)

三宅島の上演では、「三宅島に降り立ったアガメムノンが休む家に帰って行く道」に島の林道を見立て、観客は島と都心が重ねられた地図を手に、アガメムノンと一緒に山を登っていく。約1時間半の道のりの途中でパフォーマーたちと遭遇し、島に関する話を聞くなかで、徐々に三宅島の地形や生活などが、都心と重なり合いながら積み重ねられていく。最後には、1983年の噴火によって廃墟となった元村営牧場のレストハウス（休む家）に到着し、噴火によって失われた生活と、再度同じ場所で生活を続けようとする姿を連想させるパフォーマンスが行なわれる。20年ごとに起こる噴火によって地形までもが変化する中、避難生活を送っていた都心から島に戻り、現在も島で生活を送る人たちが浮き彫りになっていく。

(いまはまだ)遠くにあって思う家

島に住む人は、さまざまなリスクにもかかわらず火山のある島で暮らすことを選択している。地域に寄り添うことで見えてきた暮らしとは何か、住まいとは何かという疑問を、演劇や地図というフィクションを用いて、より深く、目を凝らして考えていった。2つの土地が重ね合わされた地図は「今はいない土地」と「今いる土地」をつなぎ合わせる接点となる。それぞれの場所を活かした上演形態は、既存の劇場での上演スタイルを解体する試みであったと同時に、観客にとって、自分の暮らす場所以外の土地への想像を促し、暮らしに対してよりよく目を凝らしていくきっかけになったと考えている。

[Project Members]
スタッフ・キャスト：東 彩織、池上綾乃、石田晶子、稲継美保、佐藤慎也、須藤崇規、武田 力、立川真代、冨田了平、長尾芽生、長島 確、西島慧子、福田 毅、堀切梨奈子、山崎 朋、和田匡史
ロゴデザイン：福岡泰隆
制作協力：戸田史子

〈地図〉MIYAKEJIMA METROPOLITAN
―you can be here and there at the same time―
コンセプト：長島 確、佐藤慎也、デザイン：近藤一弥、マップ：長尾芽生、堀切梨奈子、堀内里菜、馬渕かなみ、簱景美、田﨑敦士、平野雄一郎、森山実可子、紋谷祥子
主催：東京都、東京文化発信プロジェクト室（公益財団法人東京都歴史文化財団）、一般社団法人ミクストメディア・プロダクト
共催：NPO法人たいとう歴史都市研究会、一般社団法人谷中のおかって
協力：日本大学佐藤慎也研究室、東京藝術大学市村作知雄研究室、三宅島大学プロジェクト実行委員会、カフェ"691"、上野桜木旧平櫛田中邸、岡山県井原市、中野成樹＋フランケンズ

［三宅島編］観客は、パフォーマーの語る島の暮らしと地図上の都心を重ね合わせる。

宮城県七ヶ浜町
多層的プロポーザルによる
復興への取り組み

Group:
東北大学 小野田泰明研究室

1. 七ヶ浜町との関わり

宮城県宮城郡七ヶ浜町は、人口約2万人、13の行政区をもち、東北で最小面積の市町村である。仙台市の東側に位置し、太平洋に突き出して半島を形成している。2011年3月11日、東日本大震災の津波によって、三方を海に囲まれた七ヶ浜町は甚大な被害を受け、町土の3分の1が浸水した。東北大学建築空間学研究室では、震災以前の2010年から七ヶ浜町の総合計画に関わってきたこともあり、震災後、質の高い建築を再建するための提案や補助を町に行なっている。

2. 多層的プロポーザル

七ヶ浜町は、公民分館をはじめ公共施設が被災し、その復旧・復興が急務となった。大震災という未曾有の事態においては、数々の問題を解決するべく多くの事業を並行して行なう必要がある。このような状況の中、通常の公共建築の発注方式では迅速に質の高い建築を生み出すことが難しいと考えられた。そこで、復旧・復興事業の対象となる建築を①基幹施設（教育・福祉施設）、②災害公営住宅、③地区避難所に分け、それぞれの特性に応じて候補者の選定を行なうプロポーザル方式を町に提案した。先がけとなる基幹施設においては全国の建築家を対象とし、災害公営

七ヶ浜町における施設整備計画

地区避難所の再生プロセス

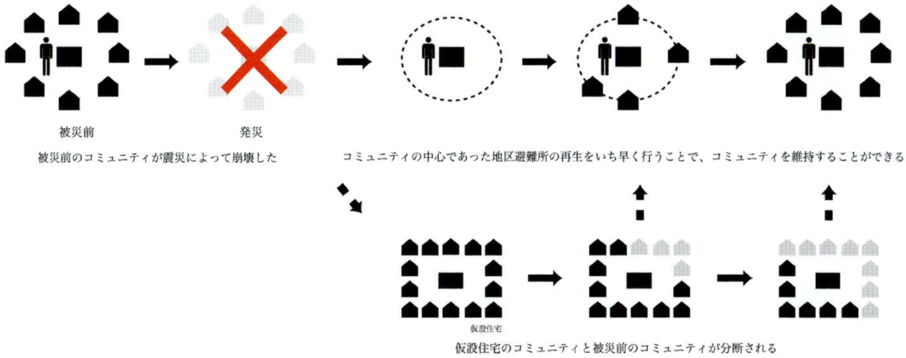
被災前
発災
被災前のコミュニティが震災によって崩壊した
コミュニティの中心であった地区避難所の再生をいち早く行うことで、コミュニティを維持することができる
仮設住宅
仮設住宅のコミュニティと被災前のコミュニティが分断される

震災により分断されてしまったコミュニティ。その中心であった避難所をいち早く再生させることで、コミュニティを維持することができると考えた。

住宅と地区避難所では地元に寄り添うような宮城県の設計事務所を対象とした。

3. 公共施設の再生

3.1 基幹施設(教育•福祉施設)の再生

[遠山保育所のプロポーザル概要]

遠山保育所では全国から103作品の応募があり、最終的に高橋一平氏の案が採用された。一般に公開された二次審査では、防災に関わる質疑が多く交わされた。高橋氏の案は野原のように大きい庭園を囲みながら、利用者や町民の要望を飲み込むように保育所の諸室が自由に配され、災害にも強く、さらに子供たちの発育を大きく促す環境として期待されている。

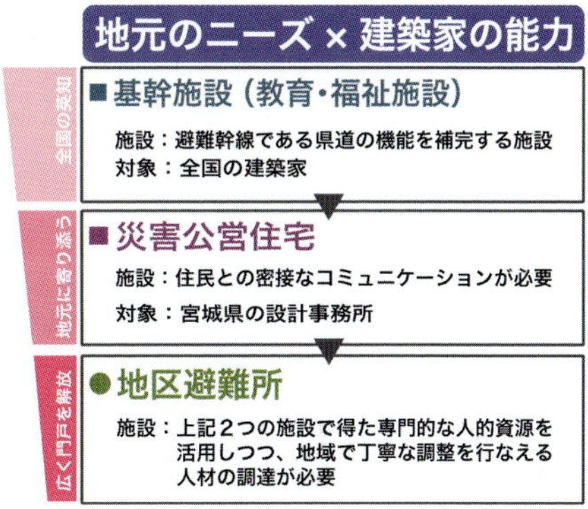
地元のニーズ × 建築家の能力
全国の英知
■基幹施設(教育・福祉施設)
施設:避難幹線である県道の機能を補完する施設
対象:全国の建築家
地元に寄り添う
■災害公営住宅
施設:住民との密接なコミュニケーションが必要
対象:宮城県の設計事務所
広く門戸を解放
●地区避難所
施設:上記2つの施設で得た専門的な人的資源を活用しつつ、地域で丁寧な調整を行なえる人材の調達が必要

多層的プロポーザル事業の展開

[七ヶ浜中学校のプロポーザル概要]

七ヶ浜中学校では全国から寄せられた53作品の中から最終的に乾久美子氏の案が最優秀案に選定された。耐震性や防災についてだけでなくコストや素材などにも言及する質疑が多くなされ、中でも小中一貫校を視野に入れた乾氏の案は、自主的な学びを展開させるリトルスペースを配置し、地域の体育館などの公共施設と連携して防災機能を高める学びの場という点が評価された。

遠山保育所のプロポーザル。審査会の様子

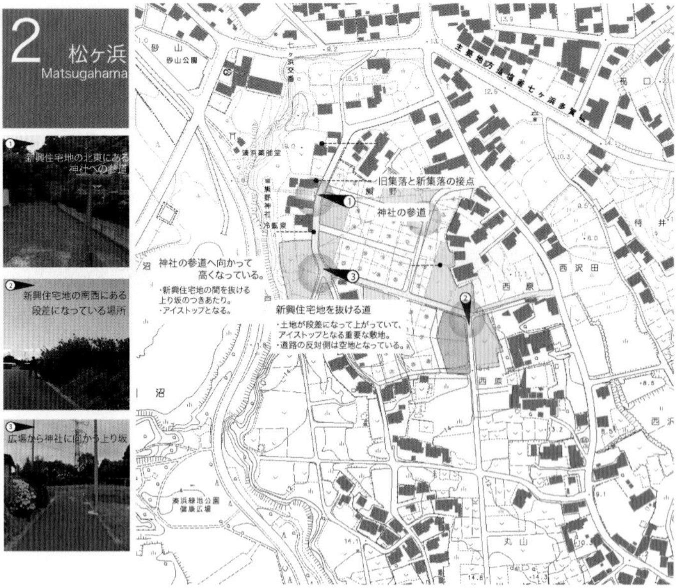

■概要

人口	1,855人
世帯数	208世帯
年少人口	(12.5%)
生産年齢人口	(64.5%)
老年人口	(23.0%)

■被害状況

全壊	50世帯
大規模半壊	7世帯
半壊	32世帯
一部損壊	265世帯

■設計条件

計画内容	公民分館,公営住宅
用途地域	市街化調整区域

対象となる7地区でワークショップを開催した。なかでも特徴的だった松ヶ浜地区を右ページで取り上げる。

3.2 地区避難所の再生

[目標]

コミュニティの中心であった町の地区公民分館を地区避難所と改め、いちはやく再生することで、地域のつながりを維持したまま復興していくことを目標とした。

[基本方針]

地区避難所建設の基本方針として、①地域コミュニティの拠点、②地域防災活動の拠点、③地域福祉の拠点を掲げ、吉田浜にある既存のコミュニティセンターを参考に建設概要を決定した。

[ワークショップ]

町の協力のもと、計4回（2012年5月27日、6月3日、7月7日、7月22日）のワークショップを開催し、本研究室で作成した計画案の模型、図面をもとに、七ヶ浜町の方々と意見交換を行なった。(対象地区：湊浜、要害、御林、遠山、松ヶ浜、菖蒲田浜、花渕浜)

3.3 災害公営住宅の再生

新たな生活拠点としての居住性、コミュニティや周辺地域への配慮、管理・マネジメントの考え方に加え、提案の現実性や設計者としての柔軟性について評価が行なわれた。

[災害公営住宅RC造プロポーザル概要]

RC造17作品の中から、最終案に阿部仁史アトリエが選定された。リビングアクセスを採用する際に懸念されるプライバシーと採光の問題に対して、適切な考えと断面的操作がなされている点が評価された。

[災害公営住宅木造プロポーザル概要]

木造10作品の中から、最終案としてノルムナルオフィスの案が採用された。既存のコミュニティに配慮した配置計画と、多様な外部空間を抱合した住戸プランが高い評価を得た。

4. 総括

本研究室では、公共施設のプロポーザルの過程において、①条件の読み込み②計画案作成③住民との対話④さらに条件を絞り込み①へフィードバックという作業を繰り返し、基幹施設、災害公営住宅、地区避難所のプロポーザルへ向けた下準備を行なってきた。

第1回ワークショップの様子。計4回、地区住民の方と地区避難所について意見交換を行ない、計画案を作成した。

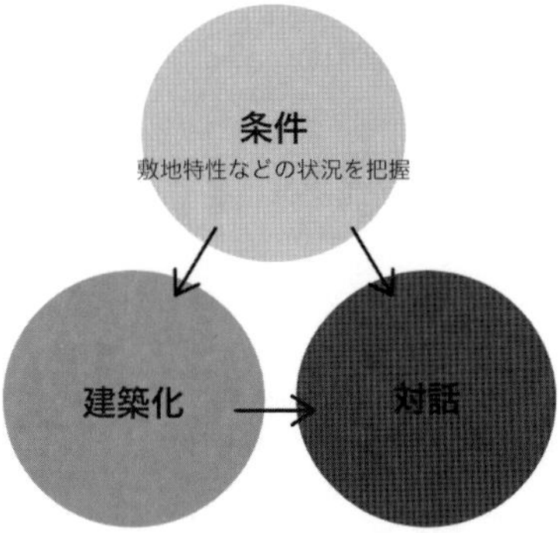

住民と市との対話を通して、計画案を発展させていった。

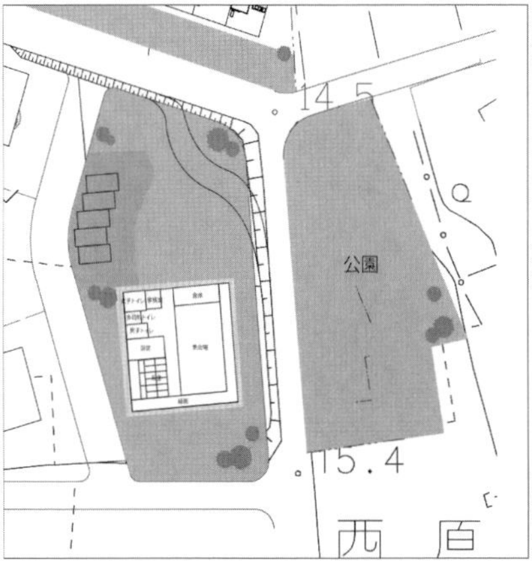

駐車台数の確保と公園からのアクセスを検討し、集会室を2つにわけて配置して欲しいという改善点をもらう。

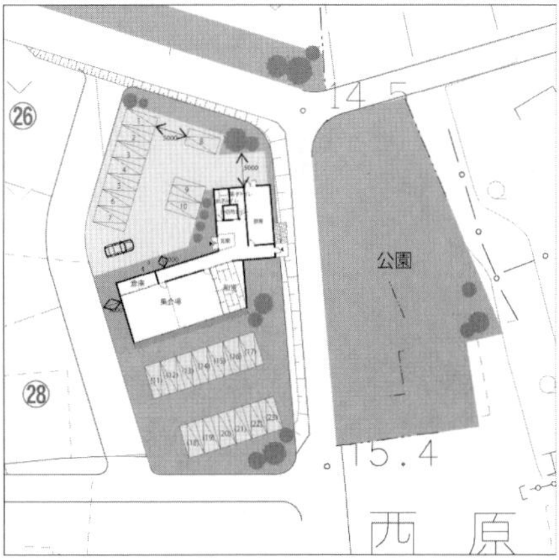

駐車場の確保に加え、公園からのアクセスを検討した。

地域住民のワークショップを通して得られた知見を反映し、プロポーザルの基本計画とした。

現在はここで得られた知見を活かし、岩手県釜石市で災害公営住宅計画の補助を行なっている。状況が変化していくなかで、その都度図面に手を加え、模型を制作していくという作業は想像以上に時間と労力を使うものであった。しかし、このような作業を繰り返すことで、住民と行政の間に建築的視点を織り込みながら、基本設計の地盤づくりをすることができた。このように計画の課程をデザインすることで、町の未来の資産になる建築をつくるための役割を果たすことができたのではないかと考えている。

[Project Members]
東北大学 小野田泰明研究室:加藤優一、松浦秋江、佐藤 知、中村龍太郎、平井百香、山崎健悟、今泉絵里花、本田真大、吉崎大地、柳 旻、池辺慎一郎、趙 辰、藤田涼子、山野辺賢治

[HP]
http://www.archi.tohoku.ac.jp/labs-pages/keikaku/

木興プロジェクト

Group:
滋賀県立大学 布野修司研究室
＋J.R.ヒメネス・ベルデホ研究室

1. 木興プロジェクトとは

本プロジェクトは、東日本大震災を受け、建築・デザインを学ぶ私たちに何かできないかという思いをきっかけに滋賀県立大学の建築デザイン学科・生活デザイン学科の学生有志によって立ち上げられた。

コアメンバーが例年木匠塾に参加してきたため、ものづくりによる復興支援を目的とした。昨年度は番屋（漁師の作業小屋）、今年度は集会所を建設した。

2. つながり

滋賀県大と交流をもつNPO法人環人ネットの紹介により、宮城県本吉郡南三陸町歌津字田の浦が活動拠点となった。

今年度も、現地の材木店や工務店など昨年度に構築したネットワークを活用して設計施工を行なった。

3. 田の浦とは

宮城県本吉郡南三陸町歌津田の浦。世帯数96戸、人口354人（平成21年時点）の小さな集落である。リアス式海岸特有の優れた景観をもつ南三陸町の北西の沿岸に位置し、養殖業が盛んで、ホヤ、ホタテ、ワカメなどが獲れる。

東日本大震災では15m近い津波が押し寄せ、田の浦は道路が遮断され陸の孤島となった。まず田の浦の産業を支援すべく、昨年度は番屋を建設させていただいた。

4. ヒアリング

番屋建設後も田の浦に通うなかで、なかなか復興が進まないことを実感し、今年度も田の浦で支援を継続することを決めた。2年目を迎える被災地で集落の方

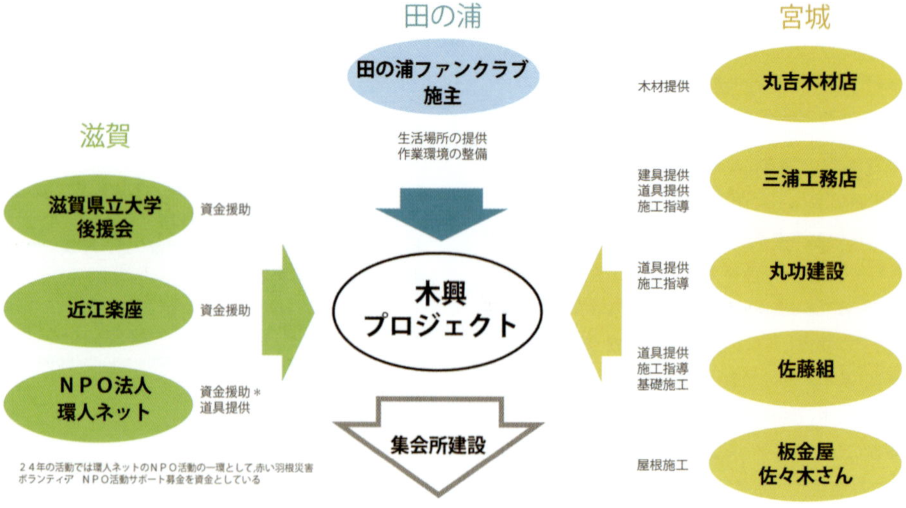

プロジェクトの運営体制

ヒアリング調査。道で出会ったおばあちゃんから暮らしぶりを伺ったり家を見せて頂いたりした。

木材加工。地元工務店の大工さんが材加工のアドバイスをしてくれる場面も。

建て方。学生同士互いに指示を出しあい、慎重に材を組んでいく。

外壁材を貼る作業。漁師さんが駆けつけ、学生と共同して杉板を一気に貼り終えることができた。

が何を必要としているのかを知るために、できるだけ多くの声を拾うことから始めた。現地に出向き、昨年お世話になった漁師さんに漁を手伝わせてもらったり、道で出会った方に声をかけたりと、コミュニケーションを重ねて情報収集を行なった。

5. 現地プレゼン

まちあるきやヒアリングを経て、集落の方に集まっていただき私たちから制作物の提案を行なった。

そこでは「小さいものなら自分たちでやれる」「寒いから屋外の休憩所はいらねえ」と、手厳しい意見も出た。そして「以前あったような大勢が集まれる集会所がほしい」という声がいくつか挙がった。震災で集会所が流され、集会を開く場所がなく不便、また住む場所がばらばらになり人と会う機会が減って寂しいという理由もあったようだった。そこで、集会所の跡地を利用して、地域の方々の集まる「憩いの部屋」として新しい集会所を提案できないか、というところから話を進めることになった。

完成した新しい集会所「ニューたのうらセンター」。

6. 基本設計

新しい集会所で何をしたいか、何があったらいいかなど集落全体の希望を確認するために、アンケートを回

竣工祝い。完成を祝して田の浦地域の風習である餅投げをさせてもらい、驚くほどたくさんの集落の方が集まった。

覧板に載せて回した。これはプロジェクトの認知を広げることも兼ねていた。建築確認申請の協力、施工指導に協力してくださる業者の方々の紹介、施工時の道具の手配など、多くの関係者と打ち合わせを重ねて設計を詰めていった。

7. 実施設計

・基礎工事計画：できるだけ広い寄合い空間の再生を目指し、資金の上限いっぱいで基礎を打設する。

・木工事計画：軸組工法を用い、施工性の向上や竣工後の増改築の容易さを考慮する。

・屋根工事計画：地元板金屋の協力を得て、強い海風にも飛ばされない立派な屋根を設置する。

・内装工事計画：居室としての断熱環境を得る。

・外装工事計画：地元木材店より提供頂いた不要な杉板を利用し、表面に焼き防腐処理を施す。

8. 施工

8月と9月の二期にわたり計24日の施工を行なった。

基礎工事は基礎屋さんの指導の下、学生自らの手による施工が実現した。これにより人件費を大幅に削ることができ、また配筋など普段見ることのできない作業を身をもって体験し学ぶことができた。木工事は、材選別に始まり、罫書き、切り出し、加工、建て方まですべて学生で行なった。たびたび現地の工務店の大工さんが訪れ指導をしてくださった。外装工事では、焼いた杉板を壁に張る作業は人数を要した。そこで漁師さんたちが駆けつけてくださった。皆それぞれ自前の道具を持参し、フォークリフトも出してくださって、共同作業によりあっという間に外壁が仕上がった。

施工期間中、毎日のように地域の方々から応援の声や、差し入れをいただいたりして、田の浦の方々が完成を楽しみにしていることを感じた。

9. ニューたのうらセンター完成

完成時にはこの地域に残る風習の餅まきをさせていただいた。

現場にはみるみるうちに人が集まり、正直なところ田の浦にこんなに人がいたのか、と思うほどのたくさんの人であった。それはヒアリングで聞いていた「住む場所がバラバラになった」集落民が集まった瞬間であった。ニューたのうらセンターの完成を待ち望んでいた方がこんなにも多くいたことを完成して初めて知ったと同時に、「今年は田の浦集落みんなのために」という大きな目標を体現した光景にも思えた。

10. 田の浦で暮らす

私たちは設計施工活動をしていただけではない。田の浦で暮らし、集落の方から震災当時のお話を聞かせていただいたり、他愛もない話で盛り上がったり、海の幸をご馳走になったりした。被災地の現状を実際に見て、聞いて、肌で感じることができた。

11. その後

10月初旬、ニューたのうらセンターでさっそくイベントが開催された。また12月には、半屋外部に取り外し式のビニールカーテンをカスタマイズしてクリスマスパーティーが開かれた。これらのイベントは滋賀県立大学の「木興プロジェクトには参加していなかった」学生によって企画されたものだ。本プロジェクトをきっかけに多くの学生が田の浦と関わりをもつようになり、ニューたのうらセンターは復興のプラットホームとして機能し始めている。

これからも継続して田の浦と関わり、これまでに築いたつながりの輪をさらに広げて復興の手助けをしていきたい。

[Project Members]
滋賀県立大学 布野修司研究室：井上悠紀、大日方 覚、小寺磨理子、込山翔平、林 裕太、鈴木航介
J.R.ヒメネス・ベルデホ研究室:平沢 陽、井本千尋、諏訪昌司、井上遼介、藤澤泰平、山田大輝
学部生:松宮一樹、水井 歩、加茂菜都子、君島健太、高野由記、宮浦 栞、湯澤綾佳、井上あかり、川井茜理、中村睦美

[Facebook] https://www.facebook.com/mokkopro
[HP] http://blog.canpan.info/siga_kasimoku
[Mail Address] marmari0101@yahoo.co.jp（2012年度代表　小寺磨理子）

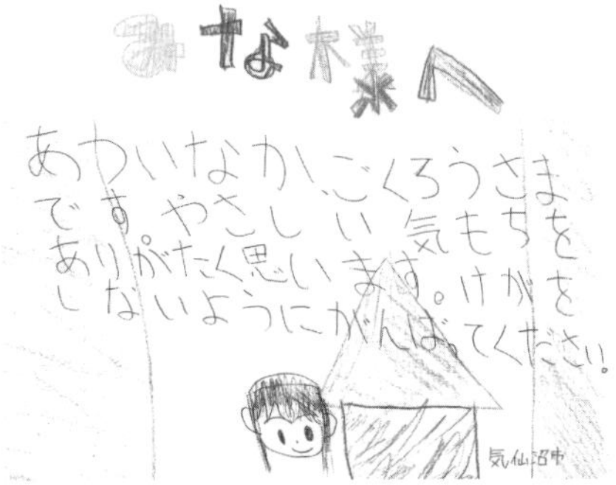

施工中、現場に訪れた小学生の女の子からもらったエールのお手紙。

10月。学生主催のイベントが開かれ、集落の人々でにぎわうニューたのうらセンター。

12月。寒い冬もより過ごしやすいようにと半屋外部にビニールカーテンを設置。

プロジェクト展

アネックストーク1

コメンテーター：

藤村龍至、速水健朗

参加プロジェクト：

DigiMokuプロジェクト（p.286）
GTSアート環境プロジェクト　桜橋北詰はらっぱ（p.290）
萌大空間スタイリングワークショップ（p.294）
三宅島在住アトレウス家（p.298）
宮城県七ヶ浜町多層的プロポーザルによる復興への取り組み（p.302）
木興プロジェクト（p.306）

プロジェクトそれぞれの特色

藤村龍至（以下、藤村）：今回、すべてのプロジェクトにおいて、社会的なつながりや時代的なインフラ老朽化などのトピックを扱ったものは、批評性が非常に強いと思いました。プロジェクトにはコミュニティが発注しているものであったり、仮設か本設かなど、さまざまなグラデーションがあります。当然、民間より公共の方が難しいし、仮設より本設の方が難しい。しかし、それぞれいろいろなステージがあって、どれも興味深かった。

「GTSアート環境プロジェクト（以下、GTS）」は、いろいろなプロセスや学内のコラボレーションがあったりして、これは「みんなの家」型の作品像をもった作品ですね。「みんなの家」は、3人くらいの建築家がコラボレーションしていますが、GTSは公共が発注しているのでより強くみんなの空間ですね。

意外だったのは「萌大空間空間スタイリングワークショップ（以下、萌大空間）」です。私も初期の頃、賃貸集合住宅を合板で棚をつくってリノベーションしたことがあります。実際にダンボール家具を置くと、すぐにお客さんが入居を決めるというのは効果としてすごく面白いのですが、設計論としても面白いと感じました。かつてクリストファー・アレグザンダーは、盈進《エイシン》学園東野高等学校の設計に際して、現場での原寸スタディの位置をもとに図面化するという手法をとりました。このプロジェクトはそれのインテリア版みたいなところがある。アレグザンダーの試みは、実際の工事現場でスタディをしていたので、手戻り工事が多すぎて、失敗だったとも言われています。それをダンボールで、しかもインテリアで展開する点が非常に有効ですね。

あと、私の今の関心は、どうやって技術が人間関係、社会関係に展開していくかというところです。僕は日本のコンテクストの中で、どう木材が活かされるかという点に関心を持っています。

その観点で興味深いのは「木興プロジェクト(以下、木興)」ですね。このプロジェクトは、木造の小規模公共建築のあり方みたいなものにつなげると面白いと思っています。今、公共施設というのは、いわゆる庁舎建築と地区建築と住区の建築というように3層に分かれています。小学校や庁舎建築といったコンクリートの施設は、今後、維持管理の問題で統廃合して、家からどんどん遠くなってしまう。その中で地域の人たちが集まる建築は、小さくて木造で自分たちで手を入れられるものへと分散化していくと思います。

それから、いろいろ聞きたいと思ったのは「宮城県七ヶ浜町多層的プロポーザルによる復興への取り組み(以下、七ヶ浜)」です。2010年から通常の総合計画として取り組み始めたものが、いつの間にか災害復興の話になり、最後はどちらかというと施設計画になっています。普通、都市計画の話は建築計画に結びつかないけれど、そこをどうつなげるかが勝負なんですね。私も、今、東洋大学のプロジェクトでそれをやろうとしています。

そこで質問です。おそらく、途中で震災があったから、インフラが流されてしまい、急に施設計画の話になったんでしょう。今後50年の維持管理を考えての戦略はどうなっているのでしょうか?

七ヶ浜(松浦):まず、教育施設を再生することがまちの復興につながるということが前提にありました。だから、保育所や中学校の再生を先にやって、その後に地区の避難所を計画する予定です。また、地区の避難所はその多くが災害公営住宅と隣接しているので、地区コミュニティを再生すると同時に、住宅の復興も一緒にしていこうと考えています。

藤村:建築家で、都市計画と単体設計を結びつける仕事をしている人はあまりいないんです。そこで聞きたいのは、サスティナブルな財政計画と単体設計が本当に結びついているのかということです。ドンと復興予算がついて一気に更新できるからだ、と言うのは分かります。しかし、社会全体としては、財政的に厳しいから戦略的に順番を決めて、少しずつ計画しなければいけない。おそらく小野田泰明さんもいろいろと戦略を考えていらっしゃると思うので、機会があれば突っ込んで聞いてみたいですね。

人口移動から考える

速水健朗(以下、速水):人口減少を前提としすぎている、ということが気になっています。都市の衰退や古くなったインフラ更新、過疎地域の町興しというのがトレンドですよね。僕は、そこだけじゃないと思うんです。衰退する都市がある中で、一極集中する都市が国際的にいかに戦っていくのかといった時に、隣の町との吸収合併とは違った、マクロな世界である都市の集積にも注目したい。そこでは人口移動というのがひとつポイントだと思います。

まず「DigiMoku」は、今まで都市を規定していたも

のは鉄の住宅であり、建造物であることへのアンチテーゼだと示した提案だと思いました。非常に興味深かったです。

次に、芸大の「GTS」です。桜橋ができたのは1985年くらいで、人が行き交うコミュニケーションの場としてつくられました。しかし、そこにもう人が来なくなっている、という問題からスタートしている点が面白かった。

次が「萌大空間」です。これもまさに定住へのアンチテーゼですよね。僕は、復興計画において元のコミュニティに戻すのではなく、新しいコミュニティをつくることや移動する可能性に興味があります。何が定住を促しているかというと、鉄の建築であるのと同時に、個人が持っている家具なんですよね。それがダンボールとして軽量化されることで、都市内の移動が促される可能性があると思います。敷金や礼金といった経済要件ではなく、家具を軽量化するという発想が面白かった。

次に「三宅島」です。震災以後に大きなテーマとなっている人口移動を、それ以前の噴火というもので考えている。とくに、都市と比較している点が面白くて、スケール感を出すために、山手線と三宅島を地図上で重ね合わせていた。ただ、暮らしというテーマに演劇を用いることが有効なのかという疑問もあります。

三宅島(堀切):三宅島の上演では3種類の観客を想定しています。ひとつは三宅島に暮らしていて避難したけれど帰ってきた人、もうひとつは避難したまま三宅島に戻って来ない人、さらには都内に住んでいる三宅島に縁がない人です。それぞれの生活のレイヤーが重なり合うことが、暮らしであると考えています。

速水:このプロジェクトでは読み換えることが演劇の機能であって、それを活用したということですね。

続いて、「七ヶ浜」について。最近はコミュニティというものが流行していて、僕はそれに対して批判的な立場なのですが、集会場を何に使っているのかという点が非常に気になります。

七ヶ浜(佐藤):震災前は、子ども会や老人会といった一般的に知られているような会に利用されていました。

速水：そこを、もともと使われていたような場所に戻しただけですか?僕は団地の取材をしていますが、団地の中には集会場があって、昔は住民の自治のための場所でしたが、今ではカラオケの場になっている。これはいかがなものかと思っていましたが、五十嵐太郎さんが南相馬の仮設住宅に、小さな地域集会場をつくったじゃないですか。そこには何にでも使えるように、畳敷の大きな部屋があって、そこも結局、カラオケ大会に使われているんですね。それを知った時、コミュニティってこれなんだと思ったんです。そういった何か具体的なものが見えてくると、説得力があると思います。

最後は「木興」。実際に自分たちでクリスマスパーティを開いたり、餅配りをやったらものすごく人が集まってびっくりした、という話が一番面白かった。僕も団地を取材していて、驚いたのは、団地は昼間でも閑散としているけれど、実はこんなに人がいるんだって感じる瞬間があった時です。団地は都市的な共同体なので、そもそも祭りはないのですが、実は年に1回餅つき大会をするんです。けれども団地には高齢者が多く、餅を食べると詰まらせて危険だからと、他の催しに変えたところ、人気がなくてやっぱり餅つきに戻したそうです。カラオケに続いて「餅」というのも日本のコミュニティ、特に高齢者にとっては大事なものなんだと思います。

プロジェクトの10年後

藤村：この6つのプロジェクトを、僕は施設のあり方や都市計画のあり方、あるいはそこにおける建築のあり方、そういった点でつながっていると思いました。確かに人口移動の形で見るというのは、非常に速水さん的な切り口だと思います。それと同時に、速水さんのご両親は転勤族だったというルーツを思い出しました。だからコミュニティに対する元々の違和感が少しあるのではないかと。

速水：半ば揶揄的ではあるんです。基本的には、僕は衰退する地方のことはあまり考えたくなくて、都市を新しく再構築する可能性に興味があります。「萌大空間」を初めに選んだのは、その可能性があると思ったからです。

藤村：私も今回、いろいろなプロジェクトを見させていただいて、学生がいわゆる中山間地域に行っていることが少し偏っていると感じました。あるコミュニティのために何かをするということは、とても時代的なことだと思います。だから今日のひとつの問題提起として、皆さんは10年後、35歳になった時に、今と同じようなことをやっているのか聞いてみたい。

萌大空間（新堀）：まず、プロジェクト自体が面白いということがありました。しかし、それだけではなく都市部に空き家が増えているという危機感があったので、それに関わりたいという思いがありました。

GTS（野上）：このプロジェクトはもうすぐ竣工という状態です。本当に人に集まってもらえるのか、結果を見たいと思っています。実施設計は初めてで、自分たちのやりたいことと、住民たちの考えの反映、そのせめぎあいに悩みました。10年後にまた同じことをやりたいか、今後どうつながってくるかは、結果を見てから学んでいきたいと思っています。

GTS（宮崎）：このプロジェクトを通して、関わってきた人たちと、どう接すれば気持ちよく仕事ができるかといったことを考えました。このプロジェクトで学んだコミュニケーション能力は今後にも活きると思います。

三宅島（堀切）：私はこのプロジェクトは人の動きをつくっているという部分で、建築をやっていると感じました。そういうことを考えながら、今後も続けていきたいと思っています。

木興（小寺）：私たちにとっては、集会場を建てることが最終目標でしたが、集落の人たちにとっては一緒に交流することが楽しみで、家に呼ばれたりしました。建てるという支援の形をとったことは間違いではなかったと思いますが、別のやり方もあったかなと思い

ます。10年後、同じことをやるかといったらそうではなくて、またやり方を変えて関わりたいと思いました。

七ヶ浜（佐藤）：ワークショップを重ねる中で、住民の方々はコミュニティ形態よりも、防災拠点としてどう機能するのかという点に関心があることが分かりました。町が公民分館ではなく地区避難所というスキーマを新たに取り入れてくれたことで、住民の意思がまちづくりに反映できたと思います。

藤村：今日は大学教育のあり方としても、世代論的な時代状況との向き合い方という意味でも面白かったです。自分の経験を言うと、修士設計のテーマが「郊外の小学校を公共空間のコアとして再構築する」というものでした。その時にスタディのプロセス模型を直線的に並べていました。そして、10年後の今、僕は鶴ヶ島プロジェクトで同じことやっているわけです。予言しておきますが、35歳になる頃自分のルーツを探れば探るほど、修士の頃に経験したプロジェクトはトラウマのように出てくると思います。先生からいろいろ仕事がふってきて大変だと思いますが、その経験がみなさんの人生の一部になるので、これからも頑張ってください。

速水：ものごとにはミクロな部分とマクロな部分があると思います。みなさんの実習やプロジェクトは、ミクロな部分ですが、それが大きな社会の要素として何か変えられるものになると思います。今、一生懸命立て直したコミュニティというのは、10年後には過疎化でなくなっているかもしれないけれども、それが無駄だったわけではなくて、マクロな視点でつながれば良いんだと思います。

閖上わかば幼稚園
再建プロジェクト

Group:
千葉工業大学 石原健也研究室

プロジェクト発足の動機

志津川小アクションリサーチを通して

千葉工業大学石原研究室では、宮城県南三陸町を拠点とし、これまでに様々な活動を積み上げてきた。

・4月：シンポジウムの開催、仮設住宅への提案書
・5月：高台にある志津川小学校訪問
・6〜7月：志津川小学校発見ワークショップ
・8月：ベンチプロジェクト、野点床プロジェクト、子どもカフェプロジェクト
・9月：シェルタープロジェクト
・10〜11月：桟敷席プロジェクト、桟敷席リユースプロジェクト
・1月：シェルター冬支度プロジェクト、子どもカフェ2.0プロジェクト

このような一連の活動を通して私たちは、建築によって場づくりをするということは、建物をつくると同時に環境（コミュニティ、場所に対する愛着）をつくり出すことなのだと肌で感じた。そして、みんなの気持ちが

夜景イメージ。公園側から建物正面を見る。

集う「集まりの場としてのシンボル性」が重要であると実感した。

プロジェクト概要

東日本大震災によって、宮城県名取市閖上地区は全壊の被害を受けた。閖上地区にあったわかば幼稚園も園舎は全壊し、5名の尊い命が失われた。震災後、閖上地区の方々は津波を逃れた美田園地区内の仮設住宅で避難生活を送っている。わかば幼稚園もまた同地区内に再建するという決定を受け、私たちはこの1年間わかば学園に対して新園舎建設計画の支援を行なってきた。

住民の方々は「5年後、閖上が復興した際には閖上に戻りたい」と強く願っている。そのためこの幼稚園には後々、美田園から閖上へ建物を移築することができる「移築可能性」が求められた。

私たちはこの「集まりの場としてのシンボル性」「移築可能性」をテーマに設計を進めてきた。

集まりの場としてのシンボル性

園舎は木造軸組にテント膜の屋根を掛けた簡便な一室空間とし、昼は自然光だけで過ごせる子どもたちの大きな家となる。また夜は閖上コミュニティの方々の集まりの場となり、テント屋根を掛ければ街角を優しく照らす大きな行灯となる。

敷地北側に園舎を配置したことにより、大屋根で包まれたシンボリックな建物があたかも街角に「座っている」ように見える。南側は隣接した公園に向かって広がりを感じさせる園庭とした。日当り・風通しに優れ、さまざまな遊びの展開が可能な魅力ある配置を模索した。

子どもたちだけでなく閖上コミュニティの人々、美田園地区の人々も集まってさまざまな使い方ができる閖上復興のシンボルとして、愛着をもってもらえる建築を目指した。

移築可能性

周囲をぐるっと取り囲む回廊フレームと中央の櫓は、構造的に独立して各々の耐震性を確保し、その上を覆うテント膜の大屋根が建物を一体化する。

本プロジェクトは「閖上に戻る」ことを本気で追求し、検討を進めている。この構法により、閖上に移転・再建設する際に、基礎を除く上部構造すべてを再利用できる計画となっている。

佐藤淳氏（佐藤淳構造設計事務所代表/東京大学特任准教授）に監修して頂いた志津川でのシェルタープロジェクトでは、すべての部材をボルトで固定

鳥瞰イメージ。南側上空から建物全体を見る。

回廊は柔らかいラーメン構造とするために方杖が偏心しながら重なり、トンネル状の空間をつくる。

内部はワンルーム空間。中央の櫓が集まりの場をシンボリックに強調する。

ユニット詳細

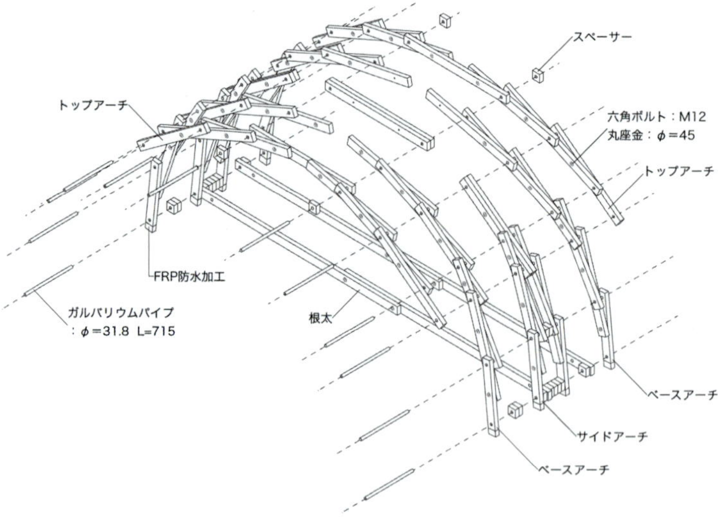
※5ユニットの接続には鉄筋棒両ネジ加工（M16 L=3750）を
パイプを貫入してボルトで固定する。
1ユニット

シェルタープロジェクト、ユニット詳細図。

シェルタープロジェクト。部材は折りたたまれ、仮設住宅の間を抜けて人力で運ばれた。

シェルタープロジェクト施工風景。ユニットごとに連結する。

し、簡易に分解できるように計画した。

1ユニットは、ベースアーチ、サイドアーチ、トップアーチと、人力で持ち運べる重さに小さくモジュール化し、折りたたまれた上で仮設住宅間の狭い路地の通り抜けを可能にした。それらユニット化したものをボルトで固定し、計5ユニットで構成している。

わかば幼稚園も、このシェルタープロジェクトで用いた構法を応用し、検討を進めている。

展望

本プロジェクトは、閖上コミュニティの方々をはじめ復興を願う多くの人々のシンボルとなり、彼らの記憶に残るイベントになっていくことを目指している。

回廊フレームと櫓は独立している構法であるため、上棟式の際、お寺の境内で催されるお祭りのような場所を形成することが可能だ。みんなで餅まき、豆まきなどをして、再建を目指して気持ちを高める場所にしたいという思いを込めた。

上棟式後はテント屋根が一気に骨組みを覆い、空間が立ち現れる。新しい建物が建つこと、それは古来より共同体にとって、祝い事・祭り事そのものでもあっ

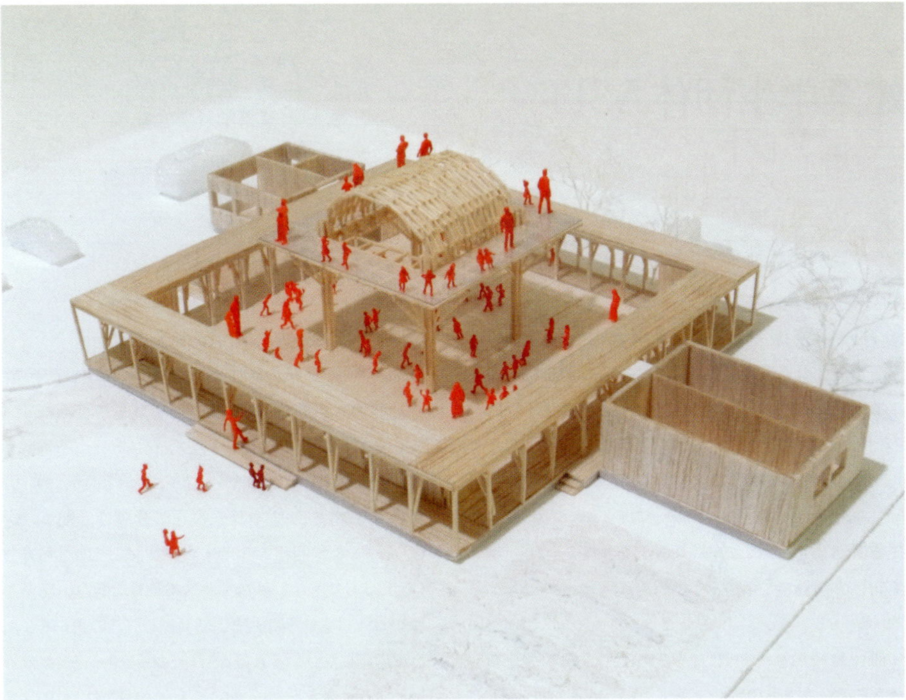

木製フレーム完成後に上棟式を開催。

たのではないか。建築は物質的な空間である以前に、出来事として現れ、人々の気持ちを集める力をもっている。

石原研究室/Playground Supportersは「復興に向かう人々に寄り添い、応援する活動」を目指している。それは被災された方々と協働して、生きる場を切り開くボトムアップの支援活動である。

これから本プロジェクトは実施フェーズに入るが、この基本理念を見失わないよう、これからもわかば学園とともに考え、検討していこうと思う。

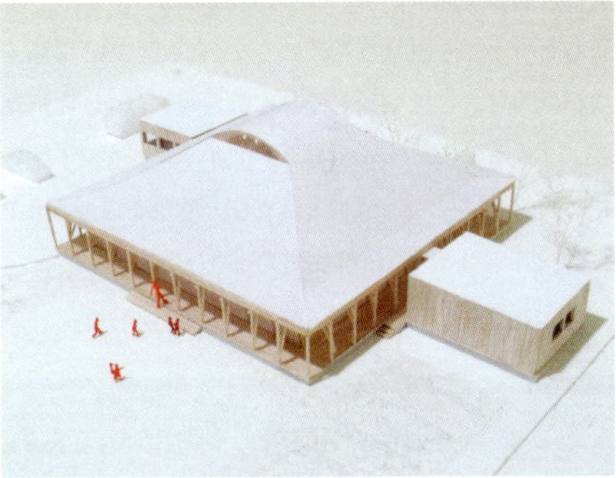

上棟式の後にテントが掛かり、空間が完成する。

[Project Members]
千葉工業大学 石原研究室：大野宏己、国島真吾、星野美衣奈、渡辺 鋼、朝倉 萌、鈴木恵三、林 敏之
[HP] http://www.denefes.co.jp/lab/

建築学生団体ASIT ——アジト

Group:
三重大学 建築学科学生有志

地方から発信できることを考える「ASIT」

建築学生団体ASIT（アジト）は、三重大学建築学科の学生により2012年1月に結成された団体で、学部2年生から修士2年まで計23人が所属。コンセプトを「三重県で建築を学ぶ学生が建築・デザイン活動を通して、まちとともに成長するコミュニティ」と位置づけ、三重県津市を拠点に地域に根ざしたプロジェクト、学生向けの勉強会やレクチャーの企画を中心に活動している。

団体結成のきっかけになったのは、建築学生が自分たちの住むまちについて語るという地元誌の企画だった。座談会形式で取材を受けるうち、地方の学生ならではの共通した思いが見えてきた。「大学の最寄り駅前はコンビニだけ、遊ぶ場所がない、楽しい場所もない…でも環境を嘆くのでなく自ら面白い場所をつくりたい」。この取材を受けた数日後には10名が集まり、徐々にメンバーが増え、1カ月後にASITが発足。建築学科という特性を活かし、今いる場所からできることを考えながら日々活動を行なっている。

端材でつくる床「miwamo cafe」

三重大学医学部の学生が運営するカフェの改装計画。敷地は大学のすぐそば、物置状態で使われていない民家の和室を改装してカフェにしたい、予算は4万円、しかも半年後にはオープンしたいという、厳しい条件の依頼だった。クライアントの要望は「明るい感じ、モダンな雰囲気」というイメージのみ。しかし私たちはなによりクライアントの「大学の周りに面白い場所をつくりたい」という強い思いに共感し、この思いをなんとか形にしたい、それはASITだからできることなのではないかと考えた。一方で、大学の課題とは違い実際にクライアントがいるということ、予算・材料・工期などのさまざまな現実と向き合うこととなった。

オープンが迫っていることもあり、空間イメージや机のレイアウト、動線などの検討、現場での塗装作業が同時に進められた。しかしこの段階ですでに予算オーバー。まだできていない床の材料をいかに安く調達するかが問題となった。

その頃、別のプロジェクトで三重県松阪市の木材コ

地元アートイベントへの出展

木材コンビナートで偶然見つけた大量のフローリングの端材

ンビナートを見学する機会があった。内装材の加工場の外に、巨大な袋に入ったフローリングの端材を見つけ、メンバーからこの端材を敷き詰めたら床になるのでは?という意見が出た。聞いてみると、商品にならないタダ同然のものなので提供してくれるとのこと。端材をパズルのように敷き詰めることで、木の風合い豊かな

カフェ改装前の和室

手作業でパズルのように端材を敷き詰めていく作業

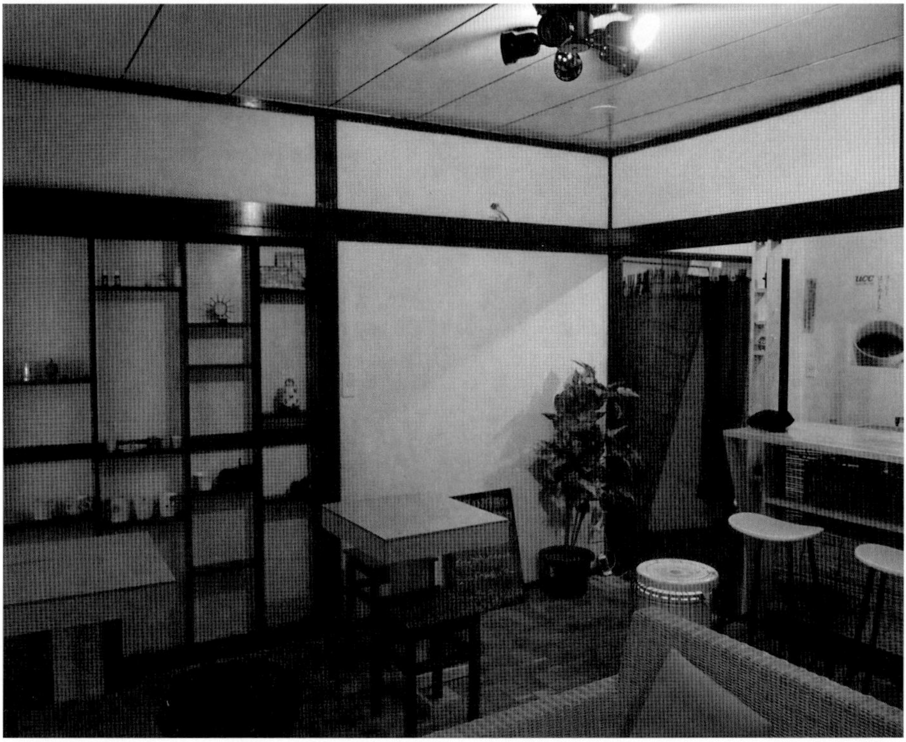

改装後のカフェ店内

床ができ上がった。

家具やカウンターも低予算で自作し、10万円以内でカフェの改装は完了。この「miwamo cafe」はコンセプトや改装の過程が多くのメディアに取り上げられ、学生だけでなくいろいろな人が訪れる地域交流の場となっている。

ヒノキに包まれる休憩所
「並 -namiki- 木」

尾鷲ヒノキを使った休憩所の製作プロジェクト。三重県松阪市の企業・松阪木材に就職した学科OBと、木を使って面白いことができないかと話したことが発端となり、このプロジェクトは始動した。目的は、木材の魅力を多くの人に伝える場をつくること。そこで大勢の人が訪れる学祭期間中に、木を使った休憩所をつくることを考えた。プロジェクトに先んじて松阪木材のコンビナート内を見学。巨大な原木、見たこともない量の柱材、加工の過程、上質な三重県産木材のもつ匂いや手触りなどを体感。と同時に、林業の抱える厳しい現状、また建築を学ぶ自分たちの木材への無知を痛感した。

三重大学祭は、出店が並んでにぎわう一方で発信力に欠け、滞留スペースが少ない。そこで木で休憩所をつくることで、木材の大らかな雰囲気に触れてその魅力を広く知ってもらうことができ、また自分たちはその材の扱いを学ぶことができるのではないかと考えた。またその活動を通して、林業の振興に少しでも貢献できればという思いもあった。

数回にわたるプレゼン、設置場所の決定、大学施設部との話し合いなど学生だけで話を進めていき、構造的な安全の確保、使用できる道具など現実的な制約のなか、案を固めていった。思いは通じ、柱材208本の提供が決定。その後、材を搬入、手作業で部材をカット、ドリルで穴をあけダボを打ち込み積み上げる、そのすべての作業を大学の中心に位置する敷地で行なった。

並木道をイメージした通り抜けに加え、その懐でとどまることのできる空間をつくり、中を通りながら・座りながら木の風合いを肌で感じられる休憩所が完成した。持ち送ることで単純な軸組でアーチを形成。3mの材の規格を考慮した設計によってほとんど端材が出ないなど、意匠と構造が一体となった設計、経済面・施工面などのバランスを実現。材はすべて尾鷲ヒノキを使用し、木造住宅で一般的な規格である105mm角の柱材を使用することで、普段身近にありながら触れる

木材コンビナートの見学

大学敷地内での作業風景

すべて手作業で木材を積み上げていく

「並木」のある風景

機会のない材に直に触れ体感することができる場所になった。

各々の講義やゼミの合間を縫って作業する中で、たび重なる議論や学年・学科を超えた交流など、その製作過程のすべてが展示空間となり、有意義な場を作り出したと考えている。

[Project Members]
三重大学 建築学科学生有志：三谷裕樹、池原健介、岩月亮士、奥村憲樹、面谷香里、加藤 典、川見拓也、木谷圭佑、小林しほり、澤田知宏、高畑広輝、武居 梓、立松成章、田中孝幸、中田将太、樋口友人、福井竜馬、福本高大、福森 拓、水野芳彦、皆己貴彦、森岡佳菜、森川洋平、矢野将太
[HP] ASIT -Architect Studio in Tsu-
http://asitxmie.jimdo.com/
[Blog]http://www.facebook.com/asitxmie
[Mail Address] asitxmie@gmail.com

学祭中、「並木」を利用する人々の様子

完成した「並木」と、製作に携わった「ASIT」メンバーたち

MEIJI×BEIJING UNIVERSITY INTERNATIONAL WORKSHOP2012

Group:
明治大学 大河内学研究室

1. 概要

2012年8月30日から9月4日にかけて、中国北京で大柵欄地区の再開発計画の立案を目的とした国際ワークショップを開催した。このワークショップは2008年に開催されて以来二度目となる。北京大学建筑学中心王研究室の学生8名と明治大学大河内研究室の学生11名で構成された日中混合6チームを組織し、綿密な調査と活発な議論に基づき、最終提案をまとめ、発表を行なった。

対象エリアは大柵欄というところで、北京の中心である天安門広場の近傍にありながら、開発から取り残された歴史的住居エリアである。商業的に開発することは決まっているが、具体的にどう開発していくかが課題となっている。北京で再開発というとスーパーブロックの巨大開発をイメージしがちだが、この計画はそうではなく、このエリアの一粒一粒をどう変えていくかというスケールであることが一つの特徴となっている。

このワークショップは現地のメディアからも注目を浴び、プロセスと成果は中国の建築雑誌『UED』066号に取り上げられ、広く社会に発信された。

2. 周辺状況

敷地の周辺状況としては、すぐそばに天安門広場から南に延びる前門大街という大通りがある。ここは

周辺の風景。四合院の屋根が連続する。

2008年の北京オリンピックの際に整備されたスターバックスやユニクロなどが軒を並べる現代的な通りで、観光地として賑わっている。そこから一本横道に入ったところに大柵欄エリアがある。前門大街の近くは観光地の顔をもっているが、オリンピックの際につくられた車の大通りで分断され、そこから先は昔ながらの古い北京の面影を残した風景が続き、バラックのような雑院が密集するエリアとなっている。

未開発な大柵欄の奥部

3. 課題内容

課題は2つ。1つ目は四合院のリノベーションである。四合院は中庭を4棟の建物で囲む中国の伝統的住居形式で、大柵欄エリアに多数の老朽化した小さな四合院が密集している。北京市内では近年の急速な開発で、四合院が姿を消しつつある。この課題では隣接する3つの四合院を対象とし、伝統的な家並みを保存しつつ、どうように商業的なプログラムを導入するかが主題であった。

2つ目は大柵欄のほぼ中心に位置する廃棄された発電所の再生計画である。1つ目の課題では普遍的な提案が求められたのに対し、こちらはいかに商業の「中心」をつくるかが主題であった。

現地の建築家で、大柵欄エリアの再開発のマネージャーをつとめる梁氏に情報提供やアドバイスをしていただいた。

2008年の北京五輪の際に整備された前門大街

4. 総括

近年の北京における都市開発は古い街並を取り壊し、大規模開発を行なうのが主流であったが、そのために失われた歴史的資産や記憶も少なくない。現在、日本ではストックを活用した保存や再生の取り組みが盛んであるが、中国でも今後は大規模開発と並行してこのような小さな都市再生の試みが少しずつ普及していくに違いない。こうした都市計画上の歴史的転換期に、これまでの大規模開発のような俯瞰的な視点からではなく、狭い胡同を歩き回り、両国の学生の体験と対話から空間を提案するワークショップが行なえたことは大変有意義なことであった。

またこのエリアは利権が複雑に絡み合った地域で、そのことが開発の遅れの一因となっている。そのよう

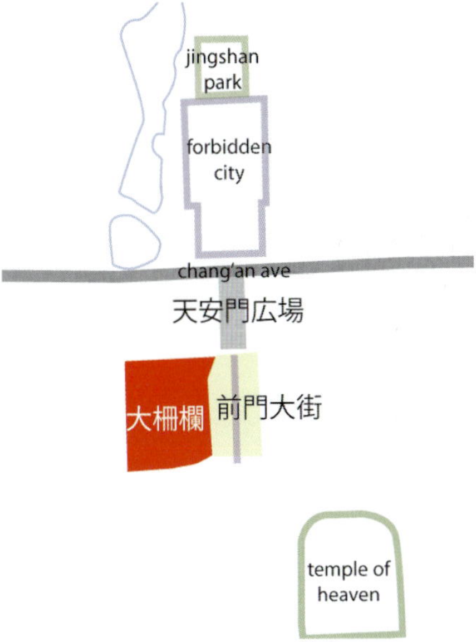

天安門広場、前門大街と大柵欄の位置関係

四合院という伝統的な形式をそのまま保存するだけでは来るべき大柵欄の商業用途を担保し得ない。我々の提案は伝統的な形式の中でも特に「屋根」に着目し、その「形状」と「高さ」を操作することによって、商業的価値を持った形式へと昇華させるものである。それは、新たな伝統形式をつくり出すという意味と、商業地域という未来へ向けたこの街の変貌の一端を担う建築的手法をつくりだすという意味を併せもつ。

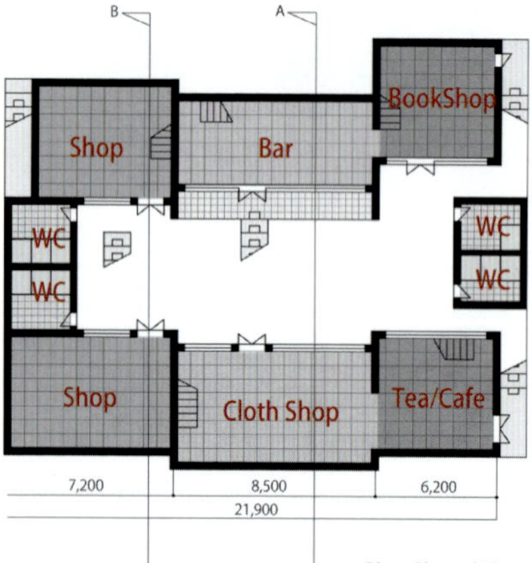
B
A
BookShop
Shop
Bar
WC
WC
WC
WC
Shop
Cloth Shop
Tea/Cafe
7,200
8,500
6,200
21,900
B'
A'

Plan Glound Floor

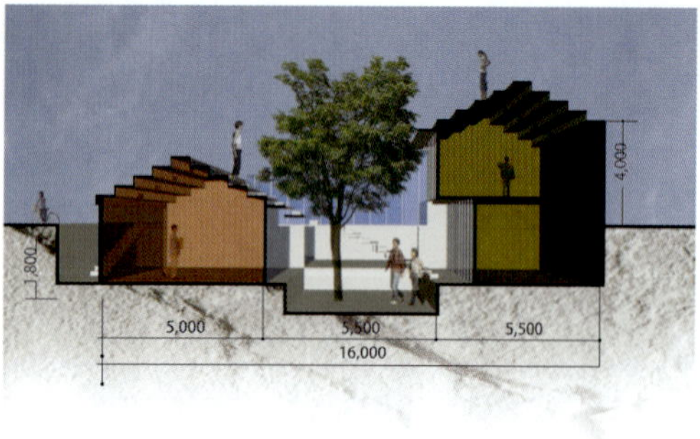
4,000
1,800
5,000
5,500
5,500
16,000

Section A-A'

最終的に4つのプランを提案したうちの1つ、四合院の屋根の形状を引き継ぎつつ階段状に上れるようにして、新しい動線をつくる案。

な背景を踏まえつつも多少思いきった提案をし、まだ地域の具体的なビジョンが定まらない中で計画のオルタナティヴをいくつか示せたことは、大学という組織だからこそできた社会との関わり方だったのではないかと考えている。

[Project Members]
指導教員：大河内　学、王 昀
アドバイザー：梁 井宇（建築家）
明治大学 大河内研究室：石川北斗、新谷真由、櫻井 貴、飯田周悟、井元優太郎、山口陽平、林 颯生、川原瑞紀、菊池孝平、丸山璃莉、成澤佳佑
北京大学 王昀研究室：朱 曦、刘 禹、孙 瑛、余 文婧、郭 婧、王 慧、贾 慧思、禹 航

この敷地はDashilan west Stの終点にあり、Dashilan Area地区とQianMen地区をつないでいます。この敷地に現代美術館、劇場、そしてパーティースペースという3つの機能を持つ複合施設を設計しました。この3つの機能が合わさってこの地区が持つ商業ポテンシャルを向上させる起爆剤となることを期待しています。この敷地の概形は周辺が浸食するように形づくられ、とこても内向きな構成をしています。平面は、もとの形態の特徴を引き継ぎ主要な建物である工場は保存されて、玄関、共用部、屋上への階段、彫刻や小さなステージのあるシアターのための展示場など5つの建物を敷地に加えます。敷地の中央広場は施設の中核となり、6つすべての異なる建物をつなぎ合わせます。外部の階段は、屋上につなげられ垂直方向へ人を誘います。

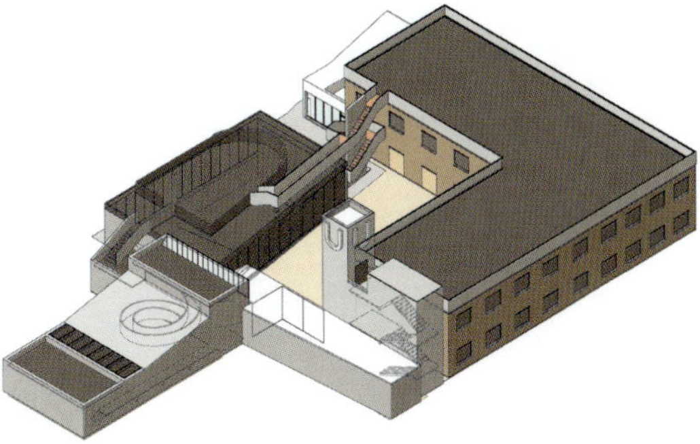

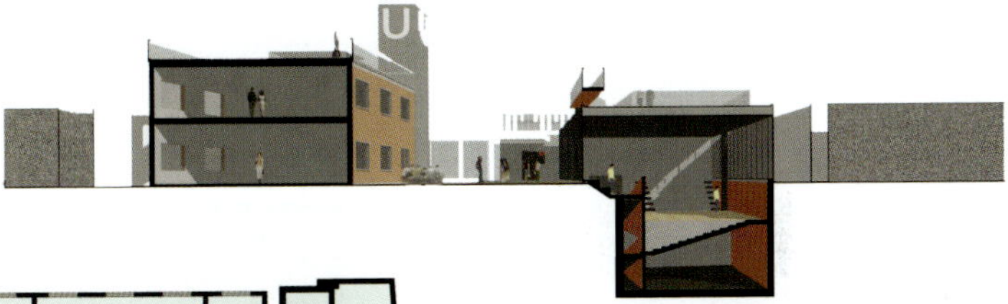

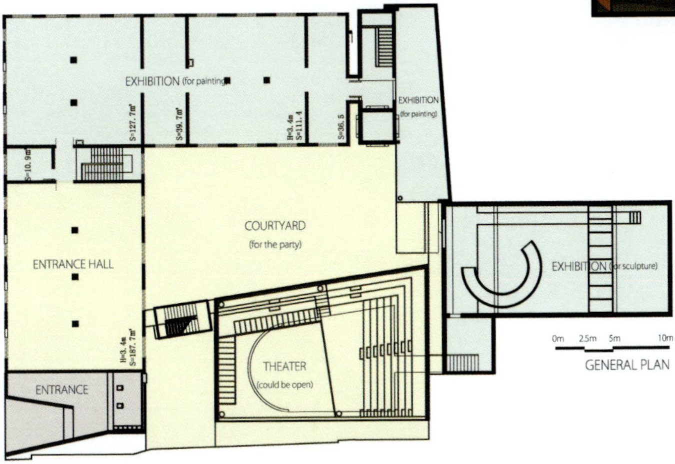

発電所の再生課題。観光の目玉としてアートセンターやシアターなどのプログラムを挿入しつつ、地域のランドマーク的な建物としてデザインした案。

記憶の街ワークショップ in 田野畑

Group:
早稲田大学 古谷誠章研究室
+神戸大学 槻橋修研究室

概要

「記憶の街ワークショップ」は東日本大震災と、それによって引き起こされた大津波によって失われてしまった街の再生への第一歩として、震災前の街や村を500分の1の縮尺で復元し、それを用いて地域の方々と共同作業を行なうものである。ワークショップを通じて、地域に育まれた街並や環境、人々の暮らしの中で紡がれた記憶を保存・継承することを目的としている。

神戸大学槻橋研究室は、「失われた街」模型復元プロジェクト実行委員会として、これまでも気仙沼などで同様のワークショップを行なってきた。また、早稲田大学古谷研究室では震災当初より岩手県田野畑村での復興支援活動を行なってきた。今回のワークショップは両者の協力によって実現したものである。

復元模型の製作

2011年3月11日の東日本大震災によって、東北地方の数多くの街が一瞬にして流失してしまった。この状況に対し、神戸大学槻橋研究室によって立ち上げられたのが「失われた街」模型復元プロジェクトである。槻橋准教授の呼びかけにより、全国の建築学科研究室によって被災地各地の500分の1の復元模型が作製された。今回のワークショップで用いられた模型も、その呼びかけに応じて早稲田大学古谷研究室が作成したものである。これらの模型は2011年12月に同委員会による展覧会などで一般公開された。

ワークショップ前の白模型

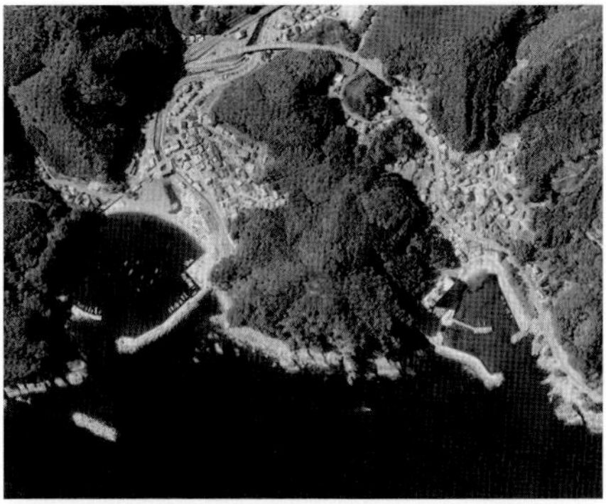

国土地理院撮影の空中写真(2000年撮影)

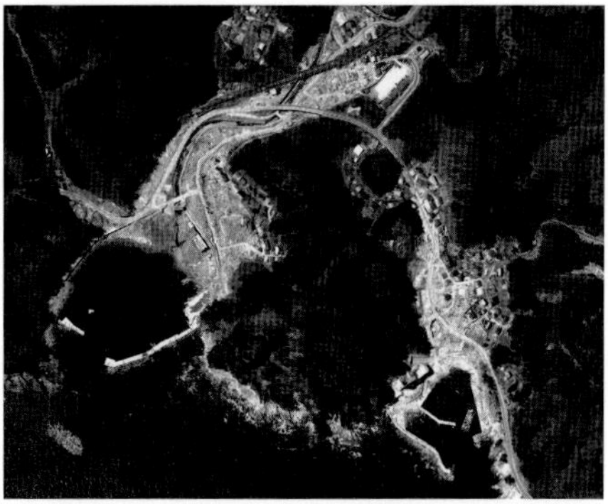

国土地理院撮影の空中写真(2011年4月5日撮影)

白模型のディテール

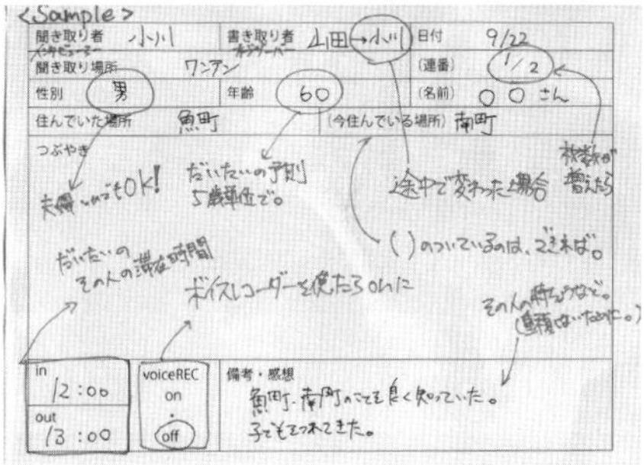

つぶやきシートのサンプル

ワークショップの開催

2013年1月に「記憶の街ワークショップ」は開催された。震災から二年弱を経て、現地ではある問題が浮上しつつあった。それは記憶の喪失である。地域住民の記憶や思い出から、自らの暮らした街の姿が薄れてきているという。

人々の生活によって紡がれた大切な記憶、それを復元模型に宿し、保存することはできないか。学生の手によってつくられた模型に地域住民の手が加えられることで、白い模型を「記憶の模型」に生まれ変わらせることが、本ワークショップでは目指された。

ワークショップは田野畑村の2カ所で行なわれた。これは津波によって住まいを失い現在は仮設住宅に暮らす方々と、幸いにも被害を免れ現在でも同地区に住み続ける方々、その両者の参加を願ってのことである。

ワークショップの活動内容

ワークショップ期間中、住民の方々と共同で以下のように複数の活動を行なった。

1: 記憶をヒアリングする

地域の方々と模型を囲みながら、田野畑村で過ごした思い出や村の伝統、震災当時の出来事などをヒアリングした。話を伺う方の世代や住まいによって、実に多彩なエピソードが聞き取れた。特に年配の方からは、街が模型で表現された姿(震災直前の姿)になる以前の様子を教えてもらうことができた。

2:「つぶやきシート」を記録する

ヒアリング用のフォーマットとして「つぶやきシート」をあらかじめ準備し、現地に持ち込んだ。ヒアリングの内容はここに記録し、データ化した。

3:「記憶の旗」を立てる

街の話を聞きながら「記憶の旗」を立てていった。これはPET樹脂製の旗で、ここに記憶を書き込み、模型

彩色した模型のディテール

記憶の旗。「記憶」や「名称」など、情報の種類によって色分けしている。

ワークショップの様子。記憶を聞き取りながら模型に記憶の旗を立てていく。

に差し込んでいく。旗は色分けされており、「黄＝記憶」「青＝名称」のように、大まかな内容が分かるようになっている。

4：模型に色をつける

ヒアリングと並行しながら、模型の着彩を行なった。はじめは道路や山に色をつけ、街の骨格を浮かび上がらせていった。これにより地域の方々にとっても記憶が引き出しやすくなる。続いて家々の屋根の着彩を行なった。屋根については特に地域の方々にどんな色だったかを尋ねながら、時として住まわれたご本人の

参加者自身の手でも旗立てや彩色を行なった。

手によって彩色がなされた。

5:ディテールを作成する

着彩までが完了した後、街並みのディテールを作成した。駅舎や鉄道、桜並木、テトラポッドなど、地域を彩る様々な要素もすべて現地で製作した。津波で流失してしまった部分は、暮らし手の記憶との対話によってつくり上げた。

総括と展望

約一週間のワークショップを通して、真っ白だった模型はさまざまな彩りをもったものへと変化した。結果としてすべての道・山・家々が着彩され、細かな街の様子も数多く再現することができた。計771本の「記憶の旗」が模型の上に立ち、「記憶の模型」は完成を迎えた。現在この模型は現地で保管され、今後も地域の人々自身による管理が検討されている。

ワークショップは終了したが、我々の活動は終わったわけではない。神戸大学槻橋研究室は複数の被災地において「記憶の街ワークショップ」を開催し、復興の輪を広げている。早稲田大学古谷研究室では今後も田野畑村での震災復興支援活動を継続し、模型管理のサポートも行なっていく予定である。このワークショップで製作した模型がふるさとの記憶・思い出を保存する媒体となるとともに、街の復興のきっかけとなることを願っている。

「記憶の街ワークショップ in 田野畑」
期間:2013年1月8日〜1月14日
会場:岩手県下閉伊郡田野畑村　羅賀地区
・旧羅賀小学校教室(1月8日〜10日)
・仮設団地集会所(1月11日〜14日)

[Project Members]
参加研究室:早稲田大学古谷誠章研究室(田野畑村震災復興支援活動)、神戸大学槻橋修研究室(「失われた街」模型復元プロジェクト)
協力:田野畑村羅賀地区自治会、名古屋市立大学久野紀光研究室、NHK盛岡放送局(番組取材)
早稲田大学:風間 健、青沼克哉、符珊珊、黄迺恩、竹花洋子
神戸大学:山田恭平、小川紘司
神奈川大学:藤井達也(写真)

完成した模型。今後は地域での管理が検討されている。

Intervention in High Density Area

Group:
千葉大学 岡部明子研究室

概要

本プロジェクトはアジアのメガシティを対象とし、都市構造が急激に変化する中で住環境に着目し、建築的提案・実践を重ねているものである。

私たちがフィールドとしているのは、ジャカルタにある高密集地区カンポン・チキニ。2011年度のインドネシア大学（以下、UI）、千葉大学、東京大学、東京理科大学合同での提案型海外WSを発端とし、段階的、戦略的に介入するなかで提案を行なっている。

2012年度は小さいながらも住民との協働で空間をつくった。さらに、2013年度は次のステップとして同地区に公共建築をつくるプロジェクトを進めている。学生が現地に約1年間住み着き、住民と生活を共にしながら、現実のフィールドで社会との関わり方を模索している。

Sensible High DenCity : Megacity Design Studio Indonesia-Japan 2011

アジアのメガシティにおけるチキニのような高密集居住地は様々な問題を抱えている。しかし、その親密な

Kampung CIKINI:住宅が密集しており狭い路地が張り巡らされている。

コミュニティやヒューマンスケールの住環境、自立的な地域インフラのあり方には、学ぶべきことが多い。我々は戦略的な介入によって、近代都市で行なわれてきたスラム撤去や再開発とは異なる将来像へと導くため、代替案を提示しようとしている。

2011年のワークショップでは、UI、千葉大学、東京大学、東京理科大学の4大学から40名の学生が組織され、チキニにおいて現地調査と提案を行なった。

3つのグループに分かれ、UIによるこれまでの研究成果やプロジェクト内容を学び、提案の方向性を決め、具体的な調査へ乗り出した。教授やチューターによる指導のもと、提案は論理性・客観性を高めていった。プレゼンテーションはUIの学内発表のためとチキニのコミュニティのために二度行なわれた。提案は実現可能性の面で不十分な面はあったものの、その強固なアイディアは地域の人々に訴えかけるだけの十分な効果があった。

Alternative Helicopter: Joint Studio Workshop in CIKINI 2012

2011年のワークショップで共有されたコンセプトに基づき、2012年は実際の建設を目指し、具体的かつ実践的な提案を行なった。

学生が着目したのは、下水道として使われている小さな川だ。ゴミや糞尿でひどく汚れた現状の改善意識を高め、その価値を住民とともに再発見しようと試みた。

話し合いの結果、我々は川に架かるHelicopterと呼ばれる簡易トイレからインスピレーションを得て、子どもたちの遊具となる竹のブランコをつくることにした。

建設には地元の大工の協力のほか、子どもを中心に多くの地域住民の参加があり、現場は大変なにぎわいだった。

完成したブランコ"Alternative Helicopter"のプレゼンテーションでは、子どもたちにブランコに乗ることができるチケットとしてゴミを持参してもらうルールとし、分別の指導も行なった。この活動はすぐに広まり、川の周りにはゴミを手にした長い列ができた。ブランコは子どもたちの笑顔と新しい風景を楽しむ声に包まれていた。

WS2012実施敷地(実施前)。ゴミ、下水など何でも流される川はここでの生活の様子を表している。

WS2012参加メンバー。日本・インドネシアの学生、地元大工、子どもたちによるWSチーム。

WS2012施工風景。地元の大工や子どもたちが施工に参加してくれた。自分たちの空間は自分たちでつくるという精神がうかがえる。

WS2012お披露目。施工開始から4日目に完成したブランコには100人以上の人が押し寄せた。

WS2012実施敷地（実施後）。大きなブランコが架けられそこは子どもの遊び場へと変化する。

この活動がきっかけとなり、次に空き地に公共空間を設計しようというという話が生まれた。

After Fire Project 2013

2012年の11月から、3名の日本人学生がチキニで暮らしはじめた。学生たちは火事で焼失した建物の跡地に、コミュニティのための施設を設計するプロジェクトにあたっている。

これまでに子ども向け、女性向け、男性向けにそれぞれワークショップを行ない、地域住民の細かなニーズを引き出すとともに、自らの住環境を見つめ直してもらおうと試みてきた。

1. “Be Architect! WS”

・地図を使いながら各々の普段の活動をプロットし、自分と他者の生活の様子を共有することで、コミュニティにとって何が有益かを考えた。子どもたちからは遊び場、女性からは教育の施設、男性からは町内会のオフィスや寄り合い所を求める声が多かった。

・シンプルな積み木（敷地に見合ったボリューム模型）を用いて、それぞれの機能を敷地の中にどう配置するかを議論した。ブロックを組み合わせながら機能の書かれた付箋を貼り付けていく過程は、住民の参加意識を高めるのに有効だった。

・子どもたちには積み木モデルのプレゼンテーションの後、思い思いに新しい施設を想像して絵を描いてもらった。機能の書かれたブロックをベースとしたため、彼らの想像力を制限してしまったかもしれないという反省はあるものの、論理的に物事を考えて提案をする良い経験になったと思う。

2. WWW (White Wall WS)

高密集居住地における効果的な採光方法を提案し、住民とともに実践することで、住環境改善の意識の底上げとアイディアの共有を図った。

既存の壁を白くペイントし、赤道付近の地域特有の高い位置から差す日光を反射によって室内に取り込む実験を行なった。このワークショップでは敷地に隣接する病院の壁を子どもたちと一緒に塗り、簡易な小屋の建設によって、その効果を確かめた。同時に、ゴミであふれて廃墟化した敷地を公共空間として再発見し、実際の建設を前に期待や予感に満ちた空気をつくることも目的だった。

実はこのWSは過去に二度失敗している。一度目は敷地所有者への確認ミス、二度目は住民間の個人的なトラブル(殴り合いのケンカ)に巻き込まれたためである。いずれもカンポンにおける権利関係の複雑さや、こうした地域で活動することのリスクを思い知ることとなった。しかし三度目の正直で実現することができた。

一連のワークショップで使い手からの要望が出そろった。今後はそれらを盛り込んだ提案をもとに引き続き住民との対話を重ね、実現に向けて地元の大工と技術面での話し合いを行なっていく予定だ。パワフルなジャカルタに振り回されながら、事態が予想外の方向へ転がることを歓迎したい。

[Project Members]
●WS2012参加者
〈日本〉千葉大学 岡部明子研究室:上野 黄、遠藤源太、原田将太郎、吉方祐樹

公共建築設計敷地:火事で空き地となっている場所に公共建築を設計している。

〈インドネシア〉インドネシア大学有志(指導教員:Achmad Hery Fuad, Evawani Ellisa):Mirzadelya Devanastya 、Talisa Dwiyani 、Namlia Mahabba 、Zaimmudin Khairi 、Azriansyah Ithakari 、Jessica Seriani 、Nur Hadianto 、Imaniar Sofia Asharhani
●2013年現在、現地で設計を進めているメンバー
〈日本〉千葉大学 鈴木弘樹研究室:上田一樹、千葉大学 岡部明子研究室:澤井源太、吉方祐樹
※本プロジェクトは、総合地球環境学研究所(RIHN)研究プロジェクト「メガシティが地球環境に及ぼすインパクト」のフィールドワークのひとつとして実施されている。

Be Architect! WS。どんな建物を設計するか、皆思い思いに意見を交わし建築家になっていた。

EVと都市プロジェクト

Group:
東京大学 太田浩史研究室
＋日産自動車株式会社総合研究所 社会交通研究室

本プロジェクトについて

東京大学生産技術研究所太田研究室は、日産自動車株式会社総合研究所社会交通研究室と共同で、2010 年から「EV と都市」研究会を行なっている。電気自動車(以下、Electric Vehicle=EV)導入が全世界的に始まりつつある現状にあって、それを受け入れる都市、地域の姿はどうあるべきか。それを都市および建築の立場から問うことによって、EVの持つ可能性を明らかにし、同時に今後の都市像、建築のあり方を考えることが活動の目的である。

■都市におけるEVの可能性

EVは建築や都市にどう関係するのか?

例えば、排気ガスや騒音をほとんど出さないことは、人とEVが同室空間に共存できることを意味する。また、ガソリン車に比べて燃えにくいため、今まで不可能だった木造による駐車場が実現可能になる。

現在、自動車による運輸部門では大きく石油に依存している日本。エネルギーという観点から見ると、EVは将来の都市を変える大きな契機になり得ると考えられる。

■2011年度の研究 ——プロトタイプの提案

EVの普及を通して、新たな自動車社会像の転換が予想される。それを2010年度では小冊子化してまとめた。

EVを利用して目的地へ行くとき、一度充電のためどこか経由地に立ち寄り、その後目的地で駐車場にEVを停める。この構造はガソリン車のものと大差がないように思われるが、EVのシェアが増加すると、ガソリンスタンド自体が大きくかたちを変える。目的地での駐車場についても急速充電器を備えたものが増え、一台あたりの駐車面積やその形態も変わり得る。そこで、その経由地と目的地における駐車場のあり方について提案することとした。

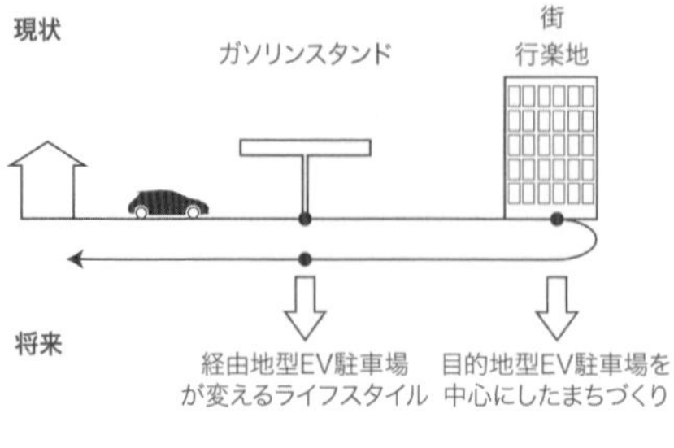

経由地型EV駐車場の提案 ——待つ30分を豊かな30分に

・「EV チャージング・ラウンジ」

経由地の施設としてガソリンスタンドに注目した。EV普及を仮定し、需要の失われたガソリンスタンド跡地にEVのためのサービスステーションの建設を提案する。

・「30分問題」の存在

ガソリンの給油は、およそ5分程度で済む。しかしEVの場合、急速充電器でも最短で30分はかかり、その間何をして過ごすのかが課題となる。これを「30分問題」と呼ぶが、充電時間を単なる待ち時間ではなく、豊かな時間にする提案を行なう。

・デザイン提案

充電スタンドのみではなく、待機スペースを付帯することを考える。これによりEV 駐車場を「待機のためのラウンジ」として捉えることが可能となる。また急速充電中に受けたいサービス、つまり喫茶、メンテナンスといったサービスコアを配置する。ガソリン車に比べて燃えにくいというEVの特性を生かして、屋根や壁面

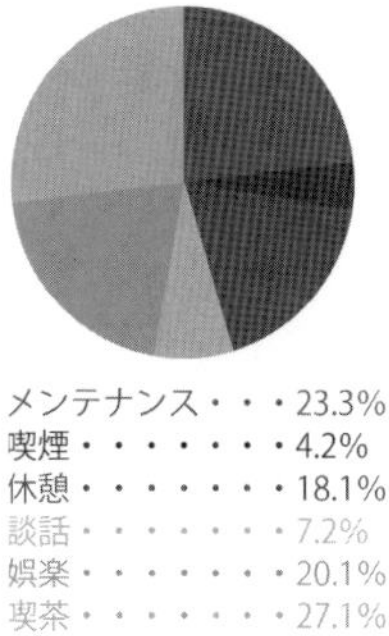

急速充電中にしたいこと
(『平成22年度石油産業体制等調査研究』)

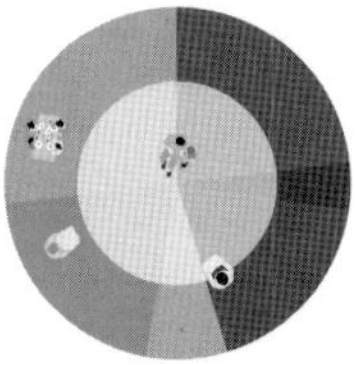

サービス空間をユーザーがしたいことに応じて配置

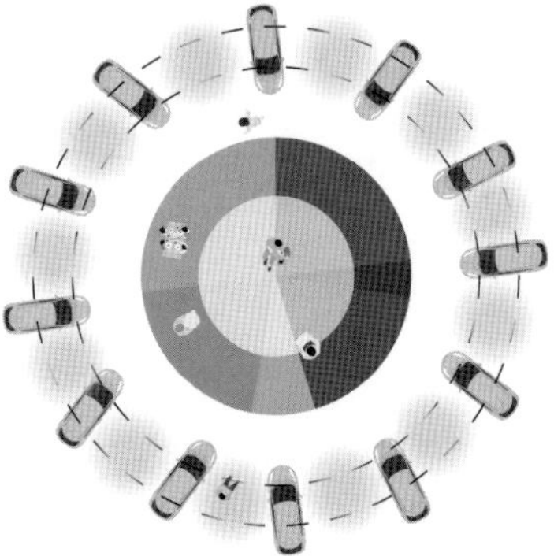

サービス空間をEVが囲む

「急速充電中の30分間に何をしたいか」というアンケート結果に基づいて空間を割り当て、その周囲にEVを配置する。

ラウンジやパーソナルスペースなどが層状に構成されている。

中心部のラウンジは、ラグジュアリーな30分間を過ごせる空間を提案した。

には木材を使う。外側の円には待機スペース、EV充電スペースを配置する。

このタイプは、例えば「充電しながら次の行き先の情報を得てどの順番で行くかを話しあう」など、EVのドライブだからこそコミュニケーションが深まるのだ、という視点を喚起できるモデルだと考えられる。

目的地型EV駐車場の提案 ——地方都市におけるEV駐車場を起点としたまちづくり

・「EV パーキング・デパート」

地方都市では、郊外化および都市のスプロール化が進行した結果、中心市街地の商業施設は危機に瀕している。その結果、街の顔であり、にぎわいの象徴である駅前の百貨店が閉店するという現象も起きている。我々はこうした状況を逆手に取り、百貨店をモータリゼーションに対応した商業施設・立体駐車場にコンバージョンするプランを提案した。

・敷地 ——木更津市

具体的な敷地として、①中心市街の衰退、②撤退したデパートが交通の結節点に存在し、③デパートが商店街に隣接している、という三つの条件を満たす千葉県木更津市Sデパート跡を選定した。周辺には駐車場が点在しており、人のための空間ではなく車の集まる空間になっている。そこで周辺の駐車場機能をこ

コンバージョンされた駅前駐車場を中心に仮想のまちづくりマップを作成した。

の立体駐車場に集約する。

・木更津エリアアクションプラン

木更津の心臓のようにまち全体へ活力を送り出すハブとして機能し、さまざまなアクティビティを引き起こす。これにより、人と車の新しい関係を生み出す。それらを補完するように遊歩道の整備やプロムナードを設置し、景観を構築する。

・空間構成

既存の建物にヴォリュームを付加／削除することで建築を構成する。EVの自動運転を利用した高密度駐車場を設け、効率的な駐車を行なう。自動車文化をテーマとした4階の広場から、人々は2・3階のロードサイドタウンに降りていける。また5階以上にはモールをつくり、最上階には自動車販売店を配置する。地方都市の特徴でもあるロードサイドとモールが立体化した建築である。

まとめ

EV 駐車場は新しい建築類型として大きな可能性をもっており、都市や私たちのライフスタイルを大きく変える施設となると私たちは考えている。特に「EV パーキング・デパート」で前提としたように「モータリゼーションを否定するのではなく、発展させる」という方向性は、自動車文化にさらなる成熟をもたらすものとして、より検討されても良いだろう。駅前に自動車のディーラー／ステーションがあり、まちづくりの一拠点となるような未来像は十分描くことができる、というのがここまでの私たちの結論である。

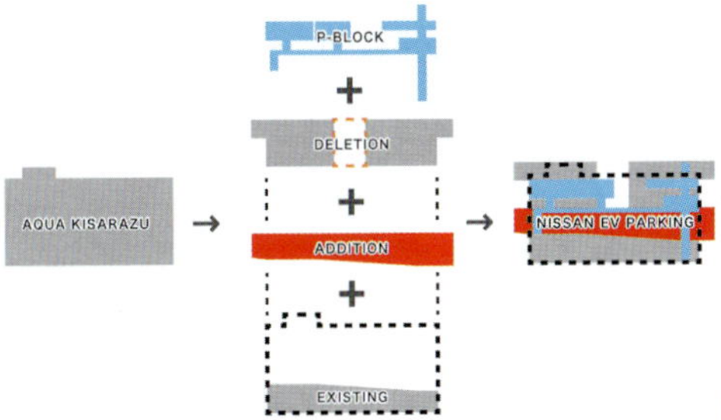

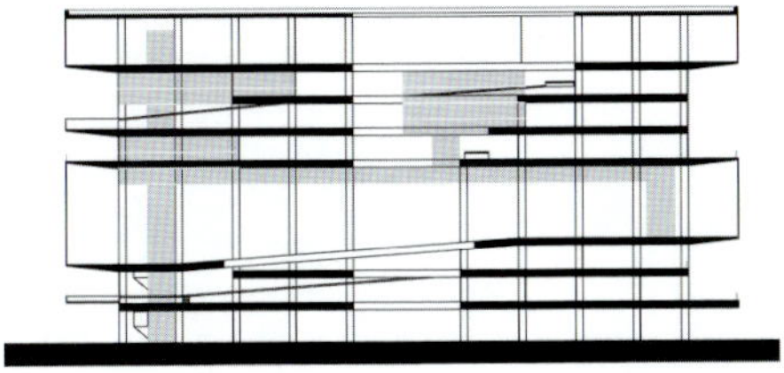

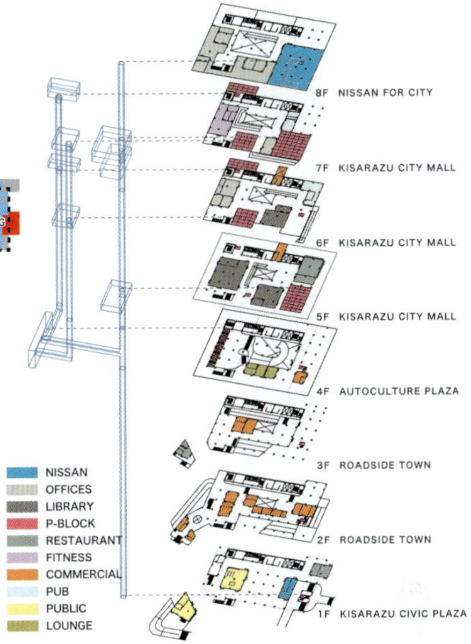

既存の建物にEVを挿入。各フロアごとにさまざまなコンテンツと駐車場を混ぜ合わせた。

EVと人が重なり合うような風景を外部に向かって開いて見せる。

3・4階の吹き抜け。室内化した駐車場ならではのダイナミックな空間が広がる。

[Project Members]
東京大学 太田浩史研究室：太田浩史講師、田村晃久、石田祐也、葛西慎平、髙橋宇宙
日産自動車株式会社総合研究所社会交通研究室：藤本博也、吉川康雄

プロジェクト展

アネックストーク2

参加プロジェクト:

閖上わかば幼稚園再建プロジェクト(p.316)

建築学生団体ASIT——アジト(p.320)

MEIJI×BEIJING UNIVERSITY INTERNATIONAL WORKSHOP2012 (p.324)

記憶の街ワークショップ in 田野畑(p.328)

Intervention in High Density Area (p.332)

EVと都市プロジェクト(p.336)

コメンテーター:

谷尻 誠、倉本 仁

プロジェクトを実現させる意味

倉本 仁(以下、倉本):「建築学生団体ASIT(以下、ASIT)」を見て、学生とプロの違いはないと思いました。結局、何かを設計して提供することは両者とも同じだし、そこに跳ね返ってくる対価も実は同じはず。

ASIT(三谷):このカフェは、家具は貰ったりして、開業資金は10万円くらいで収まりました。オープンしたらまず地元の人が興味をもってくれて、その後、地元のTVに出たりと、いろいろなことが連鎖的に動いてます。

谷尻 誠(以下、谷尻):プロジェクトを通して、何か変化は感じましたか?

ASIT(三谷):地元のアートイベントに出展したり、コンペに参加したり、自主的にものづくりできる環境になりました。

谷尻:「閖上わかば幼稚園再建プロジェクト(以下、閖上わかば)」は、本当につくるの?

閖上わかば(国島):やっと補助金が入って、これから実施設計を始めるところです。

谷尻:そこがすごく大切だと思います。外壁はどうするの?それにまず、幼稚園がワンルームで大丈夫なんですか?

閖上わかば(国島):サッシが入ります。その説明は省きましたが、本当は四隅に別に仕切った部屋があります。計画学の先生と一緒に設計しました。

倉本:いいですね。その提案に至った経緯は?

閑上わかば(国島):もともと幼稚園の方とお付き合いがあって、今回、依頼を受けました。

倉本:「MEIJI×BEIJING UNIVERSITY INTERNATIONAL WORKSHOP2012(以下、MEIJI)」は、北京に住んでいる人たちに対しての提案ですが、日本との違いは感じました?

MEIJI(山口):例えば「道」と言ってもその捉え方がそもそも違いますね。建築を商業的に開いていくときに、日本的な考えで外部の人をどんどん入れていこうとすると、北京では、ちょっと嫌がられるんです。というのも北京では道は地域のコミュニティの核になっている場所。だから屋根の上を歩けるようにして、商業の動線を別に提案しています。

谷尻:実現されるものなんですか?

MEIJI(山口):いや、しないです。日本だと、地域の人にプレゼンテーションを繰り返すことによって合意形成していくようなプロセスがあると思います。でも、中国の場合は少し違っていて、開発に対して地域住民が関わることは、ほとんどないのです。

倉本:いろいろできない理由があるのはみんな同じで、それがまた国が変わるとより難しくなる。だけど一番大事なのは「絶対つくるぞ」という意識があるかどうかだと思う。

MEIJI(山口):このプロジェクトは、実際に建つことはなかったのですが、建築雑誌にまとめて世間にアウトプットしました。

谷尻:でも、一般の人は建築雑誌を見ないよね。あなたは何をしたいの?

MEIJI(山口):これを設計した時には、実際に、建てるということは想定せずに、何パターンも案をつくり上げていくことを重視しました。

倉本:建築を勉強していて、アウトプットの際に、課題だから面白くしようということはよくあることですか?

谷尻:あると思うよ。それがもったいない。そもそも、みんな課題設計と実施設計の境界線なんて分からないと思うんですよ。けれども人間の意思は不思議なもので、「絶対に実現する」と思っていると、そういう方向に動く。例えばこのプロジェクトを、建築学科以外の友達に話したことはある?

MEIJI(山口):ないですね。

谷尻:日常からそういう状況をつくっておかないと、プロジェクトは絶対に動き出さないと思うんですよ。プロジェクトの価値を建築をやっている人だけに閉じてしまうのは、怖いなって思います。

倉本:「Intervention in High Density Area(以下、Intervention)」は、今ジャカルタにプロジェクトメンバーが住んでいるんですよね?

Intervention(原田):はい、3人の学生が住んでます。今日はジャカルタにいるメンバーとSkypeでつながってます。

Intervention(吉方):ジャカルタでの生活はすごく楽しいです。子供たちと遊んだりしながら、今日もこれから、どのようなものを建てるのか相談する予定です。

倉本:そもそも現地に長く住んでみようと思ったのはなぜですか?

Intervention(上田):僕らはインドネシア大学に在籍しています。「本当に地域のための建築がつくりたかったら、その地域に住みなさい」と言われたので住むことにしました。

倉本:そうすぐ行けるものじゃないから、それがすごいね。学生が交代で行っているのですか?

Intervention(原田):僕は2週間だけ、ブランコをつくりに行きました。でも吉方君たちはずっと住み続けています。

Intervention(吉方):設計していると「次は俺の家のレンタルームつくってくれ」と依頼がきたりします。

谷尻:すごいね。だって、まだクリエイティブが街に介在していないわけでしょう?子供たちもみんな良い顔してますね。

倉本:次に、「記憶の街ワークショップ in 田野畑(以下、記憶の街)」について。人間の記憶って曖昧だから、記憶をもとに模型をつくると本物と違ったものになると思うのだけど、そのズレはどうクリアしましたか?

記憶の街(風間):ある人が「ここはこうだった」、という話から模型をつくって、さらに他の人の話をもとに模型を直す。今度は初めに来た人がまた来て、議論をして、最終的には「こうだったよね」と直すことがありました。けれどもそうした記憶の曖昧な部分が、コミュニケーションのきっかけになるのではないかと考えています。

谷尻:「都市計画」とは全部新しくしてしまうことではなく、地域の人にとっては元通りにすることだ、という思いもある。そういう点で、このプロジェクトが復興の拠りどころになるのなら、すごく意味があるね。

次に、「EVと都市プロジェクト(以下、EV)」について。これは充電を目的とした建物だけど、充電をすること意外の提案もありますか?

EV(髙橋):車を停めて街に出ることを想定した仮想のまちづくりマップをつくりました。自動車文化を受け入れつつ、EV駐車場を中心に都市が活性化するという考えで計画しています。

谷尻:充電だけじゃなくて、放電の提案も聞きたかったな。充電するだけなら今までのハイブリッドカーと変わりないわけで、EVだからできることだ、という説得力が足りない感じがしたんだよね。

髙橋:そうですね。実際に充電されたEVは1家庭の2日分位の電力を賄えるので、放電を考えた提案もできると思います。

学生だからできること

倉本:建築家が「あれは学生じゃないと出来ないから良いよなー」って言うようなプロジェクトがあったらいいですね。

谷尻:学生に頼むべき環境がもっと生まれてくると良いなと思います。公共建築をつくりましょうと言った時に、「ぜひ学生に!」なんてないし、僕だってまず頼んでもらえない。やっぱり、「過去にそういうものつくられた人の方が安心」というのが社会のルールになってい

る。けれども、それは新しいものが生まれない状況にもつながると思うんですよ。

Intervention（原田）：僕らのプロジェクトは、学生が現地に住んでいるからこそできるものであって、インドネシアの建築家はできないと思います。楽しいことばかりじゃなくて苦労もいっぱいなんですが……。

谷尻：でも、人から見て大変そうに見えるから「苦労」と言っているだけで、本当に実現しようと動いているときは「いやあ～、苦労してる苦労してる」と思ってやらないよね?

倉本：そうそう、物事をシンプルに考えたい。そうすれば、地域が抱えている問題も見えてくるはずだよね。

谷尻：施主がどうとか、金がなかったとかいっぱい言い訳があるだろうけれど、できる方向にしか道がない、みたいな状況にしたいよね。プロジェクトのさまざまな条件が、魅力に変換されれば良いなと思う。

倉本：「Intervention」は、最も条件が悪いですよね。でもその条件を逆手にとって、「よそもんですよ。よそもんとして何かやります」という切り口はすごく面白かったですね。

Intervention（上田）：ただ、他者としてその地域で生活しているうちにとだんだん他者ではなってしまうんです。そこが難しいですね。

建築家の職能

司会:実は3年ほど前に「建築家の職能」というテーマで特別対談を企画して、その延長でプロジェクト展がはじまりました。そこで今回は「建築家の職能」について議論していただきたいと思います。

記憶の街（風間）：学生には難しい話ですね。個人的な実感から言うと、「どんどん生活が良くなるんだ」というような感覚で未来を見ることはないですね。そんな状況で建築に何ができるのかというと、「これ面白いよ」っていうことを見つけてあげて、形として残すことだと思います。「記憶の街」でも、それを感じまし

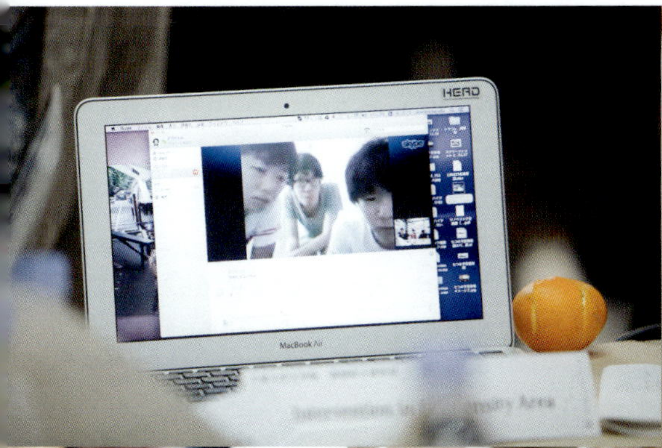

た。来る人来る人、みんな知り合いなんですよ。東京とはまったく違う豊かさがあると思いました。そういう経験を咀嚼して、これから何か提案できたらいいなと思っています。

Intervention（原田）：今、DIYが盛り上がっていて、僕はこれからはユーザーがどんどん建築家に近づいてくると思っています。建築家はつくることが目的ではなく、それをサポートする専門的な知識を分け与える役割になると思います。

谷尻：僕も専門的なことは建築家がやって、建築に近いことを一般の方ができるという両方の状況になると思う。それぞれの魅力が顕著化していくと良いよね。

倉本：建築家から図面を描くといったスキルの部分を削ぎとると、結局は人間性しか残らない。谷尻さんはそこをよく分かっていて、どんどん人を巻き込んでいく。それも職能なんでしょうね。

谷尻：誰かは僕のことを「プロダクトデザイナー」と言うかもしれないけれど、「自分は建築家です」と言うようにしています。そうしないと「あ、なんでもやられる方なんですね」ってなっちゃうから。「建築家というのはこういうことまで思考が及ぶ仕事なんですよ」ということを、社会に知ってもらうことがすごく大切だと思います。

倉本:僕も、いざプロジェクトが始まると「なぜこのプロダクトが必要なのか」という説明に時間を取られて、話のほとんどはデザインについてじゃないんですよ。

MEIJI（山口）:僕は、実施のものとメディアのもの、両方を考えなければいけないと思います。建築界では実施コンペとアイデアコンペに分かれているくらいですから、その両方の側面が建築家には求められていると思います。

閑上わかば（国島）:ものをつくるときに、先ほど谷尻さんが「一緒につくると愛着をもてる」ということ言っていました。建築は、人々に愛着をもってもらえるものだ、ということを信じたいと、東北に行き続けて感じました。

谷尻:そもそも、みんな建築家になりたくないでしょう?体力がすごく要りますもん。スキルは時間が解決してくれるけれど、それを耐え抜くだけの体力があるかどうか。将来独立したいという人が減ってきいてるように感じるんだけど……。

ASIT（三谷）：僕自身は、建築家になろうと思って大学に入ったわけではありません。人を結ぶ場所に興味があって、それを学ぶためには空間というものを勉強しなければならないな、と。それで建築雑誌を見る

と、安藤忠雄さんなんかはかっこいい建築をつくっているんだけれど、僕にはできないな、と2年生くらいのときに感じました。同時に、建築家の方々がいろいろな職能を探していると感じたんです。だから僕は、人やモノや場所をつなげて新しい価値を見出して、発信していきたいと思っています。

倉本:今のプロジェクトを仕事にしようとは思わない?

ASIT（三谷）：ASITは学生団体で、卒業すると学生ではなくなってしまうので……。何らかの形で、フリーランスとして関わることができるのかなと考えています。

倉本：「建築家の職能」。難しいですね。僕は一般の人に聞いて、返ってきた答えが建築家の職能なんじゃないかと思います。だって、自分たちでいくら「これが職能だ」と言っても、世の中の共通の理解にはならない。だからここでこうやって話し合うこと以上に、それが外に伝わることが大事だと思います。

谷尻：独りよがりな感じが、建築界にはまだあると思う。社会に伝わっていないというのは、新品の服を着て、嬉しいけれど、見る人はそれをわからない、その感覚に近いかな。そうならないようにしたいよね。

司会：個人的な意見としては、やりたいことをどう実現していくかというときに、お金の話は切り離せないと思います。

倉本:それはね、面白いことをやっていればお金も人も集まってくるから大丈夫(笑)。

谷尻：金がなかったら生きていけないと思ってるでしょう?そしたら金をもってる人に奢ってもらえば良いんですよ。金がなくて飢え死にすることなんてなくて、空腹に我慢できなくてうっかり働くんだって（笑）。なんだかんだそうやって生きていくことを選択する。僕、みんな何が不安なんだろうなって思うんですよ。不安なことって、嫌な出来事があった時にしか起きないよね。けれども、「あなた、明日地球を救ってください」とか、自分の身の丈に合わない問題なんて絶対起こらない。だから大抵の不安や問題って絶対解決できるはずですよ。

倉本：あと、変な人に会った方が良いよ。その人たちとコミュニケーションしないと、何も残らない。

谷尻：それ、ありますね。変な人のまわりには変な人がいて、その人たちが面白がってくれる。そうやって連鎖していく。建築家の職能という意味でも、建築は結局、人ありきだから、人間力を高めてほしい。学校で勉強は教えてくれるけど、生きていく方法は教えてくれない。生きていくための精神的な強さを手に入れた方が、絶対に上手くいくと思います。

熱川空家プロジェクト

Group:
工学院大学 西森陸雄研究室

はじまり

工学院大学西森研究室では研究室の創設以来5年間、伊豆をフィールドに調査、提案をしてきた。その縁もあり、今年は東伊豆町の熱川《あたがわ》にてロイヤルホテル跡地計画の提案に合わせて町全体のマスタープランの提案を行なうことになった。本プロジェクトもその一環である。

観光のパラダイムシフト

伊豆のほとんどの温泉地で見られる巨大な旅館、ホテルはバブル期に一気に建てられ、さまざまなコンテンツを内包し旅が建物内部で完結するスタイルが主流である。熱川もその例外ではない。しかし観光客が減少した現在では、空室だけが足かせとなって旅館の運営を阻害している。そこで熱川温泉ではこうした現状を変えるべく、温泉地を浴衣を着て巡れるような町につくり変え、町全体で温泉地を盛り上げる方針を立てた。その際、町の中心である「湯けむり通り」の顔となる空き家の改修は不可欠となる。こうした経緯で観光協会から空き家の改修の相談を受けることになった。

伊豆の観光地として知られる熱川の風景。巨大な旅館が建ち並んでいる。

コンセプト

まずデザインコンセプトをつくった。コンセプトは「動きのある風景でにぎわいをつくる」とした。熱川には、温泉櫓の立ち込める湯気の動きや、町の中心を流れる熱川の名の由来であろう川の流れ、そして伊豆の風景を象徴する海の景色がある。このように人の気配でなくても、どこか人を引き付ける自然の動き、にぎわいのようなものがあると思った。こうしたにぎわいを感じさせる風景を「湯けむり通り」につくりたいと考えた。

街中で見られる温泉やぐら。

今回プロジェクトの対象となった空き家。改修前は寂しげな雰囲気であった。

波板と風鈴のファサード。風鈴は販売され、空いたところにはかわりに風車が飾られた。

デザイン

課題は、内部の目隠しでありながら、いかにして塞ぎこんだものではなく、にぎわいを生み出す仕組みをつくるかだった。そこで「動き」に着目してスタディを重ねていった。最初は単純だが「風車」を一面に飾ったファサードを考えた。他にも、木でつくったルーバーのファサードや、ガラスにパターンのフィルムをはったものなどさまざまな可能性を突き詰めていった。これらのアイディアについて観光協会とともに議論した末に行き着いたのが、「波板と風鈴のファサード」だった。現実的に材料費の制限もある中で、波板は比較的安く面を覆うことができ、風鈴は熱川の夏の温泉街のイメージを増幅し、非日常的なアイコンとしての役目を果たすと考えた。そして風鈴は販売し、夏が終わるにつれて徐々に音色が小さくなっていくストーリーも考えた。

その後、通りを照らす照明としてのデザインも考える必要があり、照明デザイナーの角館政英氏と明治大学の上野研究室がメンバーとして加わった。今回の風鈴と波板のファサードにも照明を仕込んで、通りに明かりを与えるアイデアも合わせて提案することとした。

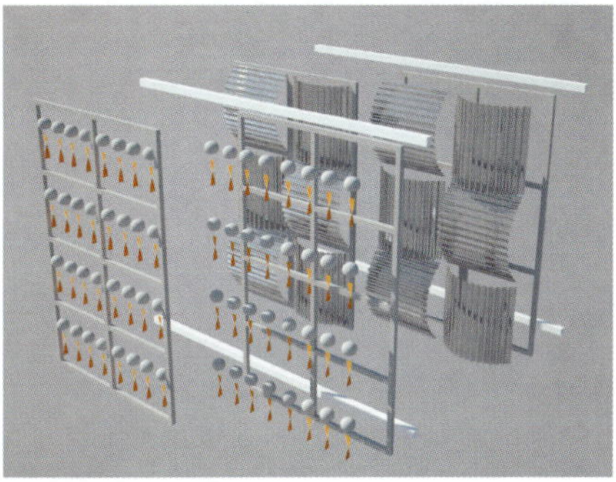

ファサードのデザイン案。

ファサードに照明が仕込まれ、夜間は通りを照らし出す。

製作

製作は研究室のメンバーが夏休みを利用して行なった。初日、最初はとにかく清掃作業を行なった。20年間ものあいだ使われていなかった内部はゴミが散乱し、外壁はコケがむし、ガラスは割れ、ドアは外れているという状況だった。現地での作業を極力少なくするためにフレームや風鈴は東京でつくり、熱川に運んで組み立てる方針にした。外壁と庇と運んできたパーツはペンキを塗って、装着していく。内部空間には壁を設けるため、新たに骨組みを組んだ。また、黒板と棚を設けて熱川の魅力を伝える空間にした。現場での作業は慣れていない上に、思うように手順通り進まず、実際の施工の難しさを実感した。予想以上に時間がかかったため、連日、遅くまで作業を続けた。

ゴミが散乱する改装前の内観。20年間もの間、空き家の状態であった。

作業時間短縮のため東京で製作したフレームを持参した。

内部に壁を立てるため、新たに骨組みを組んでいく作業。

製作後

完成した空間は公開後、多くの人に利用されている。内部空間の黒板には観光客が残したであろう落書きがびっしりと書き残され、ギャラリーには地元の陶芸家の作品が飾られた。ファサードの風鈴がすべて売れたあとには、はじめに考えた案である「風車」が代わりに飾られた。このように我々の手を離れて、管理の主体も観光協会に移行していくことが望ましいと考えている。

プロジェクトを通して

幸いなことに地元の新聞にも活動が取り上げられ、インターネットで「熱川　風鈴」と検索すれば画像がヒットするほどに町の中での関心が高まっていった。結果として、町の銭洗い弁天のかご置きや温泉配管の目隠しなど次々と町の景観に関わる工作物のデザインの依頼が来た。こうしたデザインは、町のマスタープランに沿ったテーマに合わせて提案していった。来年度には町の中心を流れる「濁り川」の景観整備を町の

内部に設ける壁と骨組みも手作業で製作した。

完成後の内観。黒板でつくった「熱川落書きマップ」にはこの後、観光客によって多くの書き込みが残されていた。

予算で行なうことが決定した。

空き家プロジェクトは、町の景観が変わっていくきっかけになったと思う。また同時に、西森研究室ではワークショップを開いてロイヤルホテル跡地の利用計画についても議論しながら提案をつくっていった（このプロジェクトは現在も進行中）。こうした町の将来の話を積極的にできるようになったのは、観光協会の協力が大きかったが、住民自身のモチベーションが高まっていったことも大きかったと思う。今年の空き家プロジェクトを契機として、西森研究室ではこれからも町の将来について提案していく。

改修後の外観。白を基調とした明るい雰囲気に生まれ変わった。

[Project Members]
秋山佳奈、石川 極、佐藤翔太、天野亮太、平田悠人、吉川晃一、田中裕晃、金 聖林、伊東昂紀、長沼和也
[HP] http://www.facebook.com/nisnimori.lab
[Mail Address] nishimori_lab@yahoo.co.jp

応急仮設住宅のファイナルマネージメント
建築ストックとして仮設住宅を使い倒す提案

Group:
新潟大学 岩佐明彦研究室

建築ストックとして仮設住宅を使い倒す

「仮設住宅のファイナルマネージメント」は、建築ストックとして仮設住宅を使い倒す提案である。2011年3月11日に発生した東日本大震災では、史上最多数の仮設住宅が建設された。多くの被災者が仮設住宅に入居した一方で、入居されず空室となった仮設住宅も数多く存在する。今回の震災では、避難生活の長期化が懸念され、仮設住宅の入居期間は原則2年3カ月であるが、1年ごとの延長が認められている。さらに、仮設住宅に追加工事が行なわれ、従来の仮設住宅と比較しても性能が向上しており、建物の耐久性も入居期間よりも長いことが予測される。したがって、仮設住宅を転用し建物として継続的に利用することで、地域のストックとして活用できる可能性がある。また、入居期間中の空室状態から建築ストックとして活用することで、入居者にとっても良い影響を与えることができると考える。

建築ストックとしての仮設住宅

史上最大の仮設住宅建築戸数

東日本大震災で建設された応急仮設住宅は53,537戸となっており、阪神・淡路大震災を上回り、史上最大の建設戸数となっている。

仮設住宅は決して安くない

建設された仮設住宅は、建設後に追加工事が行なわれたこともあり、一戸あたりの建設費用は632万円と阪神・淡路大震災の約2倍にもなる。また、㎡単価に換算すると12.7万円／㎡であり、ハウスメーカーが販売する一戸建て住宅より高い場合もある。

複雑な供給体制

通常、震災が発生すると「プレハブ建築協会規格建築部会」が一括で請け負うことになっているが、今回の震災では被害が甚大であったため、「プレハブ建築協会住宅部会」、「公募選出された地元建設業者」を含めた三者が建設に携わった。その中には、居住性やコミュニティ形成の問題に配慮したものなどが見られ、多種多様な仮設住宅が建設された。

8割以上が買い上げ契約

リース（貸借）契約で提供できる住宅数を大きく上回ったために、全体の8割が買い上げ契約で建設された。買い上げ契約の場合、入居期間終了後の処分費用は県が負担し、その費用は膨大になると想定される。

長期化する入居期間

今回の震災は入居の進捗が遅れており、避難生活の長期化が想定される。また、社会的自立度の高い居住者から先に退居する傾向があり、今後は高齢者など支援の必要な人々が多く取り残されることが予想され、仮設団地のコミュニティ維持が課題となってくる。

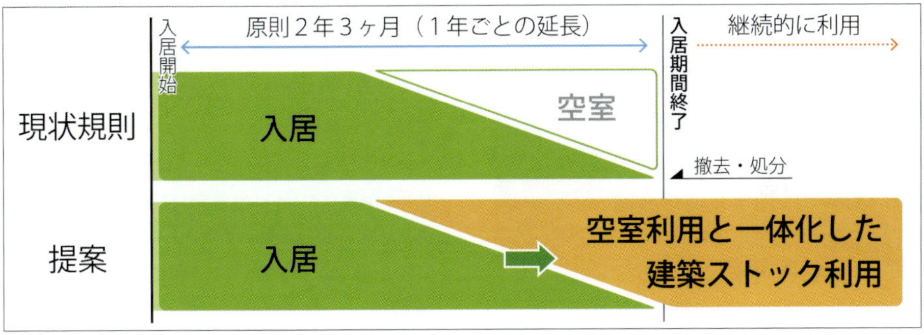

退去と並行した活用をすることで、自治機能の維持などが期待できる。

基礎補強で長寿命化可能

仮設住宅の入居期間は、原則2年3カ月であるが、1年ごとの延長が認められている。また、仮設住宅の基礎に用いられている木杭の耐久性は2年程度だが、構造体は20～30年程度の耐久性があり、基礎に補強を行なうことによって入居期間後も継続して使用が可能になる。

空室はすでに東京ドーム3.2個分

仮設住宅はすでに全体の1割が空室であり、3県合計で5112戸である。これは中越地震・中越沖地震の仮設住宅の総建築戸数に相当し、その面積の合計は、なんと東京ドーム3.2個分に相当する。

仮設住宅は動かせない

仮設住宅の移築には多額の費用がかかる上、再利用できるのはトイレなど一部の部品に限られるため、その場所で使い倒すのが好ましい。

仮設住宅を使い倒すための4か条

規模

これは、津波被害が大きく後背に山地が迫っている地域では、小規模な団地を分散して建てる必要があったため、60戸以下の小規模団地が全体の約7割を占めている。しかし、入居戸数が200戸以上の大規模団地は、団地数は少ないものの、住戸数は1万戸を超え全体の2割にも及ぶ。したがって、立地数の多い60戸以下の小規模団地と入居戸数の多い200戸以上の大規模団地について計画をする。

立地

仮設住宅団地の建設地は、市街地や郊外地、中山間地など様々であり、その規模にも関連が見られる。また、建設地ごとに建設される住宅のタイプにも傾向があり、団地の規模と周辺環境には関連がある。また、長期的に利用できる敷地は限られるため、立地は転用の足がかりになる。

建物

仮設住宅は、供給元によって大きく3種類に分類され

提案にあたって、30市町村、140団地への実踏調査を行なった。

居住の快適さ、解体のしやすさが配慮されている。

ハウスメーカー型住宅が道路に沿って帯状に建設されている。

る。大規模な団地に大量に建設されるが、断熱性・遮音性に難がある「規格住宅型」は、植物工場などへの転用が可能である。開発地工業団地などに多く立地し、一般住宅に近いしっかりとした造りの「ハウスメーカー型」は、週末住宅への転用が可能。木材を使用し快適性の高い「公募型」は、復興住宅への転用が可能。建物の特性を考慮した転用計画が必要であり、建物によって転用も方向性が決まる。

時間

通常、入居期間中から徐々に退居が進み、全室退居の後、仮設住宅は撤去される。しかし、退居後の空室を転用し退居と並行した活用が行なわれることで、新たな用途への効率的な環境移行が可能である。また、退居が遅れることが想定される高齢者など支援が必要な入居者に対しても、コミュニティや自治機能の維持が期待できる。

他用途への転用の提案

立地、建物の性能などそれぞれ異なる特徴をもつ3件の候補地について提案を行なった。仮設住宅を単に使い倒すだけでなく、入居中から段階的に転用を行な

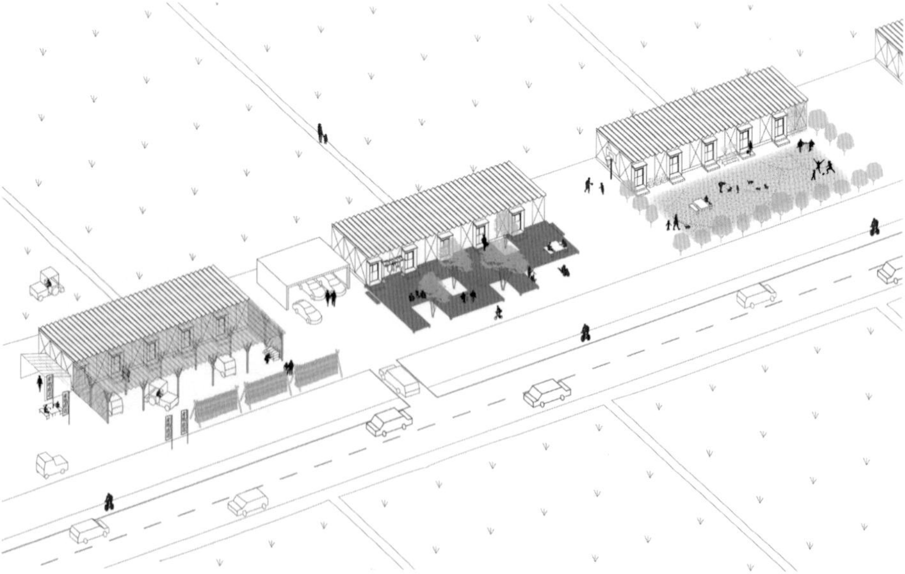

デッキ、納屋、ガレージなどを付加し週末住宅へ転用する

週末住宅への転用。各住戸をつなぐデッキが活動の場となる。

うことで、仮設住宅全体のコミュニティ維持や職を失った被災者へ就労の場の提供など復興を進めていく上で、被災者の活力につながると考えられる。

週末住宅への転用

本計画は、郊外の道路拡幅用地に建設されたハウスメーカー型仮設住宅を、趣味を楽しむための週末住宅に転用する提案である。

計画敷地は郊外にある帯状の道路拡幅用地で、仮設住宅は道路に沿って一列に配置されている。周囲は田畑に囲まれ、ハウスメーカー型の快適な居住環境を活かし週末住宅を提案する。各住戸をつなぐデッキや農作業のための納屋、ガレージなどを設ける。田畑で収穫した作物を収穫して楽しむなどの活動が展開される。

この他には郊外の大規模団地をアウトレットモールに転用する計画、運動場に建設された小規模団地を宿泊施設に転用する計画を提案した。

我々は、今後もこうした提案を通して被災者が物理的・精神的な2つの側面で活力を取り戻すための一助となれるよう、取り組みを続けていきたいと考えている。

[Project Members]
新潟大学 岩佐明彦研究室：植松拓人、亀田浩平、田邊健人、野口剛正、深澤新平、落合一真、佐藤雅善、珊瑚岳、下田邦比呂、友松真吾、岡本昂子、佐藤大典、佐藤里奈、山下陽子、渡部真彰
[HP]
仮設のトリセツ
http://kasetsukaizou.jimdo.com/
岩佐研究室
http://iwasa.eng.niigata-u.ac.jp/top/index.html

vegehouse project

Group:
法政大学 陣内秀信研究室
+永瀬克己研究室
+網野禎昭研究室
+東京学芸大学 鉄矢悦郎研究室

vegehouse projectとは山梨県小菅村の間伐材を活用し、東京都小金井市に庭先野菜直売所を製作するプロジェクトである。建築学生の専門性を活かして中山間地域の森林環境や郊外の農風景継承に貢献することを目的に、地域の様々な人との関わりの中で、間伐、製材、加工、施工、仕上げまでの全工程を実践した。

庭先野菜直売所とは農家が個人の敷地で野菜を直売するためのスタンドで、住宅地と農地が混在する郊外エリアに多く存在している。直売所には収穫直後の新鮮で、農家の顔が見える安心安全な野菜が並んでおり、まさに究極の地産地消だ。本プロジェクトは建築学科の学生がデザインや環境の視点でより魅力的な直売所の製作を行なった取り組みである。

きっかけは2006年、発起人が大学1年時に法政大学デザイン工学部の永瀬克己教授による庭先野菜直売所の設計課題に取り組んだことだった。その後、修士に進学し、法政大学の有志が主体となってプロジェクトを始動させた。永瀬克己教授に意匠の、網野禎昭教授に構法の指導を受け、いく度もの検討を重ねながら設計案を完成させ、農家に対して提案を行なった。

農家からは1）ゆっくりと野菜を眺められるスペース

左：農家の高橋金一さんとプロジェクトに関わった学生たち。
右：野菜の展示風景：柱が額縁の効果を果たし、野菜の特徴が際立つ。（撮影：神原孝行）

金菜屋のロゴデザインと藍染による前掛け生地ののれん。(撮影:神原孝行)

がほしい、2) 精魂こめて栽培した野菜一つの価値を理解してほしい、3)野菜を日射や風から守り、新鮮さを保ってほしい、という大きく3つの要望があった。

与えられた駐車場の敷地にデッキを張ることで野菜を眺められるスペースを確保し、60mm角の柱を500mm間隔で6本立て、柱の間に展示台を分割して設けることで各野菜の個性を引き出せるよう設計した。日射や風に対しては幕を垂らすことで機能的な要求を満たし、幕をデザインすることで看板の役割として視認性を高めた。

間伐した丸太を簡易製材機を利用し、製材した。

1. 中山間地域での間伐と製材

建築材料に野菜同様、地産地消を目指し、東京近郊の木材を活用した。山梨県小菅村で行なわれた「緑のボランティア」に参加し、自ら間伐した直径150 ~ 200mmの丸太3mを約50本購入した。製材は奥多摩にある東京農業大学の演習林で、ロゴソールというチェーンソーを用いた簡易製材機を使用し、柱、梁を60mm角に、土台を90mm角に、デッキを90×30に製材した。

株式会社岩崎工務店で指導を受けながら仕口の加工を行なった。

2. 郊外の現場での加工と施工

加工は小金井市にある株式会社岩崎工務店と連携し、職人による加工指導を受けながら、釘やビスを極力使用しないように仕口を加工した。基礎は敷地である駐車場のアスファルトにコンクリートブロックをコンクリートボンドで接着し、ブロックの中に全ネジを入れて、モルタルを流し込んだ。全ネジとボルトで基礎と土台を固定し、土台で柱をサンドするような柱脚構造とした。

3. 屋根に特注生産した野菜和紙を使用

屋根は野菜の保存の観点から、直射日光を遮り、野菜の展示や集客の観点から内部空間を明るくする必要があるという機能的な要求があった。そこで和紙を2mm厚の透明なポリカーボネートで挟むことで間接光を入れ、要求に応えている。和紙は蓮根、人参、大根の薄いスライスが漉き込まれており、埼玉県小川町で無形伝統文化財の細川紙を生産する有限会社久保製紙に特注で依頼し、学生も紙漉きを体験しながら製作した。天井に野菜のシルエットが浮かんだ、野菜直売所ならではの優しい空間が実現された。

4. 直売所のブランディングと本藍染ののれん

精魂こめて栽培した野菜の価値を理解してもらうため、東京学芸大学鉄矢研究室の本間由佳にロゴデザインを依頼し、ブランディングを検討。直売所の名前を「金菜屋《きんさいや》」と命名した。理由は高橋金一さんの直売所であること、一級品(金)の野菜を販売していることに加え、気楽に来てもらいたいという思いを込めて「来んさいや」という言葉の響きを意識したためである。ロゴは家紋をイメージしたデザインで、農家の主力商品である銀杏が一筆書きでつながる形にし、様々な人とのつながりの中で成立する直売所の価値が内包されている。

その口ゴを入れた看板となるのれんを、小金井市で

伝統的な方法で、手漉き和紙を製作する。

有限会社エニシングの西村和弘社長の指導で藍染めを体験。

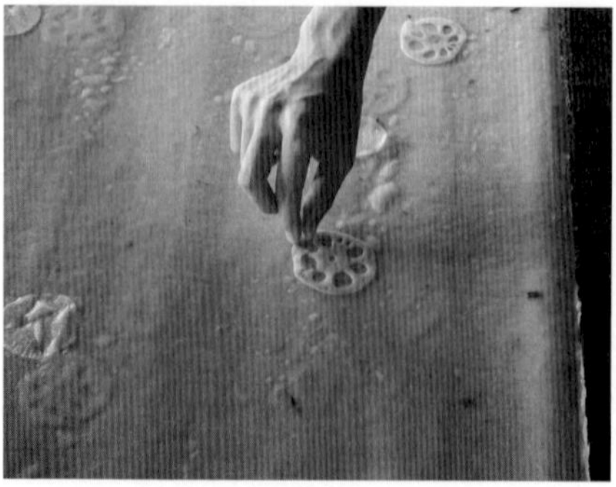

野菜スライスを和紙の上に配置する。

有限会社エニシングの西村和弘社長の指導で染抜作業を体験。

野菜のシルエットと優しい間接光が広がる。(撮影:神原孝行)

前掛けビジネスを展開する有限会社エニシングと連携し、体験を通して製作した。国産の前掛け生地に埼玉県羽生市にある鈴木道夫藍染工房を借りて、化学染料を全く使用しない本藍染を行ない、さらに、染めた生地に抜染という色を落とす技法によって模様を入れた。

5. 今後の展開

庭先野菜直売所1号店金菜屋は2012年12月に竣工し、小金井市で市民が地元の情報発信を行なうフリーペーパー「184magazine(いち・はち・よん)」に掲載された。さらに農家がレシピと合わせて野菜を販売していることからファンやリピーターが増え、小金井の農業や庭先直売所の認知度は拡大している。

本プロジェクトのように、地域の企業や伝統産業との関わりのなかで学生が間伐から製材、加工、施工、仕上げまで体験するプログラムは文化、環境、教育的にも意義深いものであると実感している。今後、デザインされた庭先野菜直売所を増やし、ネットワーク化していくことで、中山間地域の森林や郊外の農業の一助になれればと考えている。

直射日光を遮り、野菜の模様がアクセントとなる藍染による前掛け生地の幕。(撮影:同上)

[Project Members]
法政大学 陣内研究室:山中 元、道明由衣、小松妙子、小田夏美、須長拓也/富永研究室:鈴木良明(OB)、松永竜弥、石川志織/永瀬研究室:森川久美子(OG)、海老原翔太、米澤佳央/網野研究室:金子修平、成岡絵美/東京学芸大学 鉄矢悦朗研究室:本間由佳/武蔵野美術大学 五十嵐ゼミ:大澤 健(OB)/首都大学東京 饗庭研究室:藤井佳奈

[協力]
神谷 博(設計計画水系デザイン研究室)、東京農業大学 菅原泉教授、特定非営利活動法人ミュゼダグリ、株式会社 岩崎工務店、有限会社 エニシング、有限会社 久保製紙

プロジェクト展
アネックストーク3

コメンテーター:
川添善行、広瀬 郁

参加プロジェクト:
熱川空家プロジェクト(p.346)
応急仮設住宅のファイナルマネージメント──建築ストックとして仮設住宅を使い倒す提案(p.350)
vegehouse project (p.354)
Intervention in High Density Area (p.332)
萌大空間スタイリングワークショップ(p.294)
三宅島在住アトレウス家(p.298)

プロジェクトのリアリティ

広瀬 郁(以下、広瀬):まず、プロジェクトを事業としてやっているのか、そうではないのかを聞きたいです。「vegehouse project (以下、vegehouse)」は事業として取り組んでいるけれど、ハードウェアは補助金からまかなっていて、土地は農家さんが提供している状態ですよね。

vegehouse (山中):起業したいというのが本音ですが、まだそこまでできていないですね。

広瀬:農家さんにとっては、売り場ができたから資産になるということですよね。発注者、申請者、またお金を引っ張ってきた主たる人は農家さんですか?

vegehouse (山中):発注者は農家さんですが、仮設なので申請はしていないです。このプロジェクトを立ち上げたのは自分たちです。

広瀬:なるほど。なぜ、こういう質問をしているかというと、僕は事業としてどうお金が動いているかという視点で考えたいからです。皆さんもきっと考えていると思いますが、まだ足りていない感じもあったので聞いてみました。例えば「応急仮設住宅のファイナルマネージメント(以下、仮設)」は本当にできるのか、そもそもなぜ仮設住宅がアウトレットになったのか、なぜスーパーではなくアウトレットなのかを聞いてみたいです。

仮設(佐藤):仮設住宅には職を無くした人も住んでいて、その自立支援になるような転用を考えると、スーパーよりアウトレットの方が販売形態がたくさんあると思ったためです。また、立地と住戸数の規模を考えても、アウトレットが適していると考えました。

川添善行(以下、川添):私も、なぜアウトレットなのかが気になります。確かに雇用という面では良いかもしれませんが、地域の人たちが本当にアウトレットに行きたいのかが疑問です。これが設計課題と異なる点は、現実の「場所」と「使う人」が設定されることにあります。他者への想像力を養うことが修士課程には必要だと思うんですよ。それが欠如してしまうと、ただの設計課題と同じになってしまう。

仮設(佐藤):現状として、自治体が仮設住宅を転用していくことにネガティブなので、それをポジティブに考えたいと思い、今回アウトレットへの転用を提案しました。確かに敷地をリアルに読み込んでいくと、もっと地域に寄り添った提案になったかなと思います。

広瀬:もともとアウトレットモールが無い場所につくるとなると、かなり配慮が必要だと思います。「おしゃれな街にする!」と、自ら働きかける気があるなら別に否定することではないけれど、そこを深く考えると、さらに面白くなると思います。

プロジェクトの意志

川添:私は「三宅島在住アトレウス家(以下、三宅島)」がたいへん面白いと思いました。実際にプロジェクトを進めるとなると、プロジェクトの大小にかかわらず、いろいろな人と関わったり、お金のことも考えなきゃいけないしと大変で、時に自分自身でさえ何のためのプロジェクトか分からなりがちです。そのときに大切なのは、そのプロジェクトに対して設計者がどのくらい強靭な意思をもちうるかだと思います。山手線が三宅島とほぼ同じ大きさというのは冷静な発見で、それを重ね合わせるのも面白い。劇を使って、見えなかったものを浮かび上がらせようという姿勢がとてもクリエイティブで、そこにプロジェクトに対する建築家としての意思を感じますね。

広瀬:僕は正直よく分からなかったんですけれど、観客はどんな人ですか?なぜ、演劇なのですか?

三宅島(堀切):「三宅島篇」と「山手篇」を上演しました。観客は、三宅島篇は三宅島に住んでいる人、山手篇は都内に住んでる人が多かったです。このプロジェクトは空間の使い方を考え、また劇場という機能の読み替えをしている点は、演劇というより建築的だと思っています。

川添:柱や梁があるから建築だとは限りません。このような思考を展開することが建築的だと思います。

広瀬:僕は「萌大空間スタイリングワークショップ(以下、萌大空間)」が面白いと思いました。まず、具体的にお金が動いたということが素晴らしいと思いました。それは、一般の人が良いと言ってくれた証ですよね。でも変だなと思ったのが、「この部屋には収納がないから借り手が見つからないんだ。じゃあ棚をつくろう。」と言って段ボールで棚をつくる。その部屋を見て良いと思った契約者がいざ住もうとすると、その棚は撤去されているでしょ?

川添:私は広瀬さんとは逆でその面白さをあまり感じなかった。けれど確かに関わり方が不思議ですね。話を聞いていると段ボールに目がいきがちです。しかし借り手の人には想像がつかない、空室の先にある生活感を埋めるプロジェクトだと理解すると、急に面白さが見えてきました。その想像力の隙間を埋めることが建築の役割だといえるのかもしません。

広瀬:むしろプリミティブな段ボールだからこそ良いように思えるのかも。仲介料は取るつもりですか?

萌大空間(小関):そこまでは考えていないです。

広瀬:事業化すると言っていたのに、そこを考えていないなんて不思議だな(笑)

川添:「Intervention in High Density Area(以下、Intervention)」は3ヵ月住んでいることがすごいですね。

広瀬:僕が「Intervention」が面白いと思ったところは、ごみ教育とブランコが絡むという点ですね。

Intervention(原田):ここで暮らす人たちは良い

生活をしたいと思ってるのに、どんどん自分たちでゴミを川に捨てて、たまにくる洪水でゴミが全部流れてよかった、って喜んでいるんです。汚いけれどすごく良いスケールの川なんですよ。僕らはこれは資源だと思いました。子供たちから少しづつ思考が変わって、だんだん川がきれいになる、そういう仕組みをつくりたいと思いました。

川添：私は今、インドでも仕事しています。インドは舗装もされてないし安い車が走っていたりして、60歳くらいの方と行くと「昔は日本もこんな感じだった」と言うんですよ。日本の今の技術は、バラックから高度経済成長、バブルを経て、世界のさまざまな段階の技術が凝縮されています。アジアなどの海外で仕事をする際に、今ここでは日本の何年頃の技術水準なのか、凝縮された70年の日本の技術をどう活かすのかを考えたいですね。

プロジェクトの一歩前を考える

広瀬：「熱川空家プロジェクト(以下、熱川空家)」はプレゼンの最後に強烈なイメージ写真があったじゃないですか。

熱川空家(天野)：あれは集会所の提案です。今、熱川にはホテルと飲食店だけで、生活の基盤が少ないんです。みんなが集まる広場がないので、そういった機能を含めて提案しました。

広瀬：なるほど。熱川は大きいホテルがいっぱい集まっているけれど、そこにはマッチしない感じですか?僕も旅館街再生のお手伝いをすることがあります。結局、一番最悪なのは解体費用がなくて、潰れたホテルがそのままあることなんですよね。その現状を前にさらに新築を建てるということは、何か矛盾があると思います。熱川空家のプレゼンはヒューマンスケールの風鈴の話から、最後に急に大きな設計に飛躍したので、そこが気になりました。

熱川空家(天野)：もう少し詳しく話をすると、まず南海トラフ沖地震を静岡県は危惧していて、宿泊者もまとめて収容できる規模の施設が求められているという

ことです。そこからこのボリュームになりました。避難施設をつくるとなると、国からの助成金もいただいて進めることができると考えています。

川添：設計に入る前に、設計作業の前後を考えることがプロジェクトの面白さだと思うんです。今年のトウキョウ建築コレクションのテーマは「一歩先へ」ですが、プロジェクトの一つ前に戻るということも同じくらい大事なことだと思うんですよ。それは結果的にプロジェクトの意思をどうつくるか、どう育てるかということに関係すると思います。

広瀬：課題を良く見て設定をしっかり考えることが大事ですね。命を守るために避難所をつくりますというのは確かに正しい。しかし現実的に考えると、断崖絶壁の温泉地を避難所につくり変える、それをみんなの税金からつくるというのは、ちょっと考えてしまいますね。

川添:「vegehouse 」のプレゼンを聞いて、広瀬さんはどう思いました?

広瀬:ここで終わりかなと思ったら、失敗もあって、面白いエンディングで良かったです。このプロジェクトは既存の庭先直売所より、良いハードウェアを用意しました、という話ですよね?今ある庭先直売所に手を加えてネットワーク化させても良いのかなと思いました。

vegehouse（山中）:農家さんがセルフビルドでつくられている庭先直売所は、それはそれですごく良いんですけれど、トタンだったり簡単に手に入る素材を使っていて、畑にある風景として、もうちょっとオーガニックな素材でつくれないかなと思いました。野菜を地産地消する取り組みとして、郊外に大きなファーマーズマーケットを補助金でつくったんですが、管理が上手くいっていないという現状です。そこで個人で管理できて、持続可能に使っていけるようなものを提案しました。

川添:私がちょっと違和感を感じたのは、プロジェクトの時間設定が割とバラバラなんですよね。暖簾みたいにすぐに劣化するものを使ってみたり、永く使えるコンクリートを使ってみたり。これを何年間くらい残していくかというイメージはありますか?

vegehouse（山中）:暖簾の色が変わって農家さ

んと仲が悪くなったりもしましたが、結局は暖簾を改良して解決しました。染色が落ちても塗り直して丁寧に使っていくような文化というか、ものを循環させていけるような文化になれば良いなという理想は描いています。

広瀬：最終的には、どのくらい売れたんですか？

vegehouse（山中）：実際すごく売れたみたいで、購入代金を入れる貯金箱のお金があふれちゃって、盗まれそうなくらいです。

広瀬：面白いなあ。じゃあ、農家さんはありがたいって言ってくれてるの？

vegehouse（山中）：はい。野菜のレシピを一緒に展示したことも、売上げにつながっていると思います。

萌大空間（小関）：さっきおふたりが話していたように、僕たちは自分がデザインした空間を見せたいわけではなくて、この段ボールを置くことによって部屋が持つポテンシャルを引き出すことが狙いです。

川添：契約する時はあったけれど、契約したらなくなっている、という幻想をつくることも建築的だと思います。

広瀬：否定的な意味で言ってるんじゃないですよ、摩訶不思議だよね。棚がないだけで入居者が決まらないのだったら、その棚だけをつくってあげるというやり方もあるよね。

萌大空間（小関）：今回は予算や加工のしやすさから仮設でやらせていただいたんですけれど、今後はそういう展開も視野に入れていきたいと考えています。

川添：ヨーロッパは部屋を借りるときに初めから家具があるじゃないですか。日本はまっさらな状態で箱だけが提供されて、退去時にクリーニング代を払う。そこが日本の住宅マーケットがもってる、「生活の風景を見せない方が次の人には良いんじゃないか」というのは思い込みなのだということを、浮き彫りにしている。だんだん面白く見えてきました。

プロジェクトをどう活かすか

司会：アネックストーク2では、ゲストの方からプロジェクトを自分の仕事にしていきたいか、という質問がありました。発表者の方々に、実際にどの程度自分の問

題として捉えているのか聞いてみたいです。

三宅島（堀切）：私は、演劇は人の動きの仕組みをつくっていると考えていて、それは建築に通じるところがあると思います。ここで学んだイメージをもちながら仕事をしていくでしょう。

vegehouse（山中）：僕はこのプロジェクトを仕事にしたいと強く思っています。しかし、庭先直売所1棟の事業規模は非常に小さくて、それだけでは生活できません。しかし庭先直売所は都市農地を残していくきっかけとしては良いのかなと思っています。また、都市部の農家さんは不動産経営をされている方が多くて、最終的には農家さんと菜園付きのコーポラティブ住宅をつくりたいなと思っています。そういう意味で庭先直売所は農家さんに建築の力を知っていただく第一歩として捉えています。

萌大空間（小関）：数年後に、このプロジェクトをしているかは分かりません。今は新しいものを建てていく時代ではないので、既存のものを生かしていくという考え方を根底にもちながら仕事をしていきたいと思っています。

熱川空家（吉川）：今回のプロジェクトは、できたものよりもプロセスに意味があります。熱川の人たちは続けることが得意ではないと言っていて、その人たちの考え方をポジティブにできたことが重要でした。

Intervention（吉方）：現状として、「うちの改築もやってくれよ」とか、設計の依頼をされたりしています。また、インドネシア以外の地域での環境改善プログラムを一緒にやらないかという話もあります。

広瀬：僕らが学生の時はこういう会はなくて、他の大学院が何をやっているかも知りませんでした。全然違う考えをもっている人と仲良くしろとは言いませんが、ネットですぐにつながる時代だから、逆にしっかりと話をすることは大事です。僕は今でも学生時代から付き合っている人が多いです。プロジェクトを一緒にやった仲間や、そこでのつながりは、今後も生きてくると思います。今日はありがとうございました。

プロジェクト展
その他の出展作品

雲南プロジェクト

早稲田大学
古谷誠章研究室

古谷研究室では2007年度の島根県雲南市との都市再生モデル調査を契機とし、市内の遊休施設に関しての調査と活用提案を行なっている。今年度は5年目の「アーバンデザイン部」を軌道に乗せるために、さくらまつりに向けて小中高生・大学生と協力し、6台の屋台を制作した。また、10月には地元中学校にて木材家具ワークショップを開催した。ものづくりを通して地域のネットワークの輪を広げることを試みた。

M house project 2012

奈良女子大学
増井正哉研究室

本プロジェクトの目的は奈良の地域資源の活用と価値の再認識である。そこで、「ならまち」の町家と日本古来の芸術評価方法である「陰翳礼讃」をテーマに、「影を愛でる」ための空間演出を行なった。また、芸術家の方々をゲストにお招きしてプロジェクトに関連した講演会やワークショップを催し、アートを中心に様々な考えを共有できる場を計画とした。

築いて! ひよっこてん

兵庫卒展ひよっこの会

神戸元町商店街で開催した「ひょうご」の建築学生（ひよこ）による地域密着型の卒業制作展である。卒業制作を街行く方々に批評していただいた。また地域のお祭りのような感覚で気軽に楽しめるような制作展を目指し、商店街アーケード内に作品を展示した。

P'sスマイル保育園プロジェクト

千葉大学
柳澤要研究室

柳澤研究室は、2013年に開園予定の駅型保育園施設を、工事の計画段階から竣工に至るまでの過程でアドバイザーとなった。本プロジェクトは社会福祉法人どろんこ会、株式会社ポケモン、岡本設計室、柳澤研究室の計4団体の協力をもとに行われた。私たちは今後、実際に利用され始めた保育園を調査する予定である。

雫石プロジェクト軽トラ市2012

早稲田大学
古谷誠章研究室

古谷研究室では、岩手県雫石町にて市街地活性化ワークショップを行なってきた。今年はその成果を反映するものとして、5月に開催された軽トラ市に参加した。ここでは、軽トラというハードに個性を与えることで、人を集めるとともに、軽トラ市の名物にすることができないかと考えた。また、モノを販売する軽トラだけでなく、茶室や休憩所など、人が留まることができる軽トラも提案した。

キャンパス・フォリー・プロジェクト2012

国士舘大学
南泰裕研究室

国士舘大学のサンクンガーデンに、休憩スペースとなる仮設構築物「Trees square」を制作した。企画段階から設計・制作し、構造家や大工なども交えて、学生が主体的に作業を進めた。この場所は他大学や一般の方々との交流の場として提供し、ワークショップも行なった。

五十嵐太郎研究室アーカイブス 2005-2012

東北大学
五十嵐太郎研究室

五十嵐研究室では、主に都市・建築をメディアという媒体を通して言語で記述する活動を行なってきた。そこでその活動を本にまとめた。本書は新しい情報発信の方法として、デザインと編集が一体となった、過去と現在を結ぶメディアである。

東京建築ガールズコレクション

東京建築ガールズコレクション
(国士舘大学 南泰裕研究室)

本プロジェクトは、UIA2011東京大会主催のコンペティション・展覧会である。未来の女性建築家を発掘することを目的に、女子学生を対象に、墨田区の「するところ」にて開催された。同時企画として子供と一緒に模型をつくりあげる「おうちをつくろう!」ワークショップも開催された。

桜山プロジェクト

早稲田大学
古谷誠章研究室

2007年度よりスタートした桜山プロジェクトは、群馬県高崎市桜山小学校の竣工前から現在まで、6年間行なってきた。「建築家になろうワークショップ」やオープンスペースの使われ方調査など、学校と児童とがどう関わっていけるかをテーマに、調査と活動をしている。

SHIMIZU PROJECT ——みなと再生に向けた取り組み

東京大学
都市デザイン研究室

本プロジェクトは静岡県静岡市清水区日の出埠頭の新たな活用を、地域住民の方と一緒に模索するものである。本年度は清水港湾博物館のイベントとして、まち歩き・工作教室を実施した。11月には、静岡県清水港管理局や沿道物流業者の協力のもと、芸術・文化をテーマとした石造倉庫群における賑わい創出のイベントを企画した。

シタマチBASE ——高架下からまちへ まちから高架下へ

東京藝術大学
元倉眞琴研究室

本プロジェクトは、隅田川両岸地域における観光の誘発を目指した「GTS観光アートプロジェクト」の一環である。本年度は、「イベントによる場所の“開発”と風景の記録／GTSAWARD・ひかりの道プロジェクト」をテーマとした。地域住民・アーティストと協働で、中間地点となる向島の東武鉄道高架下倉庫と小梅牛嶋通りを、観光の場に変える空間提案を行なった。

宮城県岩沼市における復興計画支援

東京大学
環境デザイン研究室

私たちは、東日本大震災で被災した宮城県岩沼市を対象とし、グランドデザインの策定支援や集団移転地の計画支援、被災者の意見を顕在化させる住民ワークショップを行なってきた。同時に、郷土景観として重要な居久根(東北地方太平洋岸に特有の屋敷林)の現地調査や、津波後の海岸林の植生調査、被災前の沿岸集落の暮らしについてのヒアリング調査など、さまざまな調査を行なった。

川場村プロジェクト

早稲田大学
古谷誠章研究室

本プロジェクトは、群馬県川場村の特性、地域再生デザインに活用できる既存リソースについての調査である。川場村の風景の活用に関して住民や川場村関係者と意見交換をし、最終的に近距離域、中距離域、遠距離域のそれぞれのスケールに応じて散策路、川場田園プラザ等の改修、設計の提案を行なった。

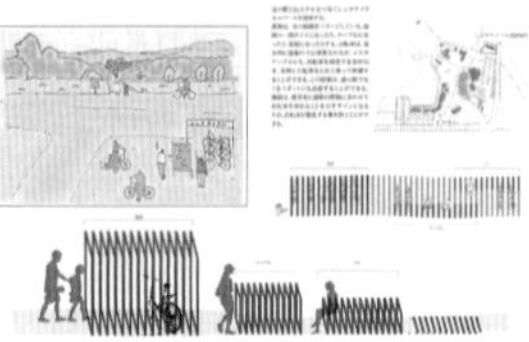

連続特別対談
「想像の先へ／創造の先へ」

開催概要

近年、社会構造の変化や震災が契機となり、建築業界は大きなパラダイムシフトのなかにあると言えます。これから先の建築というものをどう捉えていくか、より幅広い視野をもって考察していくことが必要だと考えます。そのような状況を踏まえ、新たな建築の可能性を模索する場を特別対談とします。

今年度は「想像の先へ／創造の先へ 」をテーマとしました。さまざまな転機を経た後の私たちが向かう未来の都市のあり方を考え、そこへ向かう第一歩として、私たちはどのような姿勢で建築と向き合うべきかを石上純也氏・原研哉氏・内藤廣氏のお三方に連続対談という形で語っていただきました。

第一部「想像の先へ」と題したキックオフ対談は「HOUSE VISION 2013 TOKYO EXHIBITION」との協働企画として、HOUSE VISION会場にて行ないました。建築の裾野から一歩踏み出すことで、より多くの人を巻き込んだ問題提起を行なうことを目指しました。

第二部「創造の先へ」はヒルサイドフォーラムで行なわれ、第一部での提起を踏襲しながら、建築の側からどのような一歩を踏み出すことができるのか、会場と一体となって考える場となりました。ここでの議論が、様々な人にとっての新たな一歩となることを目指しました。

トウキョウ建築コレクション2013実行委員

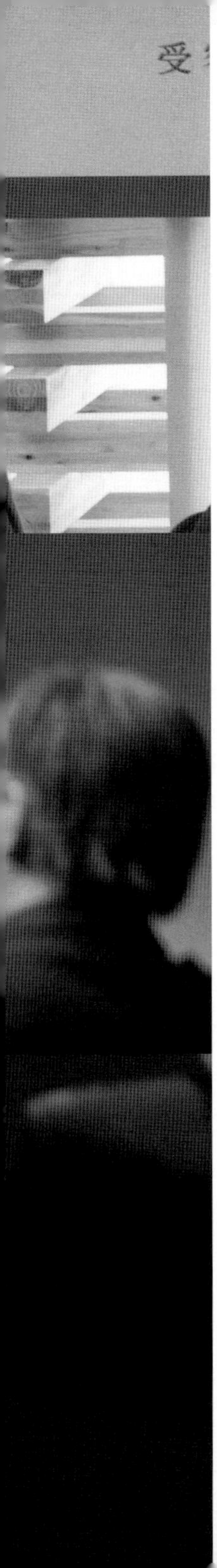

第一部「想像の先へ」

講演者:原 研哉・石上純也

原 研哉　Kenya Hara

日本デザインセンター代表取締役/武蔵野美術大学教授。1958年生まれ。武蔵野美術大学大学院修了。1983年日本デザインセンター入社。2000年に「RE-DESIGN—日常の21世紀」展を企画し、何気ない日常の文脈の中にこそ驚くべきデザインの資源があることを提示。2002年に無印良品のアドバイザリーボードのメンバーとなり、アートディレクションを開始する。長野オリンピックの開・閉会式プログラムや、2005年愛知万博の公式ポスターを制作するなど日本の文化に深く根ざした仕事も多い。2011年には北京を皮切りに「DESIGNING DESIGN 原研哉2011中国展」を巡回するなど、活動の幅をアジアへと拡大。「もの」のデザインと同様に「こと」のデザインを重視して活動中。著書『デザインのデザイン』(岩波書店)や『白』(中央公論社)はアジア各国語版をはじめ多言語に翻訳されている。

石上純也　Junya Ishigami

石上純也建築設計事務所代表/東北大学大学院特任准教授。1974年神奈川県生まれ。東京藝術大学大学院建築専攻修士課程修了。妹島和世建築設計事務所勤務を経て、2004年に石上純也建築設計事務所設立。2005年に「長屋のちいさな庭」でSD賞受賞。2008年に「神奈川工科大学KAIT工房」で日本建築学会賞を受賞。2010年に第12回ヴェネチア・ビエンナーレ国際建築展金獅子賞(企画展示部門)受賞。日本にとどまらず海外でのプロジェクトも多く手がける。境界やスケールといったものを再考させる建築が多く、常に挑戦し続ける姿勢を貫く。主な著作に「建築のあたらしい大きさ」(青幻舎)、『石上純也|ちいさな図版のまとまりから建築について考えたこと』(INAX出版)など。

第二部「創造の先へ」

講演者:内藤 廣・石上純也

内藤 廣　Hiroshi Naito

内藤廣建築設計事務所代表取締役/東京大学名誉教授・総長室顧問。1950年横浜生まれ。早稲田大学大学院修士課程修了。1976～78年フェルナンド・イゲーラス建築設計事務所勤務(スペイン・マドリッド)の後、1979～81年菊竹清訓建築設計事務所勤務。1981年内藤廣建築設計事務所設立。1993年、「海の博物館」で日本建築学会賞、吉田五十八賞などを受賞。2000年「牧野富太郎記念館」で第13回村野藤吾賞受賞、第42回毎日芸術賞など。2001年から2011年まで東京大学大学院にて教鞭をとり、教授、副学長を歴任。近著に『内藤廣の頭と手』(彰国社)、『内藤廣の建築 1992-2004—素形から素景へ1』(TOTO出版)、『内藤廣+石元泰博　空間との対話』(ADP)など。

第一部
「想像の先へ」

原 研哉
石上純也

石上純也
——四つの最新プロジェクト

石上：自己紹介として、今年着工する四つの作品を見てもらいます。

まず最初は、ロシアのモスクワにある科学技術博物館です（fig.1）。これは18世紀から運営されている博物館で、その増改築を行ないます。僕の興味のひとつとして、もともとそこにあるものをどう利用し、同時に、そこに新しいものをいかにしてつくり出していくかということがあります。これはその良い例になると思います。この建物は歴史的なプロテクションが強く、ほとんど手をつけられない。そこで、メインの動線を見直しつつ、周辺環境と建物の関係をどう形づくるかを考えています。建物の初期設定を変えて、地下部分を地上のように露出させ、地下自体を新しい動線の始まりとする。具体的にはまわりをすり鉢状に掘り込み、周辺の公園と建物の地階をつなげていきます。地下自体はすごく傷んでいて修復が必要な領域だったため、どちらにしても大規模な改修が必要だったので、その部分を大々的に改修すると同時に新しい空間に変えていこうと考えています。具体的には地下全体を大きく開放して、周辺のランドスケープと建物をつなげていこうとしています。既存の建物は煉瓦造ですが、補強しながら、迷路のように入り組んだ地下の構造壁をどんどん取り払い、列柱のようにし、どこに行ってもオープンで迷うことのない迷路のようなものをつくろうと考えています。そこに周辺のランドスケープが延長していくような構成です。地下の部分に埋もれていたファサードが既存のファサードに加わって新しいファサードができ上がり、新しい風景が街につくり出されます。閉鎖的な煉瓦造の歴史的建造物を、できる限りオープンに、来館者が建物の中へ自然と入り込んでいけるようなものをつくろうとしています。

次は、オランダのアムステルダム北方の郊外、湿地帯にある歴史的公園の中に新しいレクチャーホールをつくるプロジェクトです（fig.2）。敷地には豊かな池が点在しています。ここも先ほどと同様、公園自体が歴史的なプロテクションで強固に守られているので、公園の形状は変えられない。同時に、既存の歴史的な古いヴィラと新しく計画されるレクチャーホールを結んで新しい施設とすることが条件です。僕がやろうとしているのは、基本的には周辺環境を変えない方法です。具体的にはもともとあった道の部分を建物に変えていくことです。公園内の道を歩いてくると、自然とエントランスに引き込まれて、レクチャーホールにたどり着くという構成です。そしてそこを通り過ぎると、古いヴィラにつながっていく。公園の道がそのまま空間になったようなものをつくろうとしています。この建物自体、既存の公園の中でできる限り存在感を消すようにつくりたいと思っています。実際、建物を支える鉄骨の柱やコンクリートの壁は一切なくて、基本的にファサードのガラスのみで成立する構造を考えています。ランドスケープのスケール感と一致するようなかたちで、ガラスのファサードがランドスケープの中に溶け込むように広がっていきます。

これは、グループホームという一種の老人ホームで、認知症の方のための施設です（fig.3）。ここでは、取り壊し予定の日本家屋を全国から集めてきて、それを組み合わせてひとつの建物にします。単に古い建物を組み合わせて新しい建物をつくるのではなく、ある抽象性を与えるために、仕上げはすべて取ってしまいます。木造の骨組みと屋根とを残し、それらを構成していき新しい建物を設計していこうと思って

石上純也の仕事

fig.1｜モスクワの科学技術博物館改修（仮称、2016予定、©石上純也建築設計事務所）

fig.2｜「Park Groot Vijversburg」のビジターセンター（石上純也＋MAKS、仮称、2014予定、©石上純也建築設計事務所）

fig.3｜グループホーム（2013予定、©高木康広）

fig.4｜大学のカフェテリア（2014予定、©市川靖史）

"EMPTINESS"
Accessible Environments
Kenya Hara
受容する環境　原研哉

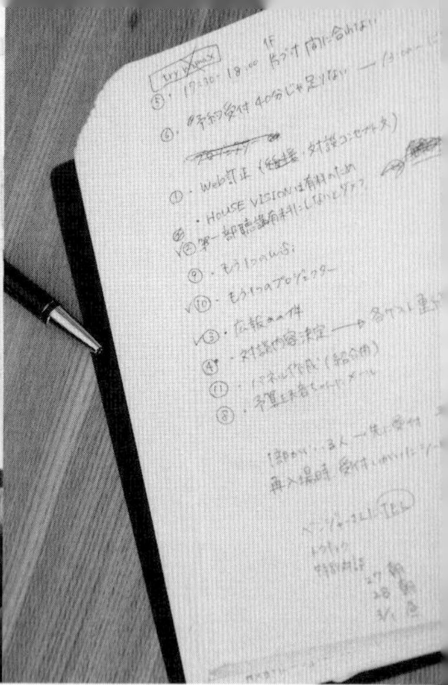

います。いろいろな地域の家屋を集めるので、架構は大工さんによって少しずつ手法が違うし、建物の種類も農家や町家などがあったり、経年変化の仕方も違う。具体的には、40ユニットの家屋を集め、それを組み合わせてひとつの建物にし、多様な住空間をつくります。古さと新しさを空間の質として使いながら一軒の建物をつくろうという試みです。もともとの民家がもっていた、歪みや釘の錆もそのまま使いたいので、基本的には壊さず、曳家という手法を用いて一つひとつ取り出す。トラックで現地の敷地まで運ぶことになるので、元の家から敷地までのルートを調べて道路許可を取り、どういう大きさの建物が取り出せるかを考えます。現状で、半分くらい取り出したところです。それぞれの架構はフィックスのガラスか可動建具で仕切られます。そうすることによって、様々な質の空間が折り重なっていき、同時に、様々な屋根が連続していくことで不思議な風景が敷地全体に広がっていきます。

最後は、神奈川県にある大学内のカフェテリアです(fig.4)。110m×70mという大きな平面をもつ、平屋の建物です。カフェは北側のリニアな空間のみで、それ以外の空間はカフェの前庭としての半屋外空間が広々と広がっていて、その風景を眺めながらお茶をしたりご飯を食べたりするというものです。建物全体に大きな屋根がかかり、所々に開口を設けている。110mの大スパンに対して柱が1本もなく、屋根自体は9mm厚という極薄の鉄板で計画されます。一方、天井高は2.1mくらいの住宅スケールとなっており、薄く平たい建物です。屋根の開口にはガラスが入っていないので、日が射し込んできて木漏れ日のような光が前庭に落ちたり、雨の日は開口から流れ落ちる水が大きな滝になったり、曇りの日はぼんやりと場所により明暗ができたりと、建物全体が天気によって様々に変化します。またメガストラクチャーと呼べるような巨大な構造物なので、その挙動も大きなスケールで起こります。例えば、天気や温度によって天井高さが90cmくらい変化して、天井高が2.1m〜3mくらいまで変化し、建物のプロポーション自体も変わっていきます。また、天井も床も微妙に湾曲しているので、カフェから対面の壁は見えず、地平線のように天井と床が結びつくことによって空間的な境界ができ上がります。

原 研哉
——感受性の目盛りを上げる

原:今日のテーマは「都市のイメージ」ということなので、都市やデザインに対してどういうことを考えてきたかを、少し振り返ってみます。

僕は実は建築が大好きで、今の石上さんの建築は大変面白く、というよりびっくりしました。素晴らしいですね。ただ、そういう個々の建築の独創性はさておき、建築家がなにかをつくることで都市が変わるのか、建築で都市が変わるのかということに関しては少し疑問をもっています。さらに「都市計画」という言葉にも少し違和感を覚えています。都市は一人ひとりの欲望のブラウン運動の帰結として現れてくるものですから、それをいかに計画するかという問題の設定そのものに対して淡い抵抗感を感じてしまうのです。さらに都市をどこでつかまえていくかには、様々な位相があって、かたちから入るか、コミュニケーションから入るか、その入り方によって都市はまったく違ってくる。

最近の人たちは、ソーシャルネットワークサービスの中で微妙な関係性の真綿にくるまれて生きています。自分の存在に対してプラスに働く目盛りの中だけで生きている感じがある。つまり、ネガティブな感情に接しない、新しい世界像が一人ひとりの周囲に構築され始めているわけですね。そんな状況から都市をどうイメージしていくかという、興味深い状況もある。ただこれは明快な答えの出る話でもないので、まずは自分のデザインがどのような考え方から発展しているかを紹介します。

僕は、「エンプティネス(emptiness)」という概念に着目してきました。僕が住んでいる日本という場所に対する問いが常にあって、そのローカリティを踏まえながら世界と向き合いたい。世界は個別文化のせめぎ合いで豊かになっていくと思うので、グローバルな文化ではなく、ローカリティをどう押さえていくかが大事だと考えています。日本では明治維新の時に、一回強烈な混沌に直面した。千数百年携えてきた自分たちの文化のかたちを、西洋のかたちに置き換えようとして、ものすごい衝突が起こった。その混沌の余波が現代までズーッと続いているように思います。「都市や街が汚い」とか、「日本人は繊細で小さな美には聡いけれども、巨大な美には疎い」とか言われ続けているのには当然原因があります。しかしながら、どこかでなんらかの整序を取り戻したい。その契機をいつも模索している感じが自分にはあって、そのひとつの拠り所として、「エンプティネス」、「空っぽ」という概念について考えてきました。

ユーラシア大陸の東の端に日本はあるわけですが、地図を90°回転させるとユーラシア大陸はパチンコ台に見立てられる。日本はちょうど一番下の受け皿の位置にある（fig.5）。だから世界中からの影響を受けて、形式や様式、あるいはかたちの坩堝だったわけです。室町の後期に起こった応仁の乱という10年にわたる内戦で、京都は、伽藍も仏像も絵画も住居も大きな消失に遭遇した。そういう喪失感の中で日本が到達した究極のミニマリズム……、「そぎ落としてなくしていく」という強烈なコミュニケーションのかたちが現れてくるわけです。庭も能も花もあるいは室内空間にしても……。ただ何もないのじゃなくて、そこに大きなイマジネーションを呼び入れる仕組みが、そのあたりに生まれてくるわけです。そういう日本独自の方法を反芻してみたいと考えています。

僕は10年ほど前に、「無印良品」の仕事をアートディレクターの田中一光さんから引き継ぎました（fig.6）。この仕事では、「何もない」ということを、そこに何かが宿る、そういうイマジネーションを引き込む引力のようなものとして意識しています。「無印良品」というのは、そぎ落としていく極端な簡潔さの中に、人々が独自なイメージや解釈を持ち込むことで成立していくブランドなんですね。

これは僕がつくった日本酒のパッケージで、ステンレススチールのボトルで「白金」といいます（fig.7）。これも、自分の中ではエンプティなもののひとつです。ミニマルなものを介して、使用者のイメージをそこに呼び込んでいくデザインのひとつです。

最近では代官山の「蔦屋書店」を少しお手伝いしました（fig.8）。ここでも過剰なデザインを避けることで、生まれてくる雰囲気を大事にしています。大人の、成熟した空間をつくり出すには、余計なデザインをしないことに徹底する方がいいと思っています。

それから僕は、展覧会の企画・制作を自分の活動のひとつとしています。

これは2004年の「HAPTIC」展で、タイトルには「人間の感覚をゾクゾクさせる」といった意味があります。ものや情報に接する人の感覚を細やかに、デリケートにしていく、あるいは人々の感覚の産毛を逆

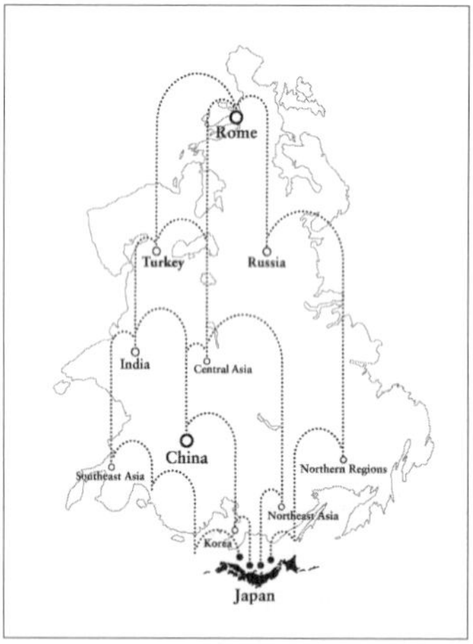

fig.5｜パチンコ台に見立てたユーラシア大陸と日本

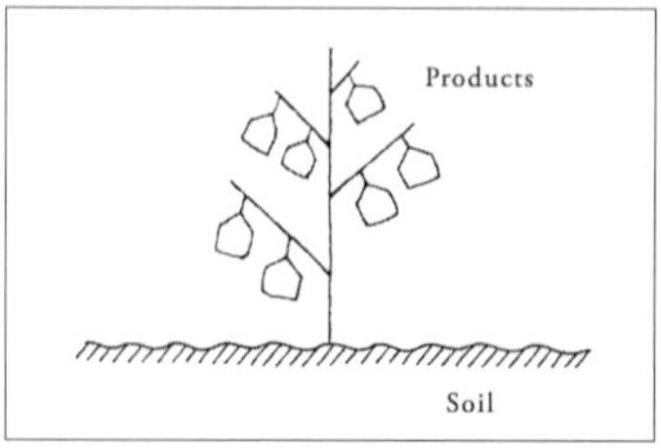

fig.11｜土壌の地質を反映して成る「家」

原研哉の仕事

fig.6｜無印良品 2003 キャンペーン「地平線」(2003、©藤井 保)

fig.8｜蔦屋書店(2011)

fig.9｜TOKYO FIBER '09 SENSEWARE (2007、©ナカサアンドパートナーズ)

fig.7｜白金(2000、©アマナグループ)

fig.10｜HOUSE VISION (2013、©HOUSE VISION、©ナカサアンドパートナーズ))

立てていく、感受性の目盛りの細かさを上げていく。そうすることでより多くのことを伝える。例えば畳を敷いただけの部屋に入ると、畳の目の細やかなテクスチャーに反応して、人の感受性の目盛りはフッと上がっていく。感受性の目盛りが10倍になった瞬間、豊かな情報の世界に入ってくるわけです。HAPTICというロゴを毛でつくってみたら、ちょっとゾクゾクする。見た瞬間に、感覚の目盛りの度合いが変わってくるのです。

「SENSEWARE」は、日本の先端繊維にどのような環境形成の可能性があるかを問い掛けていく展覧会でした（fig.9）。この展覧会では日本の伝統的なデザインボキャブラリーはまったく使っていないんですが、2009年のミラノサローネでは非常に日本的だと言われました。繊細で丁寧で緻密で簡潔な文化をもつ日本の人たちが、ハイテクノロジーの先端と感覚を融合させることでどんな環境世界をつくっていけるかというヒントをここで感じたんですね。これからの日本がどんなものをつくっていけるのか。三種の神器みたいなテレビやエアコンや冷蔵庫をつくっていた時代から、次の生産物へと切り替わっていく時、そういう感覚資源をうまく運用できるのではないかと、この展覧会を契機に考えるようになりました。

今回、「HOUSE VISION」という展覧会をここでやっています（fig.10）。これは、同じような住居に住んでいた日本人が、テクノロジーや感覚資源を活用してどんな空間を今後つくっていけるかを問い掛けてみようという試みです。デザインの力というのは、覚醒を呼び起こす力だと思うんですよね。驚異的なかたちで感覚を押し倒すのではなくて、静かに目覚めさせていく力。例えば、人間の知恵がどのように結集して環境のディテールの一つひとつをつくっているかに気づいた瞬間、世界は違って見え始める。そういう気づきの先に都市の未来はあるのだろうと僕は思います。日本という経済文化圏の土壌に生えた木があって、車も冷蔵庫もテレビもそれに成った実のようなものですから、否応なく土壌の質を反映している。戦後60年間、この土壌からは、あまり良い「家」は成ってこなかった。でも、日本人は高度経済成長を経験し、海外の渡航経験も豊富で、世界に対して自分たちの文化がどういう価値をもつかを相対的に考え始めている。そこにタイミングよく気づきの機会を与えると、面白い家が成り始めるのではないかと思ってデザインをしています（fig.11）。だから、「HOUSE VISION」は自分のデザインの延長で、建築の領域にデザイナーが踏み込んでいるわけではありません。

都市という概念の先に見えてくるもの

進行：まずお二人に、都市に対するイメージ、そしてこれからの都市像についてお聞きしたいと思います。

石上：身近な所で東京について言うと、東京都は都市ではなくてランドスケープみたいなものかと思うんです。つまり都市を形づくるはっきりとした構造があるわけではなく、原さんがおっしゃったように、無秩序にどこまでも広がっていくようなそんなイメージです。それはもはや、都市と呼ぶのではなく、一種のランドスケープであると言った方がしっくりくる気がするんです。

同時に僕は、都市という概念はもう古いんじゃないかとも思う。基本的に都市の概念とは、自然環境からある隔たりをつくり人間の活動を中心に都合よく計画された環境です。しかしながら、現代にいたっては、そもそも人間の活動の範囲そのものを都市というくくりでは覆いきれない。もっと、大きなスケールで物事が進行していると思うのです。その結果、人間の活動が地球全体という、大きな意味での自然環境にも何かしら影響を与え始めている。そういう意味においても、僕たちは人間を中心として構築物を計画すること自体に疑問をもつべきだと思うのです。もっと、多様な価値観や視点やスケールで、人間の住処について相対的に考えていかなければならない時代になってきたのではないかと、僕は思っています。

原：先ほどいったように、計画されたかたちとしての都市というイメージはあまりないんです。それを言うと、地下鉄とか水道とかの都市インフラはプランニングのない限りはありえないと言われるかも知れない。その通りなんですが、僕は東京の地下鉄の路線網を見るとドキドキする。こんなにすさまじい、絡まったラーメンみたいな鉄道網をもっている場所は世界のどこにもないですよね。それは誰かがプランニングしたというよりは、やはり営みの果てにできたものです。人の巨大な集まりが街をなし、そこを自由に移動したいという欲望の帰結として、鉄道の路線網は形成されてきた。江戸の時代からそのような人の動きを受け止めてきたから、そういう移動インフラができ上がった。

ですから、人間の暮らしの一つひとつ、粒子の一個一個の運動性が変わっていかないと、結果として都市は変わっていかない。今回の「HOUSE VISION」では、家というのは与えられた出来合いのものをパッと買うのではなく、自分の皮膚や感覚に近いところから再構築していけるものなんだという、住み手の意識の目覚めを提案しています。粒子一つひとつの欲望がエデュケートされることで、都市は運動していくような気がするんです。

かつて高度成長の頃は、モノを持つことが幸せの種であり、大事だった。とにかくモノを買うことでハッピーが生まれるとずっと思われていて、その結果、すごい量のモノが暮らしの中に入り込んできた。20年くらい前に「地球家族」という、世界中の国の平均的な家族に、家財道具一式を出してもらって写真に撮るプロジェクトがありました。そこでは日本の人たちが持っているモノが圧倒的に多かったのですが、その状態がさらに加速しているような気がする。だから、そういう状況を一回、どこかでリセットしない限り、都市も動いていかない。東京の街は都市全体も過密ですが、家の中まで過密さが浸食して、大きな混沌の余波はそこまで到達している。別のサイクルをつくってそれを切り替えていくような仕組みを、感覚の覚醒としてやらない限りは動いていかない。そういうイメージとして都市を捉えています。

多様な価値観に対する建築家の答え

石上：今、僕たちの生活がモノに囲まれているのは当然かと思うし、同時に、日本の住宅の形式を考えると、家具を置かないと生活するのが難しい。でも確かにモノを超えて、何か新しい豊かさを生み出せるところに来ているんじゃないかという認識はあります。そういうものを超えていくポテンシャルがあるレベルに達していて、何かのきっかけをつくれば、それが変わっていく瞬間はあるという気がする。

原：石上さんのように、斬新な発想で面白い建築をつくっている人がいる一方で、集合住宅のプロトタイプがドンドンつくられているし、似たような建築が増えている。都市全体を見ると、建築家の存在はあまり機能していない気もするんですが、それはどう思いますか。

石上：今の生活基盤を築き上げた20世紀という時代は、都市計画と建築とは切っても切れない時代だった。近代化によって急激に拡大していく人間のアクティビティのスピード感やボリューム感が、「都市的なスケールで建築をするという行為」に、ものすごくマッチしていたのだと思います。極端に言うと、まっすぐにみんなが同じイメージの未来を見ていた時代だったのだと思うのです。現代も、そういう状況の延長線上にあるのは確かだと思うのですが、明らかにフェーズが変わってしまったように感じます。価値観自体がすごく多様化していて、ほとんどの人たちが別の未来を見ている。そんな多様な価値観に対して、どれだけ多様な解答を建築で示せるか。それが建築家の使命のひとつかと思っています。単に平均化してみんなにひとつのものを受け渡すのではなく、その可能性の広さを示すということ自体が、現代的な未来のあり方なのではないか。

様々な可能性を覚醒させる

進行:ここまでうかがった現状の認識を踏まえて、そのために取り組んでいく課題についてお聞かせください。

石上:僕は今の時代ほど、形式がないということも含めて、自由な時代はなかったんじゃないかと思っています。形式のようなかたちあるものではなく、形式にすら至らないところから、試行錯誤しながら可能性を探っていくことをしてみたい。自由さを、受け止められないものとして漠然と捉えるのではなくて、ある行動をもったエネルギー、運動として捉えて、そこに何かを生み出していきたいというのが僕の目標のひとつです。そういう心づもりで、ものをつくっていきたい。

原さんが言ったエンプティネスにつながるのかどうか分からないけれども、例えばすべてからコンセプトを外していくことによって統一感が出せるのではないか。今までの考え方とは違ったところで、何かを統一していくものができたらいいなと思います。もともとあるものをもっとクリエイティブな原動力で捉えたい。

原:先ほど少しお話をしたように、今の人たちは微妙に自分を肯定してくれる、フォロワーに囲まれている。最近、キツいことを言うのは難しいでしょ?

「そうじゃない」とか、「あなたが言うようには私は考えていません」とかね。これまでは強烈なバッシングにあいながら暮らしてきたけど、ネットワークなどのコミュニケーションは何重にもバリアをもっているので、肯定されながら社会の中で漂っている。価値というのはものすごく多様なんですね。エンプティネスが気になる人がいる一方で、過剰さが好きだったり、宝塚が好きだったり、靴だけを見て暮らしたり、アニメの世界だけで生きていきたい人もいるし、放射線量を細部にわたって計り続けているコミュニティもある。

でも隔絶するのではなくて、そうではない世界があることを認めて、それに対してイマジネーションをひらいていくことが大事だと思う。多元的な価値に対する感受性が育つことで、新しい局面がひらけていくことを期待したい。感受性の目盛りを上げていくことで何かが救われていくんじゃないか。

僕はやはり「覚醒」がひとつのキーワードだと思う。いろんな可能性をいかに覚醒させていくかということが、ひとつの問題解決になっていき、何か新しいものが生まれる土壌をつくっていく。さっきの土壌の比喩はとても大事なことで、僕らは、製品の、木に成った実のかたちを変えることはできない。ひたすら土壌を肥やすことしかできないんですよ。土壌が肥えると成る実も変わっていく。いかなる土壌かという、そこに集約されている気がします。

身のまわりから地球までイメージを広げる

会場:石上さん自身が住みたい家とは、どのようなものですか。

石上:人の家を考えるのはなかなか難しくて、自分の家をつくるところまで頭が回っていない感じですが……。景色のいい所がいいです。

原：石上さんの場合、イマジネーションの目盛りが暮らしにはなくて、地球から考えていますよね。

石上：いや、割と自分の身のまわりから考えていった結果、そこまでいくっていう感じで（笑）。

原：そういうイメージの広げ方は独特の感じがして、素晴らしいと思うんです。先ほどのプロジェクトを見ても、石上さんの才能は今までの建築家世代とは少し違う。日本にはどうして面白い建築家が生まれてくるのかな。日本には建築家という実が成る土壌があるような気もするんですけど。

石上：そうですね。東京に象徴されるような、ある種、混沌とした中で生活をしていて、かたちのない物事の中にかたちを見い出そうとしている。だからそういう意味では、ある形式化された空間の概念がないからなのかも知れない。

かたちをつくろうとしないこと

原：僕が石上さんと共通している点をあえて言うなら、かたちをつくろうとしていないところだと感じました。僕もグラフィックデザイナーだから今の日本のトレンドみたいなものは明快に分かります。しかし、ある段階でそれをシャットアウトしないとデザインにならないと思い始めたんですね。東京なら東京のモードがあるけれども、ちょっと国境を隔ててカンボジアあたりまで行くと、ほとんど意味をなさない。そういうのはちょっとしんどいなと。カンボジアの人にもペルーの人にもパッと理解してもらうために、ある種の感化力をもつための仕組みとしてデザインを考えていきたい。「HAPTIC」とか「EMPTINESS」とかはそういうことなんです。

石上：逆に僕と原さんの違うところを言うと、「何もないということ」に対するアプローチだと思います。原さんのエンプティネスという概念は、何もないところからでき上がってくるものをある種自然の状態のように浮き上がらせてくるイメージがあります。僕の場合は、建築をやっているからかも知れないけれど、もともと絶対的にそこにあるものを、どのように自然にして、何もなかったかのようにしていくことができるかと考える。ベクトルの方向は違っていても、結果は同じようなところもあるのかと感じました。

都市を好きになる理由

会場：都市のイメージに関して、好きな都市とその理由を教えてください。

石上：僕は鎌倉が好きですね。海があって、少し古いものも残っていて、でも郊外のようなものが広がっている。

原：ロンドンとかニューヨークを拠点にとは考えたことがないから、東京という街がいいんでしょうね。都市が好きというのは馴染み方だから、自分が馴染んでいる街が心地よい。僕は銀座で30年働いているんですが、同時に隣のビルに何があるのかいまだに分からない。そういうところもいいのでしょう。

第二部

「創造の先へ」

内藤 廣
石上純也

内藤 廣
——建築、土木、そして3.11

内藤：40年くらい前、かつて僕も今日たくさんここに来ている若者たちのひとりだった。それが、世間の荒波にもまれて今に至っているわけです。あげくの果てに、建築家でありながら2001年から東京大学の社会基盤という、いわゆる土木の教壇にほぼ10年立ちました。きっかけは、20年近くやってきた建築の設計活動に限界を感じていた時、そういう誘いがあったので、じゃあやってみよう、と誰もやったことのないテリトリーに踏み込んだわけです。なかなか面白かったですよ。たぶん皆さんが知らないような話が山盛りで、世の中、こんなふうになっているのか、というのがよく分かりました。

　大学を辞める時に、最終講義という儀式のようなものがあるんですが、その30分前に大きい揺れがきました。集まった方々には帰っていただき、後はもう研究室で学生諸君とモニターにかじりついて事の推移を見ていました。3月11日ですね。大学を辞めようと思ったのは、僕に与えられた人生の残り時間を粛々と建築に費やしたいと思ったからです。しかし、あんなことが起きてしまうとそうもいきません。3.11の様々な動きに巻き込まれました。主に岩手県の復興と国の委員会にいくつか入り、個人的には陸前高田と野田村にボランティアで通っています。いまだにそういう状況が続いています。ですから今、建築家として10年間、回り道をした分を取り戻すべく、必死になって建築をやっているけれども、同時に、3.11で起きたことを自分の中で考えているという感じがしています。それは今日のテーマとも関わってくるので、後で皆さんから質問を受けたい。また僕は石上さんの仕事に非常に敬意を払っているので、話をする機会があるのはなかなか面白いと思って、今日はやってきました。

習慣化したものへの戦いと調整

進行：まずテーマに即して、お二人の建築をつくる姿勢についてお聞きしたいと思います。内藤さんの作品は、素材や光の表情が豊かで、まわりの風景と一体となった姿が印象的です。そうした設計を進める際に軸としていることはありますか。

内藤：こう見えても僕は意外にラジカルなんですよ（笑）。いつも新しいことに過激に挑戦している。ただ、それがあまり姿形として目立たないきらいがある。今までにあったディテールを反芻するように仕事をすれば、1/3か1/4のエネルギーでできるはずだけど、ちょっとでも新しいことをやろうとすると、ものすごいエネルギーを使う。石上さんも新しいことをやろうとしているけど、それが現実として崩壊しないためにはものすごい努力をしてるはずなんだよね（笑）。そのへんは同じで、常に前に行きたいと思っている。例えば木を使う場合でも、世界で初めてのジョイントをつくろうと考える。それ以外の素材についても、認識が深まればおかしなことはたくさん見えてくる。建築なんて、よーく見るとおかしいことだらけなんですよ。所詮はローテクノロジーだし、ある種の習慣化、世の中の仕組みの中でスタンダード化している妙なものがたくさんある。それをそのままにしておくと何の問題も起きないんだけど、そこに手をつっこむと、とんでもなく大変なことになる。それをあえてやっている。だから、日々、戦いをしているような感じですね。

石上：内藤さんの話ともかぶりますが、建築を純粋に見ようと思えば思うほど、これはおかしいんじゃないかというところは結構でてきます。同時に、クライア

内藤廣の仕事

fig.12｜海の博物館（1992、©内藤廣建築設計事務所）

fig.13｜安曇野ちひろ美術館（1997、©内藤廣建築設計事務所）

fig.14｜牧野富太郎記念館（1999、©内藤廣建築設計事務所）

fig.15｜島根県芸術文化センター（2005、©内藤廣建築設計事務所）

fig.16｜旭川駅（2011、©内藤廣建築設計事務所）

ントの課題を解決していくアイデアは、とにかくたくさんある。僕は、そのアイデアを出すこと自体は、建築家にとってそんなに難しいことじゃないと思うんですよ。内藤さんは「戦っている」という言い方をしたけど、僕は「建築家の仕事の99%は調整」だと思うんです。アイデアを出して、そのアイデアを実現するための調整です。それはアイデアをこちら側から単にあちら側へ移動するのではなくて、いかにして、僕たちが「普通に」生活している世界に表すことができるか。それが重要なのだと思う。そういう意味では、どんなに今まで世の中になかったものでも、でき上がったものをいかに自然に見せるか、そういうことが建築にとってはとくに重要なのではないかと思います。誰も知らないものを単にそのままつくるだけなら、おそらくでき上がったものに対して、誰も新しいとは思わないし、その価値観自体が世の中に受け入れられるかどうか分からない。それをどうやって、既存の世界の価値観とつながるように調整していくことができるかが、建築家の仕事のほとんどではないか、という気がします。

イメージから現実へ

石上:頭の中のイメージと現実とは常に距離感があります。建築の場合は、でき上がるまでのスパンもある程度長いから、その時々で考え方を更新したり、方向修正しながら、もともとあったイメージを少しずつかたちにしていく感じです。だから、自分の中では全貌を捉えきれずに進み、結果的にはでき上がってから分かるところも結構あるように思います。

内藤:最初の取っ掛かりのイメージがどう訪れるかは様々で、降ってくるようなものですよね。それをつかまえるためにスケッチをしたりする。僕の場合、歳をとると経験も増えてくるので、建築でも街づくりでも、落ちていく先は大体分かってきてしまう。これはあまり良くないことだけど、最初に捉えたものが時間の中で落ち着いてくる道筋みたいなものが見えてしまう。

しかし実は、3.11以降、それが全部崩れた。つまりこういう手順でやっていけば、60点か70点か、最低限そのあたりには落ち着くだろうと思える世界が崩壊した。だから僕は今、何かを思いついたとしても、それをうまくランディングさせる術を失っています。

人間に向き合うこと・自然に向き合うこと

進行：第一部でも話に出ましたが、これから先の日本というイメージをつくっていく上で、建築の創造が担う役割とはどういうものとお考えですか。

内藤：僕は建築を飛び出して土木にいった時、全然違う世界があるのがよく分かった。建築は人間の側を向いて構築物をつくるけど、土木は逆に森羅万象に対して物質をどう構成するかを目的とする。だから土木が相手にするのは自然なんです。

石上さんの発想は、半分、土木的なんですよ。だからプロジェクトの話を聞いてもあまり違和感がない。建築の世界にちょっと背を向けているのがラジカルで、それが面白いと思っています。石上さんと僕はまったく違うように見えると思うけど、意外と分かり合えるところがある。

石上：僕も土木には興味があります。土木と建築とは似ているようで相容れないところがあって、その結果、建築と土木の中間的な部分が世の中に不足している。本当は、その中間的な領域がとても重要な気がするのですが。内藤さんが言われたように、土木は人間のスケールを超えて自然のスケールのように大きく構築していくのに対して、建築は人間のスケールで物事を捉える。でも今はそういうものを同時に考えてつくっていかないといけない。土木と建築を一体化したかたちで思考ができないと、とくに3.11以降、その被害を受けた地域など、うまく再構築できないんじゃないかと僕は思っています。

内藤：まったく石上さんの言う通りです。僕が東大の教授になった時のミッションは、建築と土木に風穴を開けることでした。まぁ10年では小さな穴を開けたくらいですが。僕は3.11では両方とも負けたと思うんですよ。土木も建築も根本的に見直さなければならない。もっと新しい価値に向けて統合していく必要がある。それはずっと前からそうだったんだけど、3.11でそれが分かった。例えば土木なら防潮堤の話もそうだし、自然が必ずしも優しくないというか、それによって人間社会が鍛えられるということもある。一方、福島で起きた話は、土木のみならずエンジニアリング。それから多くの人が街を追われることに関しては、人間に関する建築と土木。これらすべての敗北と見ることもできる。人間自体も社会も、当然そのすぐ横にある土木も建築も見直さなければいけない。要するに、ここにこれから膨大なエネルギーを投下して、新しい価値を生み出せなければ、土木も建築も滅びるし、都市計画なんてそれ以前に滅びるんじゃないかと僕は本気で思っているんです。

都市計画を根本から考え直す

石上：そうですね。第一部でも話したんですが、土木と建築の間をつなぐものとして都市計画がある。でも都市という概念自体がもう古くて、建築をつくっていく上であまり役に立てていない。都市というスケール自体が、今の人間の活動と合わなくなっている。それと同時に、3.11とか、ああいうところで人間がつくり出すものというのは到底、自然界とは等価に扱えないわけです。そこをどう組み替えていけるか、いろんなレベルで再考しなければいけない。逆にそこから新しいものも見い出せると感じます。

内藤：そう、見い出さないとまずい。都市計画法というのがありますけど、でもそこでは都市を規定していない。それで法律をつくるという、すごく不思議な社会なんです。だから復興事業で、こんなことを聞いてみた。釜石は都市です、大船渡も都市ですね、大槌も都市だけど、吉里吉里はどうか、野田村はどうかと言っていくと、みんなだんだん声が小さくなる。どこまでが都市か誰も決めていない。だからもう一回、都市とは一体何かを、僕たちははっきりと議論しなきゃいけない。そのくらいに、都市という言葉が使い古されて役に立たず、ただの法律の制度になっている。

だから今日の話とつながるか分からないけれど、「僕たちはこういうふうに暮らしたいんだ」というのをハッキリと言わなければいけないんだよね。もっと言うと、「僕たちはこういうふうに生きて、こういうふうに死にたいんだ」と言わないと、建築の価値も都市の価値も土木の価値も見えてこない。それに合わせて法律の制度や世の中の仕組みを全部変えていけばいい。その肝心なことを言わない以上、ここ半世紀のいろんな仕組みが網の目のようにかぶさってきて、僕たちの暮らしや生き方を真綿のように包み込んで息苦しくしてしまう。それが今回、分かった。なぜ復興が進まないのか、なぜ福島の話がいつまでも宙吊りになっているのかというのは、そのことと深く関わっていると思うんです。

新しい技術に新しいデザインを

石上：なにか新しいことをするのは、建築家にとってやっぱり必要だと思うんですよ。百年前と今とでは生活のスタイルからして違うわけだから、住宅は常に新しくあるべきだと単純に思う。でもさっきも言ったように、いかに新しいアイデアをつくり出せるかということではなく、それをいかに自然にしていくことができるかが、建築の中で一番重要なところです。それがなければ、その価値観を世の中には出せない。実現させようとしている強いアイデアを、できるだけ薄く広くのばしていって、多くの人たちが自然と受け入れられるところまで到達させる。そういう意味で、「調整が99%」と言ったんですね。

内藤：あなたは意外と調整能力、あるのかも知れないね(笑)。

石上：調整しないと、実現できないと思うんです。細かいところで不整合が出てきて、それが積み重なっていくと、すべてが崩れちゃうってこともある。そういう意味では、すべてを調整しきらないと建築にならない。都市的なスケールでも同じですね。デザインと調整というのはほぼイコールだと思う。調整の中で新しさをつくり出していくことが重要なんじゃないかな。

内藤:それと、新しいかたちや新しい技術をつくる時、つまり新しい価値を生み出す時は、必ず美しくなきゃいけないと思っているんです。僕自身もそういう努力をしているつもりです。美しさを携えないと、たくさんの人に理解してもらえない。かつてライトもミースもル・コルビュジエもそうだったけど、もしそれが醜かったら、その新しい価値自体、技術自体が世の中的に承認されはしなかったでしょう。新しいことにチャレンジするほど、それは一般の人も了解可能な美しさを必ずもっていなければいけない。

石上:それはそうですね。例えばル・コルビュジエのサヴォア邸にしても、今見てもおしゃれだし、美的な意味でも、その時代の人たちが最先端だと感じていたと思うんです。多くの人びとが共通にもち得る美意識が絶対必要ですね。建築が単なる思考を表現するための道具になってしまったら、それはもはや建築ではなくなってしまう。それを超えるもののひとつとして、美しさがあるし、機能がある。でも機能はいろんな条件の中から正当化されていくから、本当は機能を超えた提案ができないと成り立たないのだと思う。

内藤：2007年から2009年までグッドデザイン賞の審査委員長をやって、小さいものから都市まで、毎年3千点くらいを見てきました。暗澹たる気分でしたね。例えば、残念だったのはホンダの燃料電池車で、素晴らしい技術なのに外見が普通のクルマと同じなんです。新しい技術には新しい価値、新しいかたちを付与すべきです。それは美しいもので、僕らを感動させるものであってほしい。自動車の話をしたけど、建築も同じだと思うんです。

クリエイティブな自由を獲得するために

石上:最近、海外で建築をつくっていると、環境に対する規制がかなり厳しくて、いろんな条件があります。僕が疑問に思うのは、環境問題って、今の時代において、ものすごくシビアな課題だと思うんです。そのような、世の中に対してすごく重要な条件をレギュレーションで決められてしまったら、建築によって社会的な提案ができなくなってしまうと思うんです。今の世の中で一番重視しているところをクリエイティブに考えられる状況をつくらないと、結果的に、建築家は社会の要求とはまったく違うところで提案せざるを得なくなるわけです。そのへんがうまくできる方法を考えられないかと思います。

内藤：この国は役所がすごくコントロールして決めたがるんですよね。ちょっと異様なくらい。法律も細かく決めていく。だけど戦前は、建築でも自己責任だったはず。「自分で責任を取ります。だから国はあまり管理しなくて結構です」と。「そこでもし人が死んだりしたら、それは施主と建築家の責任です」って言い切れればね。そうすると、細かな制度は不要になってくる。例えば、確認申請。確認申請って、変な言葉じゃないですか。建築基準法に合っているかどうか確認してください、と役所に頼むということですよね。だけど自己責任で、何かあった時はあなたが責任を取りなさいという社会になれば、建築はもっといろんな可能性を示せる。都市も、「自治体で決めればいい。その代わり自治体が全部責任を取りなさい」となればいいけど、「国が法律で全部決めます」となった途端、かったるい話になる。

石上：そうですね。もちろんひとつの条文でも、適用できないような狭間は常にあります。それをクリアすればなんでもOKというのは無意味で、法律が建築家の責任範囲を狭くして、結果的に責任を取らなくてもいいような状態をつくっている。そういう意味で、建築が既存の方法に則って、単にかたちのデザインをするだけになっている。

今の法律はすごく極端ですよね。もう少しグレーの部分、建築家の裁量で判断できる部分をあるバランスでつくっていくことが重要ではないか。自己責任でやることが重要なのではなくて、建築家が考える余地や可能性を、うまいかたちで残すことが重要だと思うんです。そのようなポジティブなグレーゾーンをうまくデザインして整備していくと、今までと違った建築的解決方法が生まれてくるんじゃないかなと思っています。

内藤：自己責任でよくでてくるのは、「シートベルトを締めなさい」という話。余計なお世話ですよね。そのことで他人に迷惑を掛けるわけじゃない。でも、締めていないと罰せられる。建築で、「手摺の縦桟のピッチを110mmにしなさい」という話とよく似ている。これは今の社会を象徴する話だけど、僕はそれを少し戻していく必要があると思う。そのためには、さっきの話と絡んで、生死のことを論じなきゃいけない。

妹島和世さんと奥松島でワークショップをやった時、漁師の人が僕のところに来て、「自分の家は被災地の海際にあって、そこにもう一回家を建てて住みたい。だけど行政はうんと言わない。建てられないか」と言うわけです。これは自己責任の問題ですよね。もう一度津波が来たらやられるけど、私は構わない、と言えば自由を獲得できる。だけど行政側に責任を取ってくれと言うと、そのとたん自分の自由を放棄することになる。そういう話は、とくに福島を中心に、すごくシリアスなかたちで社会化してくると思うんです。その時に建築家、とくに若い人が、自分たちの身のまわりのことにどのくらい結びつけて考えられるかが問われます。それは建築を設計していくことと、実は同じなんですよね。

人間の感性に働き掛けるもの

進行：より良い社会に向かうために、建築家は何をするべきだとお考えですか。

内藤：ひとつは、さっき戦いの連続だと言ったけど、既存の価値に対するそういう個別撃破です。もう一方で、新しい空間の価値を強烈にイメージしないといけない、と考えています。ビジョンなき戦いをやっても意味がない。僕らが実現したい空間はこうなんだというのを、強烈にイメージしなければいけない。それがないと、現実の価値や制度や経済に絡め取られてしまう。僕はその二つが必要だと思います。

石上：1960年代から70年代、社会基盤をつくっていた時代は、ある程度みんなが共通の目標をもって、共通の価値観でゴールに向かっていたように思うんです。それが現在、多様化し、個人個人の価値観によって方向性はだいぶ違っている。世の中全体に

ある漠然とした夢や目標をどのように捉えて、どのように大きく動かせばいいのか。

内藤：テクノロジーが進めば進むほど、人を好きになったり嫌いになったりという、イマジネーションの世界をより豊かにしていかなきゃいけないと思うんです。

石上：そう、かつては技術とその技術によって実現されるものとが一致していた。目に見えるかたちで世の中が変わっていき、それが技術の賜物だというのをみんなが理解できた。でも今、技術は巨大な基盤となって見えづらくなり、その上に僕らが立っているのを意識できずに日常生活をしている。テクノロジーとは僕たちにとっては空気のようなもので、なくてはならないけれども、はっきりと全貌を把握することができない環境のようなものになってきているのではないか。技術がどんな未来をつくってくれるのか、なかなか連続的に考えられないわけです。未来の地球の環境をはっきりとは捉えられないように。

ただそれはポジティブにも考えられて、当り前になってしまった高度なテクノロジーを、大げさに用いて、大げさな表現に変えていくような時代は、とうの昔に通り過ぎ、世の中のベース自体が新しいフェーズに入ったとも考えられます。その新しいフェーズの世の中の「新しい普通さ」の中で、今までとまったく違った価値観で捉えようとするさまざまな人々の感性に対して何かしらの提案をしていくことが重要なのだと思います。そのような時代にすでに突入しているのだと感じるのです。

もう一度自分を見つめ直す

内藤:その多様性には危ない部分もありますね。今日も修士設計を見ていると、非常に層が薄い中で多様性を形成しているだけかも知れないとも感じる。同じ発想の中で、多様性を言っているだけではないかと。石上さんはロシアでプロジェクトをやっているけど、向こうは違いますよね。

石上:違いますね、全然。

内藤:日本はそこまで多様化していない。日本の若者のイメージは、コンビニの商品棚の中で多様性を競い合っているようなものです。

石上：それは確かにあります。コンピュータは簡単に基盤が築けるから、いろんなことができるような雰囲気になるけど、日本とロシアでは価値観が全然違うところで建築をつくっている。その文化や歴史は大きく変えられない状況にある。でも、今までと違うところは、その変えられないような価値観の隔たりを乗り越えて、知が価値観の領域に簡単に入れるようになってきた。その分、苦労することも増えますが。

内藤:国際コンペで、時たま東欧やロシアの若く優秀なやつの案がでてくると、日本の若い子の案が山のようにあっても、その中でものすごく目立つ。それぞれの若者が、それぞれ違う環境で二十数年生きてきたんだから、それをベースに自分をもう一回見つめ直すという思考がないと、独自の世界を築けないと思う。石上さんが見せてくれたプロジェクトも、石上さんの体験的なものが全部含まれてできている。それは妹島和世も西沢立衛も同じで、自分の中を見つめない人間は、本当のオリジナリティを見い出せないという気がします。

石上:そうですね。ものをつくる時、最初は自分の価値観で考え始めないと、どうやってもリアリティをもてない。クライアントのいう条件を鵜呑みにせず、自分ならこの方が気持ちがいいとか、この方が使いやすいとか、そういうところがないと、説得力をもって提案できない。建築家の責任はその部分にも結構多くあると思う。自分の今の価値観がどの時点で形成されたのかは分からないけど、知識を超えて、感覚的に自分の価値観の中で最終的には判断できるものでないと、責任を果たせないと思うんです。世の中にある既成概念をそのまま、鵜呑みにして提案したものに、安心感を覚えてしまうのはとても危険だと思う。なぜなら、建築はひとつとして同じ条件で設計できることがないのですから。

今考えられる「新しさ」とは

会場：今日は「新しい」という話がたくさん出ましたが、今後の新しい生き方とか、新しいものの考え方についてお聞かせください。

石上：僕の中では、のんびりと、ゆったりすることが、普通にできるような感じというのが新しい。しがらみがなくて、自由にいられる感じです。

内藤：二つのことがあるような気がする。

ひとつは、人間一人ひとりがもっと自信をもつこと。例えば今、「僕の座っているここが、僕にとっての世界の中心です」と言えるかどうか。モダニティはそういう考え方じゃないですよね。ニューヨークでもパリでもなくて、このアジアの辺境の、この場所が世界の中心なんだと胸を張って言うことが、これからの日本の新しさのひとつで、それは人間の尊厳に関わる問題だと思う。

もうひとつは、生きることと死ぬことをきちんと携えた人間は新しい。つまり近代的な社会というのは、死なない前提で都市ビジョンをつくり、死なない前提で住宅をつくる。生きることと死ぬことを排除してやってきた。日本はそれを実に生真面目に実現してきたけど、そうでもないということが、この間、露呈してしまった。もうごまかしきれない。「自分が立っている場所が世界の中心だ」と言うためには、さっき話したように「私はここでこう生きて、こう死んでいく」と言えなければいけない。そう考える人がたくさん出てきたらそれは新しいし、その人たちが住む建築は今までのかたちとは違うだろうし、ひょっとしたらその人たちが住む都市も新しい都市になるのではないか。

土木の時間・土木の技術

会場：内藤さんに質問ですが、土木のプロジェクトのスパンは建築とは大きく違うと思います。アイデアから完成まで15年かかったりしますが、その過程で、どうやってその新しさを捉えていくのでしょうか。

内藤：建築の体内時計は割と早めに動いていて、都市のそれは非常にゆっくり、土木のそれはもっとゆっくり動いているわけです。この3つの違う時計をひとつの場所で動かさなきゃいけない。僕の挑戦のひとつとして、都市や土木の時間も受け入れられるように、建築を生命体として、もっとその時間を遅くしていく。旭川の駅舎（fig.16）は実現するまでに20年かかっているけど、特段の苦労はない。その時の流行とかに追われると、2、3年のうちに時代遅れになってしまう。でも構造技術とか基本的な技術を土台に建築を形づくっていけば、20年はそんなに長くない。そうやって建築の体内時計を遅くしていくことは、その建物の時間のスパンも延ばしていくことになる。20年掛けてつくったものに違和感がなければ、100年後の人にも伝わるだろう。そう考えるわけです。そうやってスパンを長くしていけば、建築も都市も土木も、そんなにケンカしないで仲良く暮らせると思っています。

進行：土木の技術が建築に適用されて、大きな建築空間がつくられています。逆に、土木の中に建築の技術が入っていくことはあるのでしょうか。「小さな土木」とかは考えられますか。

内藤：あると思いますよ。本来、例えば橋梁をつくるにしても、土木のエンジニア、建築のエンジニア、建築のデザイナー、ランドスケープデザイナーが一体になってやるべきだと僕は思う。どんなに大きな構造物でも、最後は人間が使うんですよ。人間に近いところを一番知っているのは、建築家じゃないですか。建築家が人間の側から意見を出して、うまく機能すると良いものができるはずです。例えば、サンフランシスコのゴールデンゲートブリッジは観光名所にもなっている有名な吊り橋ですが、あれが素晴らしいのは、ディテールまでちゃんとできていることです。当時の最先端であるアールデコのデザインが、手摺や照明から門型のタワーにまで施されている。だからみんなに愛されて、100年後も観光名所で、あそこをランニングするのが楽しいと市民から言われている。建築家が関わることは、長い目で見たらとても大切なことだと思います。

石上：土木って基本的には多くの部分が機能から決まってきますよね。今のブリッジの話も、ディテールとして建築的なものを施しているけど、建築家が建築をつくるような発想で土木的な何かを構築していくのはなかなか難しい。今までの慣習からあまり外れなければOKという感じがあって、常識を大きく超えられない。凝り固まったものをほぐせないというジレンマがあります。そこの幅を広げていけば、もっといろんな提案ができるような気がする。

内藤：土木のエンジニアと話をするには、技術的なイマジネーションがないと難しい。力学は共通言語だから、建築家は、コンクリートがどういうものか、スチールがどういうものかを自分の言葉で語れないとコミュニケーションが取れない。それさえあれば、新しい構造体はあり得る。石上さんみたいな資質なら面白い。土木のエンジニアは僕らをすごく自由な気持ちにさせてくれるし、構造に対する気持ちを開いてくれる。石上さんのカフェテリアのプロジェクト（fig.4）は土木的ですよね。

人間の側から都市をつくる

会場：今、建築と土木のお話をうかがいましたが、それと都市計画との関係はどのようにお考えですか。

石上：最近、都市計画に絡むような仕事もいくつかあったのですが、かなり技術に偏っている印象を受けました。例えば、交通広場を役所の人たちが計算して決めてくると、新しい建物をつくる時、それが実状に合わなくても、なかなか修正できない。基本的にその条件の中でやらなければいけないというのが、僕はすごく不思議だと思っています。都市計画と建築を同じレベルで考えられないと、都市がすごく歪んだ状態になってくる。そこをうまくつなげていくようなシステムが必要です。

内藤：いや、石上さんから交通広場という言葉を聞くとは思ってもいませんでしたが、一般的にいう、駅前広場ですね。これはなかなか深い話だけど、この国に広場というのはないんですよ。つまり、広場は法律用語になっていなくて、定義されてない。広場をつくるとそこは国家争乱の場所になるという行政側の思いがあって、実は、僕たちは自由な公共空間をもっていない。この国には本当の意味での自由な公共空間は存在していない。でも、誰もそれを知らない。僕はこれを、人間の側に取り戻さなきゃいけないと思うんです。都市を行政が決めるものと思わないで、人間の側からつくるものだと考えられるかどうか。3.11を経て、今我々はどんな街に住みたいのかをはっきりと言うべきだし、それに合った制度を生み出すべきだと思っています。

トウキョウ建築コレクション2013
全国修士設計展
1次審査採点一覧

氏名	所属大学	作品タイトル	海法	手塚	小嶋	南後	難波	計
入江可子	東京藝術大学大学院	躯体に嘘を着せるとき					1	1
遠藤誉央	千葉工業大学大学院	「空地の設計方法」に関する研究 石巻中央地区におけるケーススタディ					1	1
及川 輝	早稲田大学理工学術院	**仮面** mask		1	3	1		5
太田 翔	京都工芸繊維大学大学院	拡大される空白とそのvolume 密集した住宅地におけるコミュニティスペースの提案	1					1
乙坂譜美	東北大学大学院	**庄内広域地方都市圏** MID-SIZE UTOPIA	3			5		8
加藤雅哉	神奈川大学大学院	人間回帰　自然サイクルと現代ライフスタイルの融合	1					1
川上華恵	東京藝術大学大学院	**選択する肢** branch_city			5			5
河田將博	芝浦工業大学大学院	**普通に見えない普通の住宅**	3			3	3	9
河西孝平	東京工業大学大学院	**谷川浜復興計画** 農林漁業の融合による漁村集落の地域再生モデル			3	1	1	5
桑原遼介	東京藝術大学大学院	Kaleidotransformation リンク機構による可変構造の体系化と Kaleidocycle の研究	1	1				2
古川正敏	東京理科大学大学院	**Architecture in Kampong** インドネシア・ジャカルタにおける新しいメガシティの提案	3	3	1			7
佐々木 慧	東京藝術大学大学院	**神保町の古本屋さん**	1	5				6
佐藤 知	東北大学大学院	解築 宮城県石巻市旧雄勝町船越地区残存民家古材活用計画	1		1			2
末次洋輔	熊本大学大学院	厚みと空間 多層木造建築の可能性			1			1
高栄智史	早稲田大学理工学術院	**建築の速度** sequence of scenery,sequence to scenery			1	1	5	7
竹内吉彦	東京藝術大学大学院	軸と見立てのポシェ				1		1
竹花洋子	早稲田大学理工学術院	紡がれる都市の街道 The route found out by network of railroads	1					1
田中宏樹	京都工芸繊維大学大学院	「都市の余情」					3	3
田村 正	早稲田大学理工学術院	散水 CIRCULATION STRATEGY					1	1
津川康次郎	東京理科大学大学院	**旅の記憶** 現代における新集落、やがては集落		1	1	3		5
鶴見晋太朗	信州大学大学院	生活圏に隣接する墓地の研究				3	1	4
戸塚千尋	東京都市大学大学院	**晴れ時々、雨、のち虹** 認知高齢者のための住宅	1	3	3			7
永田 敦	東北大学大学院	**治建治水**	5					5
中西昭太	千葉工業大学大学院	地域社会環境要素がクロスオーバーする場所 サイトディターミンドな建築を目指して				1		1

※審査員一人の持ち点は5点×2票、3点×5票、
1点×10票として集計。
※全応募108作品のうち得点を獲得した作品のみ掲載。
5点以上得点の入った上位18名を一次審査通過者とした。

氏名	所属大学	作品タイトル	海法	手塚	小嶋	南後	難波	計
中村 創	東京電機大学大学院	斜面集落研究 「集落形成原理」による集落再編計手法の提案		1			3	4
中村龍太郎	東北大学大学院	**海辺の棲家**	3				3	6
西村朋高	東洋大学大学院	絵画の空間 ジョルジョ・デ・キリコの形而上絵画を通して				1		1
花岡竜樹	東京理科大学大学院	シンクロサイト synchro-cyte		1			1	2
檜垣政弘	京都工芸繊維大学大学院	浮遊する湾曲風景 室津における新たな都市空間の提案	1		1			2
平井百香	東北大学大学院	**眼暗の家/もうひとつの光**	3		5	5	5	18
福地佑介	千葉大学大学院	**GENETIC PATTERN LANGUAGE** 「建築家住宅」における「デザインパタン」の「資源化」				3	3	6
藤原一世	東京藝術大学大学院	隠喩の建築 Metaphorical Architecture		1				1
町田 彩	京都工芸繊維大学大学院	**みち と まち の にわ**	5				1	6
松原嘉一	東京都市大学大学院	About repetition 差異を含む繰り返しのパターン		1		1		2
松原徹弥	多摩美術大学大学院	After De Chirico 一人の画家に描かれた建築の解剖、そして構築			3			3
松本悟志	東京都市大学大学院	ホームレス自立支援施設 NPO法人北九州ホームレス支援機構を支援モデルとした建築提案		3				3
水谷隼人	University of Liechtenstein	A Part of the World Uncovering the existing qualities in Steg			1			1
三井勇輝	東京都市大学大学院	余白の風景				1	1	2
三谷裕樹	三重大学大学院	家のマエ、銭湯のウラ		3				3
宮崎茉里奈	Y-GSA	呼吸する埠頭 都市と呼応する建築を考える			1			1
村田 望	昭和女子大学大学院	Box Tree Forest 蕨駅前商店街集合住宅の提案		1				1
矢野健太	東京都市大学大学院	**電場**	1	5				6
籔内文恵	早稲田大学理工学術院	現象の設計				3	1	4
吉永有美子	昭和女子大学大学院	時空をかける 渋谷駅東横線の高架線跡地計画				1		1
鷲見晴香	東京工業大学大学院	フロー型社会に適応する竹建築 大分県由布市をケーススタディとして	1		1			0
和田郁子	東京藝術大学大学院	**音と建築** The Relationship between Sound and Architecture		1	3	1		5
渡邊俊介	札幌市立大学大学院	**para-Site** 狭小空間郡の制作による場の顕在化とコミュニティ拡張についての研究		3	1		1	5

トウキョウ建築コレクション2013
全国修士論文展採点一覧
1次審査採点表

分野	氏名	所属大学	作品タイトル	予備審査得点	討論会参加者
環境	伊藤帆奈美	筑波大学大学院	藤井厚二の実験住宅における平面計画と温熱環境に関する研究 聴竹居における温熱環境実測調査を中心として	2	
	遠藤えりか	早稲田大学理工学術院	アルゴリズムを用いた環境設計プロセスの可能性	4	○
	川島宏起	東京大学大学院	ダイレクトゲインと潜熱蓄熱を用いた太陽熱暖房の設計法の提案	4	○
	川原大喜	早稲田大学理工学術院	自力避難困難者のための災害時人命安全計画手法の研究	2	
	木原己人	滋賀県立大学大学院	「風の道」創造に向けた街路樹の植樹デザインに関するシミュレーション 滋賀県大津市駅前通りにおける風環境の検証を通じて	◎	○
	内藤卓也	千葉工業大学大学院	ブータン伝統住居における東部、中部、西部の比較と考察		
	堀越和宜	東京大学大学院	ZEBを目指す建築の設計プロセスに関する研究	2	
建築計画	魚住英司	九州大学大学院	剛体折りの可搬建築物への適用可能性の研究 木質パネルを用いた仮説シェルターの事例を通して	4	○
	牛山優衣	実践女子大学大学院	現代の都市住宅の開口部がつくる半外部化する内部空間に関する研究		
	大原明恵	関東学院大学大学院	光環境と幼児の行動からみる建築空間の分析	2	
	亀田浩平	新潟大学大学院	抽象概念の空間化に関する研究 コンセプトレンダリングされる社会的欲求		
	河野菜津美	滋賀県立大学大学院	漳州市薌城区(福建)の空間構成とその変容に関する研究 騎楼に着目して		
	木村宜子	明治大学大学院	ルイス・バラガンの空間構成手法に関する研究 奥行性を持つ絵画的空間の集合体としての建築		
	酒谷粋将	京都大学大学院	建築設計における創発的プロセスとしてのメタファーの研究	◎	○
	坂根知世	東京大学大学院	回転成形を用いた立体漉き和紙ブロックのファブリケーションに関する研究	◎	○
	須田大佑	東京大学大学院	個人事業者の労働を支える場としてのコワーキングスペースに関する研究		
	中島彰子	九州大学大学院	建築設計過程における環境移行の想定 公立保育所民営化・建替計画の事例研究		
	中村 周	宇都宮大学大学院	地方都市の低密度中心市街地における空地の構成に関する研究 栃木県宇都宮市を事例として		
	橋田竜兵	東京工芸大学大学院	集住における所有と共同性の展開	3	
	深澤新平	新潟大学大学院	建築ストックとしての応急仮設住宅 東日本大震災における経時的研究		
	細谷喬雄	東京工業大学大学院	解像度からみた覆い空間の分割手法		
	堀内里菜	日本大学大学院	美術館における展示室計画に関する研究 美術作品と鑑賞者の関係を通して		
	正木和美	慶応義塾大学大学院	離島における民家の空間構成と望ましい住まいの在り方 鹿児島県口永良部島を対象として		
	馬渕かなみ	日本大学大学院	主体的な活動を生み出す場に関する研究　市民による地域に開かれた場の「自治」を通して		
	水口 薫	早稲田大学理工学術院	一連のポリトープにおけるクセナキスの横断分野的な創作手法について		
	安福賢太郎	京都大学大学院	住宅への愛着形成過程に関する研究 住み継がれてきた木造住宅を事例として	5	○
	山田香波	滋賀県立大学大学院	福州(福建省)の歴史的街区における都市変容と建築類型に関する研究 魯般経との比較を通して		

※◎は各審査員が最も推薦した論文を示す。
※本討論会での発表者の選出基準は、以下1.2.いずれかの条件を満たすものとした。
1.各審査員が最も推薦した論文。
2.4点以上の得点獲得(複数の審査員の推薦)
※本年度の論文展では本討論会において審査員賞を決めたが、あくまで個人賞であり優劣をつけるためのものではない。

分野	氏名	所属大学	作品タイトル	予備審査得点	討論会参加者
構造	今江 諒	早稲田大学理工学術院	ロッキング抵抗する厚板耐力壁の水平挙動に関する研究 各抵抗因子を考慮した簡易推定法の提案		
	澤 修平	滋賀県立大学大学院	竹の構造体としての材料特性に関する基礎的研究	3	
生産	乾谷 翔	東京工業大学大学院	美術館建築における室と仕上げのレイアウトによる空間の統合方法		
	太田裕士	横浜国立大学大学院	外壁改修構法のオープン化に関する研究 中小規模鉄骨造建物に着目して		
	澁谷年子	慶応義塾大学大学院	小空間製作体験による児童の心理的効果に関する研究		
都市	植松拓人	新潟大学大学院	市町村合併による都市・建築の変質 政令市移行方合併におけるケーススタディ		
	牛尾玲華	大阪市立大学大学院	アドプト・プログラムにおける自治体の支援と参加団体の役割分担に関する研究 大阪府「アドプト・リバー・プログラム」を事例として		
	笈川 竜	明治大学大学院	GISを用いた秋葉原地域におけるテナントの立地特性と変容に関する研究	2	
	大山宗之	東洋大学大学院	公共施設の立地と構成から見た維持管理の実態と広域利用の可能性に関する研究 埼玉県の公立文化施設を事例に		
	金森麻紀	東京工業大学大学院	海外旅行ガイドブックの地図にみられる都市の領域的階層性 地図表現によるイメージ形成の枠組みに関する研究	◎	○
	櫻井 藍	滋賀県立大学大学院	聖地・ラーメーシュワラム(南インド)の都市構造と居住空間の変容に関する研究 祭礼を手がかりとして	◎	○
	荘司昭人	芝浦工業大学大学院	Hyper den-city Study I Densification Model 立地論を基にした超高密度都市の形成	4	○
	友渕貴之	明治大学大学院	沿岸地域での集団移転による景観変容に関する研究 宮城県気仙沼市唐桑町大沢地区の事例を通して	2	
	新津 瞬	早稲田大学理工学術院	社会的起業を核とする共奏型地域マネジメントに関する研究 日本・イタリアにおける社会的企業の創造的事業展開に着目して	◎	○
	速水将平	横浜国立大学大学院	日本型都市広場の整備・運営手法 富山市総曲輪地区グランドプラザを事例に		
	朴 秀日	神戸芸術工科大学大学院	神戸スマート都市づくり計画の適用に関する研究 韓国の釜山市を事例としたスマート都市づくり計画の適用と相違点の考察		
歴史	岩井一也	首都大学東京大学院	建築の保存・改修における「価値」に関する考察 19世紀の保存思想と現代コンバージョンの手法の分析を通して		
	江川拓未	東北大学大学院	マミ・フラワー会館に見る、岡本太郎の建築への接近と実践	3	
	岡田紋香	早稲田大学理工学術院	災害体験の昇華が生み出す建物の価値観 江戸町人の建物に関する表現をとおして	5	○
	兼子博之	東海大学大学院	工部大学校における建築教育の変遷について ヘンリー・ダイアーによるmente et maru思想の継承	2	
	木村 智	横浜国立大学大学院	ピエール・ルイジ・ネルヴィの建築観に関する研究 「正しく建てる」と「建築の美と技術」の言説から		
	平尾慶太	広島大学大学院	ル・コルビュジエにおける「窓」のデザイン手法に関する研究	2	
	北條 巧	東海大学大学院	大正・昭和初期の生活改善運動における自由学園の生活・美術教育の意義 身体的教授法による試み		
	森山敦子	明治大学大学院	昭和三陸津波の罹災地復興と産業組合 農山漁村経済更生運動を中心とした1930年代社会政策の進展に着目して	4	○
	山内悠希	明治大学大学院	戦後の百貨店装飾部・設計部・製作所の活動に関する研究		
	山神達彦	神戸芸術工科大学大学院	神戸市における小売市場の変容過程とその構成原理に関する研究	3	
	山中裕加	明治大学大学院	ロンドンにおける戦後復興期の都市の変容 土地の所有形態と都市形成の観点から		

あとがき

「トウキョウ建築コレクション」は、おかげさまで今年で7年目を迎えることができました。

回数を重ねるごとに本展覧会の認知度も高まり、全国から多くの参加者や来場者を迎えながら、濃密な議論の場として、建築教育の発展に寄与する展覧会に成長しつつあることに嬉しさを覚えます。

今年度は、より「修士学生」という立場に焦点を当てるよう各企画を構成しました。今後社会へ羽ばたいていく立場である学生がメッセージを発信できる議論の場を目指したことや、全国修士論文展の会場構成を大幅に変更することで、より広く成果を発信できたのではないかと思います。この展覧会が、今後それぞれが進むべき「一歩先」を見出す一助になりましたら幸いです。

本展覧会を開催するにあたり、多くのご協賛企業各位、特別協賛いただいた総合資格学院様、ご協力いただいた鹿島出版会、ベナ、清野運送、代官山ヒルサイドテラス各位、ご後援いただいた東京建築士会、日本建築家協会、日本建築学会、日本建築士会連合会、また特別協力として本記録集を出版、編集してくださった建築資料研究社／日建学院様には多大なるご支援とご厚情を賜り、心より御礼申し上げます。また審査員、コメンテーター、講演を引き受けて下さった先生方を始め、会期前から展覧会を支え、見守って下さったヒルサイド事務局の方々など数多くのお力添えをいただき、展覧会の実現に至ることができました。誠に有難うございました。そしてご出展、ご来場いただきました皆様にも、心より御礼申し上げます。

また、共に企画・運営をしてきた頼もしい実行委員のみんなにも、深く感謝します。

来年度以降も単なる展示にとどまらず、学生や先生方、来場者など参加するすべての人が立場を超えて議論でき、自分の想いを広く社会へ発信していける場でありつづけたいと考えております。

学生運営という未熟な私たちでしたが、6日間を通して多くのメッセージをかみしめ、充実した時間を皆さまと共有できたことが何より嬉しく、幸せに思います。

トウキョウ建築コレクションがこれからも学生と社会をつなぐ場であり、毎年楽しみにされる展覧会として継続されていくことを願っております。

今後とも「トウキョウ建築コレクション」を宜しく御願い申し上げます。

トウキョウ建築コレクション2013実行委員代表

武者 香

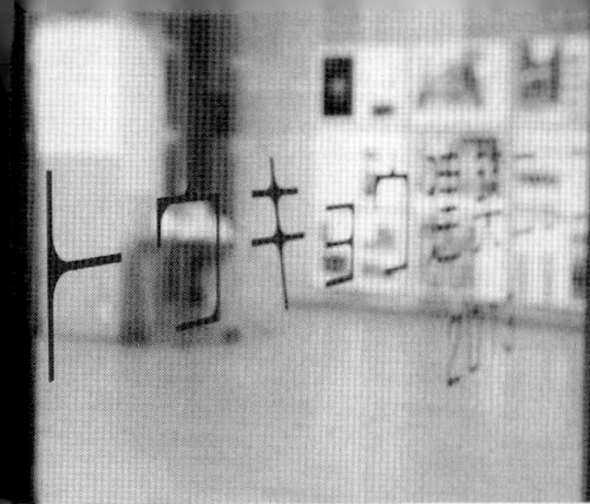

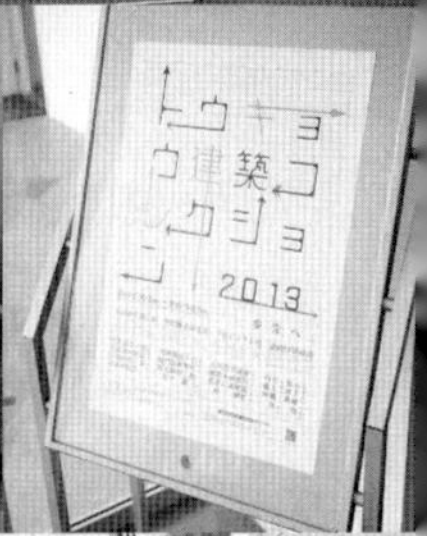
トウキョウ建築コレクション
2013

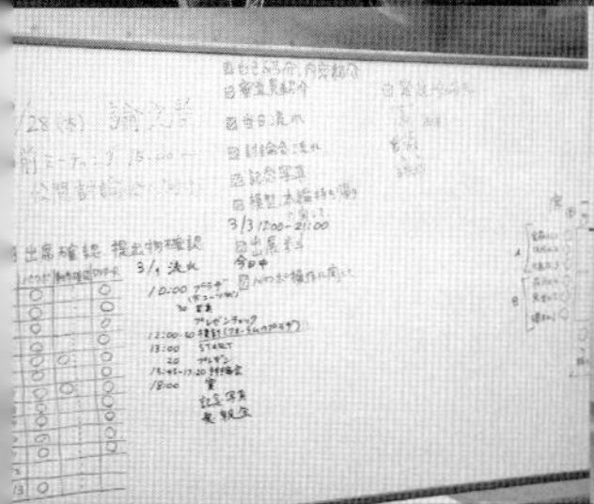

トウキョウ建築コレクション

トウキョウ建築コレクション2013
プロジェクト展

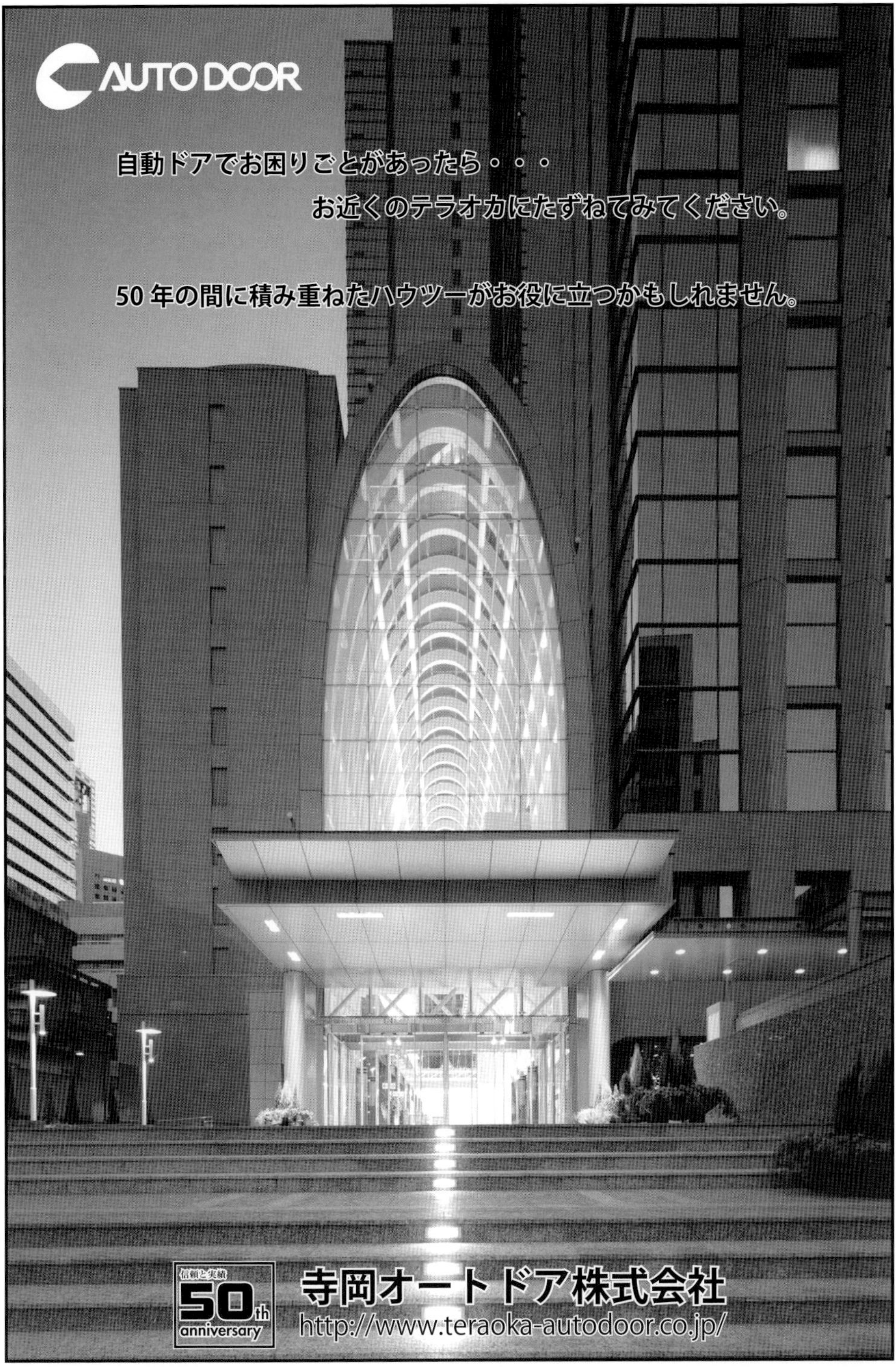
AUTO DOOR
自動ドアでお困りごとがあったら・・・
お近くのテラオカにたずねてみてください。
50 年の間に積み重ねたハウツーがお役に立つかもしれません。
信頼と実績
50th anniversary
寺岡オートドア株式会社
http://www.teraoka-autodoor.co.jp/

トウキョウ建築コレクション2013実行委員会

代表:武者 香(東京大学大学院)
副代表:坂根知世(東京大学大学院)、川村悠可(日本女子大学)
設計展企画:稲垣志聞(東京都市大学大学院)、藤井田仁(東京理科大学大学院)、倉石雄太(明治大学)
論文展企画:小柏典華(東京藝術大学大学院)、諏佐遙也(早稲田大学)、宮城絢子(工学院大学)
プロジェクト展企画:大石将平(早稲田大学理工学術院)、川村悠可(日本女子大学)、原川眞亜弥(工学院大学)
特別連続対談企画:田邉剛士(明治大学大学院)、堀 萌菜(早稲田大学理工学術院)
制作:竹内里美(東京大学大学院)、中島紀子(日本大学大学院)、足立圭衣子(早稲田大学)
協賛:坂根知世(東京大学大学院)、向井天音(東京大学大学院)、小野友麻(早稲田大学理工学術院)、
中辻千尋(日本大学)、野口菜々子(日本大学)
会場:村部 塁(東京工業大学大学院)、佐藤晃一(東京理科大学)
会計:向井天音(東京大学大学院)
WEB:三橋正典(株式会社ステッチ)
出版:藤井田仁(東京理科大学大学院)、川村悠可(日本女子大学)

編集協力:石神夏希(プロジェクト展)、大家健史(全国修士論文展)、
阪口公子(全国修士設計展)、豊田正弘(連続特別対談)
写真:内野秀之※特記のない出展者顔写真、会場写真すべて。
(p.001、p.007、p.158-168、p.274-284、p.310-315、p.340-345、p.358-363、
p.367-369、p.372、p.376、p.378、p.382、p.386、p.395)

トウキョウ建築コレクション2013
全国修士設計・論文・プロジェクト展・連続特別対談

トウキョウ建築コレクション2013実行委員編
2013年7月30日 初版発行

編集:フリックスタジオ(高木伸哉、石田貴子、宮畑周平、井上倫子)
アートディレクション&デザイン:為永泰之(black★bath)
製作:種橋恒夫(建築資料研究社/日建学院)
発行人:馬場栄一(建築資料研究社/日建学院)
発行所:株式会社 建築資料研究社
〒171-0014 東京都豊島区池袋2-68-1 日建サテライト館7階
TEL: 03-3986-3239 FAX: 03-3987-3256
http://www.ksknet.co.jp
印刷・製本:大日本印刷 株式会社

ISBN978-4-86358-238-5